项目资助

国家社科基金项目"当代中国公民政治认同研究"结项成果

西华师范大学出版基金资助

当代中国公民政治认同研究

胡建 / 著

Research on Contemporary
Chinese Citizens' Political Identity

中国社会科学出版社

图书在版编目（CIP）数据

当代中国公民政治认同研究/胡建著.—北京：中国社会科学出版社，2020.11

ISBN 978-7-5203-6318-1

Ⅰ.①当… Ⅱ.①胡… Ⅲ.①公民教育－研究－中国 Ⅳ.①D648.3

中国版本图书馆 CIP 数据核字（2020）第 064855 号

出 版 人	赵剑英
责任编辑	赵　丽
责任校对	杨　林
责任印制	王　超

出　　版	中国社会科学出版社
社　　址	北京鼓楼西大街甲 158 号
邮　　编	100720
网　　址	http://www.csspw.cn
发 行 部	010-84083685
门 市 部	010-84029450
经　　销	新华书店及其他书店

印　　刷	北京明恒达印务有限公司
装　　订	廊坊市广阳区广增装订厂
版　　次	2020 年 11 月第 1 版
印　　次	2020 年 11 月第 1 次印刷

开　　本	710×1000　1/16
印　　张	22
字　　数	361 千字
定　　价	129.00 元

凡购买中国社会科学出版社图书，如有质量问题请与本社营销中心联系调换
电话：010-84083683
版权所有　侵权必究

前　　言

政治认同是人类社会政治生活中的核心问题，也是人类政治发展的重要前提。作为社会成员与政治体系之间关系的反映，政治认同是指社会成员对现存政治体系的情感和意识上的归属感，以及基于特定利益而积极支持、参与政治体系的实践活动，它体现为一种政治心理与政治行为的统一。人类社会发展实践表明，政治认同是政治生活中不可忽视的重要力量，任何政治统治的维系和发展都必须要有政治认同的支撑，即赢得社会成员对其政治体系的广泛认可和支持。对当代中国而言，政治认同更具有特殊意义。当代中国面对全面深刻的社会转型、迅猛推进的全球化和社会信息化浪潮，公民政治认同的现代性成长在取得重要成就的同时，也面临着巨大的压力和挑战，公民政治认同问题日益凸显。在此背景下，大力加强政治认同建设，不断提升公民政治认同水平，已成为执政党在新的历史条件下面临的重大政治任务，也是学界研究的重大理论课题。因此，本书在吸纳和借鉴以往研究成果的基础上，结合公民政治认同的基本理论和中国社会的现实境遇，力求从理论和实践层面对当代中国公民政治认同进行系统的研究，深入解答转型期中国公民政治认同建设中所面临的理论问题与现实矛盾。本书不仅有助于从理论上搭建起中国公民政治认同研究的基本分析框架，进一步完善公民政治认同理论，为学界同人的深入研究铺垫新的台阶；而且也有助于在实践中解决公民的诸多新的认识问题和思想困惑，引导公民树立正确的政治价值取向，规范公民的政治行为，不断培育和提升公民政治认同，进而对于巩固党的执政地位，推进中国政治稳定和社会发展，具有重要的现实意义。

本书在马克思主义理论指导下，以公民政治认同为研究对象，以社会转型、全球化和信息化为外生变量，以政治合法性基础为研究视角，通过理论研究、实证研究和系统研究相结合的方法，就当代中国公民政治认同的结构要素、生成机制、历史演进、现实生态、影响因素以及建构策略等理论与现实问题进行深入系统的研究，力图建构一个具有"中国特色"的政治认同问题的分析和思考框架。本书在内容安排上，循着"理论构架 → 历史考察 → 现实分析 → 对策建议"的思路进行研究。其主要内容包括以下五个部分：

第一部分，政治认同与中国公民政治认同的基本理论。本部分首先对政治认同的含义、特征、结构要素、生成机制及其功能等进行界定，接着具体阐释中国公民政治认同的特定主体、客体、介体及环体等内容，从而初步形成分析当代中国公民政治认同的基本理论框架。此外，还对公民政治认同研究的有关马克思主义的理论资源及理论依据进行了梳理与辨析，为本研究奠定马克思主义理论基础。

第二部分，当代中国公民政治认同的历史考察与现实启示。本部分运用历史分析方法，对中华人民共和国成立初期、全面建设社会主义时期、"文化大革命"时期、改革开放和社会主义现代化建设新时期以及中国特色社会主义新时代这五个历史阶段的公民政治认同的历史变迁过程进行回顾与梳理，全面、客观地总结其中的经验与教训，积极探寻公民政治认同建设的内在逻辑和现实启示。从历史维度对政治认同的考察，有利于为当代中国公民政治认同研究廓清历史前提和发展脉络。

第三部分，当代中国公民政治认同现状的实证分析。本部分主要通过大量调查统计资料、实证研究数据的分析与梳理，较为全面地描述和呈现当代中国公民政治认同的实然景观，明确中国公民在治理绩效认同、制度规则认同、意识形态认同等方面所出现的积极变化以及存在的问题和挑战，以此反映出改革开放以来中国公民政治认同的动态变化及阶段性特征。从现实维度对政治认同的分析，有利于为当代中国公民政治认同研究明确现实方位和问题意识。

第四部分，当代中国公民政治认同的影响因素分析。本部分主要从宏观与微观的视角出发，就时代挑战和现实问题两个层面，对影响当代中国公民政治认同状况的诸多变量和因素进行具体的分析，力图全面阐释公民政治认同问题产生的原因。具体而言，社会转型、经济全球化及社会信息化，作为中国公民政治认同发生变化的现实社会场景和时代挑战，构成其宏观影响因素；同时，利益结构的多元分化、政治文化的分化变迁、制度规范的不完善以及公民个体政治素质的矮化等，作为政治认同的结构要素中所存在的现实问题及矛盾，则构成其微观影响因素。

第五部分，当代中国公民政治认同建构的战略认知和路径选择。公民政治认同的建构是一项系统工程，需要在尊重政治认同一般规律的前提下，把"应然"和"实然"结合起来，从价值规范和经验事实两方面来推进。本部分首先从战略上即价值规范层面分析政治认同建构的价值理念和基本原则，然后以其基本理念及原则为指导，针对当前公民政治认同存在的问题及成因，从经济绩效基础、制度规范基础、意识形态基础和公民个体人格基础等经验事实层面入手，对当代中国公民政治认同建构的具体路径进行深入分析。

政治认同是一个宏大且复杂的主题。作为一名学界后进，从事这样一个课题的研究深感困惑与压力，思考和分析难免挂一漏万。尽管自己非常努力地在一定理论架构下对当代中国公民政治认同的理论与实践问题进行了较为全面深入的研究，但仍存在一些不足或缺憾。有鉴于此，在本书出版之际，恳请各位学界前辈和同人不吝赐教，这将是笔者莫大的欣慰和收获。我相信，在大家的共同努力下，一定会有更多更为深入的关于政治认同的研究成果问世。让我们拭目以待吧！

目 录

导论 政治认同：一个亟待关注的重要命题 ……………………1

第一章 政治认同与中国公民政治认同的基本理论 ……………20
  第一节 概念界说：政治认同的规范解读 ………………………20
  第二节 解释框架：中国公民政治认同的理论建构 ……………58
  第三节 理论基础：中国公民政治认同研究的知识借鉴 ………83

第二章 当代中国公民政治认同的历史考察与现实启示 ………94
  第一节 中华人民共和国成立以来公民政治认同的历史变迁 …94
  第二节 中华人民共和国成立以来公民政治认同演变的启示 …122

第三章 当代中国公民政治认同现状的实证分析 ………………134
  第一节 当代中国公民政治认同实证调研概况 …………………135
  第二节 当代中国公民政治认同的基本现状透视 ………………136

第四章 当代中国公民政治认同的影响因素分析 ………………193
  第一节 时代挑战：当代中国公民政治认同的宏观影响因素 …194
  第二节 现实问题：当代中国公民政治认同的微观影响因素 …225

第五章 当代中国公民政治认同建构的战略认知和路径选择 …251
  第一节 当代中国公民政治认同建构的战略认知 ………………251
  第二节 当代中国公民政治认同建构的路径选择 ………………265

结语　中国特色社会主义：当代中国政治认同建构的基础和"坐标"……………………………………………………320

参考文献………………………………………………328

附录　公民政治认同调查问卷………………………338

后记……………………………………………………343

导论　政治认同：一个亟待关注的重要命题

政治认同是人类政治生活的核心问题，是现代民主政治的重要概念，也是现代政治发展面临的重要现实课题。作为社会成员对所属政治体系的一种情感归属和行为支持，政治认同主要涉及如何使政治统治取信于民的问题，事关政治稳定及社会治理体系的有效运行。一般意义上，政治认同是政治体系维护其统治的基础，是政治体系运作的绩效体现，也是认同主体自身的政治价值和政治愿望在政治生活中的反映。因此，任何政治体系的存在和发展都必须有政治认同资源的支撑，都需要获得社会成员的广泛认同和支持。可以说，政治认同是人类社会政治发展的永恒主题，也是人类不断追寻的政治理想。对当代中国而言，面对社会转型、全球化及信息化浪潮的压力，公民政治认同问题日益凸显，已然对当代中国政治改革与社会发展带来重大挑战和影响。因此，政治认同在当代中国转型发展和实现民族复兴的关键时期具有特殊意义。大力加强政治认同建设，不断提升公民政治认同水平，已成为党和政府在新的历史条件下所要承担的重要政治使命，也是中国理论界所要研究的重大理论课题。总之，政治认同是一个亟待从理论和现实层面给予广泛关注的重要领域。

一　研究缘起与问题提出

一般而言，社会科学研究应以发现和提出问题为起点，以解决和回答问题为目的。政治认同虽然是现代政治科学的概念，但人类对这一问题的关注却由来已久，自有政治现象以来就存在政治认同问题。到了近现代，尤其是随着现代化进程的开启，政治认同问题更加受到人们的广泛关注和重视。然而，对中国这样一个后发现代化国家而言，深刻的社会转型和社会变革所带来的不同程度的政治认同困境，已经全方位地把公民政治认同问题展现出来了。本书立足当代中国的现实社会情境，选择公民政治认同为研究主题，主要是基于以下几方面的思考。

（一）人类社会良善政治生活的实现必须基于民众的政治认同

人是天生的政治动物，其本质属性是社会性。马克思曾指出："人是最名副其实的政治动物，不仅是一种合群的动物，而且是只有在社会中才能独立的动物。"[①]这表明，人作为"政治人"，人类离不开社会的政治生活，必须走进和参与政治生活。政治生活是人类社会的基本活动方式，人类所追求的政治生活应是一种良善、有序的公共生活。因为对于人类公共生活而言，秩序具有价值优先性，"首要的问题不是自由，而是建立一个合法的公共秩序"，人类社会只有在一定秩序基础上才可能持续，"人当然可以有秩序而无自由，但不能有自由而无秩序"[②]。而良善政治生活的建构则需要创设一套以公共权力为核心的政治体系，将矛盾和冲突保持在"秩序"范围内，以保障政治生活的有序性。"无论一个人是否喜欢，实际上都不能完全置于某种政治体系之外。……政治是人类生存的一个无可避免的事实。每个人都在某一时期以某种方式卷入某种政治体系。"[③]然而，古今中外任何一个政治体系或政治统治的健康存续和良序发展，不能根据丛林法则和暴力强制来维持，而必须基于民众的认可、信任和支持。比如，早在古希腊时期，亚里士多德就曾指出："一种政体如果要达到长治久安的目的，必须使全邦各部分（各阶级）的人民都能参加而怀抱着让它存在和延续的意愿"，"适用于一切政体的公理：一邦之内，愿意维持其政体的部分必须强于反对这一政体的部分。"[④]在中国古代，也有所谓"得民心者得天下""民惟邦本，本固邦宁"及"人存政兴，人亡政息"等诸多重要思想和政治经验，这些其实都涉及政治认同问题，并反映了政治认同的基本要义。可见，人类所追求的良善而有序的公共生活必定是一种浸润着信任和认同的政治生活。

[①] 《马克思恩格斯选集》第2卷，人民出版社1995年版，第2页。
[②] [美]塞缪尔·P.亨廷顿：《变化社会中的政治秩序》，王冠华等译，上海人民出版社2008年版，第6页。
[③] [美]罗伯特·A.达尔：《现代政治分析》，王沪宁等译，上海译文出版社1987年版，第5页。
[④] [古希腊]亚里士多德：《政治学》，吴寿彭译，商务印书馆2009年版，第89、213页。

从人的社会属性来看，政治认同活动是每一个"政治人"无法回避的政治活动。每一个人都生活在一定的政治共同体中，就必然要表达自己内心对所在共同体的看法，形成一种赞成或反对的政治态度，这实际上是在表明人们对政治的一种认同状态。政治认同作为政治人与政治体系之间交往互动形成的一种政治心理和政治行为的有机联结，它有利于社会成员在完成自我政治身份确认的基础上，确立一种权威——服从心理，增强政治共识和凝聚力，激发社会成员的社会合作和政治参与热情，从而有利于促进政治体系的合法性，实现有效的社会整合和政治稳定，最终实现良善、有序的政治生活。纵观人类思想史可以发现，对良善有序的政治生活的追求是人类社会从蒙昧到文明状态的永恒主题。比如，"在西方，从古希腊柏拉图的'理想国'、亚里士多德的'为政应取中庸'，到中世纪奥古斯丁的'上帝之城'，再到近代霍布斯的'利维坦'和卢梭的'人民主权'等；在中国，从孔子的'礼治'，孟子的'仁政'，到康有为的'大同世界'和孙中山的'三民主义'等"①。古今中外众多的思想家都在不断地呼求和探讨人类社会的良善政治生活何以可能。虽然生活于不同历史条件下的思想家们提出了各自不同的政治见解和权衡标准，但他们却有着基本一致的逻辑理路：良善政治生活的实现，必须基于广大民众对公共权力的信任和支持，即必须获得民众的政治认同。因此可以说，获得政治认同一直是人类不断追求的政治理想，人类正是在对政治认同的不断追求中推动着人类社会的变革与发展。

（二）社会转型背景下中国公民政治认同问题日益凸显＊

改革开放以来，中国社会正经历着一场以社会结构变迁为基础的涉及社会各个领域的全面性、整体性的社会变革和转型。社会转型已成为当代中国社会发展变迁的最鲜明特征之一。作为一种从传统到现代的社会进步和社会发展的过程，社会转型是以社会结构的变迁为主要内容，并包括经济结构、政治结构、文化结构等诸多领域的全面转型，从而构成了一场前所未有的、极具深刻性和广泛性的伟大社会变迁。社会生活的日益多样化引发了人们的思想观念、政治主张、价值取向等的深刻变化，社会的政治

---

① 上官酒瑞：《现代社会的政治信任逻辑》，上海人民出版社2012年版，第6页。
＊ 参见胡建《当代中国公民政治认同研究：缘起与价值》，《玉林师范学院学报》2013年第4期。

生态正呈现出日益复杂的局面。改革开放40多年以来，尽管中国取得了良好的发展绩效，在经济与社会发展的有效性中不断积累着政治合法性，公民政治认同不断得以巩固。但不可否认的是，由于中国社会变革的深度、广度及复杂性，不可避免地会对整个社会发展造成极大的风险和挑战，进而影响民众的政治认同。

当前，中国社会正处于一个重要的发展机遇期，同时又进入一个矛盾快速积累和凸显的时期。尤其值得注意的是，在从传统向现代转变的过程中，随着中国现代化进程的加快，引发了现代性问题——认同危机以及政治认同危机。正如一些学者所言："现代性孕育着稳定，而现代化过程却滋生着动乱。"[1]"现代化给社会带来的震荡和变化，又很容易瓦解人们的政治认同，造成政治认同危机。"[2]具体而言，随着社会转型的加剧，中国公众赖以生存的政治共同体遇到了多方面的严峻挑战，中国公民的政治认同状况不容乐观，民众中产生了对马克思主义信仰和社会主义信念的不同程度的动摇，对党和政府的执政能力和治理绩效的一定程度的疑虑，对改革开放和社会主义现代化建设也有某种程度的信心缺乏等，这些都导致在公众中政治认知的分化以及政治认同的消解。甚至有人认为，中国社会已逐步陷入"塔西陀陷阱"，即由于政府公信力及政治认同的缺失，"无论政府说真话还是假话，做好事还是坏事，都会被认为是说假话、做坏事"[3]。这些政治认同困境虽然是社会转型发展中出现的问题，有一定的必然性，但其问题的出现已对中国社会治理、公共秩序及社会发展产生了一定影响，这需要引起高度重视。

当代中国社会转型最集中的表现形式和显著的特征在于经济结构的变迁，即从高度集中的计划经济体制向社会主义市场经济体制的转型。这也是推动社会转型的根本动力。1978年以来，中国以改革开放为契机，开始了由计划经济体制向社会主义市场经济体制的转型。从这个意义上而言，中国改革开放的过程同时就是社会转型的过程，二者具有一致性。在社会转型中，中国除了要经历西方国家从农业社会向工业社会、传统社会向现

---

[1] [美]塞缪尔·P.亨廷顿：《变化社会中的政治秩序》，王冠华等译，上海人民出版社2008年版，第31页。

[2] 吕元礼：《现代化进程中的政治认同危机及其克服》，《社会主义研究》1996年第3期。

[3] 张音等：《破解"塔西佗陷阱"的舆论怪圈》，《人民日报》2012年6月26日。

代社会的转变外,还要伴随着自身经济社会体制的转轨,也就是说工业化、现代化与社会主义制度改革三类重大的社会变迁浓缩在了当代中国社会转型的同一时空条件下。党的十一届三中全会以来,中国社会选择了以改革开放促进社会发展的路径,"改革开放是党在新的时代条件下带领全国各族人民进行的新的伟大革命,是当代中国最鲜明的特色"①。伴随着改革开放巨大成就的取得,改革已逐渐成为全社会的共识,得到全社会广泛而高度的认同和评价。然而,近年来,随着改革的深入和社会主义市场经济的发展,由于中国利益分配格局的变化和利益矛盾的尖锐,加之社会出现贫富分化、腐败多发、阶层固化、信仰缺失、就业困难等问题,社会心态开始发生裂变,改革共识开始产生动摇。人们对"摸着石头过河"的渐进改革产生了很多质疑,中国的改革已步入"反思改革"的境地。一些人认为是改革太快造成了利益矛盾的增加,应该放慢改革的步伐;也有人认为"中国改革已经走入死胡同",要求重组改革、反思改革,甚至要求终止中国的整体改革。对此,孙立平教授就曾指出,中国需要警惕的不是所谓"中等收入陷阱"②,而是"转型陷阱"。所谓"'转型陷阱'指的是,在改革和转型过程中形成的既得利益格局阻止进一步变革的过程,要求维持现状,希望将某些具有过渡性特征的体制因素定型化,形成最有利于其利益最大化的'混合型体制',并由此导致经济社会发展的畸形化和经济社会问题的不断积累"③。这种"陷阱"的提出,是对中国社会转型面临的问题和风险的深刻透视,必须引起高度重视。可以说,关于改革的争论,除了一些人别有用心的政治阴谋外,其实很多是人们关于改革的具体政策措施的认识分歧及对改革得失的总体评价,也表明原有的"共识"与"认同"在内容和程度上都已发生和正在发生着某种变迁。这在一定意义上表明,当代中国出现

---

① 《中共中央关于全面深化改革若干重大问题的决定》,人民出版社2013年版,第1—2页。

② "中等收入陷阱"(Middle Income Trap)是世界银行《东亚经济发展报告(2006)》首先提出的概念,其基本含义是指:当一个国家从中等收入向高收入迈进过程中,经济快速发展积累的矛盾集中爆发,原有的增长机制和发展模式无法有效应对由此形成的系统性风险,经济增长容易出现大幅波动或陷入停滞。近年来,随着中国人均生产总值进入中等收入国家水平,有学者提出中国应警惕"中等收入陷阱"。

③ 孙立平等:《"中等收入陷阱"还是"转型陷阱"?》,《开放时代》2012年第2期。

了某种程度的政治认同问题，或者说是政治认同危机倾向。"任何一个社会如果没有认同的共识，社会利益的分化就难以得到有益的整合，就会出现相互掣肘、离心离德的混乱情况，甚至会导致社会动荡和解体。"①总之，在此社会态势下，全面把握当代中国公民的政治认同状况，深入分析其面临的挑战及原因，在此基础上探寻培育和强化公民政治认同的有效路径，已成为社会成员和政治体系共同关心的重要问题，也是当代中国进行有效的社会治理，保持政治稳定与社会和谐的一项重要课题。

（三）全球化进程对当代中国公民政治认同的挑战*

当今世界，全球化已成为不可抗拒的历史潮流和客观趋势，有人称之为"全球化时代"②。由于科学技术和生产力的快速发展，人类社会生活跨越国家和地区的界线，在全球范围内出现以经济一体化为基础的，包括政治、法律、文化、科技、意识形态等领域在内的全方位的沟通和联系的一种整体化趋势。全球化使国家之间的地理限制被打破，国与国之间的联系越来越密切，人们之间的交往越来越频繁，网络革命和信息化的出现又使这种交流更加快捷。作为一把"双刃剑"，全球化的发展给人类社会带来诸多机遇和有利条件的同时，也对人类社会的经济、政治和文化生活等方面带来了剧烈的震荡和变化，其中"影响政治领域的最大变化之一就是：政府和公民现在越来越明显地生活在一个一体化的信息环境中。既存的办事方式受到人们的审视，同时，被视为腐败或不可接受的做法的范围也扩大了"③。这一巨大变化不断影响着人们的政治思维与价值观念，瓦解着传统的社会基础，从而对公民政治认同产生了深刻影响。在全球化进程中，发达国家的"先发优势"在观念与事实上对发展中国家产生了一种示范效应，使发展中国家的人民对之不由自主地产生一种向往和社会期望。然而，现实中发展中国家又无力满足

---

① 余源培：《以共识、共通、共容、共享引领社会管理创新》，《毛泽东邓小平理论研究》2011年第8期。

* 参见胡建《当代中国公民政治认同研究：缘起与价值》，《玉林师范学院学报》2013年第4期。

② [美]弗朗西斯·福山等：《全球化：新时代的标识》，载中国现代国际关系研究所全球化研究中心编译《全球化：时代的标识——国外著名学者、政要论全球化》，时事出版社2003年版，第2页。

③ [英]安东尼·吉登斯：《第三条道路：社会民主主义的复兴》，郑戈译，北京大学出版社2000年版，第77页。

民众的这种向往,这就使得发展中国家的国民对自己国家的现代化事业产生一种"受挫折感"和不满足感,继而就很可能转化为对政府和现行政治体制的不满,导致政治认同感的淡化或转移。正如美国社会学家戴维斯在20世纪60年代所指出的,"当人们的期望和要求在社会现实中得不到满足,或者社会提供的满足程度低于期望的要求,人们在期望受挫的心态下形成对社会的不满,构成了引发社会政治不稳定的心理基础"[①]。

全球化作为现代性的典型场景,它是与人类社会的现代性发展相联系的。因此,对正在经历现代化转型的当代中国而言,就不可避免地受到全球化的深刻影响。迅猛推进的全球化给当代中国经济、政治和文化等领域带来了剧烈的震荡,从而使当代中国公民的政治认同面临巨大的挑战。

首先,全球化冲击着中国传统的国家主权观念,导致国家在经济、政治及文化等领域的主权权威受到侵蚀和削弱,人们开始对传统的民族、国家观念进行重新思考,从而势必引发对民族国家的政治认同的淡化或疏离。具体而言,面对全球化的全方位冲击,尤其是思想文化领域日益频繁的交融互动,在具有强势话语权的西方文化面前,许多中国公民产生出一种无所适从的感觉,并产生一种文化离心力,他们往往缺乏对自己的民族文化身份的认识,进而导致对自己民族国家的归属感和认同感的消解。

其次,全球化引发多元价值观的相互碰撞和冲突,导致政治文化的急剧变迁,从而对中国的政治制度和政治价值观产生巨大的挑战,破坏了传统政治认同的基础。全球化是以美国为首的西方国家为主导的,西方国家牢牢掌握着世界的话语霸权,其价值观被视为所谓的"普世价值"在全世界推广。尤其值得关注的是,西方国家利用自身的经济优势和强大的信息网络化,纷纷利用全球化向社会主义国家发动"西化"和"分化",妄图推行其政治制度和政治价值观,取消马克思主义在社会主义意识形态中的主导地位,最终颠覆社会主义国家政体。当然,作为当今世界为数不多的社会主义大国,中国的发展和进步已使得西方国家极为不满,它们更是加紧了对中国尤其是对中国青年一代的文化渗透和意识形态控制。在此背景下,一些民众日益背离社会主义理想信念,淡化马克思主义和传统的政治文化,而更加青睐西方的政治制度和政治价值,从而导致公民对传统政治认同的反叛。

[①] 转引自邓伟志《变革社会中的政治稳定》,上海人民出版社1997年版,第62页。

与此同时，在全球化进程中，发达国家的"先发优势"和高度发达的物质生活更加全面、快捷和直接地呈现在广大民众面前，使人们不由自主地把中国传统社会较低生产力水平下的物质生活状况以及当前社会生活中所存在的一些矛盾和问题与西方发达社会做比较，从而形成十分强烈的反差，导致人们容易把西方发达国家的一切东西都看成是先进的和美好的，并对西方的东西产生一种盲目的向往和非理性的追求。诚然，崇洋媚外和"全盘西化"的心理和行为对公民政治认同的培育会带来极为不利的消极影响，是我们在全球化过程中必须坚决反对的，但同时我们也要看到目前中国与西方发达国家在经济发展、社会文明等方面的差距，应努力满足人们合理的社会期望和对美好生活的需求。然而目前由于诸多原因，党和政府无法完全满足人们的这种期望。这样，在人们的期望值和社会的满足能力之间便形成了一个差距。这一差距和矛盾的出现，往往使一些人产生沮丧、挫折感甚至是不满情绪，从而对党和政府的公信力和权威性产生动摇、对社会主义制度的优越性也心生质疑。总之，面对全球化浪潮对当代中国公民政治认同的巨大冲击和挑战，加强对公民政治认同问题的关注和研究也显得极具重要性和紧迫性。

综上所述，一方面，人类社会对良善政治生活的追求，必须立足于公民政治认同，这需要对公民政治认同的理论关注；另一方面，当代中国在面对社会转型与全球化的双重压力这一现实境遇下，公民政治认同问题愈加凸显，这需要对当代中国的公民政治认同问题进行现实观照。因此，本书选择当代中国公民政治认同作为研究主题，主要是基于理论和现实的考量，并力图通过采取理论研究和实证研究相结合的方法，从理论层面和现实层面相结合的角度对当代中国公民政治认同问题展开深入研究。

二 研究意义[*]

公民政治认同是当代中国政治改革和社会发展所面临的重大课题，事关当代中国政治稳定与社会和谐。因此，对当代中国公民政治认同的理论与实践问题进行系统研究就显得尤其重要。本书基于社会转型与全球化的

---

[*] 参见胡建《当代中国公民政治认同研究：缘起与价值》，《玉林师范学院学报》2013年第4期。

宏观背景，以公民政治认同为研究对象，深入分析和探讨当代中国公民政治认同建构中所面临的理论与现实问题，具有重大的理论价值与现实意义。

（一）理论价值方面

学术研究的首要价值在于对人类发展过程中面临的一些重大问题进行理论思考，并构建一定的分析框架和理论模式，形成一定的解释范式，以引起人们的共同关注并为实践问题的解决提供理论启示与学理支撑。因此，对当代中国公民政治认同的理论关注和系统性研究，其理论价值主要表现为以下几方面。

第一，本书有利于弥补学界对政治认同的专门性和系统性研究的不足。

目前学术界关于政治认同的研究已具备一定的基础，如形成了一些基本概念与理论、提出了一些基本研究方法与视角等。但总体而言，学界对政治认同的研究仍显得较为分散、零碎，对政治认同的系统化研究还很薄弱，尚未形成明确统一的概念界定，尚未把政治认同作为一个相对独立的范畴和领域，而往往是作为政治文化、政治心理或政治发展的一个附属问题进行讨论。本书以"公民政治认同"为研究对象和独立主题，将"中国视角"和"世界视角"紧密结合，对当代中国在社会转型和全球化的特定背景下，公民政治认同的历史、现状、影响因素及提升途径等问题进行全面系统的分析和研究，有利于弥补当前学界关于政治认同系统研究的不足。

第二，本书搭建了中国公民政治认同的基本分析框架，形成了特定的解释范式。

任何学术研究要有针对性和实效性，都应有特定的分析模式和解释框架。中国公民政治认同的研究需要借鉴国外研究成果，但不能简单套用西方学者的分析框架和思维范式，而应该结合中国的政治与社会发展实际，建构符合"中国特色"的分析框架。本书首先对公民政治认同概念进行合理阐释和科学界定。在厘清政治认同的含义、分类、特征、功能及形成逻辑的基础上，对中国公民政治认同的主体（公民或政治人）、客体（政治体系）、介体（政治参与）和环体（社会环境）四个方面进行深入分析，从而建构了当代中国公民政治认同的基本分析框架，确立了研究的理论基点。同时，本书以"政治合法性基础"为视角，指出当代中国政治认同的根本坐标是中国特色社会主义，其特定内容主要包括治理绩效认同、制度规则认同和意识形态认同三大方面，这就构成了本书的基本解释范式。

第三,本书创新学术话语、梳理基本问题,有利于进一步完善公民政治认同理论。

概念是学术研究的起点和基础。本书首先从学术话语的角度对政治认同及中国公民政治认同的概念进行合理阐释和科学界定;其次再对当代中国公民政治认同的历史和现状进行全面的梳理和考察,探寻中华人民共和国成立以来公民政治认同演变的内在逻辑和现实启示,揭示改革开放以来公民政治认同的动态变化及其困境;最后,针对当代中国公民政治认同所出现的问题,在全面分析其影响因素的基础上,提出一些富有创见的推进当代中国公民政治认同的具体对策和建议。因此,本书将有利于对中国公民政治认同的内涵、本质、机制等形成明确的认识,加深对当代中国公民政治认同的内容、现状及对策的理论把握,这些学术话语的阐释与创新,理论问题的梳理和厘清,有利于进一步完善政治认同理论的研究,为学界同人的深入研究铺垫新的台阶。

(二)现实意义方面

学术研究的价值最终以问题为指向,以实践为归宿,将理论付诸实践,用理论解决现实问题,实践赋予学术研究以生命力。因此,研究当代中国公民政治认同的旨趣绝不是要停留于一个纯粹的理论问题探讨,而是要努力在把握一些基本理论问题的基础上,为解决社会转型和全球化背景下中国公民政治认同面临的现实问题,提出一些有益的对策建议。

第一,本书有利于当代中国公民政治社会化功能的优化,助推公民政治社会化的顺利实现。

政治社会化是实现由生物人向社会人、政治人的转变过程,是现代民主政治的必然要求。具体而言,公民政治社会化实际是个体与社会双向互动的过程,即社会对社会成员的政治教化和社会成员接受这种政治教化的双向互动过程。公民政治社会化的目的就是通过主导政治文化的传播、宣传和教育,使公民接受并认可主导政治文化,从而形成广泛的政治认同。可以说,公民政治社会化的过程就是形成政治认同的过程,政治社会化是公民获得与增进政治认同的基本途径和中介。现代民主政治条件下,任何政治体系都需要通过强化公民政治社会化机制来培养和造就合格公民,促使公民形成社会主导的稳定的政治态度和政治信念,形成具有连续性的政治文化,以达到对所属政治体系的政治认同。因此,本书关于当代中国公民政治认同的研究,可以为当代中国公民的政治社会化提供理论依据和借鉴参考,促进当代中国公民政治社会化功能的优化,以推动中国公民政治社会化的顺利实现。比如,公民政治参与作为政治认同的外化和最终体现,也是公民政治社会化实现的重要环节。在公民政治社会化过程中,注重加强政治参与有利于培养公民的参与意识和政治行为能力,塑造公共精神和完善政治人格,进而实现公民对中国特色社会主义的高度政治认同,坚定公民对中国特色社会主义的自信,从而有利于维护政治体系的稳定和发展。

第二,本书对于推进当前中国社会治理体系创新,建设社会文明、促进社会和谐有着特殊意义。

社会治理是社会建设和国家治理的重大任务与主要内容,良好的社会治理也是社会文明建设的必然要求。党的十八届三中全会通过的《中共中央关于全面深化改革若干重大问题的决定》提出了创新社会治理体制的理念和目标,即"必须着眼于维护最广大人民根本利益,最大限度增加和谐因素,增强社会发展活力,提高社会治理水平,全面推进平安中国建设,确保人民安居乐业、社会安定有序"[1]。质言之,当前中国社会治理体制创新的根本目标是实现经济社会发展与人的发展高度统一的社会主义和谐社会,达到社会稳定和人民安居乐业。良好的社会治理体制,是构建和谐社会、建设社会文明的制度条件和组织基础。从政治认同的角度看,社会和谐是公众认同所达成的一种理想状态,倘若没有全体公民基于根本利益一致基础上对政治体系的基本认同,就不可能实现社会的和谐,而只能是一个充满冲突和不稳定的社会。政治认同是政治体系与民众之间良性互动与合作的心理基础,政治认同的缺失往往就会影响到党和政府的公信力及其有效治理,引发不同程度的社会和政治秩序失范,从而影响和谐社会的构建。可以说,政治认同是构建和谐社会的基本前提和动力。因此,本书对当代中国公民政治认同的研究将为当代中国社会治理创新与和谐社会建设提供理论依据,有助于提高社会治理的科学化水平,形成共建共治共享的社会治理格局,使之产生更为理想的政治、经济和社会效益,以不断增强公民对社会的归属感和向心力,唤起人们对和谐社会的高度认同和积极参

---

[1] 中共中央宣传部:《习近平总书记系列重要讲话读本》,学习出版社、人民出版社2014年版,第116页。

与，从而为建设社会文明、促进社会和谐提供强有力的政治基础，不断推进社会治理现代化的进程。

第三，本书有助于加强党的执政能力建设，增强党的执政合法性，巩固党的长期执政地位。

在政党政治时代，任何执政党要保证其执政地位，增强执政合法性，必要加强其执政能力建设，从而追求和强化民众对其政治统治的认同、支持和忠诚。加强党的执政能力建设是历史和现实的要求，也是人民群众的愿望和要求。执政能力是一个执政党有效运作的基础和条件，执政能力的缺乏或不足，往往将使执政党面临合法性危机，而导致丧失民众的认同和支持，最终危及执政基础和执政地位。公民政治认同与党的执政能力建设具有内在逻辑关联，一方面党的执政能力建设是公民政治认同的重要条件和手段，另一方面公民政治认同是党的执政能力建设的重要目标。质言之，公民政治认同是衡量党的执政能力建设的一个重要指标，也是加强和巩固党的执政合法性的有效手段。对于处于长期执政地位的中国共产党而言，同样需要通过不断赢得公民政治认同来增强党的执政能力建设和巩固执政地位，这在当前更具有重要的意义。邓小平曾强调指出，要以人民群众满意不满意、高兴不高兴、答应不答应作为检验党的工作和政策是否合理的基本标准。江泽民明确指出："人民群众的拥护和支持，是我们党执政的坚实基础，也是党和国家事业不断发展的强大动力。"[1] 党的十八大以来，以习近平同志为核心的党中央坚持不忘初心，贯彻以人民为中心的执政理念，积极回应群众关切，高度重视民生工作，切实维护广大人民群众的根本利益，以具体行动和良好的政绩赢得了广大民众的高度认同和广泛支持。党的十九大明确提出了加强党的长期执政能力建设，通过实施新时代党的建设一系列举措把党建设成为始终走在时代前列、人民衷心拥护和支持的坚强领导核心。因此，本书对当代中国公民政治认同的研究将有助于中国共产党从政治认同的角度出发加强自身建设，提高党运用公共权力来推动中国特色社会主义事业发展的执政能力，从而有助于获得民众的广泛认同和支持，增强党的执政合法性，进一步巩固党的执政地位。

---

[1]《江泽民文选》第3卷，人民出版社2006年版，第14页。

三 理论假设与研究思路

就一般情况而言，社会科学研究在提出问题和确定主题后，需要进行相关理论预设，以形成研究思路并展开问题的研究。本书立足当代中国社会的现实境遇，以中国公民政治认同为研究主题，形成了基本理论假设和研究思路。

（一）理论假设

本书在提出问题和确定主题后，根据文献梳理和现实经验总结，提出了以下基本理论假设：第一，政治认同在理论层面主要涉及"谁认同""认同谁""为什么认同"及"如何认同"，即政治认同的主体、客体、环体和介体四个相互联系的方面，这是政治认同的基本结构要素，也构成政治认同的解释框架。这些要素的动态整合形成政治认同的生成模式，其整合失衡则会造成政治认同流失。第二，政治认同作为一种政治心理与政治实践活动，必然会随着一定历史条件及认同主客体状况的变化而在认同程度、认同内容、认同方式等方面不断发生变化，呈现一个动态发展过程。第三，就当代中国公民政治认同的历史嬗变而言，以党的十一届三中全会为界标，可将其划分为前后两个阶段，构成传统政治认同与现代政治认同的历史变迁图式。其中，从中华人民共和国成立到改革开放之前这一历史时期，与当时总体性、集权性社会相契合的是一种以意识形态合法性为主导的传统人格化政治认同；改革开放以来，与急剧的社会转型相适应的是以法理型合法性为主导的现代性政治认同。第四，改革开放以来，中国公民政治认同的现代性成长取得了重要成就，但是在宏观与微观诸多因素的影响下，中国公民的治理绩效认同、制度规则认同和意识形态认同等方面也面临着一系列问题和挑战。第五，当代中国公民政治认同的建构是一项系统工程，具有一定的逻辑规律和内在机制，需要从价值规范层面的战略认知和现实操作层面的策略选择两个方面着手，协同推进。

（二）研究思路

研究思路是以相关理论假设为前提和基础的。本书围绕以上理论假设，在马克思主义理论指导下，以公民政治认同为研究主题，以社会转型、全球化和信息化为外生变量，以政治合法性基础为研究视角，从学理层面和现实层面相结合的角度，深入、系统地研究当代中国公民政治认同的理论与实践问题，以致力于为进一步巩固和强化中国社会转型期公民政治认同提供具有操作性的对策与建议。在内容安排上，紧紧围绕什么是公民政治认同、为什么要加强当代中国公民政治认同、怎样提升当代中国公民政治认同等问题展开，循着"理论构架→历史考察→现实分析→对策建议"这样的思路进行研究。具体而言：首先，对政治认同概念进行界定，厘清政治认同的基本含义及其静态的结构要素、动态的生成机制等问题，在此基础上，分析中国公民政治认同的特定主体、客体、环体、介体等，从而搭建起分析当代中国公民政治认同的基本理论框架；其次，对当代中国公民政治认同的历史演变与现实生态进行全面的梳理与考察，以此反映出新中国成立以来公民政治认同的历时性动态变化、阶段性特征及基本经验，并通过实证研究途径揭示出改革开放以来公民政治认同的积极变化及其存在的问题；最后，针对当代中国公民政治认同所面临的问题及挑战，在全面分析其影响因素的基础上，提出推进当代中国公民政治认同的战略理念和策略选择，从而力图形成中国特色社会主义政治认同的理论认知和行动框架。

四　研究的逻辑框架

根据上述总体研究思路，本书在吸纳和借鉴以往研究成果的基础上，结合公民政治认同的基本理论和中国转型社会的现实情境，对当代中国公民政治认同问题进行了比较系统的研究，重点解答了转型期中国公民政治认同建设中所面临的理论与现实问题，以期建构一个具有"中国特色"的政治认同问题的分析和思考框架。有鉴于此，本书的具体研究框架，除导论之外，主要由五个部分组成。

第一，政治认同与中国公民政治认同的基本理论。

首先对政治认同这一核心概念进行界定，厘清政治认同的基本含义、结构要素、生成机制、主要分类、特征及其功能等问题，接着具体阐释中国公民政治认同的特定主体、客体、介体及环体等内容，从而初步形成分析当代中国公民政治认同的基本理论框架。本章指出，政治认同是指生活于一定政治体系中的社会成员对政治体系所产生的一种心理或情感上的归属感以及相应的支持行为。作为一种政治心理与政治行为的统一，政治认同的结构要素主要由"谁认同""认同谁""为什么认同"及"如何认同"，即政治认同的主体、客体、环体和介体四个相互联系的方面而组成。政治认同的形成则是在一定认同环体（社会环境）之下，认同主体（公民）—认同介体（话语和行动）—认同客体（政治体系）"三位一体"的互动过程。在此基础上，本书进一步对中国公民政治认同的特定主体、客体、环体和介体等问题进行了深入分析和阐释，其中关于当代中国公民政治认同的客体分析，本书以"政治合法性基础"为视角，指出其特定客体或对象主要包括治理绩效、制度规则和意识形态等方面，由此当代中国公民的政治认同就具体化为治理绩效认同、制度规则认同和意识形态认同三大方面。这一解释框架，为本书的展开提供了基本逻辑进路。此外，本章还对公民政治认同研究的有关马克思主义的理论资源及理论依据进行了梳理与辨析，为本研究奠定马克思主义理论基础。

第二，当代中国公民政治认同的历史考察与现实启示。

中华人民共和国成立以来，中国社会经历了革命、建设及改革的巨大变迁，公民的政治认同也随之经历了复杂的变化过程，体现出不同历史时期的变化特点及其规律。本章运用历史分析方法，对中华人民共和国成立初期、全面建设社会主义时期、"文化大革命"时期、改革开放和社会主义现代化建设新时期以及中国特色社会主义新时代这五个历史阶段的公民政治认同的历史变迁过程进行回顾与梳理，全面、客观地总结其中的经验与教训，积极探寻公民政治认同建设的内在逻辑和现实启示。本书指出，纵观中华人民共和国成立以来公民政治认同的变迁历程，公民政治认同既取得了重大成效，也遭受过重大挫折，体现为一个动态的变化过程，其中所体现出的内在逻辑及其启示主要包括以下方面：高度重视人民群众的利益诉求，以显著的执政绩效提升政治认同；加快培育法理型政治权威，以完善的制度体系提升政治认同；不断推进马克思主义理论创新，以包容的意识形态提升政治认同。从历史维度对政治认同的考察，有利于为当代中国公民政治认同研究廓清历史前提和发展脉络。

第三，当代中国公民政治认同现状的实证分析。

改革开放以来，经济社会的深刻转型和重大变革，不仅对中国的政治运行产生了极为深刻的影响，也引起了中国公民政治认同的结构、基础和环境等方面的深刻变化，致使公民政治认同的发生、发展与重构也呈现出新的逻辑、趋势和特征。本章主要通过大量调查统计资料、实证研究数据的分析与梳理，较为全面地描述和呈现当代中国公民政治认同的实然景观，具体明确中国公民在治理绩效认同、制度规则认同、意识形态认同等方面所出现的积极变化以及相应存在的问题和挑战，以此反映出改革开放以来中国公民政治认同的动态变化及阶段性特征。从现实维度对政治认同的分析，有利于为当代中国公民政治认同研究明确现实方位和问题意识。

第四，当代中国公民政治认同的影响因素分析。

政治认同是一定时期的政治、经济、文化等社会环境条件和认同主体的个体建构相互作用的产物，它受到社会因素、个体因素的制约和影响。改革开放以来，尽管公民政治认同的现代性成长取得了重要成就和出现了积极变化，但也面临着认同消解、认同危机、虚假认同甚至不认同等问题和挑战。对此，本章主要从宏观与微观的视角出发，就时代挑战和现实问题两个层面，对影响当代中国公民政治认同状况的诸多变量和因素进行具体的分析，力图全面阐释公民政治认同问题产生的原因。具体而言，社会转型、经济全球化及社会信息化，作为中国公民政治认同发生变化的现实社会场景和时代挑战，构成了当代中国公民政治认同的宏观影响因素；同时，利益结构的多元分化、政治文化的分化变迁、制度规范的不完善以及公民个体政治素质的矮化等，作为政治认同的结构要素中所存在的现实问题及矛盾，则构成了当代中国公民政治认同的微观影响因素。

第五，当代中国公民政治认同建构的战略认知和路径选择。

公民政治认同的建构是一项系统工程，需要在尊重政治认同的一般规律的前提下，把"应然"和"实然"结合起来，从价值规范和经验事实两方面来加以推进。本章关于当代中国公民政治认同建构的分析，首先是从战略上进行思考和把握，即从价值规范层面分析政治认同建构的价值理念和基本原则，然后以其价值理念及基本原则为指导，从经验事实层面对当代中国公民政治认同建构的具体路径进行深入分析。本书指出，社会公正是当代中国公民政治认同建构的核心价值理念，它是利益协调的基本准则，是制度安排的基本依据，也是形成思想共识及实现社会整合的重要原则，从而为政治认同的建构提供最终的评价标准。同时，当代中国公民政治认同的建构还应坚持人民主体、问题导向、系统性、科学性等基本原则。

关于当代中国公民政治认同建构的具体路径，本书主要围绕政治认同基本结构的核心要素——认同主体和认同客体，从利益认同维度、制度认同维度、价值认同维度和认同主体维度等方面着手，积极采取有效措施加以推进。具体而言，主要包括以下四个方面：其一，利益认同维度：推进以人民为中心的高质量发展，奠定政治认同的经济绩效基础。经济发展与政治认同之间有着最为直接的联系，它是当代中国公民政治认同建构的逻辑起点。因此，坚持以人民为中心的发展思想，推动经济持续健康和高质量发展，同时加强利益关系的协调，维护社会公平正义，让全体人民真正共享改革发展成果，这将为公民政治认同的建构奠定良好的经济绩效基础，从而实现公民利益认同的提升。其二，制度认同维度：完善人民当家作主制度体系，夯实政治认同的制度规则基础。非人格化的制度性力量是政治认同生成的重要保障，而作为制制度体系骨干的政治制度则为当代中国公民政治认同建构提供了重要的法理支撑。因此，大力推进社会主义民主政治建设，构建完善的全面从严治党制度体系，不断健全公共权力制约监督机制，以实现用更加健全的制度体系保证人民当家作主，这将进一步夯实公民政治认同的制度规则基础，从而不断提高民众的制度认同。其三，价值认同维度：增强社会主义意识形态能力，巩固政治认同的思想文化基础。意识形态是政治认同最原初和持久的因素，政治体系的意识形态供给和运作能力就成为政治认同建构的重要路径。因此，大力加强社会主义意识形态建设，加强党对意识形态工作的领导，改进党的意识形态的工作方法，不断增强社会主义意识形态的创新性、包容性、引领力和凝聚力，这将有利于巩固公民政治认同的思想文化基础，提高民众对社会主义意识形态的认同感。其四，认同主体维度：强化公民政治社会化机制，提升政治认同的个体人格基础。从某种意义上说，政治认同归根结底取决于"谁之认同"，政治认同的主体——公民的人格基础就成为政治认同"是否可能"与"何以可能"的前提性判断。因此，不断加强公民政治社会化治理机制，培养和造就公民的良好政治素质和公共精神，使之成为适应当代中国社会所要求的合格政治人，这将有利于不断提升公民政治认同建构的人格基础。

五　研究方法

任何科学研究要有效达到研究目的，都需要采用一定的研究方法。研究方法的选取应视研究对象和研究目的的不同而有所差异。在前文的论述中已明确，本书立足于当代中国转型社会的现实情境，以公民政治认同为研究对象，重点解答当前公民政治认同建设中所面临的理论与现实问题，其目的是力图建构一个中国特色社会主义政治认同的理论认知和行动框架，揭示当代中国公民政治认同建构的发展路径和未来战略。根据以上研究对象和研究目的，本书总体上坚持以辩证唯物主义和历史唯物主义为指导，侧重于规范研究和实证分析相结合，从学理层面和现实层面来研究当代中国公民政治认同问题，研究过程中，综合运用马克思主义理论、政治学、社会学、心理学等学科的基础知识和方法。主要采用的具体研究方法有：

1. 文献研究法

又称理论研究法，主要指通过对各类文献资料、官方政策文件等的搜集、鉴别、整理和研究，形成对一定研究主题的科学观点和思路的方法。本书充分占有国内外相关的公民政治认同文献资料，对其进行挖掘整理、梳理分析，在吸收和借鉴前人的研究成果的基础上，对公民政治认同的含义、基本内容、形成逻辑等问题进行理论阐释，以建构起符合"中国特色"的公民政治认同分析框架；同时对当代中国公民政治认同的历史演变进行分析与梳理，在历史考察中进行理论提升，探寻公民政治认同建设的内在机制和逻辑规律；此外，结合调查研究资料，对当代中国公民政治认同的影响因素、强化路径等进行理论分析和思考，提出转型期中国公民政治认同建构的战略与策略选择。

2. 实证分析法

又称经验研究法，是指在问卷调查、个别访谈、专题访谈、案例分析等途径基础上，通过事例、经验和数据等的推理说明和分析考察，以求对研究主题进行客观描述和精确呈现。本书为准确把握中国公民政治认同的现状及其动态变化，课题组采用实地问卷调查、个别访谈等方式，收集相关信息，为研究积累了大量的第一手资料；同时充分借鉴与引用国内学界关于公民政治认同现状的调查数据和统计资料，进一步丰富实证资料，为分析中国公民政治认同的现状、存在问题及其原因奠定坚实的实证基础，以增强研究的说服力和针对性。

3. 比较分析法

又称比较研究法，是指对物与物之间或人与人之间的相似性或差异程度的研究与判断的方法。本书通过对中华人民共和国成立以来公民政治认同历史变迁的梳理，从历时性的角度对改革开放前后公民政治认同的动态变化及不同特征进行比较分析，有助于挖掘其共性的东西，也有助于认识其中的差异，从而有利于深化对当代中国公民政治认同问题的研究。

4. 系统分析法

亦称系统论观点，是指对系统的各个方面进行定性和定量分析，以充分发挥系统的功能，实现系统的整体最优目标。本书首先将公民政治认同作为一个整体系统，指出其主要包括政治认同的主体、客体、介体和环体等结构要素，以此形成政治认同的解释框架。此外，在分析公民政治认同的形成机制、主要内容及影响因素等问题时，就整个社会系统的角度，从经济、政治、文化等社会基本结构层面出发，对其进行分析和阐释，这样有利于政治认同问题研究的系统性和整体性。

第一章 政治认同与中国公民政治认同的基本理论

概念是分析和解决问题的起点与基础。要科学地认识和解决当代中国公民的政治认同问题,其基本前提是进行概念界说,搭建一个分析政治认同的基本理论框架,深入阐释政治认同的基本理论。为此,本章试图把政治认同作为专门范畴进行研究,在厘清政治认同基本内涵的基础上,分析中国公民政治认同的相关基本理论,进而对研究中国公民政治认同的理论依据进行梳理与辨析。以上内容,为我们开展政治认同研究奠定了坚实的理论基础,构成了本书的基本理论前提。

第一节 概念界说:政治认同的规范解读

研究当代中国公民的政治认同问题,首先必须了解政治认同概念,提出政治认同的解释框架。为此,我们有必要对政治认同的含义、类型、特征、功能以及政治认同形成的基本条件、过程机制等问题进行合理的界定与分析,为研究的开展做好铺垫。

一 政治认同的含义及结构

政治认同概念是由"政治"和"认同"两个词组合而成,"政治"是"认同"的限定词,表明是哪方面的认同。要明确政治认同的含义及其内在结构要素,就要分别弄清"政治"与"认同"的含义,而重点是明确"认同"的含义。

（一）"认同"概念释义

1."认同"的词源学释义

从词源上来考察，"认同"一词译自英文的"identity"，而"identity"一词起源于拉丁文idem，意即"相同的"（the same）。"identity"在英文中有多种含义。根据《英汉大词典》的解释，其基本含义包括：一是身份、本身；二是同一人、同一物；三是同一（性）、相同（处）、一致（处）；四是个性、特性。[①] 对于"identity"的界定，学界目前有许多不同的答案，并未达成共识，但其中有一个中心主题是彼此吻合的，即"identity的意思是一个人或一个群体的自我认识，它是自我意识的产物：我或我们有什么特别的素质而使得我不同于你，或我们不同于你们"[②]。一般而言，在汉语学术研究领域，哲学语境中往往用"同一性"这个术语翻译"identity"；而在某些社会科学中则根据不同的具体语境，分别使用"身份"和"认同"这两个不同的概念来表述"identity"的含义。[③] 在此，本书倾向于取"认同"而舍"身份""同一性"等作为identity之译名。因为在现代社会中identity具有动态的特征，而汉语"认同"一词的动词意义则正可以显示出这一持续存在的肯定和认可的过程。对于identity的中文译法，台湾学者孟樊分析认为，"认同一词，英文称为identity，国内学者有译为'认同'、'身份'、'属性'、或者是'正身'者"，然而从后现代来看identity本身变得不确定、多样且流动，身份也是来自认同，"加之identity原有'同一'、'同一性'或'同一人（物）'之意"[④]，因此译为"认同"。《现代汉语大词典》中对"认同"的定义，即为"一是承认是同一的，二是认可、赞同"[⑤]。

[①] 陆谷孙：《英汉大词典》（缩印本），上海译文出版社1993年版，第870页。

[②] ［美］塞缪尔·亨廷顿：《我们是谁？——美国国家特性面临的挑战》，程克雄译，新华出版社2005年版，第20页。

[③] 当identity译为"身份"时，作为名词，它指某个个体或群体依据某些明确的、具有显著特征的标准或尺度在特定社会中所获得的地位或类别；当identity译为"认同"时，则具有动词性质，它指某个个体或群体试图辨识、确认自己的身份定位与归属的行为和过程。（参见周宪《中国文学与文化的认同》，北京大学出版社2008年版，第3—4页。）

[④] 孟樊：《后现代的认同政治》，扬智文化事业股份有限公司2001年版，第16—17页。

[⑤] 《现代汉语大词典》，上海辞书出版社2010年版，第503页。

综合上述观点，从 identity 的语义出发，我们认为"认同"的基本含义有两个方面，即同一性、相似性和差异性、个性。具体而言，"其一，同一性，即自我归类，与他者共有的素质或者状况；其二，个性，即作为一个长期存在的实体的个人所具有的不同于他人的鲜明个性"①。其中，差异性和个性是认同的根本含义，因为只有事物之间、人与人之间、思想观念之间存在着不同和差异，人们才会谈论认同，社会才会存在认同问题。

2."认同"的学科化阐释*

"认同"是一个很复杂的概念，学界对其含义是众说纷纭，至今并无一个确切统一的说法。"认同"最初是一个心理学概念。从20世纪60年代开始，西方学者将其在社会学、政治学、哲学、民族学、文化学、人类学等诸多领域中广泛应用，"认同"在不同的学科领域以及在同一学科领域中，因为理解角度不同，其内涵存在着较大差异。

西方学者中最早使用"认同"概念的是奥地利心理学家弗洛伊德，他把认同"看作是一个心理过程，是个人向另一个人或团体的价值、规范与面貌去模仿、内化并形成自己的行为模式的过程，认同是个体与他人有情感联系的原初形式"②。后来，弗洛伊德的学生埃里克森把认同理论系统化，③他从自我与他人的关系的角度，将认同看作一个逐步形成结构，是"一种自我同一性和历史连续性感觉"④，是对在生命周期的不同阶段发生的内驱力和社会压力的反应。可见，"认同"最早作为一个心理学概念，它根源于个人与他者之间的关系，更多的是指自我认同，即自我认识、自我肯定的过程。换言之，认同是指个体获得他者的承认以及对这种承认的确认，是个体人格形成的基础。

---

① 李友梅：《社会认同：一种结构视野的分析》，上海人民出版社2007年版，第2页。
* 参见刘惠、胡建《论政治认同的含义、类型与特征》，《昌吉学院学报》2014年第2期。
② 转引自梁丽萍《中国人的宗教心理——宗教认同的理论分析与实证研究》，社会科学文献出版社2004年版，第12页。
③ 埃里克森将弗洛伊德的人格理论发展并完善成为一门新的科学——自我心理学，其中"自我同一性"概念是埃里克森自我心理学的中心概念，并以此来分析现代美国社会出现的一系列严重的社会问题，提出了"认同危机"概念。"认同危机"的提出已超出了心理学范畴，并成为社会科学各个领域的一个重要概念。
④ E.H.Erikeson, *Identity: Youth and Crisis*, New York:Norton,1968, p.17.

第一章　政治认同与中国公民政治认同的基本理论

　　在埃里克森之后，随着现代性的发展，认同概念逐渐突破了心理学的范畴，被越来越多的西方学者广泛用于社会学、哲学、政治哲学、政治学等领域，认同成为社会生活中的普遍现象和问题。"在每一个地方，我们都遭遇到认同的话语。举凡世界上的会心之事，无不可以用认同表述。而且，人们所讨论的不仅仅是认同问题，还涉及认同变化的问题：新的认同的涌现，旧的认同复活，现存的认同的变迁。"[①]法国后现代主义学者韦克斯指出："认同乃有关于隶属（belonging），即关于你和一些人有何共同之处，以及关于你和他者有何区别之处。……认同是有关于你的社会关系，你与他者复杂的牵连。"[②]后来，德国学者哈贝马斯也曾指出："认同归于相互理解、共享知识、彼此信任、两相符合的主观际相互依存。认同以对可领会性、真实性、真诚性、正确性这些相应的有效性要求的认可为基础。"[③]另外，加拿大当代哲学家查尔斯·泰勒认为："我的认同是由提供框架或视界的承诺和身份规定的，在这种框架和视界内我能够尝试在不同的情况下决定什么是好的或有价值的，或者什么应当做，或者我应当赞同或反对什么。换句话说，这是我能够在其中采取一种立场的视界。"[④]亨廷顿在对"认同"进行界定时，也类似地指出，"在绝大多数情况下，identity都是构建起来的概念。人们是在程度不等的压力、诱因或自由选择的情况下，决定自己的identity的"[⑤]。

　　由此可见，认同是一个积极建构的过程及其结果，是在不同主体之间的相互沟通、交流过程中建构的，认同强调的是个人或者群体的自我建构，即强调认同承载者的主体性能动性和自我反思能力。这里所说的认同的自我建构，其实包括个人在社会中获得成员身份即自我认同和个体对群体的接纳即社会认同这两个方面。因此，认同就是"集体同一性和自我同一性

[①] Richards Jenkins, *Social Identity*, London: routledge, 2004, p.7.
[②] 参见王波《政治认同理论研究》，博士学位论文，中国人民大学，2006年，第13页。
[③] ［德］尤尔根·哈贝马斯：《交往与社会进化》，张博树译，重庆出版社1989年版，第3页。
[④] ［加］查尔斯·泰勒：《自我的根源：现代认同的形成》，韩震等译，译林出版社2001年版，第37页。
[⑤] ［美］塞缪尔·亨廷顿：《我们是谁？——美国国家特性面临的挑战》，程克雄译，新华出版社2005年版，第21页。

的一致性"①，它是在自我认同和社会认同两个维度上的双向建构。

在广泛借鉴国外学者关于认同研究相关成果的基础上，国内学者对于认同概念的理解也提出了一些颇有价值的看法。社会心理学家沙莲香认为，认同是维系人格与社会及文化之间互动的内在力量，从而维系人格统一和一贯性的内在力量，因此，这个概念又用来表示主体性、归属感。②陶东风教授指出："认同问题关系到一个个体或族群的安身立命的根本，是判断是非善恶的标准，是确定自身身份的尺度。……有了这个自我确认的标准，人在与环境与世界相处时就有了确定的方位方向；与此相反，认同危机的表征则是失去了这种方位方向，不知道自己是谁，从而产生不知所措的感觉。"③梁丽萍教授认为，认同是"关涉个人与群体隶属关系的一个概念，因此认同首先是个体对某种意义上的身份的一种心理肯定，认同给予个人以所在感，给人的个体性以稳固的核心。同时，认同还意味着心理依附，因为，认同不仅有时间的向度，它是指较长时期的态度；而且还有群体的向度，是对某群体的自我认同，对群体的长期承诺是认同重要的表现形式"。因此，"认同的本质不但是'心理'的，它也包含'群体'的概念，是一项自我的延伸，是将自我视为一个群体的一部分"④。李友梅教授认为，"认同是一个'求同'与'存异'同时发生的过程"⑤，通过"存异"实现"自我证明"、自我身份的确认，通过"求同"实现"去个性化"和自我的情感归属。有学者认为，认同是"社会化过程中个体对他人的整个人格发生全面性、持久性的模仿学习"，它是"一种防御性机制，指由于某种动机而有选择地模仿别人某些特质的行为。如模仿他所崇拜或羡慕对象的某些行为"⑥。台湾学者江宜桦先生经过细致分析认为，"认同"概念在汉语中主要有三种含义：其一是同一、等同（oneness、sameness），指不同时空条件下某种事物与另一事物为相同事物的现象，描述事物的一贯性；其二是确认、归属

---

① ［德］尤尔根·哈贝马斯：《重建历史唯物主义》，郭官义译，社会科学文献出版社2000年版，第12页。
② 沙莲香：《社会心理学》，中国人民大学出版社2002年版，第2页。
③ 陶东风：《社会转型与当代知识分子》，上海三联书店1999年版，第7页。
④ 梁丽萍：《中国人的宗教心理——宗教认同的理论分析与实证研究》，社会科学文献出版社2004年版，第15页。
⑤ 李友梅：《社会认同：一种结构视野的分析》，上海人民出版社2007年版，第3页。
⑥ 朱智贤：《心理学大词典》，北京师范大学出版社1989年版，第990、535页。

（identification，belongingness），指个体或群体通过辨识自己的特色、确定自己属于哪一种类属、不属于哪一种类属的活动，表达个体或群体的归属性；其三是赞同、同意（approval，agreement），指主体对某个组织、团体或观点持支持、赞同或肯定的态度或判断，表达个体或群体对事物或观点的肯定性。[①]

总体而言，国内学者从不同的角度对"认同"概念进行了阐释，有学者把认同看作一种身份感和归属性；有学者把认同看作认识和情感的趋同或"内化"；有学者把认同作为一种防御机制；有的则把认同看成是一种心理机制等。

综合上述阐释，本书认为认同是指主体通过"自我"与"他者"之间的"求同"与"存异"，最终完成对自我的身份确定和情感归属。个人在社会生活中只有完成了自我肯定及自我身份感的确认，才能最终实现对社会共同体的认同，即最终形成对社会的情感归属、对社会普遍规则的遵循及其对个体行为的约束。因此，关于认同的定义，可以具体概括为：现代社会体系中的主体（个体或群体）在社会生活中，基于自我身份确认基础上产生的对外界对象的情感和意识上的归属感，以及在社会生活中主体基于自身的利益和价值需要而积极支持、参与认识对象的实践行为和过程。其含义可以归结为两个层面：心理（归属）层面的认同和实践（行动）层面的认同。简言之，认同是一定个体或群体对外界人或事物的一种肯定性的心理反应和行为表达，即"对某一现象承认、认可并且自愿地按其规范行事"[②]。总而言之，认同就是一个从心理层面的归属到实践层面的支持的演化过程。在本质上，它是一种趋同的过程，即主体对他者在思想上和行为上的趋同过程。从其特征来看，认同具有主体建构性、发展变动性、社会互动性等基本特征。

（二）"政治"概念释义

在对"认同"概念进行了重点分析与把握的基础上，我们再来对"政治"概念进行分析与阐释。政治作为人类社会中的一种重要的社会现象，

---

① 江宜桦：《自由主义、民族主义与国家认同》，扬智文化事业股份有限公司1998年版，第8—11页。
② 李素华：《对政治认同的功能和资源分析》，博士学位论文，复旦大学，2005年，第10页。

其内涵在古今中外不同历史时期、不同地域和文化、不同学科和学者的表述中都是不尽相同、众说纷纭的,始终也没有形成明确的共识,因此要对"政治"概念作一个统一的界定似乎是很困难的事情。尽管各种政治学说和政治思想对"政治"的阐释千差万别,但从总体上归纳起来,可以把它们分为两大类,即非马克思主义的政治观[①]和马克思主义的政治观。

在所有的政治观中,马克思主义的政治观根据辩证唯物主义和历史唯物主义的方法,第一次全面而深刻地揭示了政治的科学内涵。然而,马克思主义政治观关于"政治"的阐释也是纷繁复杂、包罗万象的。在此,本书通过梳理学界的相关论述,明确马克思主义政治观对"政治"含义阐释的基本内容。

首先,强调从经济基础和上层建筑的关系中去考察政治的含义,认为政治是以经济为基础的,政治是经济的最集中的表现。这一观点是对政治的基本特征的揭示,是马克思主义政治观的典型表现。马克思主义认为,"物质生活的生产方式制约着整个社会生活、政治生活和精神生活的过程"[②],政治活动和政治现象是派生的事物,它受到更深层的社会经济结构的制约。

其次,从政治的本质属性出发对政治内涵进行界定,认为政治的实质是阶级与阶级之间的关系、阶级与阶级之间的斗争,政治斗争是阶级斗争的集中体现。比如,列宁曾明确指出,"政治就是各阶级之间的斗争"[③]。毛泽东也指出:"政治,不论革命的和反革命的,都是阶级对阶级的斗争,不是少数个人的行为。"[④]

再次,从政治的核心内容出发揭示其内涵,认为政治的核心问题是国家政权问题,政治就是要争取和维护政权,而实现政治统治。"政治就是参

[①] 归纳起来,历史上各种非马克思主义的政治观对"政治"含义的理解主要有四种观点:其一认为政治是一种规范性的伦理道德和治国之道,其代表人物如中国的孔子、古希腊的柏拉图和亚里士多德等。其二认为政治是一种上帝或神安排人世的力量,这是一种在封建社会占统治地位的神权政治观,即"君权神授"思想。其代表人物有中国的董仲舒、西方的托马斯·阿奎那等。其三认为政治就是争权夺利,是对权力的追求和运用,其代表人物如中国以韩非为代表的法家、西方政治学的奠基人马基雅维利等。其四认为政治是一种政府的管理活动,或者是制定政策和执行政策的过程,其代表人物如中国民主革命的先行者孙中山、美国的政治学者庞顿和吉尔等。

[②] 《马克思恩格斯选集》第2卷,人民出版社1995年版,第32页。
[③] 《列宁选集》第4卷,人民出版社1995年版,第308页。
[④] 《毛泽东选集》第3卷,人民出版社1991年版,第866页。

与国家事务，给国家定方向，确定国家活动的形式、任务和内容。"①

最后，从政治的发展规律出发来界定政治的含义，认为政治"是一门科学，是一种艺术"②。由于政治活动受制于社会物质运动，它的产生、发展、变化乃至消失，都有自己特定的运动规律，对其规律的研究和把握就形成一门科学；政治现象、政治关系和政治规律又是极为复杂和最难以把握的，在实践中要充分发挥主观能动性，运用一定的方法、策略和原则等来掌握这门科学，因而政治又是一门艺术。

根据以上分析可见，尽管由于时代条件、世界观、地域文化、研究视角等的不同，人们对于政治的看法不尽相同，但是其中又有着共同之处，即无论人们怎么谈论政治，往往都离不开权力（国家权力），离不开作为国家机器的政府及其运用的权力。因此，本书认为"政治"的含义，简而言之，就是在一定经济基础上产生的一种特殊的公共权威、公共权力现象及其变更和运作的过程。政治生活最核心的问题就是公共权力或政治权力及其运行。对此，谢庆奎教授明确指出，"在人类社会的一定经济基础之上，以利益为轴心，变更社会形态，控制社会秩序，协调社会关系，管理社会事务的特定行为和关系模式，这种公共权威以及公共权力现象就是政治"③。杨光斌教授也认为："政治就是人们围绕公共权力而展开的活动以及政府运用公共权力而进行的资源的权威性分配的过程。"④美国政治学家戴维·伊斯顿关于政治概念的阐释所提出的"权威性价值分配说"实际上也突出了公共权力这一政治的核心问题。戴维·伊斯顿指出，政治是"涉及为社会进行的价值物和权威性分配的那一部分社会交往"⑤。

实际上，政治这一概念，讲的是公共权力和个人之间的关系。这里的"关系"主要包括：个人凭什么要服从公共权力？公共权力怎样才能使人服从？公共权力怎样才能使管理有效，使被管理者满意？据此，有学者认为"政治包含着认同、忠诚、权力和资源、秩序和规则……政治预示着利益、意识形态和价值观的持久冲突。政治事关公众意志和公共目标的形成，公

---

① 《列宁全集》第31卷，人民出版社1985年版，第128页。
② 《列宁选集》第4卷，人民出版社1995年版，第189页。
③ 谢庆奎：《政治释义——关于政治涵义的再讨论》，《新视野》2001年第4期。
④ 杨光斌：《政治学导论》，中国人民大学出版社2004年版，第5页。
⑤ 参见李元书《什么是政治——政治涵义的再探讨》，《学习与探索》1997年第5期。

共利益的决定,什么应当保存,什么应当改革,什么应当属于公众,什么应当属于隐私,以及管理社会应该有的规则"①。这里提出的公共权力与个人的关系问题,实际上体现了个人对公共权力的认同,即政治认同问题。这就为下文分析政治认同概念奠定了基础。

(三)政治认同概念的界定

1. 政治认同的含义

明确了"认同"和"政治"的含义,我们就易于把握政治认同的含义。关于政治认同的含义,中外学者从不同的视角对其做出了不同的界定。

在研究政治认同问题上,西方学者起步较早,规范化程度也较高。他们一般以政治文化为研究视角,他们研究更多的是国家认同、政党认同与文化认同。对于政治认同的含义,西方学者通常把政治认同称之为对政治体系的依附以及对政治合法性的支持。一般认为,政治认同概念的含义是美国政治学家罗森堡姆首先提出的②。美国政治学家加布里埃尔·A.阿尔蒙德等在《比较政治学:体系、过程和政策》中,把政治认同看作一种政治态度、信仰和政治情感,并提出了政治认同意识、政治认同感等问题。戴维·伊斯顿在《政治生活的系统分析》中开创了输入与输出的系统研究方法,进一步分析了政治认同的内容,包括政治共同体、典则和当局三个方面,同时将政治认同的来源归纳为意识形态的合法性、结构的合法性和个人的合法性。同时,由于政治认同与政治合法性密切相关,合法性的实质就是政治认同问题,故不少政治合法理论也涉及政治认同研究。例如,德国著名学者马克斯·韦伯认为,"合法性就是指对一种政治秩序或统治的信仰与服从"③,他进而提出了政治认同的合法性基础,即传统的基础、克里斯马基础和法理基础;美国学者西

---

① [英]安德鲁·甘布尔:《政治和命运》,胡晓进等译,江苏人民出版社2003年版,第1页。

② 罗森堡姆在《政治文化》一书中指出:"政治认同,是指一个人感觉他属于什么政治单位(国家、民族、城镇、区域),地理区域和团体,在某些重要的主观意识上,这是他自己的社会认同的一部分,特别地,这些认同包括那些他感觉要强烈效忠、尽义务或责任的单位和团体。"(参见[美]罗森堡姆《政治文化》,陈鸿瑜译,桂冠图书有限公司1984年版,第6页。)

③ [英]弗兰克·帕金:《马克斯·韦伯》,刘东等译,四川人民出版社1987年版,第23页。

摩·马丁·李普赛特认为,合法性是指"政治系统使人们产生和坚持现存政治制度是社会的最适宜制度之信仰的能力"[①],也就是说,是政治认同在支撑政治制度的合法性,合法性的实质是政治权力能否获得普遍认可,即得到政治的认同;法国学者让-马克·夸克认为,合法性是对被统治者与统治者关系的评价,"合法性即是对统治权利的承认"[②]。另外,也有关不少研究涉及政党认同、国家认同等方面的内容。比如《布莱克维尔政治学百科全书》把"政党认同"定义为,"一种心理认同,即对于某一政党或其他政党的依恋之情"[③]。该书把政党认同看作非理性政治行为的典型代表来研究。有学者认为公民资格是现代社会认同的重要来源,可以使一切外来者认同所移居社会的文化、政治和法律制度等,这体现了公民身份对于国家认同的重要性。如德国政治哲学家哈贝马斯在《包容他者》中所分析的,"公民必须懂得,即便在社会安全和不同文化生活方式的相互认同中,他们的权利也是具有使用价值的。如果民主制度下的公民资格能够成为实现各民族的理想生活方式的机制,那么,它就可以成为团结一切外来者的一体化力量"[④]。

中国学者对政治认同问题的关注大致是从改革开放以后,随着政治文化研究的兴起而开始的。关于政治认同概念的界定,学者们主要有以下一些观点。一般说来,国内较早进行政治认同研究的学者是闵琦。他在《中国政治文化——民主政治难产的社会心理因素》一书中专门对中国公民的政治认同问题进行了研究,他认为"政治认同是指一个政治共同体的成员对该政治共同体的支持问题"[⑤]。《中国大百科全书·政治卷》中把政治认同定义为:"人们在社会政治生活中产生一种感情和意识上的归属感。它与人们的心理活

---

① [美]西摩·马丁·李普塞特:《政治人:政治的社会基础》,张绍宗译,上海人民出版社1997年版,第55页。
② [法]让-马克·夸克:《合法性与政治》,佟心平等译,中央编译出版社2002年版,第10页。
③ [英]戴维·米勒、韦农·波格丹诺:《布莱克维尔政治学百科全书》,邓正来等译,中国政法大学出版社2002年版,第566页。
④ [德]尤尔根·哈贝马斯:《包容他者》,曹卫东译,上海人民出版社2002年版,第138—139页。
⑤ 闵琦:《中国政治文化——民主政治难产的社会心理因素》,云南人民出版社1989年版,第18页。

动有密切的关系。人们在一定社会中生活,总要在一定的社会联系中确定自己的身份,如把自己看作某一政党的党员,某一阶级的成员、某一政治过程的参与者或某一政治信念的追求者等等,并自觉地以组织及过程的规范来规范自己的政治行为。这种现象就是政治认同。"①这里实际上把政治认同界定为一种心理、情感归属及其相应的政治行为,主要偏重于政治情感体验和归属。国内学者对政治认同概念的界定大多采用了《中国大百科全书》的观点,同时在具体研究过程中也有一些创见与发展。如吕元礼教授在其专著《政治文化:转型与整合》、马振清教授在其专著《中国公民政治社会化问题研究》中就直接引用了《中国大百科全书》中对政治认同的界定。另外,邱柏生、王宗礼、薛中国、方旭光、李素华、孔德永、张江河、彭正德、陈道银等学者从不同的视角对政治认同概念做了理论分析和解读。

归纳起来,中国学者对政治认同概念的界定主要有以下几种观点:第一,"归属论"②:从政治心理、政治情感层面来定义,政治认同作为某种"归属感"或"体验",是指人们对一定政治体系产生的情感和意识上的归属感;第二,"实践论"③:从政治实践的角度来把握,把政治认同看作一种现实的政治行为以及政治活动实践的结果;第三,"统一论"④:从政治情感与政治实践相结合的层面来界定,认为政治认同不仅是一种政治心理倾向和态度,也是一种政治实践活动或政治行为,它是政治心理和政治行为的有机统一;第四,"本质论"⑤:从政治本质的视角来把握,将政

---

① 张友渔等编:《中国大百科全书·政治卷》,中国大百科全书出版社1992年版,第501页。

② 吕元礼:《现代化进程中的政治认同危机及其克服》,《社会主义研究》1996年第3期;邱柏生:《浅析我国政治心理学研究的现状》,《复旦学报》(社会科学版)1996年第4期;薛中国:《当代中国政治认同的心理机制研究》,博士学位论文,吉林大学,2007年,第16—17页;王宗礼:《中国西北农牧民的政治行为研究》,甘肃人民出版社1995年版,第164页;陈道银:《政治认同建设与构建社会主义和谐社会》,《天府新论》2006年第5期。

③ 方旭光:《政治认同——政治实践的范畴》,《兰州学刊》2006年第9期。

④ 闵琦:《中国政治文化——民主政治难产的社会心理因素》,云南人民出版社1989年版,第18页;孔德永:《当代中国社会转型时期的政治认同问题研究》,博士学位论文,山东大学,2006年,第16页;马振清:《中国公民政治社会化问题研究》,黑龙江人民出版社2002年版,第110—111页。

⑤ 李素华:《政治认同的辨析》,《当代亚太》2005年第12期;张江河:《论利益与政治》,北京大学出版社2002年版,第244—245页;彭正德:《世界范围内农民政治认同的类型与我国农民政治认同的基础》,《政治学研究》2006年第3期。

治认同定义为公民对政治权力（权威）的认可与服从。

综上可以看出，政治认同作为一个现代性话语，不同学者从不同的视角有不同的解读，可谓众说纷纭。本书将在借鉴学界成果的基础上，基于本研究视角和研究需要对政治认同做出明确界定。我们认为，所谓政治认同，就是指政治主体在社会政治生活中产生的对自我政治身份的确认和对所属政治体系的情感、意识归属，以及政治主体基于特定利益和价值需要而积极支持、参与政治体系的实践活动。这里要明确的是，社会成员对自身政治身份的确认，主要指人们形成明确而稳定的政治立场和政治价值观，比如在政治社会化过程中体现出的党派偏好，加入某一政党组织，或虽不加入，但对该政党产生较强的认同感和忠诚感；在社会成员完成自身政治身份确认的基础上，才可能产生对政治共同体在政治情感和政治意识上的归属感，并形成对政治共同体所认可的普遍规则的遵循和积极的行为支持。因此，公民的自我政治认同是公民形成政治客体认同的前提和基础，只有认同主体找到政治上的"自我"、形成"自我政治认同"，才能对政治"客体"进行认知、评价和认同。质言之，公民的自我政治认同与公民对政治客体的认同，两者之间是统一的。而本书关于政治认同的含义主要是从公民对政治客体的认同这一方面来把握的。

因此，简而言之，所谓政治认同是指生活于一定政治体系中的社会成员对政治体系所产生的一种心理或情感上的归属感以及相应的支持行为。政治认同是反映认同主体与认同客体之间关系的概念，它是认同主体对认同客体做出的一种心理反应和行为表达。也就是说，政治认同不仅是一种意识范畴，而且是一种实践范畴，是主观的政治心理和现实的政治行为的有机统一，它通过一定政治体系中的社会成员对政治体系的政治认知、政治情感、政治态度和政治参与表现出来，反映了一个从心理到行为的衍化过程。

2. 政治认同的结构要素

作为一种政治心理与政治行为的反映，政治认同构成一个观念和行为相统一的有机系统。因此，政治认同具有鲜明的结构性，其内部各要素之间相互联系、相互作用。政治认同的结构要素主要由"谁认同""认同谁""为什么认同""如何认同"，即政治认同主体、政治认同客体、政治认同环体和政治认同介体四个相互联系的方面而组成。事实上，这些结构要素是我们界定政治认同内涵必须涉及的基本内容，构成了解释政治认同的基本框架（见图1-1）。

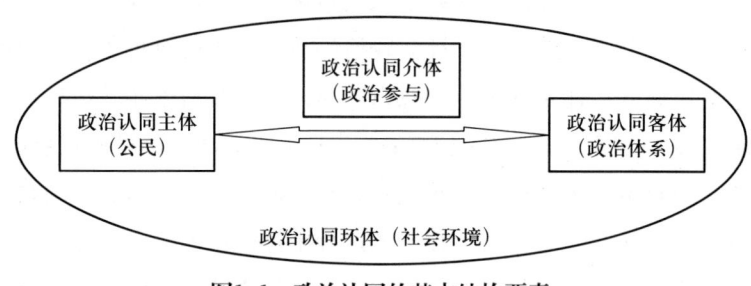

图1-1 政治认同的基本结构要素

（1）"谁认同"：政治认同的主体

作为一种趋同性的政治心理和政治行为，政治认同的主体即施动者，必然一定具有思维和行动能力。因此，毫无疑问，政治认同的主体就是"人"，亦称为公民或民众。这里无论是公民还是民众，都是指归属于一定政治体系的"政治人"[①]。人一来到人世间，必然要组成一定的社会，并生活于一定的社会群体之中，社会将赋予其一定的政治性，并使他参与政治生活，这是不以人的意志为转移的。因此，亚里士多德认为，"人类在本性上，也正是一个政治动物"[②]，马克思也曾明确指出："人是最名副其实的政治动物，不仅是一种合群的动物，而且是只有在社会中才能独立的动物。孤立的一个人在社会之外进行生产——这是罕见的事。"[③]因此，就一般意义而言，所有生活在现实政治社会中的人都是"政治人"。当政治人

[①] 关于"政治人"的含义，有广义和狭义两种理解：广义的政治人是指所有生活在现实政治社会中的人；狭义的政治人是指那些真正成为现实政治基础的公民及公民中那些对政治更有兴趣和更有权力的人。人总要处于一定社会关系之中，但人并不必然要进入政治关系中，可能由于政治制度不发达会限定某些人作为政治人的功能的发挥，也可能由于即使享有政治权利的人并不必然去享用属于他们的政治权利。从这个意义上说，这些人属于非政治阶层。因此，无论什么样的国家，并非所有人都与政治真正发生关联并参与政治生活，都存在一个政治冷漠群体或无政治阶层。（陈义平：《政治人：模铸与发展——中国社会转型期的公民政治分析》，安徽大学出版社2002年版，第4—6页。）本书是在广义上使用"政治人"，即指所有生活在现实政治社会中的人或处于一定现实社会关系中的公民。

[②] ［古希腊］亚里士多德：《政治学》，吴寿彭译，商务印书馆2009年版，第7页。

[③]《马克思恩格斯选集》第2卷，人民出版社1995年版，第2页。

这一抽象的主体与现实政治活动或政治过程发生关系的时候，政治人的公民性就会体现出来，政治人这一抽象的主体就具体化为现实政治生活中的公民。

在现代社会中，公民作为一种资格或身份，公民身份乃是一个人具有的最根本的政治属性。换言之，作为个体存在的政治人的第一身份即是公民，或者说现代政治人就是公民。然而，现实生活中拥有公民身份，并不意味着就能形成或带来有效的政治认同，因为政治认同是现代公民意识普遍觉醒之后才发展起来的一种政治现象，只有公民对政治过程的介入和积极参与政治生活才能被称作政治认同。要形成政治认同，必须要求公民具备对公共生活施加影响以及正确行使法定权利和履行法定义务的意识和能力，即具备一定的公民素质和公民意识。因此，现代政治学者认为，政治认同的主体只能是具有现代公民意识的公民、民众。[①]需要说明的是，这里所说的政治认同主体——公民，既包括公民的个体存在形式，即公民个体；也包括公民的群体存在形式，即公民围绕特定的利益诉求，以一定的方式、在一定的规则指导下结成的阶层、政党、组织、利益集团等群体形式。然而，群体是由个体构成的，群体的一切行动都必须通过现实的个体活动来完成。因此，本书主要立足于公民个体来展开政治认同研究，把政治认同的主体界定为现实政治生活中的公民或民众，关注现实政治生活中社会成员对政治体系的政治认知、政治情感、政治态度及政治行为等，以此形成对当代中国公民政治认同的现状、问题及各种关联因素的宏观把握。

（2）"认同谁"：政治认同的客体

政治认同的客体是指认同主体所认识和实践的对象，即政治认同的对象或内容。在政治生活中，政治人对"政治自我"的认同与其对一定政治共同体的认同是统一的。作为个体的政治人，总是要通过自己政治身份和政治角色的确认，来表明对所属政治体系的心理依附和情感归属。因此，笼统地说，政治认同的对象就是政治体系，但从本质而言，政治认同对象应明确为以公共权力为轴心的政治体系。"这是因为，政治的核心就是公共权力，政治体系在本质上是以公共权力为轴心而建立起来的包括组织、价

[①] 在现代社会，可能公民、民众与"政治人"在内涵与外延方面有所差异，但总体上可以相互通用。

值、制度和过程的互动结构。"[1]关于政治体系的组成要素，加布里埃尔·A.阿尔蒙德指出它包括"环境、输入、转换、输出和反馈等部分"，达尔认为是"权力、统治和权威"。本书认为，政治体系作为政治共同体对其成员行使公共权威的组织和关系的总和，主要由确保政治权力有效运作的一定政治组织、政治制度、政治过程、政治价值等要素所构成。

因此，对政治体系的认同，主要就体现为对以政治权力为核心而建构起来的政治组织机构、政治制度规范、政治运作效能、政治价值理念等方面的理解、赞同和支持。其中，政治组织机构是指对政治权力进行运作的相关组织和机构，包括国家组织（政府）、政党、利益集团等，它是政治体系的实体形态，是政治体系职能发挥的载体；政治制度规范是指政治权力的运作必须遵循的制度、规则、政策等，它是政治体系的制度形态，是政治体系有效运行的规范保障；政治运作效能是指政治权力运行的过程及政治治理的社会后果，它是政治体系的实践形态，是政治体系功能发挥的绩效体现；政治价值理念是指政治权力运作的指导思想、价值追求及价值理念，包括政治意识形态、政治思想、政治文化等，它是政治体系的观念形态，是政治体系产生和运行的深层次结构与基础。总之，政治认同的客体就具体包括围绕政治权力而形成的政治实体、政治制度、政治绩效和政治价值等方面。这四个方面，是公众对政治权力的认同在政治组织、政治制度、政治绩效和政治价值方面的具体表现。作为政治体系的基本构成要素，政治组织机构、政治制度规范、政治运作效能和政治价值理念既是政治认同的对象与内容，也是政治认同形成的影响因素，同时它也会反过来对政治认同主体自身的政治心理及公民意识的形成产生一定影响。

（3）"为什么认同"：政治认同的环体

环体即环境，是指人类主体活动赖以进行的各种自然条件、社会条件和文化条件的总和。政治认同作为一种政治心理和政治实践活动，其发生与发展都依赖于一定的外在环境，这里主要是指社会环境。"不是人们的意识决定人们的存在，相反，是人们的社会存在决定人们的意识。"[2]作为一种心理现象，政治认同得以产生的起点是人的需求，而需求的满足和实现必

---

[1] 上官酒瑞：《现代社会的政治信任逻辑》，上海人民出版社2012年版，第43页。
[2] 《马克思恩格斯选集》第2卷，人民出版社1995年版，第32—33页。

须介入社会关系转化为利益。马克思主义认为,"人们奋斗所争取的一切,都同他们的利益有关"①,利益是政治活动的目的、内容和基本动机。当一定政治统治的实际业绩或政绩满足社会成员的利益需求时,政治认同就得以产生。这些利益需求不是离开环境的单纯生理行为,而是根源于现实环境,受外在环境刺激和制约,是外在环境的产物。因此可以说,外在环境是政治认同产生、发展及变迁的原因、条件及空间,也是我们理解"为什么认同"的一个关键性结构。

具体而言,政治认同的环体主要包括政治环境、经济利益环境、思想文化环境、社会运行环境等要素。第一,政治环境,是指认同主体所处的围绕政治权力运作而建构起来的一定政治体系环境。作为政治认同的直接对象,政治体系的组织结构、制度规范、运作绩效、价值理念等所表现出来的样态及其变迁,将对政治认同的形成及其发展产生直接的影响。第二,经济利益环境,是指认同主体在社会关系中所面对的经济关系、经济活动和经济体系,包括经济发展状况、收入分配结构、经济结构和经济发展方式等。经济利益是一切利益的基础,是人们产生政治心理和行为的根源所在。因此,公民对政治体系的认同,根源于该政治体系通过提高经济发展水平、合理分配物质财富及调整经济结构等方式,能够不断满足人们的经济利益需求,并持续维护民众的利益。第三,思想文化环境,是指认同主体所处的一定社会的思想氛围和文化背景,包括文化传统、价值观念、意识形态等,在不同的思想文化传统尤其是不同政治文化的熏陶和影响下,人们会形成不同的政治人格、政治价值观,就会产生不同的政治态度、情感与政治行为,从而直接影响政治认同。第四,社会运行环境,是指认同主体所处的与政治、经济、文化领域相对应的社会生活领域,包括社会结构、社会流动、社会整合等要素。这些社会体系的特征及运行状况势必影响到民众对政治体系的认知和评判,从而成为影响政治认同的又一重要环境变量。

(4)"如何认同":政治认同的介体

政治认同在本质上是政治主体对以政治权力为核心的政治体系的认可、赞同和支持。它一方面是政治主体获取认同性政治的过程,即表现为主体

---

① 《马克思恩格斯全集》第1卷,人民出版社1956年版,第82页。

对客体认可的心理状态；另一方面也是政治体系取得合法性的实践，即表现为客体反观主体而呈现的合法性显现。可以说，政治认同是一个反映认同主体与认同客体之间互动关系的范畴。然而，其主客体之间的互动关系要顺利实现，抑或说政治认同要顺利完成，离不开一定的介体，即介于主体与客体之间的桥梁和纽带。因此，"政治认同某种意义上是'主体—介体—客体'三者之间综合作用、交往互动的实践过程"[①]。政治认同介体是我们理解"如何认同"的一个关键性结构，也是认识政治认同如何生成的基本原理的重要环节。作为一种政治心理，政治认同必须通过政治话语和政治行动等外显化形式才能体现出来。离开相应的政治表达（话语）和政治参与（行动），不仅公众的政治心理无从把握，而且政治体系也无法赢得合法性，从而政治认同就不具有实质性的意义。

具体而言，政治认同的介体主要包括政治利益表达和政治参与。[②]第一，政治利益表达[③]，是指公民以语言或文字的形式向政治体系表达自己的政治观点、政治态度或提出利益诉求。一般而言，利益表达作为个人意志的重要表达方式，它可分为制度化利益表达和非制度化利益表达。现代民主政治条件下，制度化利益表达是最主要的方式，其主要包括政党利益表达制度、社会团体利益表达制度、非政府组织利益表达制度、大众传媒利益表达制度、社会协商对话制度等。当制度化政治利益表达渠道受阻或不通畅，就会出现政治谣言、政治牢骚、越级上访、群体性事件、暴力抗争等非制度化的政治利益表达方式。第二，政治参与，是指公民为维护和实现自身利益，直接或间接地以各种方式影响政府决策及活动的政治行为。其主要方式除包括民主选举、民主监督、基层自治等制度性政治参与之外，也包括一些"非制度性政治参与""对抗性政治参与"甚至"暴力性政治参与"。

---

① 曾楠：《政治认同论——基于国家与社会的关系论域》，江西人民出版社2017年版，第82页。

② 戴维·伊斯顿在《政治生活的系统分析》中指出，政治系统通过"输入"和"输出"来维持系统的正常运转。其中"输入"主要指公民的要求与支持，"输出"主要指决策与执行，而输入到输出的转换则需要通过利益表达、政治参与等介质得以实现。

③ 这里的"政治利益"是一种广义的理解，即不仅限于涉及政治事务上的利益，也可以包含所有对政治体系形成压力的经济、文化、社会利益要求，只要是作为政治体系的"输入"并能对之产生影响的就可以宽泛地归纳入"政治利益"中。因此，政治利益表达也可称为利益表达，它属于一种表达性的"参与"。

公民政治参与是现代民主政治的显著特征,是政治文明进程的一个重要变量。总之,政治利益表达和政治参与是政治认同的现实介体,它们都是政治心理的一种显性化的表达形式,政治主体对政治体系的信念、态度和情感必须通过显性的话语和行动才能最终得以实现。因此,政治认同的形成是在一定认同环体(社会环境)之下,认同主体(公民)—认同介体(话语和行动)—认同客体(政治体系)"三位一体"的互动过程。

二 政治认同的心理机制和社会机制

机制又称机理,其本义是指实现某一特定功能,一定有机体中各个构成要素在一定环境条件下相互联系、相互作用的运行规律和原理。政治认同机制则是指政治认同的构成要素及其相互关系,以及从中体现出来的规律和原理。政治认同作为一定社会关系中的社会成员对所属政治体系产生的一种同向性的政治心理和政治行为,其生成与发展是在认同主体主观特性和一定社会环境的基础上,通过一定的心理机制和社会机制共同作用的结果。因此,政治认同的形成有其自身固有的心理机制和社会机制。如果说,前文关于政治认同结构要素的分析是从平面和静态层面进行描述的话,那么关于心理机制和社会机制的分析,则是在静态结构要素分析的基础上,对政治认同的一种动态和整体层面的考察和阐释。

(一)政治认同的心理机制[*]

作为一种主观政治心理和现实政治行为的有机统一,政治认同是认同主体在一定的心理机制基础上所进行的相应的政治行为活动的过程。政治认同的形成是由相互联系的诸多心理结构要素构成的一个完整的过程,这些结构要素包括政治认知、政治情感、政治态度、政治信仰、政治行为等。也就是说,政治认同的心理机制是通过认同主体对政治体系的政治认知、政治情感、政治态度和政治行为表现出来的,其实质就是政治认同萌芽、累积、稳固、外化的心理活动过程。

1. 政治认知:政治认同形成的首要环节

政治认知是认同主体对政治生活的主观反映,抑或认同主体对于各种政治现象的认识与理解,包括人们对政治意识形态、政治制度和政治运行

---

[*] 参见胡建《论政治认同的来源及其形成》,《昌吉学院学报》2013年第5期。

的感知、理解、判断和评价，它是认同主体对认同客体从感性认识上升为理性认识的过程。按照心理发展的不同层次，政治认知可分为政治感觉、政治知觉、政治理解、政治判断、政治比较和政治评价等。其中，政治感觉、政治知觉和政治理解是公民对所有政治现象、政治关系的主观反映，即属于事实认知；政治判断、政治比较和政治评价是公民对所有政治现象和政治关系的评价性认识，即属于价值性认知。在政治认知过程的基础上，政治认同主体对政治体系的本质联系做出理解、判断和评价，从而形成一定的政治认同意识倾向。因此，政治认知是形成政治认同的基础和首要环节，只有具备一定的政治认知，才能对认同对象进行认识和评判，才能进行相应的认同活动。

2. 政治情感：政治认同形成的感情基础

政治情感是认同主体在政治认知基础上产生的对政治生活的内心体验和感受，主要表现为公民对政治体系是否符合自己的政治认知和需要而产生的亲近或疏远、相信或怀疑、热爱或憎恨、服从或抗拒等积极的和消极的政治情感反映。政治情感一般可分为：较低层次的政治情绪和较高层次的政治感情。政治情绪是政治主体在政治生活中依据其政治期望和需求的满足程度而产生的暂时性的主观体验，包括积极肯定的情绪和消极否定的情绪、私人情绪和公众情绪等。政治感情则是政治主体在对政治关系的认知过程中产生的一种复杂而稳定的心理体验，是一种较为高级的精神活动，具有持续、稳定、易于自我控制的特征，一般可分政治热情与政治冷漠两种类型。很显然，政治情感在一定程度上反映着认同主体与政治体系的关系，带有明显的主观选择性和政治倾向性，它是长期政治心理积淀的产物，影响着公民的政治态度和政治行为。作为政治生活的感情纽带，政治情感在政治认同的形成过程中起着重要作用，它是政治认同的动力来源和感情基础，也是衡量政治认同状态的重要尺度。

3. 政治态度：政治认同心理与参与行为的中介

政治态度是一种重要的政治心理现象，由社会政治环境与个人政治社会化过程交织作用而成，它体现了人们看待和反映政治现象的方式。[1]具体

---

[1] Gabriel A. Almond and G.Bingham Powell, JRr. Robert J. Mundt, *Comparative Politics: A Theoretical Framework,* New York: Harper Collins College Publishers,1996, p.46.

而言，政治态度是认同主体对待社会政治现象的一种心理活动过程的反应，或者说是认同主体对政治目标与政治情境所形成的一种较为一贯和稳定的反应倾向。作为一种心理反应倾向，政治态度通常体现为一系列成型而又系统的政治意识、政治价值、政治信仰为表现形式的综合信念体系。每一个处于一定经济、政治地位，并生活在一定社会关系中的公民都会对一定的政治现象产生认识和理解，通过他们的情感和倾向，最终形成相应的政治态度。从本质上讲，政治态度是一种心理现象，但它不是某一种心理过程的单独表现，而是一种综合性的心理过程，它是在政治认知、政治情感和政治动机等各种心理过程互动的基础上共同作用的结果，具有一定的结构。政治态度是政治心理转换为政治行为的必要中介，是政治行为的准备或潜在阶段。公民的政治态度对其政治行为具有较强的驱动作用，政治态度的倾向性决定政治行为的选择指向。政治态度是政治认同形成过程中相对稳定的构成要素，它规定着政治认同的方向和性质，决定着政治认同行为的方式和手段。

4.政治行为：政治认同形成的外化表现

所谓政治行为，是指在一定的政治统治体系中，认同主体所进行的各种政治实践活动。政治行为是人类行为的一部分，是政治人与政治环境相互作用的结果。当人们与政治环境发生关系，介入社会的政治生活时，他们的所作所为便是政治行为。一般来说，政治行为是受政治认同主体的政治认知和政治情感的影响，在一定政治动机的驱动下、在政治意志的调控下实施和出现的。政治行为是政治认同形成过程中显性的结构要素，是政治认同心理的外在表现。作为政治认同的外化表现，政治行为是公民个体的政治认知、政治情感、政治态度在行为层面上的反映或者激活。政治认同不仅体现为心理归属感，还体现为实践中的政治参与行为，只有兼具心理与实践的认同才是真正的认同。因此，政治行为是认同主体在一定政治心理基础上所产生的认同结果，也成为衡量政治认同的一个重要维度。一般情况下，认同主体的政治行为是其政治认知、政治情感和政治态度的直接外显和真实体现；然而，在某些情况下，政治行为与政治心理之间也会发生脱节现象，即政治行为不一定能反映认同主体真实的认同心理，因为政治生活中某些强制性因素有时会迫使认同主体做出与其固有的政治认知、政治情感和政治态度相偏离甚至是完全相反的政治行为。

综上所述，政治认同的心理机制一般意义上体现为四个阶段：政治认知—政治情感—政治态度—政治行为。具体而言，首先，认同主体在一定的政治动机的驱动下，对政治体系进行感知、理解、判断、评价，即形成政治认知；在一定的政治认知基础上，产生对于政治体系是否符合自己内心需要的体验和感受，即政治情感；其次，在政治认知和政治情感的综合作用下，形成一种较为一贯和稳定的综合信念体系，即政治态度；最后，认同主体的认知、情感和态度等外化为具体的行为，即产生维护一定政治体系的政治行为，从而出现政治认同的结果。简言之，政治认同的形成过程具体表现为：一定的认同动机—（进行）认知—（产生）情感—（形成）态度—（付诸）行为—（出现）认同结果。一般来说，在政治认同的过程中，以上环节是条件关联和条件递进的关系，即前者成为后者的条件，后者成为前者的结果。但是，由于认同活动是人能动的活动，各种因素的影响是多方面的，同时，认同过程中各种条件的多样性和变化性，使得认同活动的过程呈现出较为复杂的可能状况。

（二）政治认同的社会机制

依据历史唯物主义关于社会存在决定社会意识的观点，政治认同作为一种在一定社会关系中产生的社会意识，其形成和发展必然受制于一定的社会关系及社会环境，它是一定社会存在的产物。因此，本书认为政治认同的社会机制，是指在政治认同的生成与变迁过程中，各种社会因素相互联系、相互影响和相互作用的关系及其调节形式。其主要包括利益诱导、意识形态、政治制度、政治规训、政治治理、政治文化、社会资本、政治心理等方面。在此，本书从经济层面、政治层面和思想文化层面等社会结构的基本形式出发，主要从利益需求驱动、制度规则形塑、意识形态规训等方面对政治认同形成的社会机制进行分析和阐发。

1.利益需求驱动机制：政治认同形成的基本动力

"在现实世界中，个人有许多需要"[①]，需要是人类自身存在与发展的必然性。但是，人类的存在与发展不是需要本身，而是需要的满足。而需要的满足，必须介入社会关系和社会活动转化为利益才能实现。可见，利益产生于需要，需要是利益的主观基础，利益是需要的社会形态。"人们奋斗

---

① 《马克思恩格斯全集》第3卷，人民出版社1960年版，第326页。

所争取的一切，都同他们的利益有关"①，利益是人类政治活动的目的、本质和基本动机。因此，作为政治心理与政治活动相统一的政治认同，其形成的动力和源泉就是利益，它反映了人们的现实利益需求。离开了利益，任何政治心理和政治活动都无从解释，"'思想'一旦离开'利益'，就一定会使自己出丑"②。因此，利益需求驱动就成为政治认同生成的一个重要社会机制。人类的利益需求，包括经济利益、政治利益、文化利益及社会利益等方面，其中由于经济利益是一切利益的基础，是人们最根本的利益，从而使得物质利益需求成为人们政治认同的逻辑起点。

一个政治体系要获得社会成员的政治认同，最根本和最重要的条件就是它应在不断发展经济的基础上满足人们的物质利益需要。人们对政治体系的认同，往往是因为该政治体系能给他们带来利益，只要能给人们带来利益并维护这一利益，人们就认同和支持这一政治体系。"任何政治统治的稳固，都必须以民众的认同与支持为基础……这种认同不仅出于一定的观念、文化的影响，而且必然以民众对政治统治实际行为的认识为基础，也就是说以被统治者对政权履行职能的效率、对公共利益的维护和民众个人利益的满足为基础，即以国家的政治产品满足社会需要的程度为基础。"③这表明政治统治的实际业绩或政绩，是公民产生政治认同的重要条件和"有效性"基础。法国学者让-马克·夸克也指出，为了使共同体中的成员能够认为统治者的地位是具有合法性的，那么就需要政府明确地表现出它所具有的公共福祉的活力。……对统治者合法性的评价不只是通过他能够根据当时社会的法律与基本原则做出决定采取行动，同样还在于他是否能够获致有效的结果。④可见，满足民众的功利性需求是政府的一种政治责任，这一责任的履行直接关系到政府的合法性基础。一般说来，政绩越充分，经济越发展，国家就越富裕，民众得到的物质福利等就会越多，人们的政治认同度也就越高。但是，由于人除了最基本的物质利益需求以外，还有

---

① 《马克思恩格斯全集》第1卷，人民出版社1956年版，第82页。
② 《马克思恩格斯文集》第1卷，人民出版社2009年版，第286页。
③ 龙太江、王邦佐：《经济增长与合法性的"政绩困局"——兼论中国政治的合法性基础》，《复旦学报》（社会科学版）2005年第3期。
④ 参见［法］让-马克·夸克《合法性与政治》，佟心平等译，中央编译出版社2002年版，第53—54，48—51页。

政治、思想文化、社会权益等多方面的需求，如果一个政治体系一味地仅仅靠经济发展为主要内容的有效性来获取民众的认同，显然是不够的，可能会出现亨廷顿所提出的合法性的"政绩困局"[①]而难以长久维持统治。因此，一个政治体系要想赢得大多数社会公众的认同，不仅要大力发展经济，提高人们的社会生活水平，而且要使社会资源与价值的分配尽可能地做到公正、公平，力争实现社会发展的平衡与协调，满足人们的美好生活需要。这就是我们常说的，要处理好做大"蛋糕"和分配"蛋糕"的关系。要在充分做大"蛋糕"的基础上，分好"蛋糕"，保证广大人民群众共享社会发展成果，以满足大多数民众心理上对公平的需要。除此之外，还需要创设良好的制度环境、加强意识形态建设及有效的政治过程治理等，使得政治认同成为民众稳定的政治心理和政治行为。

2. 制度规则形塑机制：政治认同形成的重要保障

制度"是一系列被制定出来的规则、守法程序和行为的道德伦理规范，它旨在约束追求主体福利或效用最大化利益的个人行为"[②]。换言之，制度是人类设计出来的调节人与人之间相互关系的一系列规则、规范，它是对人的一种必要的约束或限制，具有强制性。新制度主义理论认为，制度分为正式制度与非正式制度[③]，它们对于民众的政治认同具有重要的形塑功能，是政治认同生成的重要保障。一般而言，现实社会中的制度规则体系包括政治、经济、法律、文化教育制度等。其中，政治制度由于其规范性、稳定性和适应性，先天就具有社会整合和协调关系的功能，构成制度规则

[①] 亨廷顿指出："把合法性建立在政绩基础之上的努力产生了可以被称作政绩困局的东西"，"由于它们的合法性是建立在政绩的标准之上，威权政权如果不能有好的政绩，将失去合法性，如果政绩好了，也将失去合法性"。（参见[美]塞缪尔·亨廷顿《第三波：二十世纪末的民主化浪潮》，刘军宁译，上海三联书店1998年版，第59—64页。）据此笔者认为，所谓合法性的"政绩困局"，是指政治统治者把自己的合法性仅仅建立在政绩基础之上所导致的政权合法性逐步丧失的现象。

[②] [美]道格拉斯·C.诺斯：《经济史中的结构与变迁》，陈郁等译，上海三联书店1991年版，第225—226页。

[③] 正式制度是指人们有意识创制的，并以正式形式加以确定的具有强制力的各种制度安排，包括国家法律、政治规则、经济规则和契约等。非正式制度是指人们在长期的社会生活中逐步形成的对人们行为产生非正式约束的一系列规则，包括风俗习惯、伦理道德、文化传统、价值观念及意识形态等，其中，意识形态处于核心地位。本书没有把意识形态纳入制度的范畴，而是把意识形态归为政治价值、理念的范畴，单独作为政治认同形成的一个基本机制加以分析。

体系的骨干部分。因此，这里所说的制度规则形塑机制，主要是指政治制度对政治认同的形成和塑造所具有的重要功能及其作用形式。正如克劳斯·奥弗所指出："制度能够通过对那些处于制度中的人不赋予和施加某一特定的价值观或包含此价值观的生活形式，而是赋予和施加一套特殊的价值观来居间促成政治信任。"①他实际阐明了政治制度通过某种价值塑造来实现民众的政治认同之逻辑。李普赛特也指出："任何一种特定民主的稳定，不仅取决于经济发展，而且取决于它的政治系统的有效性和合法性。"②

在现代公共生活中，政治制度与政治认同具有紧密联系，政治制度基于自身的特点和价值具有形塑民众政治认同的功能，其机理主要表现为两种形式：第一，作为一种政治行为规范，政治制度通过规范公共权力，推进政治生活制度化，维护政治体系运行的良好秩序和持续稳定，进而实现政治认同。政治制度的基本价值就在于规范权力运行，维护社会秩序，从而促生政治认同。"秩序鼓励着信赖和信任，并减少着合作的成本。当秩序占据主导地位时，人们就可以预见未来，从而能更好地与他人合作，也能对自己冒险从事创新性实验感到自信。"③相反，现代政治体系如果没有一套良好的制度保障公共权力的有效实施和运行，往往导致权力的滥用、腐败的滋生、民众权益无法实现，公共生活将陷入混乱和无政府状态，从而导致政治认同的消解。第二，作为一种价值评价机制，政治制度通过为共同体选定集体价值目标的定向功能，整合社会思想，凝聚价值共识，从而实现政治认同。政治制度的价值取向和目标定向功能对一个社会的价值塑造起着非常重要的作用。"矛盾冲突是人类状态的一个核心要素，共识就成为和平有序地处理社会政治事务的一个头等重要的先决条件；如果没有一些得到广泛接受的价值观念的规范准则，社会和政治组织就不可能存在。"④政治制度的价值取向反映了社会的主流价值观念，它有利于整合社会思想，形成社会思想和价值共识，从而实现社会的有序生活，以此增强民众的政治认同。

---

① ［美］马克·沃伦编：《民主与信任》，吴辉译，华夏出版社2004年版，第68页。
② ［美］西摩·马丁·李普塞特：《政治人：政治的社会基础》，张绍宗译，上海人民出版社1997年版，第55页。
③ ［德］柯武刚、史漫飞：《制度经济学：社会秩序与公共政策》，韩朝华译，商务印书馆2000年版，第33页。
④ ［英］戴维·米勒、韦农·波格丹诺：《布莱克维尔政治学百科全书》，邓正来译，中国政法大学出版社1992年版，第155页。

需要指出的是，政治制度要实现对政治认同形塑的重要功能，它首先要获得认同。"一种行为准则，即一种国家意志的表达，如果得不到执行，实际上就什么也不是，只是一纸空文。"①"合法性是指政治系统使人们产生和坚持现存政治制度是社会最适宜制度之信仰的能力。"②这表明合法性就是人们对基本制度的认同。一旦在政治体系内建立起了公众对制度的认同与支持，那么，该体系的合法性基础将是最为稳固的。因为在这种情况下能将经济绩效获得的合法性资源制度化、稳固化，使之避免合法性的"政绩困局"，从而不管政府能否实现稳定的经济增长，公众都将相信他们的制度。然而，制度要获得认同和遵循，最基本的条件是制度的公正性或正当性，因为"一切社会制度若要得到民众最大的支持，必须拥有为全社会所接受的、行使社会权威的道德正当性"③。罗尔斯曾指出："正义是社会制度的首要价值，正像真理是思想体系的首要价值一样。"④一种制度具有公正性才会产生权威性，制度有了权威性，人们才会产生对制度的认同感和归属感，才能提高执行制度的自觉性。

3. 意识形态规训机制：政治认同形成的思想基础

政治认同形成的社会机制，除了物质利益驱动、政治制度形塑，还有意识形态规训机制。所谓意识形态，是一定社会或阶级的思想体系，"是社会的思想上层建筑，是一定社会或一定阶级、集团基于自身根本利益对现存社会关系自觉反映而形成的理论体系"⑤。作为一种主导政治文化，一种具有行动取向的信念系统，意识形态能够赋予政治权力以合法性，并把政治权力转换为政治权威，而"与用强制手段相比，用权威手段进行统治要经济得多"⑥。"意识形态是合法性资源结构中最为基础的部分，它为政治体系

---

① [美] F. J. 古德诺：《政治与制度》，王元译，华夏出版社1987年版，第14页。
② [美] 西摩·马丁·李普塞特：《政治人：政治的社会基础》，张绍宗译，上海人民出版社1997年版，第55页。
③ [美] 丹尼尔·贝尔：《资本主义文化矛盾》，赵一凡等译，生活·读书·新知三联书店1989年版，第124—125页。
④ [美] 约翰·罗尔斯：《正义论》，何怀宏等译，中国社会科学出版社1988年版，第1页。
⑤ 宋惠昌：《当代意识形态研究》，中共中央党校出版社1993年版，第9—10页。
⑥ [美] 罗伯特·A. 达尔：《现代政治分析》，王沪宁等译，上海译文出版社1987年版，第78页。

的合法性提供道义上的诠释,它通过培育社会成员对于政治体系的合法性认同和情感来起作用,有助于政治权威的形成。"[1]因此,意识形态与政治认同具有亲和关系,它有利于维护和论证政治体系的合理性、合法性,推动大规模的社会政治动员,从而唤起广大民众对政治统治的认同、支持和服从。意识形态规训就成为政治认同形成的重要社会机制,相对于由权力强制获得政治认同的硬性控制力量而言,它是政治认同形成的思想基础和柔性控制力量。

具体而言,由意识形态规训促生政治认同,主要从认同主体建构和认同对象建构两个层面进行分析。其一,认同主体建构层面。政治统治集团通过意识形态的宣传和教化,改变民众的政治认知和心理结构,影响民众个体心理,过滤个体意识,规范和约束民众的政治行为,从而民众在不知不觉中将政治体系所宣传、倡导的政治文化内化为自身的思想意识及行为倾向,逐渐形成对政治体系的认知、情感与评价。简言之,认同主体正是在受到意识形态的感染、教化、熏陶的条件下,他们才产生对政治体系的政治认同。其二,认同对象建构层面。意识形态往往借助特定的政治权力,"把自己的利益说成是社会全体成员的共同利益,抽象地讲,就是赋予自己的思想以普遍性的形式,把它们描绘成唯一合理的、有普遍意义的思想"[2],从而为政治体系提供合法性的论证与辩护。统治集团一方面通过政治权力扶植占据核心地位的主导意识形态,让其引领和统率其他社会意识形态,另一方面也会利用所掌握的意识形态国家机器对敌对意识形态进行批判,进而巩固政治统治合法性的意识形态认同基础。有学者指出,意识形态经常采取"神圣化、一元化、温情化、公意化、远景化"的策略,"为政治秩序提供一种有效的道义解释,并通过某种程度上受控的政治社会化过程,将统治者的政治强制转化为被统治者的政治信仰和政治义务"[3]。因此,任何政治体系都离不开意识形态及其所提供的合法性支持,都需要发挥意识形态的合法化职能。一个稳定、有序的社会必须要有一个由主流意识形态确定的、得到社会成员广泛认同的社会价值系统,社会价值系统通过其社会

---

[1] 宫志刚:《社会转型与秩序重建》,中国人民公安大学出版社2004年版,第375页。
[2] 《马克思恩格斯全集》第3卷,人民出版社1960年版,第54页。
[3] 何显明:《意识形态的合法性诠释功能及其限度》,《现代哲学》2006年第1期。

和政治的理想来引导、动员社会成员,使社会成员的价值理想和行为目标达到高度统一,从而实现广泛的政治认同。

三 政治认同的基本类型与主要特征*

在阐释和分析了政治认同的静态结构要素和动态形成机制的基础上,对政治认同的基本类型及特征进行探讨,这也是政治认同内涵界说的一个重要方面。

(一)政治认同的基本类型

政治人的政治心理倾向和相应的政治行为,构成一定社会的政治认同状况及类型。因此,受一定社会历史条件的制约,以及政治认同主体自身的政治心理特点等因素的影响,政治认同则会表现出不同的类型。对于政治认同基本类型的分析和梳理,不仅有利于我们对政治认同内涵的深入把握,而且也有利于我们在现实生活中对纷繁复杂的政治认同现象进行深刻辨析,全面把握政治认同状况,看清问题本质。而关于政治认同的具体分类,学者们从政治认同本身的等级或层次、政治认同的对象或客体、政治认同的结果或状态、政治认同的获得途径等不同的角度、不同的标准对其进行了划分,使政治认同的基本类型呈现出较为复杂多样的情况。

综合学者们关于政治认同分类的观点,本书根据政治认同主体在政治认知、政治情感、政治态度及政治行为等方面所表现出的不同的心理和行为状态,认为可以把政治认同划分为自觉主动型政治认同和强制被动型政治认同两大基本类型(见图1-2),对每一基本类型又可以再进行具体细致的区分。

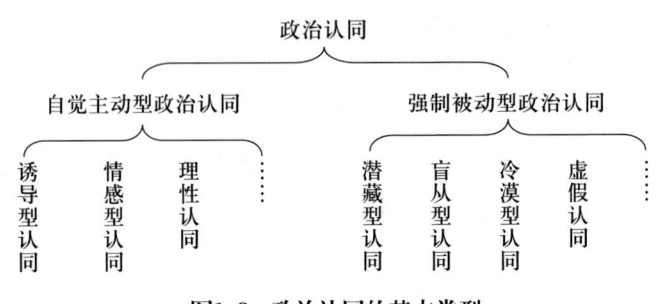

图1-2 政治认同的基本类型

---

* 参见刘惠、胡建《论政治认同的含义、类型与特征》,《昌吉学院学报》2014年第2期。

1. 自觉主动型政治认同

自觉主动型政治认同，是一种积极的政治认同，它是指政治认同主体具有较高的政治知识和技能，能够根据自己对政治体系的政治认知和政治情感体验，自觉地、能动地产生对政治体系的认可、承认和服从，并积极地参与政治过程，主动提供政治支持。在自觉主动型政治认同中，一般无须外在因素的刺激，认同主体便表示出认同的倾向，也就是说，政治认同的发生基本上是出于政治认同主体的自觉、自愿，是政治认同主体对政治统治体系能动的、积极的政治心理反映，而且一般都伴随着积极的政治参与。这种状态的认同主体是政治体系存在和运作中主要依靠的骨干和中坚力量。因此，对于政治共同体及其政治体系而言，自觉主动型政治认同具有积极意义。因为这意味着政治共同体及其政治体系将获得并维持高度的合法性，这是保持政治稳定和发展的基础。

根据认同主体的自觉性程度及层次，自觉主动型政治认同又可以区分为诱导型认同、情感型认同和理性认同等类型。具体而言：

第一，在诱导型认同中，认同主体虽已具备了一定的政治认知与政治情感，但其政治认同的产生需要政治共同体及其政治体系通过各种方式和途径来加以激发和牵引，也就是说，这种主动的认同意识产生的过程中存在一定程度的外来诱发因素，如思想政治教育、政治经济利益等方面的因素，认同意识的产生并非完全自觉自愿。

第二，情感型认同即人们对政治客体所产生的信赖、热爱和追随的归属感，是一种在情感的升华中形成的对政治客体的信赖、归属。如对政治组织的热爱、信赖、追随、亲近、归属等。情感型认同是政治认同的中级层次，是人们的政治认同由本能层次上升到理性层次转化的中间环节。在这种认同状态中，认同主体有自己的政治认知和主张，并产生对政治生活的内心体验和感受，在此基础上形成一定的政治倾向性。

第三，在理性认同中，政治认同的发生则完全是出于认同主体的理性自觉，无须任何外在因素的刺激与强制，"当行动是出于个人判断的独立的信念时，当我们不受别人随意多变的干预所支配，而是由于想到所采取的行动本身必然效果时，那就是一种真正的服从"[①]。理性认同即自觉认同，实

---

① [英]威廉·葛德文：《政治正义论》第1卷，何慕李译，商务印书馆1980年版，第153页。

际上是一种心理上的服从，是公民基于自身较高的政治认知、积极的政治态度而产生的自觉认同。理性认同"既不同于强制下的制度认同和虚假认同，也不同于不分对象的消极认同"[①]，它是公民经过理性的思考与判断，主动地、自愿地向公共权力表达出来的基本政治态度与心理倾向。

2. 强制被动型政治认同

强制被动型政治认同，是一种消极的政治认同，它是指在政治认同主体自身未形成明确的政治认知和政治情感体验的条件下，依靠外在强制性因素迫使政治认同主体产生认同意向，从而对政治体系的政治价值和政治运作能够被动地认可、承认和服从。在强制被动型政治认同中，认同的发生不是出于政治认同主体的主观自愿，而是完全在外在的强制压力下被迫产生的。对于政治共同体及其政治体系而言，强制被动型政治认同只具有消极意义。因为这种政治认同取决于外在的影响势力，易对强势的政治价值和政治压力形成服从，或者容易受到关系密切的他人的影响。一旦认同主体的理性自觉意识萌发或者外在的强制性因素削弱甚至消失，政治共同体及其政治体系将可能出现合法性危机，从而影响政治稳定与社会发展。然而，对于这种认同状态，可以通过加大影响力和改进影响途径等方法促使其向自觉主动型政治认同转化。

根据认同主体的不同状态及表现，强制被动型政治认同包括潜藏型认同、盲从型认同、冷漠型认同和虚假认同等类型。具体表现为：

第一，在潜藏型认同中，认同主体对于自己的政治身份以及政治共同体及政治体系所表现出来的无意识，即是说，认同主体自身不具有明确的政治认知与政治情感，一般不会自觉地表现出认同的意向，从而也不会为此采取一定的行动。

第二，在盲从型认同中，认同主体自身没有明确的政治倾向和政治主张，而只是盲目地或被动地接受政治共同体及政治体系的政治理想和政治运作，或者跟从其他政治认同主体的政治态度和政治行为。在现实的政治生活中，盲从型认同是一种较普遍的政治认同状态，它本质上是一种因认同主体的理性自觉的缺乏而在外力或情感作用下形成的消极认同或者不情

[①] 孔德永：《对转型时期我国公民政治认同重构模式的思考》，《当代世界与社会主义》2006年第6期。

愿的、不自觉的顺从。

第三，冷漠型认同，亦称政治冷漠，是指"公民对参加政治活动持冷淡的态度和对政治问题漠不关心的态度"[①]。换言之，政治冷漠是与政治参与相对而言的，它是认同主体对政治体系的疏离和漠视以及对政治参与的冷漠和逃避的一种消极的政治情感和政治行为，而即使对政治体系有支持的行为，也是消极被动、不自愿或被迫的。

第四，虚假认同，亦称伪认同，是指行为主体在形式上认同某种主流价值观及其倡导的角色规范并在行动上与之相符合，但在内心深处却与之保持一种疏离、观望的态度和心理。其实质上是一种伪认同，表现为一种形式上的认同与实质上的不认同，或者说是在积极认同的表象下隐藏的是消极认同的本质。在这种认同状态中，认同主体真实的政治意愿和要求不能表达或不能完全表达，但认同主体又外在显现出对政治体系的认同和支持，甚至是过度夸张的"认同"和"支持"。

需要强调的是，在现实的社会政治生活中，政治认同现象往往是纷繁复杂的，很难对之加以明确地辨别。因此，以上的类型划分并不能够将所有的政治认同现象加以概括和分类，而只是一种应然状态的基本的"理想类型"，这些"理想类型"之间并不是截然分开的，其中必定存在着各种形式的中间样态以及不同类型的复合体形式。

（二）政治认同的主要特征

从政治认同的含义可知，政治认同是政治人对一定政治体系所做出的心理反应和行为表达，它既是政治人与政治对象心理趋同的过程，又是政治人对政治对象予以行为支持的过程。在这个过程中，政治认同表现出多种特征，具体如下：

第一，政治性与社会性的统一。政治认同具有鲜明的政治性。政治性是政治认同与其他认同相区别的一个最重要、最鲜明的特征。对此，我们可以从政治认同的结构要素进行分析。首先，政治认同的主体——公民，作为一种资格或身份，其本身就是一个法律术语，是一个极具政治色彩的概念。政治认同是现代公民意识普遍觉醒之后发展起来的一种政治现象，只有公民对政治过程的介入及积极参与政治生活才能被称作政治认同。其

[①] 张友渔等编：《政法辞书》，中国国际广播出版社1991年版，第944页。

次，政治认同的客体主要是以政治权力为核心而建构起来的政治组织机构、政治制度规范、政治运作效能、政治价值理念等。政治认同涉及了公共权力及其运作这一政治的核心问题。最后，作为一种政治心理，政治认同需要通过政治话语和政治行动等外显形式才能最终体现，因此，政治认同的介体主要包括政治利益表达和政治参与等政治生活核心要件。此外，政治认同的结果，即政治目标及预期的实现程度，具体表现为公民利益需求的满足、政治体系的调整和变革等。以上这些政治认同的构成要素无不带有政治色彩。

政治认同还具有社会性。政治认同是政治主体（社会成员）和政治客体（政治体系）在社会生活中交往互动的实践过程，它的形成与发展必然会受到主体的社会关系及其所处的社会环境的影响和制约。具体而言，政治认同的社会性主要表现在以下方面：其一，就政治认同的主体而言，它是指在一定社会关系中的人。社会性是人的本质属性，正如马克思所指出："人的本质不是单个人所固有的抽象物，在其现实性上，它是一切社会关系的总和。"[1]其二，就政治认同的对象和内容而言，它是由政治组织机构、政治制度规范、政治运作效能和政治价值理念等基本要素所构成的政治体系。这些政治体系的构成要素，都是人类社会发展到一定历史阶段的产物，并随着社会关系的变化而变化。其三，就政治认同的环境而言，它包括认同主体所处的政治环境、经济利益环境、思想文化环境、社会运行环境等外在的社会大环境。政治认同的形成、发展与变迁不是单纯的意识产物，而是根源于现实社会环境，受外在环境刺激和制约，它是外在环境的产物。因此，从政治认同的主体、客体及环境等构成要素的社会性特征，可以看出政治认同具有明显的社会性。

第二，意识性与实践性的统一。政治认同首先表现为政治人对政治体系的一种能动的反应，是政治人的一种心理活动，属于政治心理的范畴。作为政治人的一种政治心理活动，政治认同是由相互联系的各个心理要素构成的完整的心理过程，这些心理要素包括政治认知、政治情感、政治态度、政治信仰等。因此，意识形态对政治认同具有深远的影响与重要作用。有学者明确指出，意识形态是政治认同的意识性资源，是政治认同最原初

---

[1] 《马克思恩格斯选集》第1卷，人民出版社1995年版，第60页。

的构成因素，也是较为持久的因素。[①]作为政治价值的核心内容和政治合法性的理念基础，意识形态是一种具有行动取向的信念系统，也是一种指导和激发政治行为的综合性的思想观念。据此，政治认同作为一种社会意识，具有很强的潜隐性，必须通过一些显性形式加以表达和判断；同时，政治主体的主观思维特性以及所处的客观社会环境会对政治认同产生较大的影响和制约，从而使政治主体的政治认同呈现出不同的状态。

政治认同不仅是一种主观的政治心理倾向和政治态度，而且更是一种现实的政治行为，是认同主体基于一定的政治意识进行政治活动的实践过程。"全部社会生活在本质上是实践的"[②]，政治认同作为社会政治生活的重要组成部分，当然不只是意识范畴的问题，从根本上更是实践的范畴。可以说，实践性是政治认同的本质规定。在政治认同中，离开相应的政治行为，不仅政治人的政治心理和态度无从把握和体现，而且对于政治共同体及其政治体系而言，政治认同也不具有实质性的意义。政治认同是公民的一种重要的政治实践活动，公民通过政治认同行为对政治体系施加影响，促使政治体系做出相应调整以满足公民的利益和价值需要；同时政治体系的调整和改革会使公民的政治认同状况发生强弱高低的变化。因此，政治认同是有意识、有目的地改造客观世界的过程，具有明显的实践性特征。

第三，复杂性与流变性的统一。政治认同的多元复杂性主要是指政治认同内容的多样性和政治认同本身表现的复杂性。一方面，政治认同的内容或对象是多方面的，包括了对政治价值的认同（理念、信仰、主张等）；对政治实体的认同（国家、政党、政府等）；对政治工具的认同（法律、政策等）；对政治效能的认同（运作过程、治理结果等）；等等。另一方面，由于不同认同主体自身的个性特征以及政治客体的不同要素的影响，政治认同可能形成不同的认同层次、类型及程度等复杂的状况。具体而言，不同认同主体对不同认同对象会形成不同层次的认同，对同一对象的认同也会因具体情况不同而产生认同差异，甚至同一认同主体对同一对象的认同也会随着主体自身受教育程度、认知水平、政治利益需求等的改变而产生

---

① 李素华：《对政治认同的功能和资源分析》，博士学位论文，复旦大学，2005年，第42页。
② 《马克思恩格斯选集》第1卷，人民出版社1995年版，第56页。

前后差异。可以说，由于认同主体、认同对象、认同行为等诸多因素的不同及差异，现实政治生活中的政治认同则表现出多元复杂的状况。

政治认同还具有流变性。作为一种客观的政治实践活动，政治认同总是在特定的历史条件下进行的，必然会受到认同主体、客体及其他社会历史条件的制约，使之随着影响条件的变化而流变。换言之，政治认同不可能是永恒持久、凝固不变的，而一定是处于动态变化的过程之中。正如吉登斯认为，认同是由人类自己创造的一个动态的、没有终点的过程。[①] 在政治认同的流变中，一般存在着两种情况：一是一致性的改变，是认同主体对于同一对象在认同的强度和层次上发生的变化；二是非一致性的改变，是认同主体对认同对象及认同方向上的变化，这种改变将赋予政治认同以新的内容。其中，我们尤其要注意政治认同的非一致性的改变。政治认同是"人们产生和坚持现存政治制度是社会的最适宜制度之信仰"[②]，而政治信仰是一种无形的社会资源，因此，政治认同的形成是一个长期的、艰巨的过程。

四 政治认同的功能及其限度

功能是指一定的系统结构所具有的作用和功效。政治认同作为一种政治心理和政治行为的有机统一，是社会成员和政治体系之间交往互动的实践联结，它对于社会成员和政治体系都具有十分重要的功能。就认同主体即公民个体而言，政治认同有利于社会成员提高公民意识，消除身份困惑及生存性焦虑，完成自我政治身份的确认，增强本体性安全；就认同客体即政治体系而言，政治认同有利于增强政治共识和政治合法性，促进政治秩序和社会整合等。当然，政治认同如果超越一定的限度，就会由于形成民众的认同心理定式或政治认同刚性而产生负功能，构成政治进步的障碍。在此，本书主要从客体的角度，对政治认同在社会政治生活中的功能及其限度进行分析。

1. 有利于增强政治合法性

任何一个政权或政治统治要长久维系并获得发展，必须得到广大民众

[①] Barker Chris, *Culture Studies: Theory and Practice,* London: Sage Publication, 2000, p.166.
[②] ［美］西摩·马丁·李普塞特：《政治人：政治的社会基础》，张绍宗译，上海人民出版社1997年版，第55页。

的认可、支持和拥护，即获得政治合法性。关于政治合法性的界定，学界存在着经验主义合法性理论和规范主义合法性理论两种观点。[①]无论从"规范"还是"经验"角度来理解政治合法性，它们都关注对政治统治和政治秩序的忠诚和支持问题，也都强调对于维护政治统治的重要意义。马克斯·韦伯指出，"合法性就是指对一种政治秩序或统治的信仰与服从"[②]，并将合法性称为政治统治"可靠的基础"，他进一步指出："一切经验表明，没有任何一种统治自愿地满足于仅仅以物质的动机或者仅仅以情绪的动机，或者仅仅以价值合乎理性的动机，作为其继续存在的机会。勿宁说，任何统治都企图唤起并维护对它的'合法性'的信仰"[③]。让－马克·夸克也认为，合法性是对被统治者与统治者关系的评价，"合法性即是对统治权利的承认"[④]。因此，政治合法性对政治统治至关重要，它是政治统治所面临的首要问题。任何政治统治的长久维系，并非只是政治体系的一厢情愿，还需获得民众的认同、支持和拥护。换言之，政治合法性的基础是民众的政治认同，政治认同有利于政治合法性的生成。

具体而言，政治认同具有增强政治合法性的功能，其主要体现为：

第一，政治认同是政治合法性的直接来源，它能够提升政治合法性水平。政治认同与合法性密切相关，政治合法性的实质就是政治权力获得民众普遍的认可、同意和支持。"社会成员对于政治权威的服从心理，关键在于社会成员在思想上和心理上对于政治统治及其方式、方法的认可和同意。

---

① 所谓经验主义合法性理论，是指以经验事实作为判断政治统治是否合法的标准来分析政治合法性的理论；所谓规范主义合法性理论，则是指以正义、美德、善等终极价值作为判断政治统治是否合法的理性标准来分析政治合法性的理论。与经验主义合法性理论偏重于人们对政治体系的支持、认同与信仰这样的事实性问题不同，规范主义合法性理论更加强调的是判断政治统治是否具有合法性所持的客观标准的价值性问题，它要求对一种政治统治是否具有合法性做出价值提问，即一种政治是否包含着被认可的价值，才是有无合法性的最好证明。（参见胡伟《在经验与规范之间：合法性理论的二元取向及意义》，《学术月刊》1999年第12期；张康之《合法性的思维历程：从韦伯到哈贝马斯》，《教学与研究》2002年第3期。）

② [英]弗兰克·帕金：《马克斯·韦伯》，刘东等译，四川人民出版社1987年版，第23页。

③ [德]马克斯·韦伯：《经济与社会》上卷，林荣远译，商务印书馆1997年版，第239页。

④ [法]让－马克·夸克：《合法性与政治》，佟心平等译，中央编译出版社2002年版，第10页。

正是这种认可和同意，构成了政治统治的合法性。"[①]民众认同和信任一定政治权力或政治统治，他们不仅产生强烈的忠诚和归属感，并给予积极的行为支持，从而使得政治权力及统治形成高度的社会公信力，并产生政治合法性。相反，如果该政治权力及其统治没有获得民众的认同和支持，其合法性将会受到损害、消减直至难以维持其统治。

第二，政治认同能够拓宽政治合法性来源，扩大政治合法性的基础。一般而言，政治合法性的来源和基础主要包括经济绩效、民主制度、意识形态、领袖魅力、传统习俗等，不同政治体系在不同的发展阶段，其政治合法性来源是有所侧重和不同的，由此形成不同的合法性类型。民众利用政治合法性基础的基本要素不断形成对政治体系的认同和支持，而政治认同的范围越广、程度越高，政治合法性来源就越充足，政治合法性的基础就越稳固。因此，民众的政治认同作为一种"政治支持"现象，有助于拓宽政治合法性的现实来源，不断扩大合法性的基础。

第三，政治认同能够提升治理绩效，以促进政治体系的合法性。治理绩效是指政治体系统治的有效性和实际业绩，它是体现政治体系合法性的根本要求。在现代社会，治理绩效主要通过政府职能的履行来实现，而政府职能的高效履行又需要以政治认同为基础。政治认同作为一种归属性情感，一旦形成，就有助于政治体系用相对较低的政治成本取得良好的治理绩效，相反，"一个碌碌无为的政体，或者是一个推行不得人心政策的政体，会挫伤这些感情推动力，甚至会使它们变成对政治的厌弃或疏远，从而增加了政体作为的代价以及或者降低了政治体系的生产力"[②]。因此，政治认同有利于推动治理绩效的提升，从而通过更多的政绩支撑，促进政治体系合法性的增强。

2. 有利于促进政治稳定

政治稳定是良序政治生活的必然要求，它是指一定社会的政治系统保持一种动态的有序性和连续性的政治状态，其主要表现为政治制度的延续性、政治过程的有序性及政权体系的合法性和制度化。政治稳定和

[①] 王浦劬：《政治学基础》，北京大学出版社2014年版，第125页。
[②] ［美］加布里埃尔·A.阿尔蒙德等：《比较政治学：体系、过程和政策》，曹沛霖等译，东方出版社2007年版，第418页。

优良秩序是任何社会存在和发展的重要基础和前提条件。从人类政治发展经验角度而言，政治稳定和优良秩序的实现，既可以通过政治权力的强制而获得，也可以通过社会合作和政治认同而生成。对于维护政治统治来说，权力强制是必不可少的。因为通过权力强制和暴力，可以迅速建立一种权威—服从关系，由硬性控制力量而形成政治认同。但是，因为暴力维持统治所需政治成本很高，其建立的权威不能得到真正的认同，维持的稳定也只是"刚性"政治稳定。因此，要有效地确立政治权威和合法性，维持良善政治秩序和政治稳定，就不可频繁地使用强制和暴力，而必须通过利益驱动、精神规训或制度形塑等方式，促使社会成员产生对政治体系的认同和支持，不断提升民众的政治认同。相比之下，政治认同通过减少社会合作成本、增强政治凝聚力以及民众心理安全性等方式树立政治权威，更有助于构建和谐的政治关系和良好的政治秩序，从而实现更为持久的政治稳定。[①]

具体而言，政治认同有利于促进政治稳定，主要表现为以下三方面：

第一，政治认同有助于构建权威与服从关系以形成良好的政治秩序。政治认同本质上是对政治权力的认可和支持，政治权力必然要求构建权威与服从关系，而权威与服从关系的制度化就是政治秩序和政治稳定。因此，民众对政治权力的认同，就会产生一种权威—服从心理，促进政治服从，就会对以政治权力为轴心的政治组织、政治制度、政治价值观等产生承认、同意和归属的情感，并倾向于按照政治权力的规范调整自己的政治行为，从而有助于形成有序的政治生活和良好的政治秩序。

第二，政治认同有助于减少社会政治冲突以促进社会整合。政治冲突是现实政治生活中由利益矛盾而引起的常见现象。"冲突是秩序的对立物，是导致无秩序的祸根。"[②]因此，要实现政治稳定和良好秩序，必须将政治冲突降低到一定水平，实现整个社会的和谐融洽与一体化运行。政治认同作为一种同向性的政治心理和政治行为，能够促进政治服从，塑造心理秩序，满足社会成员对安全的需求，同时，也能够消解和减少政治不稳定因素，

[①] 彭正德：《民生政治：新农村建设中的农民认同——湖南五县十村考察》，中央编译出版社2014年版，第38页。

[②] 王惠岩：《当代政治学基本理论》，高等教育出版社2001年版，第12页。

增进社会成员彼此间的交流合作，实现有效的社会整合。

第三，政治认同有利于形成思想共识以增强社会凝聚力。政治稳定的实现还需要广泛的社会合作和政治体系凝聚力的增强。政治认同是公民在对自我政治身份确认的基础上，对政治客体产生的心理和情感归属。这种情感是一种重要的精神动力和柔性控制力量，它有利于社会成员的凝聚，形成彼此间的交流合作，使民众形成对政治体系的紧密聚合作用。政治认同是一种重要的社会资本，它可以促进广大社会成员形成思想共识，树立起共同的政治目标，激发出极大的政治参与热情，从而形成高度的社会合作和行为默契，不断增强社会凝聚力和向心力。

3. 政治认同负功能及其表现

一般而言，政治认同的功能主要是指它对政治体系所具有的提升合法性、维系秩序性等积极的作用和功效。然而，这种积极的正向功能的发挥必须在一定条件下和一定界限内，如果超越了该限度，这种功能就可能走向反面，成为消极的负向功能。比如，当政治认同过度，即民众对政治体系的认同程度超过一定限度，并转化为一种心理定式时，就可能呈现为一种政治盲信或"多数人暴政"而产生负功能。同时，当政治认同作为一种政治心理长期积淀为一种政治文化时，就可能由于具有相对独立性和刚性，滞后于现实政治发展而产生负功能。

具体而言，政治认同的负功能主要表现在以下两个方面：第一，政治认同可能助长政治腐化，导致民主衰退。政治认同的本质是对公共权力的认可和支持。一般情况下，人们认同公共权力，是因为它能够不断满足人们的利益需求，从而使人们产生权威—服从心理，有利于形成良好的政治生态。但是，如果人们对公共权力过度地认同，一味地信赖，甚至达到盲目地信任，就有可能助长公共权力的非规范运行，导致政治生活的异化和政治腐败的产生。"绝对的权力导致绝对的腐败"，由于人们对公共权力的过度认同，加上缺乏有效的权力监督和制约机制，公共权力就可能产生异化，导致政府滥用权力和官员的腐败。同时，民众对政治权力的过度认同或盲目认同，会导致与民主政治规范格格不入的诸多弊病。比如，法西斯政府的上台，是在绝大多数公众的政治认同下"合法"出现的，符合了当时所谓的"民意"，但这违背了民主政治本意，托克维尔称之为"多数人的暴政"。

第二，政治认同可能阻碍政治变革，导致政治衰败。政治认同作为一种政治心理，对于社会政治变革具有重要的影响。如果政治变革顺应了民众的政治心理，符合民心民意，则可能获得成功；反之，违背民意和政治心理趋势的政治变革，则往往走向失败。一般意义上，政治认同有利于消减社会冲突，凝聚思想共识，从而促进政治发展。但是，当政治认同长期积累沉淀为一种政治文化和心理定式时，它就具有极强的刚性和非理性，人们往往不主动顺应时代变迁而停留于传统政治心理定式，从而政治认同就可能变为阻碍政治变革的深层次力量。比如，改革开放以来，中国政治改革步伐的艰难性与这种政治心理定式的影响也不无关系，因为人们往往容易固守传统。正如有学者指出："许多致力于实现现代化的发展中国家，正是在经历了长久的现代化阵痛和难产后，才逐渐意识到：国民心理和精神还被牢牢地锁在传统意识之中，构成了对经济与社会发展的严重障碍。"[1]

综上所述，政治认同既有正向功能，也有负向功能，我们很难对政治认同进行简单的好与坏、善与恶的评判。换言之，我们不能将政治认同程度的高低作为评判政治认同好坏的标准。事实上，政治认同是一个动态的过程，它既有量（程度）的区分，又有质（内容）的差别，要综合考察政治认同的质和量的联系。现实政治生活中，政治认同呈现出高低、强弱差异是极为正常的现象，政治不认同也是一个常态而不是简单地意味着政治危机的问题。人们对公共权力的一定程度的怀疑和警惕，即一定程度的政治不认同不仅不影响社会和谐与稳定，无损于政治合法性和政治效能，而且民众理性表达的制度化政治不认同，还是优化民主政治、建构良善公共生活的必备要素，是政治认同现代性成长的内在要求，也是推动政治发展和政治文明的重要力量。因此，建构现代政治文明和良善公共生活，既需要有民众一定水平的政治认同的支撑和滋养，也需要有一定程度的制度化政治不认同的矫正和规范。这就要求我们要用全面的、发展的和历史的眼光看待政治认同问题，同时更要理性对待现代政治认同。一定意义上来说，现代社会政治认同建构的根本任务，就是要

---

[1] 殷陆君：《人的现代化——心理·思想·态度·行为》，四川人民出版社1985年版，第3—4页。

努力建设一套适合国情的制度化政治不认同体系，为民众理性表达政治不认同提供制度化的通道。

第二节　解释框架：中国公民政治认同的理论建构

在充分把握政治认同一般性内涵的基础上，我们有必要对中国公民政治认同的特定内涵及基本理论进行分析。根据前述政治认同的结构要素，中国公民的政治认同在理论层面上也主要涉及"谁认同""认同谁""为什么认同"以及"如何认同"的基本问题，即关于中国公民政治认同的主体、客体、环体和介体等四个相互联系的方面。这几个方面是关于中国公民政治认同的理论建构必须涉及的基本内容，也构成中国公民政治认同的基本解释框架。这一解释框架贯穿于本书的全过程，为研究进一步开展提供了重要的理论铺垫。

一　中国公民政治认同的主体：公民或"政治人"

从某种意义上说，政治认同归根结底取决于"谁之认同"。因此，政治认同的主体就成为政治认同生成及发展的前提性判断，也是我们分析当代中国公民政治认同首先要涉及的问题。据前文所知，政治认同的主体是"人"，是归属于一定政治共同体的"政治人"。而广义上的"政治人"就是指处于一定现实社会关系中的公民。可以说，政治认同的主体只能是公民，只有公民对政治过程的介入以及积极参与政治生活才能被称作政治认同。因此，考察公民概念的历史演变、内涵及其中国语境的解读，成为我们建构中国公民政治认同分析框架的首要问题。

（一）公民概念的历史演进

作为一个法学、政治学、伦理学范畴，公民概念来自西方。通常认为，公民是一种身份或资格，它包含着特定社会的政治、历史、文化的内涵，公民的概念不是一成不变的，随着历史的发展，其概念及内涵也不断地在演进。

西方公民思想源远流长，其发展轨迹是与西方社会特定历史时期紧密联系的。"公民"概念最早出现于古希腊，它是古希腊城邦奴隶民主制的产物。在古希腊，城邦与公民相互规定，是共生的存在，公民是以城邦来规定的，"若干公民集合在一个政治团体以内，就成为一个城邦"①，公民意为"属于城邦的人"，城邦即公民组成的共同体。亚里士多德是古希腊公民理论的奠基者和集大成者，他在其著作《政治学》中对公民与城邦的关系进行了全面深入的论述。亚里士多德认为，"一个正式的公民应该不是由于他的住处所在，因而成为当地的公民；侨民和奴隶跟他住处相同［但他们都不得称为公民］。仅仅有诉讼和请求法律保护这项权利的人也不算是公民；在订有条约的城邦间，外侨也享有这项法权……全称的公民是'凡得参加司法事务和治权机构的人们'"②。在亚里士多德看来，所谓"公民"是指参与统治和被统治的人。即公民不仅有参与公共事务的权利，而且被要求积极参与城邦政治生活。这也是亚里士多德所认为的作为一个公民所必须拥有并展示的良善或美德。可见，"公民"概念从一开始就与权利、平等相联系，作为城邦主体的公民享有一定的权利，其中最重要的就是参与城邦政治生活的权利。但这些权利仅仅限于城邦内的公民，即拥有私人财产的男性，而奴隶和妇女、儿童等其他自由民都被排除在城邦政治生活之外，没有公民身份，也不享有城邦的权利和承担相应的义务。

到古罗马时期，在继承古希腊公民理论基础上，有关公民概念及公民身份思想得到了进一步发展。随着古罗马时期商品经济的不断发展，公法与私法的对立开始出现，公私领域的界限逐渐清晰，公民的个人意识和权利观念开始觉醒，从而公民的个人权利有了很大发展。罗马共和国思想家西塞罗是这一时期的典型代表，其思想对后世产生了重要影响。西塞罗依据自然法原则，提出了所有人都平等的观点。他认为，共和国是人民的事务，不是人们随意的集合，"而是许多人基于法的一致和利益的共同而结合起来的集合体"③，共和国的权力属于全体公民，而公民必须依法行使自己的权利。"既然所有人类都由自然法而联结为一个整体，所有的人都应该是

---

① ［古希腊］亚里士多德：《政治学》，吴寿彭译，商务印书馆2009年版，第121—122页。
② ［古希腊］亚里士多德：《政治学》，吴寿彭译，商务印书馆2009年版，第113—114页。
③ ［古罗马］西塞罗：《国家篇·法律篇》，沈叔平等译，商务印书馆2002年版，第39页。

平等的，都是整个世界国家的成员。因为所有的人都具有理性，都有一种共同的心理素质，使他们对光荣与耻辱、善与恶做出相同的判断。在这一点上，他们是平等的。"[1]在西塞罗看来，国家是全体公民在共同利益基础上合意的结果，每个自由的臣民都具有公民资格，法律具有至高的神圣地位，遵循自然法和国家法是每个公民应有的责任。因此，与古希腊注重德性、参与的政治公民身份相比，罗马共和国注重的是法律和制度共同体中的成员身份，公民身份开始从政治的存在转变为法律的存在。尽管西塞罗将公民面向全体，主张以平等的观念看待每个人，并以精密的制度设计来保证公民的平等权利，然而事实上，这种公民平等观只是理念上的，现实生活中贵族和平民之间的差异无法得以消除，公民之间是不可能实现真正平等的。因此，古罗马的"公民"仍然是一个享有特权的阶层。正如马克思所说："如果认为希腊人和野蛮人、自由民和奴隶、公民和被保护民、罗马的公民和罗马的臣民（该词是在广义上使用的），都可以要求平等的政治地位，那么这在古代人看来必定是发了疯。"[2]显然，古代公民内部并不是平等的，他们依据出身、财产等不同的标准，被划分为不同的等级，不同等级的公民，享有不同的权利，承担不同的义务。早期的公民权利仅限于城邦或国家的范围之内，公民只是一个政治或法律的概念。

在漫长的封建社会，几乎没有"公民"之称，而唯有"臣民"或"国民"之说。在欧洲中世纪，宗教神学一统天下，世俗国家的地位和作用被贬低，人们的角色认同是上帝的子民或是封建领主的臣属，公民观念和公民身份几近消失。在封建时代，随着生产力水平的提高，社会生产关系发生变革，劳动者的法律地位也得到不同程度的提升。封建社会中的农民、农奴已不再是封建主的私有财产，他们具有相对的人身自由，有一定人格。但是，封建社会的土地所有权掌握在封建贵族、地主阶级手中，农民、农奴不直接占有土地，因而必然对贵族、领主、地主形成人身依附关系。农民、农奴在法律上仍然没有独立的人格和地位。同时，由于封建社会又是一种具有严格等级的社会，不同等级的社会成员，享有不同的权利。在中国，封建制法律规定贵族、官吏按其爵位等级在经济上享有免赋、免役的

---

[1] 关宝成：《政治学思想史》，湖南教育出版社2004年版，第70页。
[2] 《马克思恩格斯选集》第3卷，人民出版社1995年版，第444—445页。

第一章 政治认同与中国公民政治认同的基本理论

特权，在政治上享有封赠制的特权，而"中国的广大人民，尤其是农民，日益贫困化以至大批地破产，他们过着饥寒交迫的和毫无政治权利的生活。中国人民的贫困和不自由的程度，是世界所少见的"①。同样的，在西欧中世纪的封建庄园制度中，社会成员的法律地位是不平等的，政治上，参加政治活动的权利只能为少数贵族、领主所把持；经济上，广大农奴不能真正拥有土地。到了11世纪末，随着封建制度的逐渐瓦解，西欧的手工业、商业开始复苏和海外贸易不断拓展，在商业城市的发展的基础上造就了一个新的社会集团——市民阶层的出现。市民阶层拥有自由的身份和相对平等的地位，他们受古希腊公民精神的启发，开始以争取城市独立和自治的斗争而登上政治生活舞台。

近代意义上的公民概念的重新确立，是与资产阶级革命和市场经济的发展密切联系在一起的。"公民"作为适用于全体成员的概念，是在资产阶级革命以后，随着文艺复兴和思想启蒙运动的深入开展才具有普遍的意义。当时，资产阶级的启蒙思想家提出了"自由、平等、博爱"的口号和"天赋人权""主权在民"的原则，强调国家归属全体公民，主张凡是具有国籍的人都是公民，实行法律面前人人平等。这一时期的"公民"概念，不是对古希腊奴隶制法典中的"公民"概念的复述，而是赋予了其新的含义，突出强调了公民的个人主体性和个人权利。近代意义的公民即指"那些享有特定的政治权利和经济活动自由（包括私人财产权利）的人，同时强调公民的权利和义务是由代表理性和正义的法律加以保护的；另一方面，公民作为公民又是相对于统一完整的政治国家（共和国）而言的，只是在民族国家已经形成的条件下，在资产阶级共和国里才有真正意义上的公民"②。在资产阶级取得政权后，法律上广泛应用"公民"概念，但是对于公民资格的取得，在法律上做了一些原则性的规定。在资产阶级的宪法和法律中，通常可以见到有关民族、种族、性别、职业、家庭出身、宗教信仰、教育程度、财产状况、居住期限等方面的资格限定。

在现代资本主义国家，历经几百年的发展，民主制度在形式上已十分

---

① 《毛泽东选集》第2卷，人民出版社1991年版，第631页。
② 方朝辉：《市民社会的两个传统及其在现代的汇合》，《中国社会科学》1994年第5期。

完备，在公民的资格限制方面放松了许多，但在法律和实际上的许多方面仍存在一些限制。"在资本主义制度下，生产关系的基础是生产资料的资本主义所有制，这里已经没有私自占有生产工作者的情形，这时的生产工作者，即雇佣工人，是资本家既不能屠杀，也不能出卖的，因为雇佣工人摆脱了人身依附，但是他们没有生产资料，所以为了不致饿死，他们不得不出卖自己的劳动力给资本家，套上剥削的枷锁。"[1]基于这种情况，尽管资本主义国家在法律上保护每个公民的基本权利，但在实际上是根本无法实现的。因为只要财产占有关系不平等，资本支配劳动，资产者支配无产者，在剥削者和被剥削者之间谈论平等就是一种虚伪和欺骗。在资本主义国家，财产权是一切权利的核心，财富成为操纵资本主义民主的杠杆。资产阶级成员在财富力量的支持下，有参政议政的能力和时间，有表现自己的机会，资产阶级及其政党有强大的控制政权的力量，掌握舆论工具，花得起惊人的竞选费用。这样，选举权和被选举权作为公民最重要的权利，只能为资产阶级所有；而对于不掌握生产资料的广大人民群众来说，因为没有物质保证而无法享受公民的权利。由此可见，在现代资本主义国家，公民的基本权利实际是法律规定的形式上的平等掩盖了实质上的不平等，这是由资产阶级国家的性质和资本主义生产关系的性质所决定的。

（二）公民概念的内涵及其中国语境

"公民"作为一个多维度概念，从不同的研究视角和学科定位出发，其内涵就会有不同的表现。正如有学者所言，"再没有哪一个词汇比公民身份这个概念在政治上更为核心，在历史上更加多变，在理论上更具争议了"[2]。

首先，作为一个法律概念或政治概念，公民通常是指具有一个国家的国籍，并根据该国宪法和法律规定，享有权利和承担义务的人。"此概念表示个人在一个国家中正式的和负有责任的成员资格。在社会科学中，它主要来表示在现代民族国家发展中的个人身份。"[3]也就是说，公民是国家通过法律确定下来的一种成员身份和法定资格，只有具有某一国家国籍，并依法享有平等权利并承担平等义务的社会成员才可能获得公民身份。公民是

---

[1] 《斯大林文集》，人民出版社1985年版，第224页。

[2] J. Shaklar, *American Citizenship,* Cambridge, Mass: Harvard University Press, 1991, p.1.

[3] ［英］戴维·米勒、韦农·波格丹诺：《布莱克维尔政治学百科全书》，邓正来等译，中国政法大学出版社2002年版，第121页。

"人"的政治性的规定和现实体现。当"政治人"这一抽象的主体在与现实政治活动或政治过程发生联系的时候，它就具体化为现实政治生活中的公民。有学者指出，"所谓公民就是凡参加政治事务、司法事务、社会公共事务和统治机构的人们，即在政治层面上有着自主权利并平等参政的社会共同体成员"[①]。公民在一定政治体系中依法享有各种经济、政治、文化及社会权利，与此同时，公民也必须承担为保持政治体系的有效运作的各种责任与义务。因而，作为政治或法律上的权利义务主体，公民是一定社会或国家内依法享有充分的平等的权利并承担相应的义务的社会成员。

其次，作为一个伦理学、哲学概念，公民是指一种公民意识和公民人格，即具有符合公民身份和角色所要求的行为态度和品质的社会成员。这里所说的符合公民身份的态度和品质，就是亚里士多德认为的公民"德性"，即深谙公民的权利和义务，具备参与、责任、忠诚等公民美德，积极献身于共同体的利益和福祉。哲学、伦理学意义上的公民概念，更强调公共生活和社会公共关系对现代公民生成的价值与意义。公民只有在一定的公共生活和社会关系中，通过自己的言行而增进共同体公共利益，公民的身份才得以确认，公民的公共德性才会在道德行为的作用下有发展的场域和可能性。另外，作为一个经济学概念，公民是指能够自由从事经济活动的个人。

综上所述，本书认为对公民概念的理解要从普遍意义上把握其内在的本质。就其本质而言，公民是指在公共生活中依法享有平等权利和承担相应义务的主体性存在。对公民概念本质的理解，还应注意把握几点：其一，公民是政治国家发展到一定历史阶段的产物，它表明个人和国家的关系，在一定意义上，公民就是指参与国家公共事务的国家之民；其二，公民是个人权利和义务的统一和平衡，这实际上是个人与国家关系的法律体现，也是公民主体地位的重要体现；其三，作为一种国家、社会的成员身份，公民是自由和契约的双重规定，自由和平等是公民的先决条件，契约是公民行为的依据，是公民在彰显主体自由意志的共同体中合法行为的根据。

当然，现代意义上的"公民"概念作为一种源自西方社会的话语，对中国来说是一种西学东渐的产物，并非一开始就有着我们现在所理解的内

---

① 周国文：《公民伦理观的历史源流》，中央编译出版社2008年版，第6页。

涵。要对中国语境中的"公民"概念有深入的认识，我们就必须对这一概念在中国的历史演变有所了解，以在这种考察中真正实现对当代中国语境下的"公民"概念的把握。

政治话语的变迁表征着政治文明的转型，公民概念的演变映射着语境的变迁，对中国语境中公民概念的历史考察既是对公民概念本身的历史分析，也是对产生这种概念的语境的历史梳理。我们知道，古代中国在由原始氏族社会向封建国家转变的过程中保留和继承了原始氏族社会时期社会结构和政治结构中的血缘关系，形成了以血缘关系为基础的"家—国—天下"的传统社会结构，确立了宗法等级制的家族政治体系。后来，经由中国传统儒家忠诚伦理思想的作用，在这种以宗法制为基础的社会结构中，家庭的父子伦理关系逐渐被推至国家和社会层面，形成了以"君臣""子民"为主要身份特征的臣民社会关系，同时也发展出一种影响了中国数千年的臣民文化。臣民文化强调"君即国家"，要求人们必须无条件地忠诚于君臣等级制度，具有明显的权利无位的特征，"而当人们长期浸润在对长、对上、对君的忠诚范围中，也就逐渐形成了把自己托付给长、上、君的政治思想"[①]。由此，古代中国不但难以发展出国民国家，而且也难以诞生出具有现代意义的公民。

有学者认为，中国真正现代意义上的"公民"概念是从"国民"概念开始的[②]。1898年康有为在他的一份名为《请开学校折》的奏折中首次使用了"国民"这一话语，但尚未清晰说明"国民"的具体含义。1899年梁启超在《论近世国民竞争之大势及中国前途》一文中指出："国民者，以国为人民公产之称也。国者积民而成，舍民之外，则无有国。以一国之民，治一国之事，定一国之法，谋一国之利，捍一国之患。其民不可得而侮，其国不可得而亡，是之谓国民。"[③]此时的"国民"实际上已经内含了现代"公民"的思想萌芽，但因为仍旧强调"国民"对于国家的依附性，因而同现代意义上的"公民"概念还存在很大的差异。康梁提出"国民"的概念以

---

① 任剑涛：《道德理想主义与伦理中心主义——儒家伦理及其现代处境》，东方出版社2003年版，第59页。

② 魏传光：《中国语境下三组公民对应概念的梳理与转换》，《思想理论教育》2006年第9期。

③ 《梁启超全集》第1册，北京出版社1999年版，第309页。

区别于传统的"臣民",一方面对当时的中国社会起到了极大的思想启蒙作用,另一方面则为向"公民"概念的跃进做了必要的准备。及至无产阶级革命时期,考虑到相比"国民","人民"更能产生出共同的意志,当时绝大多数共产党人主张以马克思阶级理论的"人民"概念取代"国民"概念。而在中华人民共和国成立初期、社会主义改造时期及后来的社会主义建设时期,为了更能体现和符合社会的政治氛围,"人民"一词尚被频繁使用,"公民"这一术语则仅仅散落在宪法和法律等文件之中。毛泽东在《关于正确处理人民内部矛盾的问题》一文中强调指出:"人民这个概念在不同的国家和各个国家的不同的历史时期,有着不同的内容","在建设社会主义的时期,一切赞成、拥护和参加社会主义建设事业的阶级、阶层和社会集团,都属于人民的范围;一切反抗社会主义革命和敌视、破坏社会主义建设的社会势力和社会集团,都是人民的敌人。"[①]显然,此时的"人民"尽管表征着基本权利和主权归属的主体性,但更多的是义务性的内涵,具有极强的义务本位倾向。这种强调公民义务本位而忽视公民权利本位的倾向,直到1982年宪法正式确定公民基本权利与义务的统一之后才得到了根本性的缓解。我国《宪法》第33条规定:凡具有中华人民共和国国籍的人都是中华人民共和国公民。在中国,公民在法律面前一律平等,公民依法享受政治、经济、文化等基本权利,也要自觉履行法定的各项义务,"没有无义务的权利,也没有无权利的义务"[②]。自此,"公民"作为独立的存在得到了承认,才真正意义上确立起了公民能够自主参政、议政的主体地位。

总之,当代中国语境中,"公民"不仅仅是一个法律层面的概念,同时也具有着极为重要的政治内涵,不仅是作为拥有中华人民共和国国籍,享受和履行政治权利和义务的自然人,同时也是构成中国特色社会主义民主政治的主体与基础。然而拥有公民身份,并不一定意味着就是合格公民。只有具备一定的公民素质和公民意识,即具有对公共生活和公共事务施加影响以及行使法律规定的权利和履行相应的义务所具有的意识和能力的公民才可能是合格的公民。政治认同是现代公民意识普遍觉醒之后才发展起来的一种政治现象。因此,对当代中国公民政治认同的主体的解读,离不

[①]《毛泽东文集》第7卷,人民出版社1999年版,第205页。
[②]《马克思恩格斯选集》第2卷,人民出版社1995年版,第610页。

开对当代中国公民意识的分析。在当代中国，公民作为法定的国家和社会主人，其公民意识是指公民对于国家和社会的责任感以及公民个体的权利与义务意识和价值取向，主要"包括人们对自身的社会地位、社会权利、社会责任和社会基本规范的感知、情绪、信念、看法、观点和思想以及由此而来的自觉、自律、自我体验或自我把握；还包括人们对社会政治生活和人们行为的合理性、合法性进行自我价值、自我人格、自我道德的评判，对实现自身应有的权利和义务所取手段的理解，以及由此产生的对社会群体的情感、依恋、感应和对自然与社会的审美心理的意向"[①]。概括而言，当代中国公民意识的主要内容包括：权利意识和义务意识的统一、法治意识和道德意识的统一、主体意识与平等意识的统一等。

二 中国公民政治认同的客体：绩效、制度和意识形态[*]

政治认同在本质上体现为社会成员对以公共权力为轴心而形成的一定政治体系的认可、信任与支持。因此，政治认同的客体或对象就是由确保公共权力有效运作的一定政治价值理念、政治制度规范、政治组织机构、政治运作效能等要素所构成的政治体系。现代社会中，公民政治认同的核心问题是对政治合法性的认同，即对政治系统及其行为过程的正当性与合法性的认识与评判。[②]可见，政治认同与政治合法性密切联系，政治认同问题本质上就是政治合法性问题。因此，我们可以将对当代中国公民政治认同客体的分析与政治合法性的基础或来源问题联系起来。

政治合法性的基础或来源是探讨政治合法性的一个核心议题，它实质上就是要回答类似这样的问题："政治权威为什么会得到公众的服从""某种统治是依据什么理由而正当存在的"等。对此，学者们的认识不尽相同。德国学者马克斯·韦伯从经验主义的角度把合法性基础划分为三种类型：第一，传统的基础，统治的合法性取决于统治者的世袭地位和制定、

---

① 姜涌：《中国的"公民意识"问题思考》，《山东大学学报》（哲学社会科学版）2001年第4期。

* 参见胡建、刘惠《政治合法性基础视角下公民政治认同的客体分析》，《广西社会科学》2016年第8期。

② 周敏凯：《和谐社会构建中政治认同的主要内容与面临的挑战》，《河南师范大学学报》（哲学社会科学版）2007年第5期。

执行法律时遵守的某些习俗。在这种统治形式中，统治者因具有传统所承认的统治地位而享有他人服从的权威，但其统治也仅限于传统所认可的范围。第二，超凡魅力的基础，统治的合法性建立在某个领袖人物所创立的制度的神圣性及其英雄气质、超凡感召力之上，即克里斯马型的合法性，正是由于这种英雄人物的超凡魅力吸引人们去追随和服从。第三，法理的基础，统治的合法性建立在一系列正式制定的规则和法律之上，人们服从命令是因为对法律的信守，在这种统治形式中，人们服从依照法律而占据某个职位并行使权力的统治者。① 美国学者戴维·伊斯顿则认为，合法性的来源有三个：意识形态基础、结构基础和个人基础。其中，意识形态作为合法性的来源是为政治系统的合法性提供道义上的诠释，有助于培养系统成员对于政治权威和体制的合法性情感；结构作为合法性的来源则意味着通过一定的政治制度和规范，政治系统的掌权者即可获得统治的合法性，亦即合法的政治结构能赋予其执政者合法的地位；而合法性的个人基础是指政治系统中的成员因执政者的个人品质而产生对执政者个人的信仰和赞同。② 美国学者西摩·马丁·李普塞特则认为，合法性的基础最重要的包括以下三个方面：一是意识形态的基础，即从人们的认知、信仰、价值观等理念方面获得支持；二是规则基础，即政治权力的获得与运作必须遵循公认的程序与规则；三是有效性基础，主要指一个政治权力主体取得的实际成绩（绩效）。③

依据以上分析，本书认为，当代中国公民政治认同的客体或对象主要包括三个方面：治理绩效、制度规则和意识形态。④ 由此，当代中国公民的政治认同就具体化为治理绩效认同、制度规则认同和意识形态认同。

---

① Max Weber, *Economy and Society,* Vol.1, Berkeley:University of California Press,1978, pp.214–215.
② ［美］戴维·伊斯顿：《政治生活的系统分析》，王浦劬等译，华夏出版社1989年版，第317—318页。
③ 转引自马宝成《政治合法性研究》，中国社会出版社2003年版，第55页。
④ 当代中国公民政治认同的客体是以政治权力为轴心的政治体系所包含的相关要素，是公民对政治权力的认同在政治组织、政治绩效、政治制度、政治价值等方面的具体表现。其中，政治组织作为政治体系的实体形态，是政治权力运行的载体，公民对政治组织的认同实际上体现于公民对政治绩效、政治制度、政治价值等的认同之中。因此，本书认为当代中国公民的政治认同主要包括治理绩效认同、制度规则认同和意识形态认同三个方面。

（一）治理绩效认同：政绩基础

治理绩效，亦称政绩，是指政治体系所提供的公共产品满足大多数社会成员物质和文化等方面需要的程度，也就是政治统治的有效性或实际业绩。治理绩效即为公共权力的动态运行过程及其效能，也体现为政治权力主体通过公共政策实施社会治理的实际效果。"任何政治统治的稳固，都必须以民众的认同与支持为基础……这种认同不仅出于一定的观念、文化的影响，而且必然以民众对政治统治实际行为的认识为基础，也就是说以被统治者对政权履行职能的效率、对公共利益的维护和民众个人利益的满足为基础，即以国家的政治产品满足社会需要的程度为基础。"[①]可见，公民对一定政治体系的认同不仅受一定政治价值的影响，而且更以政治体系的实际作为即政绩为基础，这就是治理绩效认同，亦称利益认同。如果政治统治者的治理绩效满足了社会成员的利益要求，那么该政治统治就将赢得民众的认可与支持。

具体而言，一个政治体系的治理绩效主要包括物质绩效、稳定绩效以及公民资格绩效[②]等方面。其中，物质绩效又称为经济绩效，是指一定政治体系发展经济以满足公民的物质利益需要的能力及实际效果；稳定绩效是指一定政治体系为公民提供安全与公共秩序，确保社会政治稳定等方面的能力及实际效果；公民资格绩效是指政治体系在保障公民拥有公民权利、社会权利、政治权利等各项自由民主权利方面的有效性。因此，在现代社会，治理绩效不仅表现为政府在经济建设方面所取得的实际成效，还包括在政治建设、文化建设、社会建设等方面取得的成就，其中最重要的是在经济建设和经济发展方面所取得的成就。正如有学者指出："延续几个时代，长期保持的效率的政治制度可以得到合法性"，"在现代世界，这种效率意味着不断的经济发展。"[③]

首先，物质绩效是治理绩效中最重要的方面。经济利益是一切利益的

[①] 龙太江、王邦佐：《经济增长与合法性的"政绩困局"——兼论中国政治的合法性基础》，《复旦学报》(社会科学版)2005年第3期。

[②] 关于政治体系的治理绩效的这三种分类，参见［英］安德鲁·海伍德《政治学》，张力鹏译，中国人民大学出版社2006年版，第479—486页。

[③] ［美］西摩·马丁·李普塞特：《政治人：政治的社会基础》，刘刚敏等译，商务印书馆1993年版，第56—57页。

基础，是人们的根本利益，也是人们政治行为产生的最主要根源。因此，经济发展与政治认同之间有着最直接的联系，人们对一个政治体系的认同，往往是因为该政治体系能给他们带来利益并维护其利益。正如有学者指出，为了使共同体中的成员能够认为统治者的地位是具有合法性的，那么就需要政府明确地表现出它所具有的公共福祉的活力。①因而，本书所说的治理绩效认同或利益认同，就主要体现为民众对党和政府发展经济以满足人民物质利益需要的能力的肯定和认可。

在中国社会主义现代化建设的进程中，党的几代领导核心都非常重视经济建设和社会发展问题，始终坚持以经济建设为中心，把发展作为执政兴国的第一要务，不断满足广大人民群众的物质利益需求。这正是抓住了当代中国治理绩效认同的关键所在。邓小平曾在不同场合多次明确指出："不重视物质利益，对少数先进分子可以，对广大群众不行，一段时间可以，长期不行。"②"社会主义的优越性归根到底要体现在它的生产力比资本主义发展得更快一些、更高一些，并且在发展生产力的基础上不断改善人民的物质文化生活。"③他还说："不坚持社会主义，不改革开放，不发展经济，不改善人民生活，只能是死路一条。"④改革开放的伟大实践证明，在社会主义条件下发展经济、提高人民生活水平，必须大力发展社会主义市场经济。当然，由于中国社会主义市场经济体制建立不久，还不成熟不完善，社会主义市场经济的优越性还没有充分发挥出来，加之中国经济社会发展不平衡的现象还比较严重，人们对当前治理绩效的认同还不够牢固与广泛。因此，当前必须在科学发展观的指导下，坚持以社会主义市场经济为基础，健全并完善社会主义市场经济体制，把发展作为第一要务，切实贯彻创新、协调、绿色、开放、共享的发展理念，努力实现经济社会的全面发展，以争取获得公民广泛的治理绩效认同。具体而言，一方面必须紧紧围绕使市场在资源配置中起决定性作用深化经济体制改革，坚持和完善基本经济制度，加快转变经济发展方式，大力促进社会主义生产力的发展、综合国力的提高和人民生活水平的改善。另一

---

① 参见［法］让-马克·夸克《合法性与政治》，佟心平等译，中央编译出版社2002年版，第53—54页。
② 《邓小平文选》第2卷，人民出版社1994年版，第146页。
③ 《邓小平文选》第3卷，人民出版社1993年版，第63页。
④ 《邓小平文选》第3卷，人民出版社1993年版，第370页。

方面必须努力维护社会的公平和正义，统筹兼顾各方面的利益，着力解决各种以经济利益为中心的社会矛盾，让发展的成果更多更公平地惠及全体人民。

其次，治理绩效还体现为稳定绩效和公民资格绩效。改革开放以来，党和政府在以经济建设为中心，大力发展经济并取得伟大经济发展成就的同时，也非常注重社会主义政治文明建设和社会文明建设，取得了良好的稳定绩效和公民资格绩效。具体而言，一方面，在党的领导下坚定不移走中国特色社会主义政治发展道路，继续推进社会主义民主政治建设，不断健全社会主义政治制度，积极稳妥推进政治体制改革，完善和健全人民当家作主的制度体系，以确保人民群众获得各项自由民主权利，保证人民依法管理国家事务，管理经济文化和社会事务，从而真正实现人民当家作主这一社会主义民主政治的真谛；另一方面，党中央始终坚持以人民为中心的发展思想，大力做好民生工作和社会治理工作，在就业、教育、医疗、居住、养老等领域实施一系列惠民举措，不断满足人民群众日益增长的美好生活需要，最大限度增加和谐稳定因素，增强社会发展活力，提高社会治理水平，全面推进平安中国建设，确保人民安居乐业、社会安定有序，使人民获得感、幸福感和安全感更加充实、更有保障。总之，只要党和政府始终坚持科学发展观，秉承以人民为中心的发展思想，在经济发展的基础上促进社会稳定和全面进步，不断提高人民生活水平，最大限度地实现和维护最广大人民的根本利益，保证人民群众共享改革发展的成果，让人民群众有更多获得感，中国公民的治理绩效认同就将得到巩固与增强，党和政府也将有稳固的政治合法性基础。必须指出的是，尽管治理绩效或有效性是政治认同形成的最重要资源和合法性的重要基础，但它并非政治认同或合法性的唯一依据。换言之，绩效或有效性只是合法性的必要条件，而不是其充分必要条件，治理绩效的增长，并不一定必然生成合法性或政治认同。因此，我们必须在坚持政治认同的绩效基础的同时，强化政治认同来源的多样性，发挥多元化的合法性基础在政治认同形成中的作用。

（二）制度规则认同：制度基础

一般而言，制度规则是指政治权力的获得与运行所要遵循公认的各种程序、规范，它是政治体系的制度形态，是政治体系有效运行的规范保障。制度规则主要包括人们在社会生活中有意识建立起来的政治制度、经济制度、法律制度、文化教育制度等一系列制度规则安排。因此，制度规则认同就是指民众基于对特定的政治、经济、文化、社会制度等制度规则有所肯定而产生的一种情感、意识上的归属感及相应的支持行为，是公民从内心产生的对一定制度规则的高度信任和肯定。一个政治体系要想"正常运转"和维持良好的秩序，就必须获得民众对其制度规则的认同和支持。而这种建立在被统治者对制度、规则的认同与支持之上的政治统治，就是一种法理型统治。一旦政治体系建立起了公众对其制度规则的认同和支持，那么，该体系的合法性基础将是最为稳固的。因为法理合法性能够将经济绩效获得的合法性资源制度化、稳固化、长期化，以弥补经济绩效的功利性、不确定性和暂时性。在当代社会，法理型权威是维护社会统治的最可靠权威形式，当代社会统治形式应该是以法理型统治为主要特征的。

具体而言，当代中国公民制度规则认同是指广大社会成员对中国特色社会主义制度以及党的纲领、路线、方针、政策等的认可、肯定和遵循。作为一种崭新的制度形态，中国特色社会主义制度是我们党在90多年的接续奋斗中形成的一整套既自成独立体系，又相互衔接和联系的制度体系。[①] 习近平总书记强调指出："中国特色社会主义制度是当代中国发展进步的根本制度保障，是具有鲜明中国特色、明显制度优势、强大自我完善能力的先进制度。"[②] 中国特色社会主义制度的主要内容包括中国特色社会主义政治制度、经济制度、文化制度、社会制度等。

第一，中国特色社会主义政治制度认同是制度规则认同的根本内容。在一个国家的各种制度规则中，政治制度由于规范性、稳定性和适应性，先天就具有社会整合和协调关系的神圣使命，从而构成制度规则体系的骨干部分，并处于关键环节。因此，本书所讲的制度规则认同，最主要是指中国特色社会主义政治制度认同，即公民对当代中国现实条件下的政治制度的认同与支持。中国共产党在长期的发展过程中，始终坚持把马克思主义基本原理与中国的具体实际结合起来，积极探索适合中国国情的政治发展道路，不断推进中国特色社会主义民主政治建设，形成了中国特色社会

---

① 党的十八大明确指出，中国特色社会主义制度由中国特色社会主义根本政治制度、基本政治制度、法律体系、基本经济制度以及在此基础上的经济体制、政治体制、文化体制、社会体制等各项具体制度组成。

② 习近平：《在庆祝中国共产党成立95周年大会上的讲话》，人民出版社2016年版，第13页。

主义政治制度。其主要内容包括：人民民主专政、人民代表大会制度、中国共产党领导的多党合作和政治协商制度、民族区域自治制度以及基层群众自治制度等。在当代中国，要巩固并不断扩大公民的制度规则认同，则必须坚持以社会主义政治文明建设为基础，实行依法治国，建设社会主义法治国家，发展适合中国国情的社会主义民主政治制度，深化政治体制改革，提高人民群众对中国特色社会主义政治制度的认同与支持。以江泽民为核心的第三代中央领导集体在党的十五大报告中提出"依法治国"的基本方略，逐步实现社会主义民主的制度化、法律化，为中国开辟了一条通过政策或制度"合法化"来实现统治"合法性"的道路，标志着中国进入了法理型统治为主导的时期。[①]"依法治国"方略的提出，表明党的纲领和中心工作开始转向以现代国家制度建设为中心，标志着中国进入了"制度建设时代"[②]。这是中国政治文明建设和民主政治发展进程中的一个重要里程碑，也是一个极为重要的成果。

当前，坚持走中国特色社会主义政治发展道路，就必须做到"坚持党的领导、人民当家作主、依法治国有机统一，坚持和完善人民代表大会制度、中国共产党领导的多党合作和政治协商制度、民族区域自治制度以及基层群众自治制度，不断推进社会主义政治制度自我完善和发展"[③]。实践已充分证明，中国特色社会主义政治制度是中国民主政治的特色，是符合中国基本国情、体现社会主义国家性质、保证人民当家作主和实现国家富强的好制度。建设社会主义政治文明、发展中国特色社会主义民主政治，就是要坚持和发展中国特色的社会主义政治制度。与此同时，还必须不断深化政治体制改革，对中国现行的领导制度、决策机制、干部人事制度、行政管理体制等具体制度进行有效的改革和完善。对此，党的十八届三中全会通过的"决定"中指出："紧紧围绕坚持党的领导、人民当家作主、依法治国有机统一深化政治体制改革，加快推进社会主义民主制度化、规范化、程序化，建设社会主义法治国家，发展更加广泛、更加充分、更加健全的

---

① 胡建、刘惠：《中国共产党执政合法性的流变及其重塑》，《内蒙古社会科学》2010年第2期。
② 胡鞍钢：《第二次转型——以制度建设为中心》，《战略与管理》2002年第3期。
③ 《十七大报告辅导读本》，人民出版社2007年版，第27页。

人民民主。"①进而，党的十八届三中全会对推进民主政治建设和政治体制改革做出了顶层设计，列举了需要加快改革的具体领域，制定了具体可行的制度改革和建设措施。政治体制改革作为中国全面改革的重要组成部分，是社会主义政治制度的自我完善和发展，它必须随着经济社会发展而不断深化，并与人民政治参与积极性的不断提高相适应。党的十八届四中全会从实现国家治理体系和治理能力现代化的高度提出了全面依法治国的重大战略部署，并系统阐明了一系列根本问题。党的十九大进一步提出，要不断发展中国社会主义民主政治，积极稳妥推进机构和行政体制改革，为党和国家事业发展提供根本性、全局性、长期性的制度保障。总之，20世纪90年代中期以来，在"依法治国"方略的指引下，中国的民主法治建设取得了十分突出的成绩，制定了一系列法律法规，各项民主政治制度逐步完善并不断发展，广大人民群众的政治权益也得到更好的保障，从而使中国公民的制度规则认同获得了极大的巩固与发展。

第二，制度规则认同还包括中国特色社会主义经济制度认同、文化制度认同和社会制度认同等。首先，中国特色社会主义经济制度是改革开放以来在社会主义经济建设过程中形成的，包括以公有制为主体、多种所有制经济共同发展的基本经济制度，以按劳分配为主体、多种分配方式并存的收入分配制度及社会主义市场经济体制等。它是中国特色社会主义制度中最具活力、最富创造性的制度，为中国生产力的发展、综合国力和人民生活水平的提升，提供了坚实的经济制度支撑。当前，中国特色社会主义经济制度认同就是要不断提高人民群众对中国的"一元主体、多元混合"的所有制结构、收入分配制度和社会主义市场经济体制等肯定、认可和支持。其次，在思想文化领域，党历来十分注重推动物质文明和精神文明的协调发展，不断推进优秀传统文化、革命文化和社会主义先进文化建设，经过长期的探索和发展，逐步形成了有关中国特色社会主义文化建设的战略思想及制度规范，包括文化产业制度、文化事业制度、文化传播制度、文化保护制度及文化安全制度等。当前，中国特色社会主义文化制度认同②主要体现为对以社会主义

---

① 《中共中央关于全面深化改革若干重大问题的决定》，人民出版社2013年版，第4页。
② 由于文化具有意识形态属性，不同阶级有不同性质的文化，文化为不同阶级服务，因此中国特色社会主义文化制度也属于社会主义意识形态范畴，本书将中国特色社会主义文化制度认同纳入当代中国公民意识形态认同的范畴。

核心价值体系、社会主义核心价值观为价值之轴的民族的、科学的、大众的社会主义文化的认可和肯定。最后，在社会领域，我们党在长期的实践中也形成了一系列中国特色社会主义社会建设的理论及其制度规范，其主要包括一系列民生制度、社会治理体制、安全稳定制度、生态环境保护制度等。中国特色社会主义社会制度认同，就是对这些有关社会建设领域的制度规范的认可和肯定。当前，随着世情、国情、党情的深刻变化，各种风险和挑战接踵而来，我们必须在坚持和巩固中国特色社会主义制度的前提下，不断推进经济、政治、文化及社会体制的改革创新，以促进中国特色社会主义制度的自我完善和发展，从而进一步提升和强化广大人民群众的制度规则认同。

（三）意识形态认同：理念基础

就政治体系的构成而言，政治组织、政治制度等要素构成其"硬件"，而政治价值则构成其"软件"。政治价值是公共权力在观念和思想层面的对象化，构成政治体系的精神支柱和深层结构。政治价值是以观念形态表现出来的政治活动的价值追求，它引领着政治生活的意义、方向与共识，规约着人们政治理想和政治信念，进而影响人们对政治体系的分析、评价及其政治行为。因此，民众对政治体系的认同自然就包含着或体现为一种对政治生活"意义"的探寻和期待，即政治价值认同。这里的政治价值认同是从狭义上理解的，主要是指社会主流政治价值——意识形态认同。所谓意识形态，"是社会的思想上层建筑，是一定社会或一定阶级、集团基于自身根本利益对现存社会关系自觉反映而形成的理论体系；……是该阶级、该社会集团政治纲领、行为准则、价值取向、社会理想的思想理论依据"[①]。意识形态认同是指公民对一定社会主流价值、政治理念、政治信仰、政治原则等所产生的情感和意识上的归属感以及相应的支持行为。作为一定社会或阶级的思想体系，意识形态是政治合法性的理念基础，能为政治统治提供合法性依据。因为"意识形态的首要作用就在于为一定的统治阶级、社会集团或整个国家提供'合法性'辩护，为社会的经济基础和上层建筑进行'合理性'论证，以便从政治到思想等多方面维护和巩固一定阶级、社会集团或国家的合法统治和管理"[②]。公民对政治统治、社会制度、政治秩序的认同与支持，主要就是通

---

① 宋惠昌：《当代意识形态研究》，中共中央党校出版社1993年版，第9—10页。
② 王永贵：《全球化态势下意识形态功能分析》，《社会科学研究》2005年第4期。

过对与社会政治制度相适应的即占主流地位的意识形态的灌输、宣传和社会化来实现的。意识形态是建构政治认同的最核心、最持久的因素。因此，一个稳定、有序的社会必须要有一个由主流意识形态确定的、得到社会成员广泛认同的社会价值系统，并通过这一社会价值系统来引导、动员社会成员，使社会成员的行为目标达到高度统一，从而实现广泛的政治认同。

当前，中国公民的意识形态认同就是指社会成员对社会主义意识形态和中国特色社会主义文化的认可和遵循，其主要包括对马列主义、毛泽东思想、中国特色社会主义理论体系等科学理论在内的马克思主义主流意识形态的赞同与支持。马克思主义是我们立党立国的根本指导思想，是社会主义意识形态的旗帜和灵魂。因此，无论在革命战争年代，还是在社会主义现代化建设时期，我们都必须坚持马克思主义在意识形态领域的指导地位。然而，马克思主义作为一个开放的理论体系，它总是在继承中前进、在创新中发展，它要求根据实践的变化而相应地发展自身。在马克思主义中国化的进程中，我们党把马克思主义基本原理与中国实际和时代特征相结合，实现了两次历史性的飞跃，产生了两大理论成果。第一次历史性飞跃发生在新民主主义革命时期，形成了毛泽东思想；第二次历史性飞跃发生在改革开放新时期，形成了中国特色社会主义理论体系。党的十八大报告明确指出："中国特色社会主义理论体系，就是包括邓小平理论、'三个代表'重要思想、科学发展观在内的科学理论体系，是对马克思列宁主义、毛泽东思想的坚持和发展。"[1]党的十八大以来，以习近平同志为核心的党中央紧紧围绕坚持和发展中国特色社会主义这个重大时代课题，进行了艰辛的理论和实践探索，形成了一系列治国理政的新理念、新思想、新战略，进而创立了习近平新时代中国特色社会主义思想。习近平新时代中国特色社会主义思想，是马克思主义中国化的最新成果，是中国特色社会主义理论体系的重要组成部分。[2]党的十九大将之确立为我们党的行动指南，实现了党的指导思想的又一次与时俱进。在当代中国，坚持中国特色社会主义理论体系、坚持习近平新时代中国特色社会主义思想，就是真正坚持马克思主义。

---

[1] 胡锦涛：《坚定不移沿着中国特色社会主义道路前进 为全面建成小康社会而奋斗——在中国共产党第十八次全国代表大会上的报告》，人民出版社2012年版，第12页。

[2] 《党的十九大报告辅导读本》，人民出版社2017年版，第20页。

然而，当前面对全球化浪潮下世界范围内思想文化、价值观念不断交流、交锋的新形势，面对改革开放和市场经济条件下中国社会思想意识、道德观念等多元、多变的新特点，人们往往很容易疏忽、淡化，甚至否定主流意识形态的存在及其作用。在此背景下，我们需要有一个能够被全社会共同接受和认同的思想基础和价值观念来引领，建设具有强大引领力和凝聚力的社会主义意识形态，为人们提供强大的理论武装和精神指引，使人们在思想道德上不断提升和进步。党的十六届六中全会首次明确提出"建设社会主义核心价值体系"的重要命题，就是对我们党和国家共同的思想基础的基本内涵和基本要求做出的明确和规范的回答。马克思主义指导思想、中国特色社会主义共同理想、以爱国主义为核心的民族精神和以改革创新为核心的时代精神、社会主义荣辱观，这四个方面构成社会主义核心价值体系的基本内容，充分体现了社会主义意识形态的本质及要求。在建设社会主义核心价值体系的基础上，党的十八大首次提出24字的社会主义核心价值观，要"倡导富强、民主、文明、和谐，倡导自由、平等、公正、法治，倡导爱国、敬业、诚信、友善"，积极培育社会主义核心价值观。当前要获取和巩固公民的意识形态认同，一方面，我们必须坚持指导思想的一元化，巩固马克思主义在社会主义意识形态领域的主导地位，"推进马克思主义中国化时代化大众化，坚持不懈用中国特色社会主义理论体系武装全党、教育人民"[1]。另一方面，在坚持社会主义意识形态的主导地位的前提下，尊重差异，包容多样，允许多元价值体系并存，要"用社会主义核心价值体系引领社会思潮、凝聚社会共识"[2]，在全社会积极培育和践行社会主义核心价值观，最大限度地形成和巩固共同的思想基础和思想共识。

综上所述，当代中国公民政治认同的客体或主要内容一般可分为治理绩效认同、制度规则认同和意识形态认同等方面。它们之间存在着相互联系、相互影响、相互作用的辩证统一关系。其中，治理绩效认同是政治认同的基础和前提，制度规则认同是政治认同的关键与保障，意识形态认同是政治认同的核心与归宿。就一般情况而言，公民首先要从其生活的政治

---

[1] 胡锦涛：《坚定不移沿着中国特色社会主义道路前进 为全面建成小康社会而奋斗——在中国共产党第十八次全国代表大会上的报告》，人民出版社2012年版，第31页。

[2] 胡锦涛：《坚定不移沿着中国特色社会主义道路前进 为全面建成小康社会而奋斗——在中国共产党第十八次全国代表大会上的报告》，人民出版社2012年版，第31页。

共同体中获得一定的利益（主要是物质利益），政党与政府要具有不断满足公民利益需要的显著的政绩，取得公民的治理绩效认同，才有可能使公民进一步服从与遵守该政党和政府的制度，才能产生对制度规则的认同，最后，公民从公正的制度中才能获得一种情感上的满足，并在治理绩效认同与制度规则认同的基础上，形成一种对主流政治价值的信仰，即获得一种意识形态认同。[1]如果一个政治体系没有显著的政绩以满足公民的利益需求，即没有获得公民的治理绩效认同，那么公民的制度规则认同与意识形态认同就会失去物质支撑和前提，因而也就不可能巩固。同理，如果一个政治体系没有获得公民的制度规则认同，那么公民的治理绩效认同与意识形态认同也将因失去制度保障而不可能巩固。

三　中国公民政治认同的介体：利益表达和政治参与

从主体间性视域出发，政治认同是"主体—介体—客体"三者之间综合作用、交往互动的实践过程。[2]政治认同的介体就是其主客体之间的互动关系顺利现实的桥梁和纽带。作为一种政治心理，政治认同必须通过话语和行动等外显化形式才能体现出来。离开相应的政治表达（话语）和政治参与（行动），不仅公众的政治心理无从把握，而且政治体系也无法赢得合法性，从而政治认同就不具有实质性的意义。因此，一般而言，政治认同的介体就表现为利益表达和政治参与两个向度。有鉴于此，本书对中国公民政治认同的现实介体的分析，也试图从当代中国公民的政治利益表达和政治参与这两个方面进行。

（一）中国公民的政治利益表达

所谓政治利益表达，亦可称为利益表达，是指公民以语言或文字的形式向政治体系提出政治要求或表达自身的利益诉求，从而影响政治体系公共政策输出的过程。政治利益表达属于一种表达性的参与，在多数情况下，它往往是作为"政治参与"的某种形式或其内容。利益表达作为政治认同的一个现实介体，它是以话语的表达形式来表现公民的政治态度、政治情

---

[1] 参见孔德永《政治认同的逻辑》，《山东大学学报》（哲学社会科学版）2007年第1期。

[2] 曾楠：《政治认同论——基于国家与社会的关系论域》，江西人民出版社2017年版，第82页。

感和政治信念。美国政治学家加布里埃尔·A. 阿尔蒙德指出："当某个集团或个人提出一项政治要求时，政治过程就开始了。这种提出要求的过程称为利益表达。"[1]利益表达是政治过程的起点，只有首先实现充分而有效的利益表达，利益整合才有基础，也才可能将各种利益要求通过表达、整合的过程转制为公共政策。因此，顺畅而有效的利益表达是政治系统正常运作的基础和关键，对任何政治系统而言都具有极为重要的意义。对当今正处于急剧社会转型期的中国而言，实现有效的政治利益表达更具有非同寻常的意义。具体而言，有效的政治利益表达[2]有利于社会利益矛盾和冲突的消解和妥善处理，实现社会的公平正义，从而保障人民群众根本利益的实现，使人民群众有更多获得感；有利于在化解和协调利益矛盾的基础上，实现社会利益整合和社会整合，从而实现社会治理水平的提升，确保社会的和谐稳定和长治久安。

改革开放以来，随着中国民主政治建设的不断发展，各项组织化、制度化的利益表达渠道和方式不断健全，公民的利益诉求和政治要求不断得到满足。有学者指出，当代中国"人民利益表达制度"主要包括政党利益表达制度、信访制度、人民代表利益表达制度、政治协商制度、社会团体利益表达制度、大众传媒利益表达制度、社会协商对话制度、行政领导接待制度等。[3]然而，由于诸多主客观因素的影响，中国目前的利益表达仍存在一些问题。虽然我们已建立一些利益表达制度，但是很多是徒有其名，如存在选举的"形式化"、信访的受阻等制度化渠道"肠梗阻"现象，一些

---

[1] ［美］加布里埃尔·A. 阿尔蒙德等：《比较政治学：体系、过程和政策》，曹沛霖等译，东方出版社2007年版，第179页。

[2] 有效的政治利益表达，需要满足三个基本标准：信、达、雅。第一，"信"是指真实。利益表达不应是政治作秀，装装样子，喊喊口号，想立就立，想废就废。有效的利益表达是需要以国家政治法律制度进行规范与确定的。第二，"达"是指通畅。有效的利益表达需要有正式的实现方式和途径，使得基层和弱势群体的利益和要求能够通过这些途径顺利地传达到公共权力机构及其工作人员那里。第三，"雅"是指优雅。有效的利益表达一定是人们有序地、理性地、合理地、平等地向公共权力机构及其工作人员表达意愿和利益诉求，力求解决社会问题。利益表达不应成为"暴民政治"而伤及无辜或少数的手段，更不能成为民粹主义情绪释放的工具。（参见孙柏瑛等《社会管理新机制》，国家行政学院出版社2015年版，第70页。）

[3] 王立新：《试论我国社会分层中人民利益表达制度的建构》，《社会科学》2003年第10期。

第一章　政治认同与中国公民政治认同的基本理论

制度化利益表达渠道并没有真正发挥它们传达民意的功能。同时，中国社会不同群体由于社会资本占有的不均衡导致其利益表达的不平衡，值得关注的是，社会弱势群体由于经济地位低下、组织分散等，他们可利用的制度化利益表达渠道很少或面临利益表达渠道不通畅，从而使弱势群体往往更容易采取一些非理性的方式来表达自己的利益诉求，如政治谣言、政治牢骚、游行示威、集体抗议、越级上访、群体性事件等非制度化形式。另外，中国在长期的压力型体制下形成了一种"报喜不报忧"的政治文化，在此背景下，政府官员在面对基层群众所表达的利益要求等真实信息时，往往就不能及时、有效、全面地传送到决策中枢，导致利益表达失真，从而影响政治决策及权威性的价值分配。因此，中国必须进一步完善政治利益表达机制，提高利益表达的制度化、法制化和规范化程度，构建面向所有利益主体的、畅通的利益表达渠道，进一步提高公民利益表达的有效性，确保人民群众的根本利益，实现社会的利益和谐和安定有序，不断提升公民政治认同。

（二）中国公民的政治参与

政治参与是政治认同的另一个现实介体。它是政治心理最为外显化的一种表达，是以行动为载体来表现公民的政治态度、政治情感和政治信念。所谓公民政治参与，是指公民为维护和实现自身利益，"通过一定的方式去直接或间接地影响政府的决定或与政府活动相关的公共政治生活的政治行为"[1]。理解这一概念要注意以下三个方面：一是，公民政治参与的主体，即谁参与，它既包括公民个体，也包括由公民个体聚合而成的各类公民社会团体和利益团体。二是，公民政治参与的客体，即参与什么，主要包括两个方面，即公民参与政治决策和参与公共管理。三是，公民政治参与的途径，即参与的实现形式，在现代社会中公民政治参与的途径呈现多元化的趋势，其主要包括政治投票、政治选举、政治结社、政治表达、政治接触、游行示威、集体骚乱、暴力抗法、革命叛乱等"体制内"积极的政治参与和"体制外"消极的政治参与。公民政治参与是现代民主政治的显著特征，它对公民个体和政治体系都具有重要作用。就公民个体而言，"在民主规范的条件下，如果你不参与影响你自己生活的决策，你的自尊就会受到严重

---

[1] 杨光斌：《政治学导论》，中国人民大学出版社2000年版，第230页。

损伤。从某些角度看，缺乏参与的能力可能意味着缺乏在体系内成为完全成员的资格"[1]，因此，政治参与有助于公民通过表达自身意志、要求和熟悉政治环节，实现公民权益，提升公民基本素质，从而塑造为合格公民。就政治体系而言，政治参与有助于增强政治决策的科学性和政治管理的民主化，从而提升政治统治的合法性和政治认同，"政治参与是以公民对于国家的政治认同为其心理条件的。对国家的认同在一定意义上来说就是对政治统治的承认，也就是对政治统治合法性的认可"[2]。

当代中国，建立完善规范的政治参与机制，保证公民最大范围、最大限度地实现政治参与，是中国政治现代化的内涵所在，也是政治现代化建设的主要衡量标准和建设途径。[3]随着社会主义民主政治的不断发展，中国公民的政治参与意识不断提高，公民参与的内容不断拓展，公民参与的渠道趋于多样化和成熟化，公民政治参与总体上呈现出良好的局面和发展态势。但是，我们还必须看到，中国公民的政治参与仍存在参与不充分、参与渠道不通畅、参与制度不健全等问题，"参与中的非制度性、暴力、非理性的因素非常引人注目"[4]，从而影响了公民政治效能感的提升和社会主义民主政治建设进程的推进。具体而言，中国公民政治参与的问题与困境主要表现为：第一，公民的政治参与意愿总体偏低，参与意识呈现复杂化趋向。第二，政治参与渠道相对单一，参与机制不健全、制度化水平不够。虽然中国已建立包括民主选举、代表大会、听证会、信访、民主恳谈会、市长热线等一系列政治参与的制度和渠道，但这些制度在实际运行中往往仅停留于法律规范的形式层面或表现出机制不健全、规范性程度不高的问题，从而更多的是对政府行为模式的规制，而不能真正成为公民政治参与的有效渠道。第三，非制度化政治参与的存在，对制度化政治参与带来严重挑战。在中国现实政治生活中，由于制度化政治参与渠道的不通畅、不健全等，导致还存在一定的静坐示威、集体上访、网络暴力、暴力抗争等非制

---

[1] ［美］格林斯坦、波尔斯比：《政治学手册精选》下册，商务印书馆1996年版，第294页。
[2] 王浦劬：《政治学基础》，北京大学出版社2014年版，第180页。
[3] 张明军等：《当代中国政治社会分析》，中央编译出版社2008年版，第349页。
[4] 房宁等：《中国政治发展报告（2013）》，社会科学文献出版社2013年版，第226页。

度化政治参与,这反过来对制度化政治参与带来严重挑战与压力。鉴于以上问题的存在,中国应不断深化政治体制改革,健全和完善公民政治参与制度和机制,切实保障公民的民主权利,从而不断促进公民政治认同的生成和发展。

四 中国公民政治认同的环体:社会环境结构

如前文所述,作为一种"主体—介体—客体"之间交往互动的政治心理和政治行为,政治认同的生成与发展还要依赖于一定的外在现实环境,必然要受到环境的制约和影响。这种外在环境主要是指与认同主体相关联的全方位的社会存在,即包括政治生态环境、经济利益环境、思想文化环境、社会运行环境等要素所构成的社会环境结构。需要说明的是:众多的环境结构要素对政治认同的影响及联系程度并不是完全等同的,有的可能是内在的、直接的影响,有的可能是外在的、间接的影响。同时,政治认同的环境结构是一个开放、发展和循环的总和体系,各要素之间也存在紧密联系,它们共同对政治认同的发生、发展及变迁产生影响和制约。因此,中国公民政治认同的环体就是指在当代中国现实时空条件下,中国公民所处的由政治、经济、文化、社会等多种要素形成的社会环境结构,这也是公民政治认同的影响因素。由于本书后面将专章对当代中国公民政治认同的影响因素进行分析和论述,故在此不再赘述,只做一般性交代和简单陈述。

一般而言,中国公民政治认同的环体即社会环境结构,主要包括以下几方面:第一,政治生态环境,即政治主体生存和发展所面对的政治生活环境及状态,它是一个社会党风、政风、民气的重要载体和综合反映,也是衡量一个国家和地区政治状况优劣的重要指标。当代中国政治生态环境主要涵盖了中国共产党领导的政治体制[①]、中国特色社会主义政治制度、当代中国政治文化、党风廉政建设及党内政治生活、党和政府的治理绩效等。

[①] 又称为"党政体制",是指中国共产党建构了一个以自身为核心和中轴的国家政权结构,其主要特点为:执政党全面进入国家系统,占据核心位置,履行着重要的政治和行政功能;同时,执政党又保留了自身的相对独立性。这是理解当代中国政治的关键词,凸显了当代中国政治的基本特征,也是认识中国现实政治的整体性分析框架。(参见景跃进等《当代中国政府与政治》,中国人民大学出版社2016年版,第4—8页。)

以上政治要素基本是作为政治认同的直接对象——政治体系所涵盖的方面，它们所表现出来的特征、样态及其变迁，将对政治认同产生直接的影响，从而成为影响政治认同的最重要的环境变量。

第二，经济利益环境，即认同主体所面对的经济关系、经济活动和经济体系，包括经济发展状况、物质财富分配状况、经济结构和经济发展方式等。当代中国，在经济领域已形成"一元主体、多元混合"的所有制结构和收入分配方式，建立了社会主义市场经济体制，同时还面临着为适应经济发展新常态而加快转变经济发展方式、调整经济结构等。面对中国经济发展所带来的生产力发展、综合国力增强和人民生活水平的提高，广大民众的政治认同自然得以提升。然而，在取得巨大经济发展成就的同时，中国也出现了利益分化、贫富差距拉大等现象，这也在一定程度上消解了民众的政治认同。因此，当代中国经济利益环境的结构、特征和变迁势必影响到民众的政治认同，成为政治认同的一个重要环境变量。

第三，思想文化环境，即认同主体所处的一定社会的思想文化氛围和背景，包括文化传统、价值观念、意识形态等。当代中国思想文化环境主要包括中华文化传统、中西文化的交流交锋、以社会主义核心价值观为引领的中国特色社会主义文化、社会主义意识形态建设等。在不同的思想文化传统尤其是不同政治文化的熏陶和影响下，人们会形成不同的政治人格、政治价值观，就会产生不同的政治态度、情感与政治行为，从而直接影响政治认同。

第四，社会运行环境，是指与政治、经济、文化领域相对应的认同主体所处的社会生活领域，包括社会结构、社会流动、社会整合等要素。当代中国，在经济建设取得重大成就的同时，社会矛盾和问题却日益凸显，导致经济社会发展不协调。为了扭转这一局面，实现经济社会的全面协调发展，党中央相继提出构建社会主义和谐社会、加快推进以改善民生为重点的社会建设、大力推进生态文明建设、构建全民共建共享的社会治理格局等重大战略，这标志着中国进入以社会建设为重点的新阶段。当今中国在社会建设领域所出现的社会结构的深刻变动、社会阶层的加剧分化、社会流动的增强等特征及运行变化状况势必会影响到民众对政治体系的认知和评判，从而成为影响政治认同的又一重要环境变量。

综上所述，从结构性的视角出发，中国公民政治认同在静态要素层面主要涉及"谁认同""认同谁""为什么认同"及"怎样认同",即政治认同的主体(中国公民)、客体(绩效、制度、意识形态)、环体(社会环境)和介体(政治参与)等四个相互联系的方面。这些结构要素,实际上构成了解释中国公民政治认同的基本框架和理论基础,为本书的写作搭建了理论平台。就动态机制层面而言,公民政治认同的形成是在一定认同环体影响下,认同主体—认同介体—认同客体之间"三位一体"的交往互动过程。即是说,在政治认同分析框架中各要素的动态整合、交互作用形成政治认同的生成模式,促使政治认同形成与提升,而各结构要素整合失衡或生成机制受阻,则会造成政治认同流失。总之,本书在一定意义上就是要从根本上解析和澄清关于当代中国公民政治认同的结构要素、生成机制、基本形态及其结构优化等问题。

第三节 理论基础:中国公民政治认同研究的知识借鉴

任何理论都不是凭空产生的,都有它的思想来源和理论基础。同样,政治认同作为一个与政治学、社会学、心理学、政治心理学、马克思主义理论等诸多学科紧密联系的重要范畴,这些学科为政治认同范畴提供了思想资源和理论支撑,对我们开展中国公民政治认同研究具有重要的理论借鉴意义。这些理论借鉴主要包括:政治学中的政治合法性理论、政治社会化理论、政治文化理论等,社会学中的社会认同理论、人的社会化理论等,心理学中的自我认同理论、心理需求理论等。然而,根据本书的研究视角和研究方法,我们认为马克思主义为当代中国公民的政治认同研究提供了直接的理论依据和指导思想,是中国公民政治认同研究的直接理论基础。在此,囿于篇幅,本书主要就马克思主义创始人——马克思和恩格斯的思想、观点及理论中有关政治认同的理论资源及理论基础做一粗略梳理和分析。

马克思主义正确地揭示了客观世界特别是人类社会的发展规律,为我们提供了正确的认识世界和改造世界的科学理论和方法。虽然马克思主义的经典著作中并没有"政治认同"这一概念,但马克思主义的许多思想和理论中包含了政治认同的相关理论因素,比如,社会存在与社会意识辩证关系的理论、人的本质理论、思想与利益辩证统一的理论[①]以及马克思主义交往实践理论等。在这些理论中，我们可以寻找到马克思主义关于政治认同的理论资源，因此，马克思主义为我们深入研究新形势下中国公民的政治认同问题提供了直接的理论依据和指导思想。当前，面对复杂的国际环境以及中国社会转型期出现的种种新问题，我们必须依据马克思主义所揭示的客观规律，运用它的立场、观点、方法对当代中国公民政治认同问题进行准确分析和研究。

一 马克思主义关于社会存在与社会意识辩证关系理论

马克思主义唯物史观揭示了社会存在与社会意识的辩证关系，即社会存在决定社会意识，社会意识是社会存在的反映，并反作用于社会存在。社会存在也称社会物质生活条件，是指社会生活的物质方面，即不以人的意识为转移的社会物质生活过程，其核心是"物质生活的生产方式"。社会意识是指社会的精神生活过程，是对社会存在的反映，包括人们的政治法律思想、道德、艺术、宗教、科学和哲学等意识形式，以及感情、风俗习惯等社会心理。马克思主义认为，社会存在是社会意识内容的客观来源，社会意识是人们对周围环境、社会生活和社会关系的认识，是人们对以实践为基础的不断变化发展的现实世界的主观反映。"物质生活的生产方式制约着整个社会生活、政治生活和精神生活的过程。不是人们的意识决定人们的存在，相反，是人们的社会存在决定人们的意识。"[②]人类社会生产力和生产关系的矛盾运动推动了人们的思想、意识的发展与进步，"而发展着自己的物质生产和物质交往的人们，在改变自己的这个现实的同时也改变着自己的思维和思维的产物。不是意识决定生活，而是生活决定意识"[③]。与此同时，人们的社会意识并不是消极被动地反映社会存在，社会意识具有相对的独立性，对社会存在具有能动的反作用。正如恩格斯指出，"虽然物质生活条件是原始的起因，但是这并不排斥思想领域也反过

[①] 参见胡建《当代中国公民政治认同的理论与实践研究》，博士学位论文，西南交通大学，2011年，第47—51页。
[②] 《马克思恩格斯选集》第2卷，人民出版社1995年版，第32页。
[③] 《马克思恩格斯文集》第1卷，人民出版社2009年版，第525页。

来对这些物质条件起作用,然而是第二性的作用"①。正确的、先进的社会意识能推动和促进社会存在的发展,错误的、落后的社会意识则阻碍和破坏社会存在的发展。

马克思主义唯物史观在肯定社会存在决定社会意识的前提下,特别强调先进的社会思想和理论在实现社会革命、解决社会物质生活发展的新问题和新任务中所具有的伟大作用。马克思曾指出:"如果从观念上来考察,那么一定的意识形式的解体足以使整个时代覆灭。"②这里特别需要指出的是,在社会意识中,反映一定社会的经济关系和阶级关系,服务于特定经济政治制度和特定阶级的部分,是属于社会意识形态范畴。意识形态作为一种精神现象是对现实世界的反映,同时它作为一种上层建筑对经济基础具有反作用。揆诸马克思主义发展史,马克思、恩格斯提出了意识形态概念,并形成了关于意识形态与物质生活、生产实践的辩证关系等理论观点,这必然与其对于社会存在与社会意识的辩证关系的阐释紧密联系,具有相关性。

马克思主义关于社会存在与社会意识的辩证关系原理对于当代中国公民的政治认同研究具有重要的指导作用。主要表现在以下方面:

第一,社会存在决定社会意识的理论揭示了人们的思想意识产生的最一般规律,为我们研究人们的思想来源、观念变化以及人们的思想对社会的依赖关系提供了理论基础。在现实的社会政治生活中,人们的政治意识、政治思想等意识形态必然要受到客观社会存在的制约和影响,社会存在的多样性也必然导致人们的思想观念的多样性和复杂性。外部物质条件发生变化,必然引起人们的思想观念、政治价值观相应地发生改变。作为政治人对政治体系的一种能动的反应、一种主观的政治心理活动,政治认同最终是由"物质生活的生产方式"和一定的政治体系决定的,各种外界的物质生活条件和现实因素都对政治认同产生巨大的制约和影响作用。因此,我们在对当代中国公民政治认同的生成机制、影响因素以及政治认同机制的完善路径的阐述和分析时,必须紧密结合当代中国的现实社会情境以及中国特色社会主义的实际状况。

---

① 《马克思恩格斯全集》第37卷,人民出版社1971年版,第431—432页。
② 《马克思恩格斯全集》第30卷,人民出版社1995年版,第539页。

第二，社会意识反作用于社会存在的理论揭示了精神的力量在一定条件下可以转化为物质的力量，为我们研究人们的思想意识的社会功能及现实意义提供了理论基础。社会意识并不是消极地反映社会存在，它对社会存在具有能动的反作用。马克思指出："一种历史因素一旦被其他的、归根到底是经济的原因造成了，它也就起作用，就能够对它的环境，甚至对产生它的原因发生反作用。"[①] 政治认同是认同主体对政治体系的能动的、积极的和肯定的心理反应，因此，政治认同又会直接反作用于政治体系，并通过对政治体系的作用来影响"物质生活的生产方式"，从而使精神的力量转变为物质的力量，促进社会的稳定、经济的发展和政权的巩固。就中国的现实而言，能否形成广泛的政治认同，不仅直接影响中国的政治体制改革、政治的稳定和发展，也会对中国的社会主义市场经济体制的建立和完善产生重大影响。但是，政治认同作为一种政治心理，其积极功能的发挥必须在一定条件和一定界限内，如果超越了该限度，这种积极功能就可能变为消极的负向功能。由此可见，当代中国公民的政治认同的研究必须以马克思主义关于社会存在与社会意识的辩证关系原理为理论基础和指导，全面把握其辩证关系，既不能削弱、淡化甚至否定政治认同的重要作用，也不能任意夸大政治意识、政治观念的作用，用政治冲击一切、代替一切。

二 马克思主义关于人的本质理论

人的本质理论是马克思主义人学的一个基本观点。马克思在《关于费尔巴哈的提纲》一文中对其做了经典的阐释："人的本质不是单个人所固有的抽象物，在其现实性上，它是一切社会关系的总和。"[②] 马克思主义认为，人不但具有自然属性，还具有社会属性，人是自然属性和社会属性的统一，而社会属性是人的根本属性。人的本质与一定的社会关系相联系，世界上根本不存在抽象的、纯粹的、脱离一定社会关系的人。"不管个人在主观上怎样超脱各种关系，他在社会意义上总是这些关系的产物。"[③] 全面理解马克思主义人的本质理论，我们还应注意以下几方面：

---

① 《马克思恩格斯选集》第4卷，人民出版社1995年版，第728页。
② 《马克思恩格斯选集》第1卷，人民出版社1995年版，第60页。
③ 《马克思恩格斯选集》第2卷，人民出版社1995年版，第102页。

第一，人的本质是全部的社会关系的总和。就是说，决定人的本质的社会关系不是单一的，而是多方面的，包括经济的、政治的和文化的关系，人与自然、人与人的关系；在阶级社会，人们的社会关系主要表现为阶级关系。人在多方面的社会关系中获得多方面的社会规定性，即人性，因而人性也是具体的、多方面的。而在人的全部社会关系中起决定作用的是经济关系，即生产关系。人在生产关系中获得的规定性构成人最基本的社会规定性，构成人性的现实基础。因此，全面把握人的本质及人性，必须把人放在以生产关系为基础的各种社会关系中进行综合考察。

第二，必须从"现实性上"去认识和理解人的本质。人的社会关系随着物质生产活动及其他社会交往活动的发展而演变，因此，受其制约的人的本质不是凝固不变的抽象物，而是具体的、历史的。人的本质就存在于现实的、可感知的、发展变化着的社会关系之中。

第三，人的本质还表现在人的能动性和实践性上。马克思主义认为，人是一种包含理性在内的感性活动的存在，即实践的存在。实践是人所特有的生存方式。正是在实践活动过程中，人把自己与自然界区分开来，意识到自我的存在，具有了主体意识，创造了人之为人的一切本质特征。因此，人在本质上是一种实践的存在，是能动的、富有创造性的。马克思主义认为："环境的改变和人的活动的一致，只能被看作是并合理地理解为变革的实践。""从前的一切唯物主义——包括费尔巴哈的唯物主义——的主要缺点是：对对象、现实、感性，只是从客体的或者直观的形式去理解，而不是把它们当作人的感性活动，当作实践去理解，不是从主体方面去理解。"[1]

马克思主义关于人的本质理论为我们全面把握与分析当代中国公民的政治认同问题，提供了科学的理论指导。

第一，要在全面的、复杂的社会关系中分析和把握公民的政治认同。人的本质理论告诉我们，在分析人的思想与行为时，必须把一个人放在具体的社会历史环境中，放在复杂的社会关系中去考察。公民的政治认同受各种社会关系，包括政治关系、经济关系、文化关系等综合的制约和影响，其中经济关系具有决定性的制约影响作用，而经济关系的核心是利益关系。因此，对当代中国公民的政治认同的影响因素与完善机制的分析就应从公

---

[1] 《马克思恩格斯选集》第1卷，人民出版社1995年版，第59、58页。

民所处的经济关系、政治关系、文化关系等出发进行把握。

第二，必须从"现实性上"去理解和分析当代中国公民的政治认同。人的本质存在于现实的、可感知的、发展变化着的社会关系之中。"现实性"就意味着社会关系动态性、时代性、发展性，当代中国公民的政治认同就应展现这种"现实性"。只有是"现实的人"而非"抽象的人"才能够成为政治认同的主体。当代中国正处于社会转型期和全球化时代的现实背景之下，我们必须准确把握这一"现实性"的政治、经济、文化关系及其特点，全面认识和解决当代中国公民的政治认同的现状、问题及对策等问题。

第三，强调从人的主体性视角去认识和把握当代中国公民的政治认同。人在本质上是一种自我创造的主体性存在，具有能动性和创造性。因此，当代中国公民的政治认同问题研究，必须坚持人的主体性视角，确立和尊重人的政治认同主体地位。特别是在健全和完善当代中国公民的政治认同机制问题上，必须做到以人为本，充分调动和发挥人的主观能动性，强化公民政治社会化治理机制，提升公民个体的政治素质。其中，尤其要强化体现人的政治主体性和能动性的政治参与机制，因为政治参与是公民政治社会化的重要途径，它以公民对政治体系的政治认同为其前提条件和心理基础。

三 马克思主义关于思想与利益辩证关系理论

思想与利益的辩证关系原理是历史唯物主义的一个基本理论问题。这一理论与马克思主义意识形态理论具有密切关联。在阶级社会中，占统治地位的思想文化，本质上就是经济上占统治地位的阶级的意识形态。而意识形态中的价值观念和理想追求，不过是人们在现实生活中利益关系的观念表达。马克思主义创始人认为，人的思想并不是某种高悬于历史和社会之上的本源性的东西，它是离不开人类社会中的物质利益的。正如马克思、恩格斯在反驳鲍威尔一伙的谬论时，总结出的著名原理："'思想'一旦离开'利益'，就一定会使自己出丑。"[①] 这就从辩证唯物主义出发说明了思想是由现实的物质利益和阶级利益决定的。在阶级社会中，应当从物质利益关系、阶级关系和权力地位关系来考察和分析思想文化和意识形态。马克思、恩格斯还揭示了一条原理：思想不能脱离一定的社会物质条件而独立起作用，思想斗争是

---

① 《马克思恩格斯全集》第2卷，人民出版社1957年版，第103页。

作为社会阶级斗争的一部分而在一定社会历史范围内起作用。马克思认为,"人们头脑中发生的这一思想过程,归根到底是由人们的物质生活条件决定的"[①],"思想从来也不能超出旧世界秩序的范围;在任何情况下它都只能超出旧世界秩序的思想范围。思想根本不能实现什么东西。为了实现思想,就要有使用实践力量的人"[②]。这完全是唯物主义历史观的命题。

与此同时,马克思主义意识形态理论还强调,意识形态具有相对独立性,要重视意识形态对经济基础的反作用。恩格斯指出:"政治、法律、哲学、宗教、文学、艺术等的发展是以经济发展为基础的。但是,他们又都相互影响并对经济基础发生影响。并不是只有经济状况才是原因,才是积极的,而其余一切都不过是消极的结果。"[③]当思想反映现实的社会发展的需要,符合社会进步阶级的利益时,它将具有巨大的能动性,它一经产生,就能变成推动社会发展的强大动力。其中,马克思、恩格斯还深刻阐明了思想要转化为现实,变为物质力量,就要掌握群众,而要掌握群众,必须反映群众的利益、要求和愿望。群众创造历史的实践活动,它们的思想动因,其背后蕴含着深刻的物质利益。马克思主义创始人对思想反映一定阶级利益的发现,使得有可能进一步科学地阐明社会意识及其形式的原理,所以这里孕育着唯物主义历史观的重要的思想萌芽。马克思和恩格斯依据这一新的发现,深刻地揭示出历史发展的现实进程。如果说,群众的行动受着他们实际利益的制约,那么随着社会生产关系的发展而发展起来的物质利益以及广大劳动群众对自己利益和对少数者利益的对立的认识,必然使越来越多的群众,自觉地、积极地参加到社会历史运动中来。

马克思主义创始人深刻地阐明了思想和利益的辩证关系,并提出了正确理解思想在社会发展中作用的原理。这一理论为我们研究当代中国公民的政治认同问题提供了理论依据与重要启示。即是说,对当代中国公民的政治认同研究应当首先确立物质利益原则,同时也不能忽视思想文化和意识形态的重要作用。

人的思想由物质利益所决定,利益是思想的基础,人们历史活动的思

---

① 《马克思恩格斯选集》第4卷,人民出版社1995年版,第254页。
② 《马克思恩格斯全集》第2卷,人民出版社1957年版,第152页。
③ 《马克思恩格斯全集》第39卷,人民出版社1974年版,第199页。

想动机背后蕴含着深刻的物质利益。物质利益是人类生存和发展的物质条件，人们对物质利益的关心是一个客观现实。"人们奋斗所争取的一切，都同他们的利益有关。"①人们是在争取物质利益的活动中产生思想、观念和意识的。因此，要把思想文化和意识形态的发展变化放到现实生活的物质利益关系中去把握。只有在此基础上，考察人们思想产生、变化的最终根源，才能真正了解人们思想的内在秘密。政治认同作为一种政治心理和政治行为，其形成的基础和动力就是利益，要满足民众的利益需求，保障民众的各项权益，同时，还要充分发挥思想文化和意识形态的巨大整合力量和合法化功能，实现广泛的社会思想共识。毛泽东说过："马克思列宁主义的基本原则，就是要使群众认识自己的利益，并且团结起来，为自己的利益而奋斗。"②在社会主义现代化建设的新时期，邓小平曾指出，不讲物质利益，不是唯物主义者。与此同时，邓小平也提醒和告诫全党，"在工作重心转到经济建设以后，全党要研究如何适应新的条件，加强党的思想工作，防止埋头经济工作、忽视思想工作的倾向"③。因为思想工作能够从思想上、政治上保证社会主义现代化建设的正确方向，提供强大的精神动力。只抓经济工作，埋头于具体事务，必然导致削弱和忽视思想工作的倾向性。在20世纪80年代，邓小平尖锐地指出："经济建设这一手我们搞得相当有成绩，形势喜人，这是我们国家的成功。但风气如果坏下去，经济搞成功又有什么意义？会在另一方面变质，反过来影响整个经济变质。"④这就是说，在进行经济建设的同时，要坚决抵制各种腐朽思想的侵蚀，保证社会主义思想牢固地占领思想文化阵地。总之，在对当代中国公民的政治认同研究中，要做到思想与利益的辩证统一。一方面要注重物质利益问题，紧密结合广大人民群众的利益诉求及当前中国的利益分化现实来对政治认同的现状、影响因素及完善对策的进行考察与分析；另一方面又要注重思想文化建设，结合中国意识形态领域的新变化、新形势，加强社会主义核心价值体系建设，培育和践行社会主义核心价值观，不断巩固马克思主义在意识形态领域的指导地位。

---

① 《马克思恩格斯全集》第1卷，人民出版社1956年版，第82页。
② 《毛泽东选集》第4卷，人民出版社1991年版，第1318页。
③ 《邓小平文选》第3卷，人民出版社1993年版，第48页。
④ 《邓小平文选》第3卷，人民出版社1993年版，第154页。

四 马克思主义交往实践理论

交往实践观是马克思主义历史唯物主义的一个重要理论。马克思在《1844年经济学哲学手稿》《德意志意识形态》等著作中从"交往""交往关系""交往形式"等概念入手，阐述了人类以客体为中介进行的主体之间的交往实践活动，建构了人与人之间的社会关系即人的社会本质以及交往活动对生产实践及社会发展的作用。虽然马克思没有明确指明一种严格意义的交往实践，但其通过对资本主义生产关系的深入分析，形成了较为全面的交往实践理论。归纳起来，马克思主义的交往实践理论的主要内容包括以下几方面：

第一，交往实践是人的存在方式，并构成社会历史基础。马克思指出，"全部人类历史的第一个前提无疑是有生命的个人的存在"[1]，要保证个人的存在，人们就得"生产自己的生活资料，同时间接地生产着自己的物质生活本身"[2]。"而生产本身又是以个人彼此之间的交往［verkehr］为前提的"，而交往形式又"是由生产决定的"[3]。这表明，人类一产生就有了生产、交往。"生命的生产，无论是通过劳动而达到自己生命的生产，或是通过生育而达到的他人生命的生产，就立即表现为双重关系：一方面是自然关系，另一方面是社会关系；社会关系的含义在这里是指许多个人的共同活动，至于这种活动在什么条件下、用什么方式和为了什么目的而进行，则是无关紧要的。"[4]因此，在人类劳动实践中不仅形成人与自然的关系，而且也形成人与人的关系，即人类在生产中所发生的物质交往关系。在马克思看来，生产实践本身"是以个人彼此之间的交往为前提的"[5]，其本质就是交往，从而交往实践成为人的存在方式，并构成人类社会历史的基础。

第二，交往实践的历史演进与个人发展、生产发展、社会发展紧密联系。马克思在《1857—1858年经济学手稿》中，划分了人类交往发展的三个主要历史形态：以人的依赖关系或个人之间的统治和服从关系为基础的

---

[1] 《马克思恩格斯选集》第1卷，人民出版社1995年版，第67页。
[2] 《马克思恩格斯选集》第1卷，人民出版社1995年版，第67页。
[3] 《马克思恩格斯选集》第1卷，人民出版社1995年版，第67页。
[4] 《马克思恩格斯选集》第1卷，人民出版社1995年版，第80页。
[5] 《马克思恩格斯选集》第1卷，人民出版社1995年版，第68页。

最初交往形态；建立在交换价值基础上的，以物品、能力、商品等交换为基础的交往阶段；建立在个人全面发展基础上的自由交往阶段。交往实践发展的三个历史形态，分别对应马克思所讲的人的发展的三阶段："人的依赖性阶段""人的独立性阶段"和"自由个性阶段"。因此，马克思认为，人类交往实践的历史演进与个人发展、生产发展、社会发展紧密联系，"人的依赖关系（起初完全是自然发生的），是最初的社会形态，在这种形态下，人的生产能力只是在狭窄的范围内和孤立的地点上发展着。以物的依赖性为基础的人的独立性，是第二大形态，在这种形态下，才形成普遍的社会物质变换、全面的关系，多方面的需求以及全面的能力体系。建立在个人全面发展和他们共同的社会生产能力成为他们的社会财富这一基础上的自由个性，是第三阶段。第二阶段为第三阶段创造条件"[①]。可见，马克思充分肯定了交往活动在社会形态变革以及人的发展中的重要作用。

第三，交往实践是社会实践的表现形式之一。交往实践构成人的存在方式，也是人类社会的历史和逻辑基础。马克思主义实践观认为，实践是人们能动地改造世界的客观物质活动。作为主体和客体之间的相互作用过程，实践既表现为一种主客体之间的对象化活动，又表现为主体之间的物质交往活动。正如马克思所指出："人们在生产中不仅仅同自然界发生关系。他们如果不以一定方式结合起来共同活动和互相交换其活动，便不能进行生产。为了进行生产，人们便发生一定的联系和关系；只有在这些社会联系和社会关系的范围内，才会有他们对自然界的关系，才会有生产。"[②]因此，实践具有交往性，交往实践是社会实践的表现形式之一。这是马克思主义科学实践观的题中之义和本质的规定。同时，马克思主义还认为，交往分为物质交往和精神交往，精神交往是从物质交往中分化出来的，物质交往决定精神交往。长期以来，我们往往对马克思主义实践观只是片面、简单化地从生产角度来理解，而没有从生产与交往的辩证统一以及主体之间交往的角度来理解，因而导致对唯物史观理解的简单化和片面化。

总之，马克思主义交往实践理论内容丰富、内涵深刻、特点鲜明，它为我们研究当代中国公民政治认同问题提供了科学的理论指导和思想资源，

---

① 《马克思恩格斯全集》第46卷上册，人民出版社1979年版，第104页。
② 《马克思恩格斯全集》第6卷，人民出版社1961年版，第486页。

第一章 政治认同与中国公民政治认同的基本理论

并具有重要的启发意义。具体而言，交往实践理论认为，人类的生产活动和交往活动相互联系，共同构成社会实践的有机组成部分；交往实践是统一人与自然、人与社会以及人与自我的基本方式，是人与世界的各种关系在社会运动中的动态表现，它关系到人的发展、生产发展、社会发展各个层面。作为一种对象化活动，交往实践是人类各项活动产生的源泉。当然，人类社会的各种政治生活，也是在社会政治实践及主体间交往中实现的。在交往实践中形成人的社会性，同时形成政治认知和政治态度、培养政治情感、塑造政治人格、规范政治行为等。因此，政治认同的研究必须从现实的具体的政治生活出发，从现实的具体的交往实践活动中进行考察，才能全面把握政治认同现状、问题及其发展规律。正如有学者指出，"认同是人们在交往活动中彼此从自我出发而寻求共同性的过程和结果"[1]，因而，应从人的活动的总体性出发来讨论认同问题，这本身就是马克思主义的要求。另外，我们在对当代中国公民政治认同的研究中，要根据马克思主义交往实践理论，充分把握人与人交往的客观规律，突出人的主体性，使交往主体之间形成角色共同体，在参与、理解和解释中达成共识。同时，从中国社会发展的阶段性特征出发，不断满足公众的物质和精神需求，使公众在良好的社会交往中树立正确的政治观念，形成良好的政治人格，不断实现人的全面而自由的发展。

---

[1] 贾英健：《认同的哲学意蕴与价值认同的本质》，《山东师范大学学报》（人文社会科学版）2006年第1期。

第二章 当代中国公民政治认同的历史考察与现实启示

"历史终是客观事实,历史没有不对的,不对的是在我们不注重历史,不把历史作参考。"①因此,研究任何一个社会问题,最可靠和最科学的方法之一,就是必须从历史维度上把它的全部过程加以考察。我们在研究当代中国公民的政治认同问题时,也有必要对中国公民政治认同的历史状况进行一番梳理和考察,揭示中华人民共和国成立以来公民政治认同的历史变迁进程及阶段性特征,总结其中的经验与教训,力求探寻当代中国公民政治认同的内在逻辑与规律。这对于在新形势下有效解决公民政治认同消减的问题,培育和形成稳固的公民政治认同,从而维护政治稳定和推进社会发展,无疑有着十分重要的意义。

第一节 中华人民共和国成立以来公民政治认同的历史变迁*

政治认同作为一种政治实践活动,必然会随着一定历史条件及认同主客体状况的变化而在认同程度、认同内容、认同方式等方面不断发生变化。中华人民共和国成立以来,伴随着中国社会经历革命、建设及改革的巨大

---

① 钱穆:《中国文化史导论》,商务印书馆1994年版,第178页。
* 中华人民共和国成立以来公民政治认同演变的前四个历史阶段分期及其历程考察,参见胡建《当代中国公民政治认同的理论与实践研究》,博士学位论文,西南交通大学,2011年,第58—68页。

变迁，公民的政治认同也经历了复杂的变化过程，体现出不同的变化特点及规律。本节主要从影响政治认同生成的主导因素入手，从纵向的、历时性[①]的角度，对中华人民共和国成立以来中国公民在执政绩效认同、制度规则认同和意识形态认同等方面的历史变迁过程进行具体的考察和分析，力图全面呈现中华人民共和国成立以来公民政治认同变迁的历史图式。

一 中华人民共和国成立初期：公民政治认同逐步上升

1949年10月1日，中华人民共和国宣告成立，由此开创了中国历史的新纪元。它标志着近代以来帝国主义、封建主义和官僚资本主义压迫、奴役和统治中国人民的历史从此结束，中华民族开始以崭新的姿态登上历史舞台并自立于世界民族之林。总之，中华人民共和国的成立，实现了国家基本统一、民族团结、社会政治局面趋向稳定、人民开始安居乐业的生活，从根本上改变了中国社会的发展方向，中国进入了人民当家作主的新时代。全国各族人民在中国共产党的领导下，开始了社会主义革命和建设。1949年到1956年，中国共产党和人民政府领导全国人民经过艰苦的奋斗，有步骤地实现了从新民主主义到社会主义的转变，实现了全国（除台湾以外）的统一，国民经济迅速得到恢复，并且对农业、手工业、资本主义工商业进行了社会主义改造，开展了有计划的经济建设。这一时期，新生的国家政权和中国共产党获得了人民群众的广泛认同和积极支持，中国人民的政治认同主要包括对马克思主义意识形态的认同、对社会主义制度的认同以及对党的执政绩效的认同等三方面。这三个方面的政治认同在当时的历史条件下，紧密联系、相互促进，一起发挥着巩固社会主义制度、维护中国共产党执政合法性的功能。

（一）确立马克思主义的指导思想地位，强化民众的意识形态认同

中华人民共和国的成立使中国共产党由革命党转变为中国的执政党，成为当代中国社会主义事业的领导核心。马克思恩格斯曾指出："统治阶级

[①] 所谓历时性分析，它是一种跨时间段地观察某一事物或现象的研究方法。进行历时性分析的目的是了解某一事物或现象在一个时期内不同阶段的发展变化，它有利于对某一事物或现象的动态了解。（参见［美］艾尔·巴比《社会研究方法》，邱泽奇译，华夏出版社2005年版，第100页。）

的思想在每一时代都是占统治地位的思想。"①以马克思主义为指导思想的中国共产党要维持和巩固其执政地位，必须使自己的指导思想被广大民众所认同，在意识形态领域占主导地位，成为全社会共同的思想基础。我们党一直非常注重意识形态在政权维持和巩固中的功能，"随着新民主主义革命不断走向胜利，中国共产党成功地实现了其意识形态的社会化，从而为高效的社会整合和中国政党制度的确立与发展提供了坚实的合法性基础"②。中华人民共和国的成立是中国共产党带领全国各族人民在马克思主义的指导下，将马克思列宁主义基本原理同中国革命实际相结合而取得的人民革命的伟大胜利。这一胜利，为马克思列宁主义、毛泽东思想成为党和国家的指导思想奠定了历史合法性，使之在中国人民中获得很高的威望和认同。

中华人民共和国成立后，中国共产党为确立马克思列宁主义、毛泽东思想在国家建设和意识形态领域中的指导思想地位，促进和巩固民众的主流意识形态认同，付出了巨大的努力。为了在执政条件下有效地建立和加强党的宣传教育工作，用马克思列宁主义、毛泽东思想来教育广大人民，党中央提出要加强党的宣传思想工作，确保党对宣传思想工作的统一领导以及党在意识形态领域的一元化领导地位。为此，中华人民共和国成立后中国共产党迅速建立健全各级党的宣传机构，并明确规定宣传部门的相关领导职责，经常性地向各界人民宣传马克思列宁主义、毛泽东思想和党的各项工作主张。我们党历来十分重视新闻工作和新闻事业，规定各级主要报纸杂志和电视广播都必须在党的直接领导之下，并牢牢把握新闻媒体正确的舆论导向。毛泽东曾指出："一张省报，对于全省工作，全体人民，有极大的组织、鼓舞、激励、批判、推动的作用。"③同时"党报必须无条件地宣传中央的路线和政策"④。

1951年1月，党中央决定在全党建立对人民群众的宣传网，要求每一个党员都应当随时随地向人民群众进行宣传，以旺盛的革命热情去鼓舞和教育人民群众，对一切反动和错误的思想作不调和的斗争，从而启发和提

---

① 《马克思恩格斯选集》第1卷，人民出版社1995年版，第98页。
② 王邦佐等：《中国政党制度的社会生态分析》，上海人民出版社2000年版，第9页。
③ 《毛泽东文集》第7卷，人民出版社1999年版，第338页。
④ 《毛泽东文集》第5卷，人民出版社1996年版，第127页。

高人民群众的思想觉悟,①以确保国家意识形态顺利地灌输到人民群众中去,并成为整个社会的主旋律。同年,党中央又发出《关于健全各级宣传机构和加强党的宣传教育工作的指示》,规定各级党委宣传部的职能是:领导或推广马克思列宁主义、毛泽东思想的宣传;领导或推广对于反马克思列宁主义思想的批评;领导各级各类干部的政治理论学习;组织党内外理论工作者的活动等。②1951年5月,党中央为全面、系统地研究和制定党的宣传思想工作和意识形态工作的方针政策,召开了中华人民共和国成立后首次全国宣传工作会议。刘少奇在大会的总结报告中提出,全党全社会要提高对执政后党的宣传思想工作重要性和紧迫性的认识,要加强党对人民的思想领导,正确开展思想斗争,要"真正做到在全国范围内和全体规模上来宣传马列主义,用马列主义教育人民,提高全国人民的阶级觉悟和思想水平,为在我国建设社会主义和实现共产主义打下思想基础"③。这是革命胜利后我们党在宣传思想战线上的一项最基本的政治任务。这次会议制定并通过了《中国共产党第一次全国宣传工作会议关于加强党的宣传教育工作的决议(草案)》,它从加强党对宣传思想工作的组织领导,建立宣传思想工作机构,开展形式多样的党内外宣传思想工作等方面,对实现新中国宣传思想工作制度化和社会化提出了理论构想,奠定了新中国宣传思想工作的基本格局和框架,进一步推动了党的宣传思想工作。

根据新民主主义社会在意识形态领域的实际情况,党中央强调,确立马克思主义的指导地位,除了加强党对意识形态工作的领导和注重主流意识形态的宣传教育之外,还必须同帝国主义、封建主义、官僚资本主义思想等各种非无产阶级、非马克思主义的错误思想进行斗争。比如,在允许私人资本主义经济存在的时期,对于资产阶级思想,党采取了分清界限、慎重对待的方针:在同资产阶级继续保持政治经济上的联盟,承认资产阶级、小资产阶级思想在一定阶段和范围内的合法性的同时,向人民指出资产阶级思想的错误,防止资产阶级思想对党的队伍的侵蚀,用马克思列宁主义的立场、观点

---

① 中共中央文献研究室:《建国以来重要文献选编》第2册,中央文献出版社1992年版,第1—5页。
② 中共中央文献研究室:《建国以来重要文献选编》第2册,中央文献出版社1992年版,第75—79页。
③ 《刘少奇选集》下卷,人民出版社1985年版,第91页。

和方法来批驳资产阶级思想，同党内的资产阶级腐化思想作斗争[1]。同时，中华人民共和国成立后，党还十分重视对知识分子的团结、教育和改造工作，开展了全国规模的知识分子思想改造运动。由于在新旧社会的转变时期，帝国主义、封建买办思想在知识分子中还有很大影响，党中央通过举办军政大学、革命大学及各种短期训练班，组织知识分子学习有关文件和党的理论，了解国内外形势和党的各项政策；通过举办各种报告会、主题展览会或参观农村、工厂，帮助知识分子提高政治觉悟，站稳革命立场，树立爱国主义和为人民服务的思想；通过开展以批评和自我批评为主要内容的"洗澡运动"，帮助知识分子肃清旧思想、旧观念，初步接受马克思主义世界观。历史地看，中华人民共和国成立初期的知识分子思想改造运动，尽管有的做法比较简单、粗糙，用群众运动的方式解决思想问题，给知识分子造成很大的压力，感情上伤害了一些人，但总的说来，这项工作符合当时知识分子希望重新学习、转变思想以适应新社会要求，也符合国家建设需要大量知识分子贡献力量的要求，知识分子自我教育和自我改造的效果也是积极的。

总之，在中华人民共和国成立初期，通过在全社会对马克思列宁主义、毛泽东思想、社会主义和共产主义的大力宣传和灌输以及对意识形态领域中各种错误倾向的积极批判，一方面有利于中国共产党论证自身执政的正当性和合理性，确立马克思列宁主义、毛泽东思想在意识形态领域指导思想的地位；另一方面使广大民众对社会主义新社会有了全新的认识，并普遍树立对马克思主义、社会主义和共产主义的信仰，从而让广大民众真正接受与认同现实政治秩序。

（二）全面恢复经济和推进各项工作，提高民众的执政绩效认同

"共产主义意识形态是一种基于实质合理性的诉求，它天然要求政绩的支撑。"[2]如果意识形态的先进性得不到政绩的有效支撑，意识形态就会失去真理的力量，其解释力会出现下降，它所提供的合法性就会面临危机。因此，中华人民共和国成立初期，民众政治认同的形成与巩固，除了马克思主义意识形态的引领，还需要党的执政绩效的强有力的支撑，即需要执政党和政府"在国民党政府留下的残破的局面下，以极大的力量恢复和发展

---

[1] 中共中央党史研究室：《中国共产党历史》第2卷，中共党史出版社2011年版，第48页。
[2] 张健：《合法性与中国政治》，《战略与管理》2000年第5期。

国家经济，改善人民生活"①。很明显，中国共产党已经认识到了这一客观要求。毛泽东在即将取得全国胜利前夕召开的党的七届二中全会报告中就指出：在夺取全国胜利后，各种工作"都是围绕着生产建设这一个中心工作并为这个中心工作服务的。如果我们在生产工作上无知，不能很快地学会生产工作，不能使生产事业尽可能迅速地恢复和发展，获得确实的成绩，首先使工人生活有所改善，并使一般人民的生活有所改善，那我们就不能维持政权，我们就会站不住脚，我们就会要失败"②。因此，中华人民共和国成立后党所面临的中心任务和工作，是动员一切力量恢复和发展生产事业，改善和提高人民的生活水平。

为全面部署党在恢复国民经济阶段的各项工作，中国共产党于1950年6月在北京召开七届三中全会。到1952年，党领导全国人民经过艰苦卓绝的奋斗，国民经济得到全面恢复和初步的发展。1952年工业总产值比1949年增长了144.9%，即增长了近1.5倍。1950—1952年，工业总产值每年平均增长速度为34.8%。1952年工业总产值超过了抗日战争以前的最高水平，比1936年增长了22.5%，比1949年增加了77.5%。1952年主要工农业产品产量绝大多数超过了战前（1936）的最高水平，其中农业增加48.5%，轻工业增加114.6%，重工业增加229.7%。③在国民经济恢复任务圆满完成的基础上，中共中央决定从1953年起执行发展国民经济的第一个五年计划，并提出党在过渡时期的总路线，开始对农业、手工业和资本主义工商业进行社会主义改造。"一五"期间，党领导全国人民开展有计划、大规模的经济建设，中国经济发展达到前所未有的水平。工业生产飞速发展，社会主义工业化初步基础已经建立起来。1957年工业总产值（包括手工业产值）已达704亿元，比1952年的349亿元增长了128.6%。1953—1957年，工业生产平均每年增长速度为18%。在工农业总产值中，工业及手工业总产值所占的比重，由1952年的43.1%增长到1957年的56.7%。同时，重工业极端落后的状况开始改变。1957年工业中生产资料的生产比1952年增长210.7%，年均增长25.4%。机器制造工业在工业总产值中的比重，由1952年5.2%提高

---

① 逄先知、金冲及：《毛泽东传（1949—1976）》，中央文献出版社2003年版，第7页。
② 《毛泽东选集》第4卷，人民出版社1991年版，第1428—1429页。
③ 孙健：《中华人民共和国经济史（1949—90年代初）》，中国人民大学出版社1992年版，第90—91页。

到1957年9.5%。在优先发展重工业的同时,轻工业也得到了很快的发展。1957年工业中消费品生产比1952年增长了83.3%。1953—1957年,消费资料生产平均每年增长12.9%。"一五"期间,农业生产也得到比较大的发展。1957年农业总产值达603.5亿元,比1952年农业总产值483.9亿元,增长了24.7%,比1949年农业总产值325.9亿元,增长了85.1%。[①]

总之,这一时期党和政府采取了一系列正确的方针政策,使国民经济各方面得到全面的恢复和发展,社会秩序实现稳定,教育科学文化卫生事业得以除旧布新,人民的生活水平也得到了很大的改善和提高。这些成就的取得,展示了中国共产党良好的执政能力和执政绩效,顺应了广大人民群众迫切要求改变贫穷落后状况的愿望,兑现了党对人民的庄严承诺,充分显示了社会主义的优越性,大大提高了党在群众中的威信和公信力,从而极大地增强了广大民众的治理绩效认同。

(三)加强民主法制建设和党的自身建设,增强民众的制度规则认同

经济基础决定上层建筑,上层建筑也反作用于经济基础。在向社会主义过渡时期,随着社会主义工业化和社会主义改造的全面展开,经济基础的变化必然要求上层建筑也要随之而改变。这一时期,为了更好地为建立社会主义经济基础服务,党还领导进行了加强国家政治、法律等上层建筑领域的建设,把建设社会主义民主政治作为基本的奋斗目标之一。1954年9月,在经过前期紧张的筹备工作后,中华人民共和国第一届全国人民代表大会在北京隆重召开。大会的一个重大贡献,是在充分讨论的基础上通过了新中国第一部宪法《中华人民共和国宪法》。《中华人民共和国宪法》以根本大法的形式对国家的政治制度作了更为完备的规定,标志着中国走向社会主义民主与法制建设的良好开端。人民代表大会的根本政治制度、共产党领导的多党合作和政治协商制度、民族区域自治制度的基本政治制度的确立,构成了中国过渡到社会主义的政治制度体系,这为中国顺利进入社会主义,提供了根本的政治保障。与此同时,国家法制建设在中华人民共和国成立初期也在着手进行,先后制定了《婚姻法》《工会法》《土地改革法》等一批法律。以《中华人民共和国宪法》为依据,一届全国人大

[①] 孙健:《中华人民共和国经济史(1949—90年代初)》,中国人民大学出版社1992年版,第165—166、182—183页。

一次会议还颁布了《全国人民代表大会组织法》《国务院组织法》《人民法院组织法》《人民检察院组织法》等一系列法律制度。这不仅对中国政权建设和制度建设具有开创性意义，而且表明党开始走向依法执政的轨道。因此，以第一届全国人民代表大会召开和制定颁布《中华人民共和国宪法》为标志，中国在健全民主制度、加强法制建设及调整国内政治关系等方面迈出了重要一步，初步确立起党执政的基本制度框架，从而增强了广大民众的制度规则认同。

同时，为了更好地在全国执政条件下加强党的自身建设，树立党的亲民廉政形象，保持优良的组织性和纪律性，中国共产党密切结合民主改革和恢复生产的各项工作，针对党内存在的问题，及时开展了整风运动和整党运动。通过1950年、1951年分别开展的整风、整党运动，克服了党内存在的官僚主义、命令主义、思想作风不纯等问题，加强了党的思想建设、组织建设和作风建设，巩固了党和人民群众的血肉联系，党的路线方针政策得到人民群众的拥护和支持，党的威信和群众基础得以增强。同时，为了保持党和国家干部队伍的廉洁，抵制贪污浪费和剥削阶级思想作风的腐蚀，党中央在全国开展了"三反""五反"运动，清除了一批干部队伍中的腐败分子和不法商人，充分表明我们党从严治党、厉惩腐败的决心和魄力，增强了党的制度公信力，使广大干部群众受到了一次深刻的马克思主义和社会主义教育，进一步提升了广大民众对党执政的信心和认同。

总之，由于党在中华人民共和国成立初期所取得的执政绩效，满足了当时社会各阶层的利益需求，改变了人民群众的生活状况，从而让人民群众对新兴的社会主义制度的合理性与优越性有了一个直接的体认，增加了人们对社会主义制度和中国共产党执政的信心与认同。对此，有学者这样评论道："虽然共产党的领导人在1957年下半年面临着许多重大问题，但总体上来讲，中华人民共和国的工作自1949年以来还是非常成功的。尽管人们对共产党统治的某些方面存在着不满，但由于在安定社会秩序、发展经济、改善生活条件和恢复国家声誉等方面的成效，共产党还是取得了极其广泛的群众支持。"[①] 邓小平也曾指出："建国后的头八年，也就是从

[①] ［美］费正清等：《剑桥中华人民共和国史（1949—1965）》，王建朗等译，上海人民出版社1990年版，第152页。

一九四九年到一九五七年上半年，我们的发展是健康的，政策是恰当的。"①

值得一提的是，中华人民共和国成立初期公民政治认同的来源还应包括旧社会的"负面合法性"。党在中华人民共和国成立初期全面恢复经济和推进各项事业的发展，这一新社会优良的执政绩效和近代中国旧社会的混乱贫苦与民不聊生，尤其是国民党政府的腐败无能和黑暗统治形成了鲜明的对比。在这种新旧社会的对比之下，民众一方面对旧社会的不足和缺陷越发地难以容忍和接受，另一方面民众则把自己的信任和忠诚转移到新社会之上，不断强化对新的政治秩序（社会主义制度）的认同与支持。这些即可以看作基于新旧社会的对比而产生的新社会的一种合法性基础。在执政初期，中国共产党明确地认识到了旧社会"负面合法性"的重要作用，也不遗余力地展开了对旧社会的黑暗和罪恶的揭露和批判。比如，中华人民共和国成立之初，我们党发起的"忆苦思甜"运动，目的就是让民众认识到国民党政权的腐败与无能，借此激起民众对旧社会的不满与反对，使民众从心底里对社会主义政权更多地支持和认同。一般而言，旧社会的负面合法性表现得愈强，人们对它的反对和不满就愈烈，对新社会的认同和支持就越多。有学者指出，土改中的诉苦是农民政治认同形成的一种重要的心理机制。党通过在农村土地改革运动中发动的诉苦运动，成功地把阶级概念植入乡村社会，并在农民头脑中催生出了阶级意识，因而在农民政治心理世界中激起了对原有政治秩序的批判与憎恨和对新政权的拥护与爱戴，使农民摆脱了乡村传统的束缚，形成了对共产党政权的高度认同和忠诚。②因此，旧社会的"负面合法性"为中国共产党执政提供了一种独特的政治利益，它从反面为党的执政和社会主义制度的建立提供了历史契机，有利于广大民众形成对社会主义制度及中国共产党执政的认同和支持。

二 全面建设社会主义时期：公民政治认同曲折发展

从1956年社会主义改造基本完成到1966年"文化大革命"发动前夕，是中国开始进行全面的大规模的社会主义建设的十年。其间，从大规模的急

---

① 《邓小平文选》第3卷，人民出版社1993年版，第253页。
② 彭正德：《土改中的诉苦：农民政治认同形成的一种心理机制——以湖南省醴陵县为个案》，《中共党史研究》2009年第6期。

风暴雨式的阶级斗争转向保护和发展生产力,中国共产党领导全国各族人民对适合中国国情的社会主义建设新道路进行了艰辛探索,在政治、经济、科学、文化、教育等方面提出了许多正确的思想,制定了一系列适合当时情况的具体政策方针,积累了一些社会主义建设的重要经验,并取得较大的建设成果。但由于党和政府对迅速到来的社会主义建设在思想理论上缺乏充分的准备,在复杂的国内外环境中,党内滋长了"左"的倾向,指导方针上也发生了失误,出现了反右派斗争的扩大化、"大跃进"、人民公社化运动、"反右倾"斗争等失误,给党和人民的事业造成极大的破坏。党及时纠正了已经察觉到的错误,对国民经济进行了五年的全面调整,使国民经济得到比较顺利的恢复和发展。从总体上说,这一时期中国社会主义建设经历了曲折发展的过程,广大民众的政治认同也在经历阻滞和挫折中获得一定的发展。虽然中国的社会主义建设事业遭受严重的挫折,但由于全国人民对社会主义及中国共产党有着高度的认同感和信心,迸发出空前的建设热情和积极性,中国的社会主义建设仍然取得了很大的成就,显示了社会主义制度的强大生命力,也进一步提高了广大民众对党的执政有效性和社会主义制度的认同度。

(一)党内"左"倾错误的出现,民众政治认同遭受挫折

1956年4月,毛泽东以苏联为借鉴,初步总结了"一五"计划期间的经济建设经验,在著名的《论十大关系》的报告中,他阐述了中国社会主义建设过程中需要处理的10个重大关系问题,从而向全党提出了探索适合中国国情的社会主义建设新道路的重要任务。之后,党的八大进一步总结了社会主义革命和建设的经验,正确地分析了国内阶级关系和主要矛盾的变化,决定把党的工作重心转移到社会主义建设上来,提出党在今后的主要任务是集中力量发展生产力。以《论十大关系》和党的八大为标志,党对中国社会主义建设道路的探索有了一个良好的开端。党的八大以后,党在经济、政治和科学文化等领域进一步探索,并取得初步成果,大规模的社会主义建设全面展开。1957年底中国国民经济发展的第一个五年计划的超额完成,使中国经济面貌发生了重大的变化,社会主义建设取得了举世瞩目的伟大成就。这是中国历史上的空前壮举,它巩固了中国的人民民主政权,充分证明了刚刚建立起来的社会主义制度的优越性,为后来中国的社会主义建设奠定了良好的物质基础。可以看出,中国共产党欲以发展经济、提高执政绩效来巩固社会主义制度、获取人民群众的认同与支持的基本思路。

在新中国各项建设事业稳步推进的过程中，党和国家机关中存在的主观主义、官僚主义、宗派主义，与社会的发展要求越来越不相适应。为了纠正这种不良作风，改善中国共产党的领导，更好地调动一切积极因素，团结一切可以团结的力量，进行社会主义建设，中共中央决定在党内开展整风运动。为了指导全党整风，1957年2月，毛泽东同志作了《关于正确处理人民内部矛盾的问题》的重要讲话，强调严格区分两类不同性质的矛盾，正确处理人民内部矛盾作为国家政治生活的主题。1957年4月，中共中央正式发出《关于整风运动的指示》，阐明了整风运动的目的、意义和方法，决定将正确处理人民内部矛盾的问题作为整风运动的主题。《关于整风运动的指示》强调，这次整风运动应该是一次既严肃认真又和风细雨的思想教育运动，也是一个按照"团结—批评—团结"的方针进行恰如其分的批评和自我批评的运动。随之，全国规模的开门整风运动全面开展。广大党外群众和各方面人士积极响应党的号召，对党和政府的工作以及党政干部的思想作风提出了大量有益的批评和建议。因此，此次整风运动有利于在社会主义建设的新形势下密切党和群众的关系，进一步推进党的作风建设，以使党更广泛地赢得广大人民群众的认同与支持。

然而，随着整风运动的迅猛开展，许多复杂情况出现了。在广泛开展对党的批评中，极少数人乘机大肆攻击共产党及其新生政权，夸大党内存在的问题和矛盾，根本否定社会主义制度的优越性，在社会上和人民群众中造成了很大的思想混乱和政治紧张气氛。党中央和毛泽东敏锐地观察到了事态的严重性，认为"事情正在起变化"，于是原先以正确处理人民内部矛盾为主的整风运动开始转变为以对敌斗争为主的反击资产阶级右派分子的斗争。应该说，对极少数右派分子反对党的领导、反对社会主义道路的思潮进行批判和反击，是必要的和正确的。但是，由于党缺乏应对这种复杂局势的政治经验和充分的思想准备，对阶级斗争的形势估计过于严重，把大量的思想认识问题当作政治问题，所以当出现极少数右派分子进攻的局势下，党又走上了开展对敌斗争的群众运动的熟路，反右派斗争被严重地扩大化了。[①]反右派斗争的严重扩大化，使党探索中国社会主义建设道路

---

① 反右派斗争结束时，全国共有55万多人被划为"右派分子"。（参见中共中央党史研究室《中国共产党的九十年》，中共党史出版社、党建读物出版社2016年版，第492—493页。）

的良好开端遭受挫折，给整个国家和党的事业带来重大损失，党的公信力也遇到了严峻考验。

在社会主义经济建设全面展开后，由于党对社会主义建设缺乏思想和理论上的准备以及党的主要领导人在巨大成绩面前骄傲情绪的滋长，同时在"不甘落后的民族心态，苦战三年五载、奋发图强、赶超发达国家的强烈愿望"[①]的促使下，这种对经济发展的渴望呈现出加速攀升的态势，经济建设中的"左"倾指导思想开始蔓延。党中央在1958年制定了"鼓足干劲、力争上游、多快好省地建设社会主义"的社会主义建设总路线，并以此为依据发动了注重以组织群众和发动群众为手段的、以促进农业和工业同时高速发展的"大跃进"和人民公社化运动。实践证明，这种以政治方式推动的、浪漫的、凯歌行进式的"大跃进"和人民公社化运动，由于脱离了中国社会生产力的发展水平，违背了经济和社会发展的客观规律，最终并没有促进经济的发展，反而打乱了正常的经济秩序，给国民经济和人民生活带来极大的困难，严重挫伤了广大群众的劳动积极性，也消解着人民对党和社会主义制度的信心和认同。对于这一后果，党中央和毛泽东通过初步调查研究有所认识并努力加以纠正。例如，中央通过《关于人民公社若干问题的决议》等文件和党内通信，对"共产风"、浮夸风进行了批评和纠正，从而使极"左"的冒进思潮得到一定程度的遏制。但是，由于党在"什么是社会主义"问题上的认识局限，对错误的严重性缺乏足够的清醒，纠"左"是在肯定"总路线、大跃进、人民公社"三面红旗的前提下进行的，因此，中央纠"左"的努力收效甚微，"左"倾错误没有得到彻底纠正。在之后党的八届八中全会"反右倾、鼓干劲"的要求下，"左"倾错误再度泛滥，持续更长的时间，造成更大的危害。由此导致，广大民众对党的执政有效性的认同和对社会主义制度的信任进一步降低。

（二）全面的政策调整，民众政治认同重新得以提高

在国民经济和人民生活严重困难的形势迫使下，全党逐渐意识到经济建设中背离经济发展规律所带来的严重后果。从1960年下半年起，中共中央和毛泽东逐步把主要精力转移到调整国民经济的工作上来。1960年11

---

① 石仲泉：《"三个代表"思想与中国共产党八十年》，《马克思主义研究》2001年第3期。

月，中央发出《关于农村人民公社当前政策问题的紧急指示信》，迈出了克服严重经济困难的重要一步。特别是1962年"七千人大会"的胜利召开，统一了全党的思想认识，在经济建设中进一步贯彻了"调整、巩固、充实、提高"的八字方针，对国民经济的全面调整具有重要的指导作用。

经过1960年到1965年五年的艰苦努力，国民经济的调整工作胜利完成，各个方面的建设都取得了伟大成就。中国基本形成相对独立完整的工业体系，实现了石油需求的全部自给，工业布局有了改善，工农业生产总值超过历史最高水平，农轻重的比例关系得到改善，积累与消费的比例关系基本恢复正常，财政收支平衡，市场稳定，人民生活水平有所提高。具体而言，在工农业总产值方面，1965年同1957年相比，农业总产值增长9.9%，工业总产值增长98%，按1957年不变价格计算，1965年工农业总产值达到1984亿元，比1962年的1280亿元增长了55%，平均每年增长15.7%。在工农业产品产量方面，1965年粮食总产量达到3891亿斤，比1960年增加了1000多亿斤；棉花生产1965年为4195万担，比1957年增加915万担；1965年钢产量达1223万吨，比1957年增长1倍多；原油产量1131万吨，比1957年增加6倍多；发电量676亿度，比1960年增长14%。在财政收支、市场供应及人民生活水平方面，1965年中国国民收入达到1387亿元，比1957年的908亿元增长了52.7%；职工的平均工资从1963年到1965年增长了10%，1965年全国居民每人平均消费水平为125元，比1957年增加23元。1965年社会商品零售额达673.3亿元，比1957年增加196.1亿元；各种副食品和工业日用品供应充足，物价稳定；1965年国家财政收入473.3亿元，支出466.3亿元，收支平衡，略有结余。[①]在全面调整国民经济的同时，党和政府对政治关系、科技教育和文艺政策也进行了必要的调整，取得了较好的成效。

可以说，在党和人民艰苦卓绝的努力下，通过五年的国民经济调整，中国的社会主义建设取得了伟大成就，国民经济得到了恢复，经济建设上基本形成独立完整的工业体系，以第一颗原子弹的成功爆炸为标志，中国科学技术及文化建设方面也取得突破性进展，使"大跃进"和人民公社化运动所带来的严重困难局面终于得到改变。党所取得的这些重大执政绩效，

---

① 以上数据参见朱宗玉等《中华人民共和国史纲》，福建人民出版社1993年版，第192—193页。

有利于提高党的自身形象和国际地位,从而增加人民群众对党的执政和社会主义制度的信心与认同。

三 "文化大革命"时期:公民政治认同严重下降

从1966年到1976年的"文化大革命",是一场由领导者错误发动,被反革命集团利用,给党、国家和各族人民带来深重灾难的内乱,给中国社会主义事业造成了中华人民共和国成立以来最严重的挫折。这一时期,国家的工作重心脱离了经济建设的轨道,忽视生产力的发展和人民群众的物质生活需求,国民经济濒临崩溃的边缘。因此,较低的执政绩效在不断地侵蚀着民众的政治认同和党的执政合法性基础,尤其是民众对党的执政绩效的认同呈现出一个逐渐消解和严重下降的过程。这种情况反而越发加强了意识形态合法性对中国共产党执政的意义,产生了过分倚重意识形态的不正常现象,尤其是导致人们在政治上产生了对"左"的意识形态的非理性的盲目的信仰。而这种信仰又和对毛泽东领袖魅力的个人崇拜是交织在一起的。因而使得这一时期民众的政治认同具有传统色彩浓厚的人格化特征,成为一种传统政治人格认同。

(一)民众对党的执政绩效认同大幅降低

在社会主义建设道路的探索过程中,由于当时极为复杂多变的国际国内因素的影响,毛泽东一度对国际形势和国内政治状况作了错误的分析和估计,把马克思主义的一些理论观点教条化,形成了阶级斗争扩大化等"左"的错误倾向,并最终导致了"文化大革命"这样全局性错误的发生。实践证明,长达十年之久的"文化大革命",其结果不是任何意义上的革命或社会进步,而是给党、国家和各族人民带来严重灾难的内乱,留下了极其惨痛的教训。在这一时期,由于"左"倾错误思想的极端发展,片面夸大意识形态的作用而忽视了意识形态赖以存在的物质基础建设,国家的工作中心脱离了经济建设的轨道,导致经济发展遭到很大的破坏,人民不但没有得到期望已久的富裕生活,相反却陷入了普遍贫困的境地。"十年动乱造成的经济损失达5000亿元人民币,超过建国30年全部固定资产投资的总和。到'文革'结束时,国民经济已濒临崩溃的边缘。"[①]与此同时,"文

---

① 周作翰、梁亚栋:《国际共产主义运动史》,高等教育出版社1991年版,第325—326页。

化大革命"使党的组织和国家政权受到极大削弱,社会民主和法制遭到践踏,大批干部和群众遭受迫害,学术文化事业在许多方面遭到摧残,科技水平在一些领域同世界先进国家的差距进一步拉大,党风和社会风气遭到严重破坏,全国陷入极为严重的政治危机和社会危机,从而导致人心涣散、民怨沸腾,极大地动摇了党的执政基础。

总之,"文化大革命"给党、国家和民族造成的损失是极其严重的,使党、国家和各族人民遭到中华人民共和国成立以来时间最长、范围最广、损失最大的挫折。这种极低的执政绩效,极大地损害了党的执政合法性,党的公信力遭到重创,也逐步消解着民众的政治认同,尤其是民众对党的执政有效性的认同出现大幅度下降的趋势。尽管如此,由于还有其他的政治认同资源的存在,中国共产党在"文化大革命"的整个时期并没有被摧毁,没有丧失政权;而且在此期间,党和人民对"左"倾错误和极"左"思潮的抵制和抗争一直没有停止过,使"文化大革命"的破坏受到一定的限制,中国社会主义建设在一些领域仍然取得一定进展。这一时期,除了党在新中国成立后获得的执政合法性的延续之外,民众的政治认同主要来源于意识形态和领袖的个人魅力。

(二)民众的意识形态认同和领袖魅力认同相互交织

"文化大革命"时期,在极低的执政绩效认同的情况下,意识形态认同则成为民众政治认同一个重要的内容。当时,虽然意识形态受到了执政绩效的限制,但是共产主义意识形态所提供的"来日合法性"[①],促使人们还可以去忍受社会政治生活中的困难,并继续保持着旺盛的革命热情。党的意识形态在20世纪50年代末就开始走向僵化,"文化大革命"时期被推向极端,其地位和作用被无以复加地拔高和夸大。"可以说'文革'时期是'革命'内容的意识形态得到最充分的、以至极端的重视和张扬的一个时期,是一个全面意识形态化的时期。"[②]"伴随着'文化大革命'的爆发,作为中共统治合法性诉求的共产主义意识形态已单纯化为对被统治者的精神世界的调控"[③],这种极"左"的意识形态能够不以经济绩效而以精神调控获得人

[①] "来日合法性"是指统治者在未来可以给社会带来什么。(参见[美]塞缪尔·亨廷顿《第三波——二十世纪末的民主化浪潮》,刘军宁译,上海三联书店1998年版,第177页。)

[②] 朱育和等:《当代中国意识形态情态录》,清华大学出版社1997年,第57页。

[③] 张健:《合法性与中国政治》,《战略与管理》2000年第5期。

们的认同。当时，意识形态运行主要采取强制灌输和威胁惩罚的方式，以"大鸣、大放、大字报、大辩论"的形式，通过极端激进的群众运动发挥作用，并渗透着严厉的思想控制。虽然严厉的精神调控和对党的领袖狂热的个人崇拜造成了意识形态领域的深度混乱，但正是强大的意识形态运动狂潮唤起了民众对马克思主义的信仰和理想社会主义的信念，使人们产生了对"左"的意识形态的非理性的盲目信仰，从而为党的执政提供合法性。当然，群众性政治运动甚至阶级斗争的方式缩小了党的意识形态的包容度，一部分群众被错误地推向"敌对阶级"的阵营，损害了党和社会主义在人们心目中的美好形象和神圣地位，使党的执政合法性也受到了潜在的消极影响。

在"文化大革命"时期，人们对"左"的意识形态的信仰和认同是与领袖人物的个人魅力和威望交织在一起的。中华人民共和国成立后，由于毛泽东的优秀个人品质和伟大革命贡献，中国人民对毛泽东个人给予了极高的领袖崇拜和人格信任，到"文化大革命"时期，这种领袖崇拜发展到顶峰状态，形成极端的个人崇拜甚至是政治迷信。"文化大革命"中，广大民众在持续不断的动员中所表现出来的狂热即是对毛泽东的神化统治的最好支持。对作为中国共产党和共产主义意识形态象征的毛泽东的过度个人崇拜，在危及党和人民的同时，客观上也维系着民众的政治认同。《关于建国以来党的若干历史问题的决议》中指出："在'文化大革命'中，我们党没有被摧毁并且还能维持统一……我国社会主义制度的根基仍然保存着，社会主义经济建设还在进行，我们的国家仍然保持统一并且在国际上发挥重要影响。这些重要事实都同毛泽东同志的巨大作用分不开。因为这一切，特别是因为他对革命事业长期的伟大贡献，中国人民始终把毛泽东同志看作是自己敬爱的伟大领袖和导师。"[①] 当时，对毛泽东的个人崇拜不可避免地产生了这样的政治效应：作为党和国家领袖，毛泽东被视为党和国家的化身，被视为意识形态的化身，而成为广大民众政治认同的唯一对象。人们对党和国家、对意识形态的忠诚直接就是对毛泽东的忠诚，或者说，人们对毛泽东的忠诚直接就是对党和国家、对意识形态的忠诚。于是，这一时

---

① 中共中央文献研究室：《关于建国以来党的若干历史问题的决议注释本》，人民出版社1983年版，第35页。

期，党的执政合法性及民众的政治认同披上了一层传统色彩浓厚的人格化特征，成为一种传统政治人格认同，即韦伯所说的"克里斯马型"的合法性或"超凡魅力型"合法性。政治认同人格化特征的彰显造成了政治权力的随意性、偶然性和神秘性，与之相伴的是政治认同的制度化结构被挤压，即制度认同的缺失，其具体表现为"人民民主政治价值彻底废弃、各级各类政治组织全线瘫痪、政治过程与公共政策严重扭曲"[①]。

需要指出的是，"文化大革命"中的公民政治认同往往是以虚假认同的形式存在的。当时，对作为共产主义意识形态象征的毛泽东是不能分析的，对毛泽东思想除了无限崇拜外，不能提出任何异议，即使对"顶峰论""句句是真理"等任意割裂毛泽东思想科学体系的言论，虽然人们内心不赞同，但却不能公开反对。虽然把一个党、一个国家的前途系于党的领袖的"超凡魅力"身上是非常危险的[②]，但党的领袖的个人魅力确实构成了当时党的执政合法性的主要来源，也成为当时民众政治认同的重要内容之一。然而，随着伟大领袖毛泽东的逝世，以对"左"的意识形态的信仰为标志的合法性基础不可避免地会发生动摇，领袖个人魅力的合法性也将逐渐减弱以至彻底丧失。由此，导致中国共产党出现一定程度的执政合法性危机，给政治生态造成一定影响，从而造成了民众政治认同的消解与耗散。因此，以意识形态为主导的传统政治人格认同被新形态的政治认同取而代之，已是一种必然趋势。

四 改革开放和社会主义现代化建设新时期：公民政治认同恢复并不断巩固

"文化大革命"的结束和党的十一届三中全会的召开，重新确立了党的思想路线、政治路线，决定把党和国家的工作重心转移到经济建设上来，实行改革开放的伟大决策，从而开创了中国改革开放和社会主义现代化建

---

① 上官酒瑞：《现代社会的政治信任逻辑》，上海人民出版社2012年版，第331页。

② "超凡魅力型"权威是与现代民主政治相悖的人治型权威，是一种感性的、不稳定的、非制度化的权威类型，其作用发挥主要依赖于领袖个人的思想和行为。这种权威可以由于领袖人物的思想和行为的正确而发挥积极的引导、动员、凝聚人心的作用，也可以由于领袖人物的失误而给国家和人民带来灾难，随着领袖人物的离世其权威影响力会逐渐减弱。〔参见陈文联《中国共产党维护和巩固执政合法性的探索历程》，《南通大学学报》（社会科学版）2010年第4期。〕

设的新时期。中国共产党在科学总结国内外历史经验教训的基础上，领导团结全国各族人民经过 30 多年努力奋斗，以大无畏的理论勇气和实践精神，成功开创了中国特色社会主义，取得了举世瞩目的发展成就。在这一历史时期，中国共产党主要凭借优秀的执政绩效、有效的制度规则、包容的意识形态等赢得公民的广泛认同与支持，从而巩固党的执政合法性基础。

（一）推动经济社会发展，提升民众的治理绩效认同

"文化大革命"结束后，为了尽快摆脱执政合法性危机和提高公民的政治认同，以邓小平为主要代表的中国共产党人通过经济发展来赢得社会成员普遍的支持，把执政合法性基础由以意识形态为中心[①]转移到以经济绩效为中心上来。1978 年 12 月召开的党的十一届三中全会，实现了党和国家工作重心的转移，开创了中国的"经济建设时代"[②]，使之作为一个伟大转折点而载入党的史册，在党的历史上具有重要的地位。

可以说，在毛泽东之后的邓小平时代，依靠共产主义意识形态来吸引民众和进行政治动员，以构筑其执政合法性，都已不再能够有效地发挥合法化的效力了。正如有学者指出："革命的价值观同国家民族发展之间的紧张关系构成了文化大革命期间中国政治的特点。而在毛泽东以后的时期里，现实工作的成就就更多地成为领导合法性的因素之一。"[③]这就是说，在邓小平时代，民众政治认同的提升和党执政合法性的取得必须依靠看得见、摸得着的执政绩效即经济发展。对此，作为第二代中央领导核心的邓小平深有体察，敏锐地抓住了以经济增长来培育中国共产党执政合法性这根主线，把经济增长作为公民政治认同的首要来源。

在改革开放之初，邓小平以高超的政治技巧提出了用经济政策来解决政治问题的战略思路，明确要求通过经济发展的有效性来重新获取执政党的政治合法性。1979 年前后，邓小平就多次强调指出，"社会主义如果老是穷的，它就站不住"。"经济长期处于停滞状态总不能叫社会主义。""经济工作是当

[①] 对于改革开放以前党的执政合法性的主要来源，有学者认为，从总体上说，"在建立社会主义市场经济体制以前，中国共产党主要凭借马克思主义的主流意识形态来培育民众的认同感以凝聚人心，从而控制和领导国家政治生活"。（参见朱成君《"三个代表"与政治文明：政治合法性的两个支点》，《攀登》2003 年第 5 期。）

[②] 胡鞍钢：《第二次转型——以制度建设为中心》，《战略与管理》2002 年第 3 期。

[③] 萧廷中：《外国学者评毛泽东》第 2 卷，中国工人出版社 1997 年版，第 131 页。

前最大的政治,经济问题是压倒一切的政治问题。""政治工作要落实到经济上面,政治问题要从经济的角度来解决。"①邓小平还认为,只有经济发展了,人民的物质生活好起来,文化水平提高了,精神面貌会有大变化,才能带来真正的安定团结②,从而使人民群众从内心认同和拥护中国共产党的领导和社会主义制度。在党的十二大开幕词中,邓小平明确提出:"……走自己的路,建设有中国特色的社会主义,这就是我们总结长期历史经验得出的基本结论。"③由此,建设有中国特色的社会主义的重大命题正式提出。1987年党的十三大召开,明确提出以"一个中心、两个基本点"为主要内容的党在社会主义初级阶段的基本路线,并制定了"三步走"的社会主义现代化发展战略,这些路线方针政策推动着改革开放事业继续前进。总之,党的十一届三中全会之后,以邓小平为核心的党中央带领全国人民,在以经济建设为中心的思想理念指导下,从家庭联产承包责任制在农村突破并在全国推广,到城市经济体制改革和对外开放的实施;从计划经济到有计划的商品经济再到社会主义市场经济,这些所有一切的努力,都是为了发展生产力,提高人民群众的物质文化生活水平,从而赢得民众的广泛认同。

党的十三届四中全会以后,面对国际国内的复杂形势和世界社会主义遭遇挫折的严峻考验,以江泽民为核心的党中央带领全国人民,始终坚持党的基本理论和基本路线,通过一系列坚实举措,不断捍卫和发展中国特色社会主义,取得了巨大的建设成就。为了从理论上解答长期困扰和束缚人们思想的许多重大问题,进一步推进改革开放事业,1992年初,当时已离开中央领导岗位的邓小平视察南方并发表了著名的"南方谈话",提出了社会主义本质论和"三个有利于"的标准等,进而初步回答了"什么是社会主义,怎样建设社会主义"这一重大的理论问题。在此基础上,党的十四大明确了建立社会主义市场经济体制的改革目标,提出了中国加快改革开放、推动经济发展和社会全面进步的主要任务。以邓小平"南方谈话"和党的十四大为标志,中国改革开放和现代化建设进入新的发展阶段。这一时期,中国工业化进程进一步加快,经济发展实现"软着陆",人民生活

---

① 《邓小平文选》第2卷,人民出版社1994年版,第191、312、194、195页。
② 《邓小平文选》第3卷,人民出版社1993年版,第89页。
③ 《邓小平文选》第3卷,人民出版社1993年版,第3页。

水平总体实现了从温饱向小康的历史性跨越,开创全面改革开放新局面,成功地把中国特色社会主义事业全面推向 21 世纪。2002 年,党的十六大以后,以胡锦涛为总书记的党中央团结和带领全国人民,在科学发展观的引领下,大力推进社会主义和谐社会建设进程,不断推进实践创新、理论创新和制度创新,成功地在新的历史起点上坚持和发展了中国特色社会主义,为全面建成小康社会打下了坚实基础。

综上所述,在新的历史时期,我们党始终重视经济建设和社会发展问题,并相继提出了"发展才是硬道理""发展是党执政兴国的第一要务""科学发展"等著名论断。实践证明,改革开放以来,中国经济获得了高速的增长,综合国力得以极大提升,人民生活水平也得到明显改善,人民群众得到了实实在在的物质利益。这些伟大成就极大地提高了公民的政治认同,尤其提升了公民对党的治理绩效的认同,使民众对中国共产党和中国特色社会主义制度更加拥护与支持。因此,正是有了以经济持续、高速的增长为主要指标的良好的治理绩效,不仅迅速挽回了前一时期由于"左"的错误的巨大历史灾难给执政党带来的政治合法性危机,而且使党经受了社会主义现代化建设进程中的各种严峻风险和局势的考验。

(二)重塑马克思主义为核心的主流意识形态,增强民众的意识形态认同

在改革开放新时期,虽然公民的政治认同主要来源于良好的经济绩效,但是由于意识形态刚性的存在,意识形态仍然为维护公民的政治认同继续发挥着作用,只不过是处于相对次要的地位。中华人民共和国成立初期,我们通过各种努力牢牢确立了马克思主义在意识形态领域的主导地位,并使之发挥了巨大的精神动员和思想凝聚作用。但后来随着党的"左"倾思想的蔓延,马克思主义主流意识形态遭到人为的扭曲和割裂,其真理性随之受到怀疑和否定,意识形态领域中出现了一定程度的马克思主义和社会主义信仰危机。要有效应对信仰危机的挑战,就必须从思想上彻底终结"左"倾错误,还原马克思主义的本来面目。[①] 因此,1978 年以后的党中央领导集体,在意识形态领域拨乱反正的过程中,面临着一个首要的无法回避的重大问题,就

[①] 陈文联:《中国共产党维护和巩固执政合法性的探索历程》,《南通大学学报》(社会科学版)2010年第4期。

是如何评价毛泽东和毛泽东思想。对此，邓小平格外重视，他以超凡的政治勇气和理论勇气亲自主持制定了《关于建国以来党的若干历史问题的决议》，不仅科学地评价了毛泽东的历史地位，而且系统地总结了毛泽东思想，并通过对毛泽东思想和毛泽东晚年错误的区分，正确处理了毛泽东时代意识形态遗产。这样一来，既有利于维护政治的连续性，重新树立党的执政权威，又极大地拓展了党的意识形态资源，为新局面的开创提供了意识形态基础。正如有学者所言，邓小平这样做，"既巧妙地避免了因否定意识形态中的'左'的东西可能带来的政治危机，保证了中国共产党的执政地位，又为发展毛泽东思想，进行以经济建设为中心的改革开放，留下了广阔余地"[①]。

改革开放后，随着社会主义市场经济体制改革的不断深入，个人的主体意识逐渐觉醒，人们开始追求多元的价值观，单纯的意识形态已无法唤起人民的热情和效忠，并保证社会稳定和党的权威。即使如此，中国共产党仍然从来没有放弃共产主义的奋斗目标，在对公共权力运作进行引导的过程中，始终注意发挥马克思主义意识形态的作用。然而，在新时期，要真正树立党的意识形态对人民群众的吸引力和号召力，就必须不断增强主流意识形态的包容性和普惠性，不断创新和完善主流意识形态体系，不断开拓马克思主义理论发展新的境界。以邓小平为核心的中央领导集体，在推动渐进式改革开放的实践中，始终坚持解放思想、实事求是，大胆地进行理论创新，积极而谨慎地处理传统意识形态话语与现实改革实践存在的一些分歧与矛盾，第一次比较系统地初步回答了建设有中国特色社会主义的一系列基本问题，把马克思主义在中国的发展推向了新的阶段，形成了中国特色社会主义理论体系的奠基之作——邓小平理论。应当说，邓小平理论使社会主义意识形态从"句句是真理"的僵化状态中走了出来，回到了经济建设及中国特色社会主义伟大实践的基础上，使之具有开放性和创造性，充满生机和活力。同时，邓小平又强调以经济建设为中心不能否定"四项基本原则"，必须将"四项基本原则"作为底线和安全阀。强调坚持以"四项基本原则"为核心内容的意识形态，有利于为经济增长、政治发展和社会变革保证方向，使改革开放能够增强党的执政合法性而不至于冲击党的执政地位。

---

① 张明军等：《当代中国政治社会分析》，中央编译出版社2008年版，第28—29页。

在深入推进改革开放的进程中，党始终坚持解放思想、实事求是、与时俱进，把坚持马克思主义同发展马克思主义结合起来，不断推进马克思主义中国化进程，不断丰富中国特色社会主义理论体系，进而不断开创主流意识形态发展新的境界。面对世纪之交世情、国情、党情的变化，以江泽民为主要代表的中国共产党人，科学分析国内外形势和党所处的历史方位，围绕"建设一个什么样的党，怎样建设党"这一重大现实问题，创造性地提出了"三个代表"重要思想，丰富和发展了中国特色社会主义理论体系。党的十六大以后，以胡锦涛为总书记的党中央，坚持以邓小平理论和"三个代表"重要思想为指导，立足社会主义初级阶段基本国情和新的阶段性特征，科学分析和总结国际国内改革发展进程中的经验教训，明确提出了以"坚持以人为本，树立全面、协调、可持续的发展观"为主要内容的科学发展观，科学回答了"为谁发展"和"怎样发展"的问题，从而将新的发展思路与党的性质和宗旨、党的执政理念和要求内在地联系在一起，既体现了马克思主义的基本立场和观点，又是对马克思主义理论的丰富和发展。

总之，在改革开放和社会主义现代化建设的新时期，我们党通过马克思主义意识形态的与时俱进，一方面引导人民正确认识党的光辉执政历史和执政为民的执政本质，在一定程度上培养起了政治认同感，增强了人民对党执政兴国的信心；另一方面扩大了意识形态的包容性和开放性，既有利于在多元价值体系并存的情况下坚持马克思主义意识形态的主导地位，又有利于马克思主义意识形态更广泛地代表社会各阶层的利益，最大限度地形成社会思想共识。

（三）推进民主法治建设和政治体制改革，强化民众的制度规则认同

改革开放以来，中国共产党在坚持以经济建设为中心的同时，非常重视强化各种制度规范建设，以非人格化的制度性力量而获取民众的认同和支持。党的十一届三中全会以后，党主要通过加强民主法治建设和推进政治体制改革，开始着手树立法理型政治权威，推行法理型统治，以"弥补经济绩效的功利性与不确定性，将经济绩效获得的合法性资源制度化、稳固化、长期化"[①]，从而进一步提高民众的制度规则认同。邓小平在总结"文化大革命"

[①] 胡建、刘惠：《中国共产党执政合法性的流变及其重塑》，《内蒙古社会科学》（汉文版）2010年第2期。

的教训时指出："我们过去发生的各种错误，固然与某些领导人的思想、作风有关，但是组织制度、工作制度方面的问题更重要。这些方面的制度好可以使坏人无法任意横行，制度不好可以使好人无法充分做好事，甚至会走向反面……领导制度、组织制度问题更带有根本性、全局性、稳定性和长期性。"①

事实上，推进制度化建设，实现由人治向法治的转变，是中国改革伊始就担负的政治使命，也成为中国政治发展的走向。1980年，邓小平发表了《党和国家领导制度的改革》的重要讲话，拉开了中国政治体制改革的序幕。这一讲话强调指出，通过一些具体的、可操作的措施，改革过去权力过分集中的制度安排，废除领导职务终身制，逐步健全干部的选拔、任免、考核、交流机制，加强人民代表大会在政治生活中的作用，从而保证人民依法实行民主选举、民主决策、民主管理和民主监督，享有广泛的权利和自由，尊重和保障人权。然而，由于诸多因素的影响，中国的制度化建设进程缓慢，政治体制改革长期滞后于经济体制改革。20世纪90年代以来，社会利益分化愈发明显，严重的权力腐败和社会不公已使越来越多的人们对党和政府及其政策制度心生质疑。由此可见，对于中国共产党来说，随着时代和任务的变化，不仅意味着邓小平时代主要通过经济增长获得民众的政治认同不可避免地失灵，而且更意味着迫切需要以江泽民为核心的第三代中央领导集体进行合法性资源重构，为中共执政营造充足的合法性空间，以赢得更广大人民群众的认同与支持。

1997年党的十五大提出了"依法治国"的基本方略。这标志着法治已成为全社会的政治共识，中国由此进入了"制度建设时代"②。江泽民在党的十五大政治报告中指出："发展民主必须同健全法制紧密结合，实行依法治国。依法治国，就是广大人民群众在党的领导下，依照宪法和法律规定，通过各种途径和形式管理国家事务，管理经济文化事业，管理社会事务，保证国家各项工作都依法进行，逐步实现社会主义民主的制度化、法律化，使这种制度和法律不因领导人的改变而改变，不因领导人看法和注意力的改变而改变。"③ 以"依法治国"基本方略的提出为契机，中国共产党开辟了

---

① 《邓小平文选》第2卷，人民出版社1994年版，第333页。
② 胡鞍钢：《第二次转型——以制度建设为中心》，《战略与管理》2002年第3期。
③ 《江泽民文选》第2卷，人民出版社2006年版，第28—29页。

一条通过政策或制度"合法化"来实现统治"合法性"的道路,制度化建设和法理型合法性的培育成为一项关涉国家前途命运的重要任务。20世纪90年代中期以来,在"依法治国"方略的指引下,中国的民主法治建设取得了十分突出的成绩,制定了一系列为社会发展和稳定所需要的法律法规,各项民主政治制度逐步完善并不断发展。进入21世纪,根据形势要求和人民期待,党中央强调坚持走中国特色社会主义政治发展道路,积极稳妥推进社会主义民主法治建设和政治体制改革,并取得重要进展,使人民依法享有越来越广泛的民主权利和自由,人民群众的积极性、主动性和创造性得到进一步发挥。与此同时,党中央采取一系列重大措施着力加强党的自身建设,尤其是深入开展党风廉政建设和反腐败斗争,健全权力制约和监督机制,严格约束和规范公共权力运行,严肃党内政治生活,坚决消除党内"四风"问题,深化党的建设制度改革,用制度遏制腐败的滋生和蔓延。由此,使党的领导核心作用进一步加强,党的建设新的伟大工程得到全面推进,从而巩固了党的执政合法性,强化了公民的政治认同。

因此,改革开放以来,深刻全面的社会转型在破解集权政治模式、改变政治生活逻辑的同时,有力地推动了政治认同结构要素的嬗变,为政治认同的现代性成长创造了有利条件,赋予其新的特色。在党的领导下,中国加快了社会主义民主政治建设,不断建立健全中国特色社会主义制度体系,为民众政治认同的提升奠定了坚实的制度保障。这一时期,中国公民政治认同逐渐由以意识形态合法性为主导的传统政治人格认同走向以法理型合法性为主导的制度认同,呈现为一种过渡形态。

五　中国特色社会主义新时代:公民政治认同不断提升

党的十八大以来,全国各族人民在以习近平同志为核心的党中央的团结带领之下,高举中国特色社会主义伟大旗帜,攻坚克难,开拓进取,推动党和国家事业在原有基础上取得历史性的进步和成就,从而使中国特色社会主义进入了新的发展阶段。对此,习近平总书记在党的十九大报告中指出:"经过长期努力,中国特色社会主义进入了新时代,这是我国发展新的历史方位。"[1]也就是说,党的十八大开启了中国特色社会主义新时代。在

---

[1] 《党的十九大报告辅导读本》,人民出版社2017年版,第10页。

这一新的历史时期，以习近平同志为核心的党中央，顺应形势要求和人民愿望，以新的发展理念为引领，以"四个全面"战略布局为抓手，统筹推进"五位一体"总体布局，党和国家的面貌发生全方位、深层次、开创性和根本性的变化，社会主义现代化和中华民族伟大复兴展现出更加壮丽的前景，从而得到了广大人民群众的衷心拥护和高度认同。这一时期，中国公民的政治认同在党和政府极不平凡的治理绩效、科学规范的制度规则、与时俱进的意识形态等的支撑下，不断得以提升和加强。

（一）以极不平凡的执政绩效，获取高度的治理绩效认同

党的十八大以来，以习近平同志为核心的党中央团结带领全国各族人民，全面把握和用好中国发展的重要战略机遇期，主动适应把握引领经济发展新常态，坚持以人民为中心的发展思想，贯彻创新、协调、绿色、开放、共享的新发展理念，统筹推进"五位一体"建设，全面建成小康社会取得重大进展，党和国家各项事业获得重大发展，从而党和政府以其极不平凡的治理绩效，赢得广大民众高度的治理绩效认同。

当前，中国生产力水平显著提高，综合国力跃居世界前列，国内生产总值稳居世界第二；供给侧结构性改革深入推进，经济结构不断优化，创新驱动发展成果丰硕；开放型经济体制逐步健全，对外开放不断深入；绿色发展理念深入人心，生态文明建设成效显著；人民生活水平不断改善，民生社会事业加快发展，社会治理体系更趋完善，人民获得感显著提升。[①]同时，中国民主法治建设、思想文化建设、国防军队建设以及党的建设等各个方面都取得了重大成就，中国国际地位和影响力大幅提升，日益走近世界舞台中央。正如习近平总书记所指出："五年来的成就是全方位的、开创性的，五年来的变革是深层次的、根本性的。"[②]这些伟大成就的取得，为我们如期实现全面建成小康社会和夺取新时代中国特色社会主义伟大胜利奠定了坚实的基础。尤其值得一提的是，党的十八大以来，党中央在治国理政的过程中始终坚持以人民为中心的根本立场，把人民对美好生活的向往作为党的奋斗目标，针对教育、就业、住房、收入分配、社会保障、医

---

① 《党的十九大报告辅导读本》，人民出版社2017年版，第3—6页。
② 习近平：《决胜全面建成小康社会 夺取新时代中国特色社会主义伟大胜利——在中国共产党第十九次全国代表大会上的报告》，人民出版社2017年版，第8页。

疗卫生、生态环境等人民群众最关心、最直接、最现实的利益问题，切实采取一系列惠民举措，努力在经济社会发展中补齐民生短板、保障和改善民生，使改革发展成果更多更公平地惠及全体人民。因此，正是凭借极为出色的治理绩效，以习近平同志为核心的党中央获得了广大人民群众的高度认可、肯定和支持，民众对党和政府引领中国未来发展充满了信心。

（二）以科学规范的制度体系，赢得广泛的制度规则认同

中国特色社会主义事业的不断发展，需要有科学规范的制度保障。针对中国各方面体制机制仍然存在一些阻碍党和国家事业发展的矛盾和问题，党的十八大以来，党中央以巨大的政治勇气和政治智慧，用全局观念和系统思维谋划改革，不断完善和发展中国特色社会主义制度，从而以科学规范的制度规则，赢得民众广泛的制度规则认同。

党的十八届三中全会围绕经济体制、政治体制、文化体制、社会体制、生态文明体制及党的建设制度等方面进行了深化改革的全面部署和顶层设计，并指出到2020年，"构建系统完备、科学规范、运行有效的制度体系，使各方面制度更加成熟更加定型"[1]。几年来，"习近平总书记亲自主持中央全面深化改革小组会议达38次之多，审议通过360多个重大改革方案，中央和国家有关部门共出台1500多项改革举措，重要领域和关键环节改革取得突破性进展，主要领域改革主体框架基本确立"[2]。全面深化改革取得重大成就，进一步完善和发展了中国特色社会主义制度，国家治理体系和治理能力现代化水平显著提升，中国特色社会主义的制度保障更加有力，中国特色社会主义的制度优越性更加彰显。与此同时，党中央从发展中国特色社会主义全局出发，从实现国家治理体系和治理能力现代化的高度提出了全面依法治国的重大战略部署，开启了中国法治建设新时代；同时，把全面从严治党纳入"四个全面"战略布局，坚持思想建党和制度治党紧密结合，坚定不移地推进用制度治党、管权和治吏。经过党的十八大以来全党上下的共同努力，社会主义民主政治建设深入推进，"党的领导、人民当家作主、依法治国有机统一的制度建设全面加强，党的领导体制机制不断完

---

[1] 习近平：《习近平谈治国理政》，外文出版社2014年版，第70—71页。
[2] 林兆木：《党的十八大以来党和国家事业发生历史性变革》，《经济日报》2017年11月6日。

善，社会主义民主不断发展，党内民主更加广泛，社会主义协商民主全面展开"①，中国特色社会主义法治体系和党内法规制度体系日臻完善。因此，这一时期党和政府通过不断完善和发展中国特色社会主义制度，不断创新制度安排、创造更加公平正义的社会制度环境，切实保障了广大人民群众各方面的权利和利益，有效促进了社会公正，充分体现了制度的权威性和有效性，从而大大提升和强化了民众的制度规则认同。

（三）以与时俱进的意识形态，获得广泛的意识形态认同

"时代是思想之母，实践是理论之源。"②我们必须随着实践和时代的发展，不断推进党的理论创新，丰富和发展当代中国马克思主义。中国特色社会主义是改革开放以来党的全部理论和实践的主题。随着中国特色社会主义的发展和前进，中国共产党带领人民在接续奋斗中不断取得理论创新成果，不断开创马克思主义发展的新境界。正如习近平总书记指出的，"坚持和发展中国特色社会主义是一篇大文章，邓小平同志为它确定了基本思路和基本原则，以江泽民同志为核心的党的第三代中央领导集体、以胡锦涛同志为总书记的党中央在这篇大文章上都写下了精彩的篇章。现在，我们这一代共产党人的任务，就是继续把这篇大文章写下去"③。因此，新时代中国共产党人以与时俱进的意识形态，不断强化民众的意识形态认同。

党的十八大以来，以习近平同志为核心的党中央紧紧围绕"新时代坚持和发展什么样的中国特色社会主义、怎样坚持和发展中国特色社会主义"这个重大时代课题，坚持以马克思列宁主义、毛泽东思想、邓小平理论、"三个代表"重要思想、科学发展观为指导，紧密结合新的时代条件和实践要求，顺应人民新期待和新企盼，围绕治国理政中的一系列重要问题，形成了一系列新理念、新思想和新战略，最终创立了习近平新时代中国特色社会主义思想。党的十九大报告指出，习近平新时代中国特色社会主义思想，"是对马克思列宁主义、毛泽东思想、邓小平理论、'三个代表'重要思想、科学发展观的继承和发展，是马克思主义中国化最新成果，是党和人民实践经验和集体智慧的结晶，是中国特色社会主义理论体系的重要组成部分，是全

---

① 《中国共产党第十九次全国代表大会文件汇编》，人民出版社2017年版，第3—4页。
② 《党的十九大报告辅导读本》，人民出版社2017年版，第26页。
③ 中共中央宣传部：《习近平总书记系列重要讲话读本（2016年版）》，学习出版社、人民出版社2016年版，第38页。

党全国人民为实现中华民族伟大复兴而奋斗的行动指南，必须长期坚持并不断发展"[①]。作为马克思主义中国化最新成果，习近平新时代中国特色社会主义思想实现了马克思主义基本原理与中国实际相结合的又一次飞跃，开辟了马克思主义发展的新境界，"为发展马克思主义作出了中国的原创性贡献，在马克思主义中国化进程中具有里程碑意义"[②]，同时也为中国特色社会主义注入了新的科学内涵，为在新时代坚持和发展中国特色社会主义提供了科学的理论指引，进一步彰显了新时代中国特色社会主义的蓬勃生命力。党的十八大以来，在党的理论创新全面推进的同时，党对意识形态工作的领导明显加强，马克思主义意识形态的指导地位更加鲜明，社会主义核心价值观深入人心，中华优秀传统文化广泛弘扬，国家文化软实力大幅提升，文化自信进一步彰显，社会主义意识形态建设取得重大成就。总之，我们党在新时代着眼于新的实践和新的发展，始终保持与时俱进的马克思主义优秀理论品质，坚持推进党的理论创新，不断开创马克思主义发展的新境界，赋予社会主义意识形态极大的包容性、普惠性和灵活性，从而在全国人民中引起热烈反响，最大限度地形成社会思想共识和广泛的意识形态认同。

综上所述，中华人民共和国成立以来，中国公民政治认同经历了复杂的变迁过程，在不同历史时期表现出了不同的特点及规律。总的来说，大致可将党的十一届三中全会作为分水岭，将当代中国公民政治认同形态的历史嬗变划分为前后两个阶段。从中华人民共和国成立到改革开放之前这一历史时期，与当时总体性、集权性社会相契合的是一种以意识形态合法性为主导的传统人格化政治认同；改革开放以来，与急剧的社会转型相适应的是以法理型合法性为主导的现代制度化政治认同。当然，这只是对中华人民共和国成立以来公民政治认同形态变迁的历史图式的大致勾勒。其实每一个历史阶段，公民政治认同的来源并不是唯一的，其往往主要包括经济绩效、意识形态、制度体制、个人品质等，这些方面的有机整合、相互促进，共同构筑了当代中国政治合法性的基础，合力推动了当代中国公民政治认同的现代性成长。

---

① 《党的十九大报告辅导读本》，人民出版社2017年版，第20页。
② 刘云山：《深入学习贯彻习近平新时代中国特色社会主义思想》，《人民日报》2017年11月6日。

第二节　中华人民共和国成立以来公民政治认同演变的启示

纵观中华人民共和国成立以来中国公民政治认同的变迁历程，可以发现，公民政治认同既取得了重大成效，也遭受过重大挫折，它体现为一个动态的变化过程，在不同的历史时期存在着高低强弱的波动和变化。认真、全面地总结和梳理中华人民共和国成立以来公民政治认同的宝贵经验和深刻教训，积极探寻公民政治认同建设的内在逻辑和现实启示，这是新时期进一步加强公民政治认同建设、提升党和政府公信力的内在要求，也是研究当代中国公民政治认同的重要考量。

一　高度重视人民群众的利益诉求，以显著的执政绩效提升政治认同

利益是支配社会成员进行政治活动的根本动机，因此，满足社会成员的利益需求成为政治认同形成的逻辑起点和基本动力。换言之，人们对一定政治体系的认同，往往是因为该政治体系能满足他们的利益诉求和愿望，并不断实现、维护和发展人民群众的根本利益。回顾中华人民共和国成立以来公民政治认同的演变历程可以发现，中国共产党在领导社会主义革命和建设的进程中始终坚持全心全意为人民服务的根本宗旨，高度关注人民群众的利益诉求，大力发展社会生产力，重视民生建设，始终把实现好、维护好、发展好最广大人民群众的根本利益作为党和国家一切工作的出发点和落脚点。中国共产党正是通过坚持以人民根本利益为中心，不断促进经济社会发展，积极回应人民群众的利益诉求，实现人民群众的切身利益，从而以显著的执政绩效得到广大民众的广泛认同和积极支持。

1.坚持解放和发展生产力，不断满足人民群众的现实利益需求

马克思主义认为，生产力是人类社会发展的最终决定力量，人们所达到的生产力的总和决定着社会历史的状况。马克思恩格斯在《共产党宣言》中曾指出，无产阶级在取得政权成为统治阶级之后，要尽快地增加生产力的总量。社会主义和共产主义"都是以生产力的巨大增长和高度发展为前提的"①。只有通过加快发展生产力，才能不断满足人民群众的利益需要，最

---

① 《马克思恩格斯选集》第1卷，人民出版社1995年版，第86页。

终实现一切人自由全面地发展。

中国共产党一直非常重视生产力的发展，并认识到在中国这样一个经济文化比较落后的发展中大国进行社会主义建设，最根本的就是必须尽快发展生产力。因此，中华人民共和国成立后，面对国民党政府留下的烂摊子，党和政府就把动员一切力量恢复国民经济和发展生产力作为中心任务和工作。经过全党和全国人民的共同努力，国民经济各方面得到全面恢复和发展，人民的生活水平也得到了很大的改善和提高，满足了社会各阶层的利益诉求，从而巩固了党的执政基础，提升了民众的政治认同。然而1957年以后，由于党在经济建设中的"左"倾指导思想开始蔓延，在违背经济和社会发展客观规律的前提下，相继发动了"大跃进"、人民公社化运动乃至"文化大革命"，导致国家的工作重心脱离了经济建设的轨道，忽视生产力的发展和人民群众的利益需求，给国民经济和人民生活带来极大的困难，从而在一定程度上使党陷入执政合法性危机，动摇了人民群众对社会主义的信念。这一历史教训给我们带来的深刻启示是：社会主义经济建设必须遵循经济发展规律，在落后生产力条件下单凭良好的愿望和高涨的热情，企图快速建成社会主义是不可能实现的；在没有生产力发展和民众物质利益得到满足的情况下，如果仅仅通过生产关系的改变或意识形态的建构来获取和维系政治认同，其必然无法摆脱脆弱性和暂时性，民众的政治认同是不稳固和不持久的。

党的十一届三中全会以后，党实现了具有深远意义的伟大历史转折，党的工作重心转移到经济建设上来，中国开启了改革开放的宏伟大业。党中央始终重视经济建设和社会发展问题，并相继提出了"发展才是硬道理""发展是党执政兴国的第一要务""科学发展"等著名论断。邓小平曾强调指出，只有不断解放生产力和发展生产力，创造更多的社会财富，才能实现国家富强和人民富裕，才能增强社会主义的吸引力，充分体现社会主义的本质及其优越性。"社会主义制度优越性的根本表现，就是能够允许社会生产力以旧社会所没有的速度迅速发展，使人民不断增长的物质文化生活需要能够逐步得到满足。"[①]质言之，社会主义制度优越性就在于，在社会主义制度下能够将生产力发展的成果更好地用来改善人民的物质文化生

---

① 《邓小平文选》第2卷，人民出版社1994年版，第128页。

活，充分满足人民群众的利益需求。党的十八大以来，以习近平同志为核心的党中央顺应形势要求和人民愿望，坚持人民主体地位，贯彻新发展理念，抓住人民最关心的利益问题，在发展中保障和改善民生，实现经济发展和民生改善的良性循环，保证人民群众在共建共享发展中有更多获得感。总之，改革开放以来，解放生产力和发展生产力的巨大成果，不断满足人民群众日益增多的利益诉求和美好生活需要，有力提升了中国综合国力、人民生活水平和国际地位，促进了中国特色社会主义事业的蓬勃生机，从而使党的执政基础不断巩固，大大提升了民众的政治认同。

2. 坚持"统筹兼顾"的基本原则，妥善处理发展中的利益关系和矛盾

中国共产党作为中国人民和中华民族的先锋队，代表最广大人民群众的根本利益，这绝不是空洞的口号和抽象的宣传，而是要从解决人民群众最关心、最直接、最现实的利益问题入手，实实在在地体现在通过党的路线方针政策为人民谋实惠，满足群众的具体利益要求。不能离开解决群众具体的切身利益，抽象地来谈实现最广大人民群众的根本利益。然而，现实生活中存在的群众切身利益是一个多层次的关系范畴，包括长远利益和当前利益、整体利益和局部利益、国家利益、集体利益和个人利益等，它们分别体现为一对矛盾统一体，其利益关系往往呈现出复杂化的形式。面对中国经济社会发展中的各种利益矛盾和问题，除了关键依靠发展来解决外，还需要中国共产党坚持"统筹兼顾"的原则，以实现最广大人民群众的根本利益为出发点，妥善处理好各方面的利益关系尤其是利益矛盾，满足各方面群众多元化的利益需求。

回顾中国共产党的长期执政实践可以看出，党高度重视人民群众的切身利益问题，在制定和贯彻路线方针政策时，以"统筹兼顾"的思想原则为指导，认真考虑和妥善处理不同阶层、各方面群众的利益要求和利益矛盾，尽力缩小社会中出现的不合理利益差距，使人民群众得到切实的经济、政治、文化利益。中华人民共和国成立之初，以毛泽东为代表的党中央十分注重帮助解决困难群众的生产和生活问题，并提出用"统筹兼顾、适当安排"的办法解决利益矛盾的思想，"在分配问题上，我们必须兼顾国家利益、集体利益和个人利益"[①]。改革开放以后，邓小平高度重视物质利益，提

---

① 《毛泽东文集》第7卷，人民出版社1999年版，第221页。

出物质文明和精神文明"两手抓",同时仍坚持利益兼顾的思想原则,"……归根结底,个人利益和集体利益是统一的,局部利益和整体利益是统一的,暂时利益和长远利益是统一的。我们必须按照统筹兼顾的原则来调节各种利益的相互关系"①。当个人、集体和国家利益之间,局部和整体利益之间以及暂时和长远利益之间发生矛盾时,要坚持国家利益和集体利益至上的原则,个人利益服从集体和国家利益,局部利益服从整体利益,暂时利益服从长远利益。同时,坚决反对为了个人和局部利益而不顾集体和国家利益的思想和行为,并对由此导致的不合理利益差距进行调整和处理。

随着改革开放的深入推进,经济社会发展中所面临的利益关系和矛盾愈加复杂,以江泽民为代表的党中央坚持和发展了统筹兼顾的思想原则,强调指出:"改革越深化,越要正确认识和处理各种利益关系,把个人利益与集体利益、局部利益与整体利益、当前利益与长远利益正确地统一和结合起来。"②以胡锦涛为代表的中央领导集体提出了"五个统筹思想",强调通过统筹来协调和处理好中国改革开放和现代化建设中的各种利益矛盾,达到城乡、区域、经济与社会、人与自然的协调发展,促进公平合理的社会利益格局的最终形成。党的十八大以来,面对改革进入攻坚期和深水区所带来的深层次的、复杂艰巨的社会关系和利益调整,以习近平同志为核心的党中央一方面积极回应群众关切,着力解决关系群众切身利益的问题,坚持在发展中保障和改善民生,"在幼有所育、学有所教、劳有所得、病有所医、老有所养、住有所居、弱有所扶上不断取得新进展"③;另一方面坚持统筹协调利益关系,引导群众着眼大局、着眼长远,理性合理表达利益诉求,坚持"站在国家整体利益、根本利益、长远利益的立场上思考问题、推进工作,决不能局限于某个地方、某个部门的局部利益,决不能拘泥于眼前的得失"④。当然我们还应看到,由于市场经济本身的趋利性和竞争性以及中国市场经济体制、分配制度的不完善等诸多因素的影响,中国社会日益呈现出利益关系的复杂化和多样化,利益分化愈发明显且不断拉大,由

---

① 《邓小平文选》第2卷,人民出版社1994年版,第175页。
② 《江泽民文选》第2卷,人民出版社2006年版,第262页。
③ 《党的十九大报告辅导读本》,人民出版社2017年版,第23页。
④ 中共中央宣传部:《习近平总书记系列重要讲话读本》,学习出版社、人民出版社2014年版,第55页。

此导致利益矛盾和冲突的不断发生。对此，党和政府给予了高度的关注和重视，不断采取措施规范和调整利益关系，缩小利益差距，收到了良好的效果。总之，在"统筹兼顾"思想的指导下，中国共产党妥善处理好了各方面利益关系和利益矛盾，有效解决了群众的切身利益问题，满足了群众的利益诉求，从而使党以良好的执政绩效得到广大人民群众的衷心拥护和广泛认同。

二 加快培育法理型政治权威，以完善的制度体系提升政治认同

制度在社会发展中具有根本性、全局性、稳定性和长远性的作用。一个政治体系的正常运行，离不开民众对其基本制度的认同和遵循。这种建立在社会成员对一定制度规则体系的认同与遵循之上的政治权威，是一种"非人格化"的法理型政治权威。一个政治体系一旦确立了法理型权威，其政治统治的合法性基础将是最为稳固的，民众的政治认同也将进一步稳固化、长期化。纵观中华人民共和国成立以来政治认同建设的历程，中国共产党在长期的治国理政过程中，始终关注和重视制度建设，大力强化法理型政治权威，不断推进社会主义民主政治制度化、法治化、程序化，不断健全和完善中国特色社会主义制度体系，力争以系统完备、科学规范、运行有效的制度安排来不断提升民众的政治认同。

1. 加强民主政治建设，不断完善中国特色社会主义制度体系

人民民主是社会主义的本质要求和价值取向。发展社会主义民主，是我们党始终高举的光辉旗帜和奋斗目标。中国共产党坚持马克思主义民主理论与中国具体实际相结合，在领导人民进行革命、建设、改革的艰辛探索中形成了独具特色的人民民主理论。我们党领导人民实行人民民主，说到底就是要保证和支持人民当家作主，实现最广大人民的根本利益。然而，保证人民当家作主并不是一句口号或空话，必须具体地落实到党和国家政治生活中，用一系列制度安排作为保障。中国共产党在治国理政的过程中，始终注重社会主义民主政治建设，不断推进制度体系的完善和发展，切实加强人民当家作主的制度保障。

中华人民共和国成立后，我们党带领人民建立了人民民主专政的国家政权，开辟了中国历史上人民当家作主的历史新纪元。中国共产党带领人民在大力开展经济建设的同时，进行了广泛的民主实践，加强了国家政治、

法律等上层建筑领域的建设，初步确立了社会主义民主建设的制度框架，为保障人民当家作主和维护广大人民根本利益提供了制度基础。后来，由于"左"的指导思想的影响，尤其是在"文化大革命"期间中国的民主政治建设曾一度偏离了正确的发展轨道，社会主义民主和法制遭到践踏，党和国家正常的政治生活受到破坏，致使人民权利受到严重的侵犯和践踏，党和人民的事业也遭受严重破坏和损失，从而导致民众政治认同的消解。

党的十一届三中全会以后，我们党迅速调整和恢复了党和国家正常的政治生活，积极稳妥推进社会主义民主政治建设和政治体制改革，人民当家作主的制度保障更加健全，人民民主的内容和形式更加丰富，中国特色社会主义民主政治的优势和特点更加显现，从而使得民众的政治认同尤其是制度认同不断提升。改革开放之初，邓小平深刻总结中国和其他社会主义国家在民主法制建设中的经验和教训，提出了"没有民主就没有社会主义，就没有社会主义现代化""社会主义民主和社会主义法制是不可分的"等论断，高度重视社会主义民主法制建设，确立了发展社会主义民主、健全社会主义法制的基本方针。党的十五大以邓小平民主法制思想为指导，明确提出"依法治国，建设社会主义法治国家"，并作为基本治国方略。"依法治国"基本方略的提出，表明我们党已形成从制度、法治上保障社会主义民主政治建设的规律性认识，为中国开辟了一条通过政策或制度"合法化"来实现统治"合法性"的道路，标志着中国进入了以法理型统治为主导的时期。[①] 此后，中国共产党带领和团结全国人民，在"依法治国"方略的指引下，积极发展社会主义民主政治，不断推进社会主义制度的自我完善和发展，健全人民当家作主的制度体系。

党的十八大提出，要把制度建设摆在首位，"以保证人民当家作主为根本，以增强党和国家活力、调动人民积极性为目标，扩大社会主义民主，加快建设社会主义法治国家"[②]。党的十八届三中全会明确把"完善和发展中国特色社会主义制度、推进国家治理体系和治理能力现代化"作为全面深化改革的总目标，并提出"到二〇二〇年……形成系统完备、科学规范、

[①] 胡建、刘惠：《中国共产党执政合法性的流变及其重塑》，《内蒙古社会科学》（汉文版）2010年第2期。

[②] 《十八大报告学习辅导百问》，学习出版社、党建读物出版社2012年版，第22—23页。

运行有效的制度体系，使各方面制度更加成熟更加定型"①。党的十九大更是明确强调，"发展社会主义民主政治就是要体现人民意志、保障人民权益、激发人民创造活力，用制度体系保证人民当家作主"②。由此可见，中国共产党非常重视社会主义民主法治建设，在长期执政实践中，初步形成了一整套较为科学完备的制度体系，从而有利于党树立法理型政治权威，并以非人格化的制度性力量而获取民众的认同和支持。

2. 深化党的建设制度改革，永远保持党的先进性和纯洁性

中国共产党是中国的执政党，是中国特色社会主义事业的领导核心，党的领导是中国特色社会主义制度的最大优势。然而，要始终坚持党的领导，就必须重视加强党的自身建设，从严管党治党。在党的建设的系统工程中，制度建设是贯穿始终的红线，尤为重要。中国共产党自成立以来，特别是全面执政以来，始终注重加强民主集中制建设，规范党内政治生活，完善党的领导体制和执政方式，加强党内民主建设，不断深化党的建设制度改革，形成了科学规范的党内法规制度体系，这也是我们党之所以能长期执政、保持先进性和纯洁性并取得伟大胜利的重要原因。

中华人民共和国成立后，以毛泽东为代表的党中央密切结合党的各项生产工作和政治路线，加强党的自身建设，及时开展了整风和整党运动，保持了党的优良组织性、纪律性和亲民廉政形象，巩固了党和人民群众的血肉联系，使党始终得到人民群众的支持和拥护。然而，由于一段时期党内"左"倾错误的影响，党的建设曾一度陷于瘫痪，党内个人崇拜盛行，党内民主遭到严重破坏，各级党组织工作瘫痪，党和国家政治生活畸形发展，导致党的执政形象遭到严重损害，党的权威和公信力也不断下降。

党的十一届三中全会以来，以邓小平为代表的中国共产党人在改革开放的全新历史条件下，以"把党建设成为领导社会主义现代化事业的坚强领导核心"的新思路，深入推进党的自身建设。党中央对加强党的思想建设、组织建设、制度建设和作风建设做出科学阐述，高度重视党风廉政建设和反腐败斗争，重点强调了加强党的制度建设的重要性，阐述了制度

---

① 中共中央文献研究室：《十八大以来重要文献选编》（上），中央文献出版社2014年版，第514页。

② 《党的十九大报告辅导读本》，人民出版社2017年版，第35页。

建设要与从严治党相结合的原则,从而推动党的建设迎来新局面。随着改革开放和中国特色社会主义事业的深入推进,面对世情、国情和党情的深刻变化,以江泽民、胡锦涛为代表的党中央相继提出"扎实推进党的建设新的伟大工程,不断提高党的领导水平和执政能力、增强拒腐防变和抵御风险的能力"和"以执政能力建设和先进性建设为主线推进党的建设"等重大理论命题和实践任务,为新的历史条件下加强和改进党的建设指明了方向。

党的十八大以来,以习近平同志为核心的党中央面对"具有许多新的历史特点的伟大斗争",把全面从严治党纳入"四个全面"战略布局,并提出"深化党的建设制度改革"的重大命题和任务,把党的制度建设放在了十分突出的地位。习近平总书记指出:"全面从严治党,要坚持思想建党和制度治党紧密结合,全方位扎紧制度笼子,更多用制度治党、管权、治吏。"①他多次强调,要建立健全党内法规制度体系,立体式、全方位推进党内制度体系建设,不断提高制度法规的制定质量,以实现反腐倡廉和作风建设的制度化为抓手,进而"扎实推进党的工作和党的建设制度化、规范化、程序化"②。总之,我们党在长期的执政实践中,坚定不移地推进全面从严治党,深入推进党的建设制度改革,使党的长期执政能力不断提高,始终保持党的先进性和纯洁性,从而始终成为社会主义事业的坚强领导核心,赢得广大人民群众的衷心拥护和广泛认同。

三 不断推进马克思主义理论创新,以包容的意识形态提升政治认同

意识形态作为一种具有行动取向的观念力量和信念系统,它能够为政治统治提供合法性依据和论证,从而有利于培育民众对政治体系和政治权威的认同和支持。意识形态是政治认同最原初、最持久的构成因素。因此,任何政治体系要赢得广泛的政治认同都离不开意识形态的合法性支持,都需要发挥意识形态的合法化功能,从而就必须高度重视意识形态建设工作。中国共产党在中华人民共和国成立以来的治国理政过程中,也非常重视意识形态建设,通过加强对主流意识形态的宣传、教育和对错误思潮的批判,

---

① 中共中央宣传部:《习近平总书记系列重要讲话读本(2016年版)》,学习出版社、人民出版社2016年版,第116页。

② 习近平:《认真学习党章 严格遵守党章》,《人民日报》2012年11月20日。

巩固了马克思主义在社会主义意识形态领域的主导地位，同时通过加强意识形态领域的理论创新，不断开拓马克思主义发展的新境界，增强了主流意识形态的开放性和包容性、吸引力和凝聚力，从而大大提升了民众的意识形态认同。

1. 加强主流意识形态的宣传和教育，确立马克思主义的指导思想地位

以马克思列宁主义为指导思想的中国共产党领导全国各族人民，经过28年的英勇奋斗和艰辛探索，结束了近代中国长期的战乱、分裂和屈辱，建立了中华人民共和国，开创了中国历史新纪元。这一历史性的伟大胜利，引发了广大人民群众对社会主义、共产主义的强烈政治认同，为马克思列宁主义成为党和国家的指导思想奠定了历史合法性。

中华人民共和国成立后，中国共产党将马克思主义从党的指导思想扩展为国家意识形态，为确立马克思主义在意识形态领域中的一元指导地位，付出了巨大的努力。在此过程中，党主要通过理论宣传、灌输教育等方法将马克思主义意识形态内化于人民群众的思想意识之中，转变为人民群众改造世界的精神力量和精神武器。在中华人民共和国成立初期，党和政府有效地建立和加强党的宣传教育工作，广泛开展思想政治教育、党内整风及农村"社教"运动等，大力宣传马克思列宁主义、毛泽东思想，使马克思主义理论更加大众化、普及化，让民众充分认识到只有马克思列宁主义、毛泽东思想才能救中国，才能给中国带来光明和未来，以使民众最大限度地接受共产主义意识形态。但从20世纪50年代末开始，党的意识形态运动出现脱离实际的激进和扩大化，到"文化大革命"时期被推向极端，意识形态的地位和作用被无节制地夸大，造成意识形态的空想化和僵化，其内容和形式发生严重混乱。在当时意识形态运动的狂热和巨大攻势影响下，虽然唤起了人们对马克思主义和社会主义的追崇，但其意识形态认同模式是盲目的，也是极为脆弱的。

改革开放以来，随着思想路线的拨乱反正，党的意识形态工作更趋规范化、制度化，也更具针对性和实效性。全党不仅通过加强对新时期马克思主义中国化理论成果的学习，而且还通过"三讲"教育、"党员先进性教育""群众路线教育""三严三实"专题教育以及"两学一做"学习教育等专项活动，加大了对马克思主义理论学习和教育的力度，保证了意识形态的先进性。与此同时，在新时期的意识形态工作中，不仅仅是单一的灌输

教育和集中统一的学习，而更加强调贴近实际、贴近生活和贴近群众，坚持解决思想问题和实际问题相结合，切实反映人民群众的利益需求和实际问题，从而使意识形态工作更加深入人心，具有针对性、实效性和感染力，进一步巩固马克思主义在意识形态领域的指导地位。

与此同时，为了在意识形态领域确立一元化指导思想，牢牢地掌握意识形态发展的方向和占领意识形态主阵地，中国共产党就必须自觉划清马克思主义同非马克思主义、反马克思主义的界限，划清社会主义思想文化同封建主义思想文化、资本主义思想文化的界限，坚决抵制和批判意识形态领域的各种错误思潮和观念。可以说，对马克思主义意识形态的宣传教育和对意识形态领域中错误倾向的批判抵制是同一个过程的两个方面。回顾中华人民共和国成立以来党的执政实践，从毛泽东时代开展肃清封建主义毒素和批判资产阶级唯心论思想的斗争，到邓小平时代开展反对"两个凡是""资产阶级自由化"的斗争，以及新时期进行的反对普世价值论、新自由主义、民粹主义、历史虚无主义、西方"宪政民主"、泛娱乐主义等错误思潮的斗争，可以看出，在党的长期执政实践中，始终伴随着"反左""反右"等对意识形态领域中错误倾向的批判和斗争。由此可见，通过在全社会对马克思主义理论的大力宣传和教育，以及对各种与共产主义意识形态相违背的错误思潮和倾向的批判和斗争，马克思主义在意识形态领域的指导思想地位才不断得以巩固，广大民众也才对马克思主义有了更深刻的体认，从而对之产生认同和信仰。

2. 加强意识形态的理论创新，不断提高社会主义意识形态的包容性和灵活性

创新是人类发展的永恒主题，是一个国家和民族兴旺发达的动力之源。根据党的历史经验教训的总结，党中央一再强调，要不断推动中国特色社会主义伟大事业的发展，就必须大力加强在实践基础上的理论创新、制度创新、文化创新以及其他方面的创新。其中，理论创新是党的理论发展的前提和必然要求，也是党的事业发展进步的行动指南。马克思主义作为当代中国的主流意识形态，要确保其一元的指导思想地位，稳定发挥政治合法化功能，并获得民众的广泛认同，就必须与时俱进，进行理论创新，不断扩大其包容性与灵活性，增强其吸引力和凝聚力。因为"大凡成功的意识形态必须是灵活的，以便能得到新的团体的忠诚拥护，或者作为外在条

件变化的结果而得到旧的团体的忠诚拥护"①。

  回顾中华人民共和国成立以来中国主流意识形态建设的历史可以看出，党的几代领导集体都认识到马克思主义不是僵化的教条和一成不变的理论体系，必须坚持将马克思主义基本原理与中国实际相结合，实现马克思主义中国化，不断推进党的理论创新，进而增强主流意识形态的引领力、解释力和说服力。然而，党的意识形态在20世纪50年代末开始，出现了不切实际的空想和脱离实践的激进，"文化大革命"时期被推向极端，出现对毛泽东思想的个人崇拜和迷信，从而导致意识形态泛化，并走向僵化，其结果不仅严重阻碍了经济社会的发展，也严重消解了民众的意识形态认同。这一深刻历史教训给我们的启示是：只有保持党的主流意识形态的与时俱进，不断坚持理论创新，党的事业才会不断发展和前进，否则只有停顿和倒退。

  改革开放以后，以邓小平同志为代表的中国共产党人，坚持一切从实际出发，解放思想、实事求是，大胆地对主流意识形态进行理论创新，形成了中国特色社会主义理论体系的奠基之作——邓小平理论，把马克思主义在中国的发展推向了新的阶段。邓小平曾指出："只有思想解放了，我们才能正确地以马列主义、毛泽东思想为指导，解决过去遗留的问题，解决新出现的一系列问题。"②在改革开放和社会主义现代化建设不断推进的过程中，党中央始终坚持解放思想、实事求是、与时俱进，坚持马克思主义与中国实践相结合，不断推进马克思主义中国化进程，相继形成了"三个代表"重要思想、科学发展观、习近平新时代中国特色社会主义思想等一系列党的理论创新成果，不断丰富着中国特色社会主义理论体系。此外，面对改革开放以来意识形态领域多元化的客观事实，党中央正确处理了意识形态领域中"一"与"多"的关系，"坚持马克思主义在意识形态领域的指导地位，用一元化指导思想引领多样化的社会思想"③。特别是党的十八大以来，党中央把在全社会培育和践行社会主义核心价值观作为基础性工程，强调以核心价值观来引领多样化的社会思潮，使之成为全体人民的价值追

---

① ［美］道格拉斯·C. 诺斯：《经济史中的结构与变迁》，陈郁等译，上海三联书店1991年版，第58页。
② 《邓小平文选》第2卷，人民出版社1994年版，第141页。
③ 中宣部理论局：《科学发展观读本》，学习出版社2006年版，第77页。

求和精神纽带，从而不断扩大社会主义意识形态的灵活性和包容性。由此可见，中国共产党始终坚持以巨大的理论勇气和理论智慧，不断推进理论创新，在坚持马克思主义中发展马克思主义，不断开拓马克思主义与中国实际相结合的新境界，这不仅体现了社会主义意识形态的开放性、包容性和灵活性，使之始终保持旺盛的生命与活力，而且也为全党全国人民提供了共同的思想基础和精神支柱，大大增强了中国共产党的执政合法性基础，提升了广大民众的意识形态认同。

需要指出的是，政治认同作为反映认同主体和认同客体之间关系的概念，其本质上是社会公众对以政治权力为核心的政治体系的肯定、认可和支持，它是认同主体对认同客体在心理上和行为上的趋同。因此，关于中华人民共和国成立以来公民政治认同演变历程的现实启示，既要求关注政治认同客体层面，从治理绩效、制度规范及意识形态等认同客体入手，对公民政治认同的经验和教训进行总结，对公民政治认同的逻辑和规律进行分析；同时还应该关注政治认同主体层面，对中华人民共和国成立以来中国公民的个体素质及公民意识的发展演变进行梳理和总结，具体分析公民个体因素对政治认同变迁的影响及启示。只有从政治认同的主客体相互联系和贯通的角度对公民政治认同历史演进的内在逻辑和现实启示进行全面分析，才更有利于为当代中国公民政治认同研究廓清历史发展脉络，更有利于为探讨当代中国公民政治认同的建构路径提供逻辑理路和思路借鉴。但由于篇幅所限，本书在此只对政治认同客体层面的现实启示进行了分析，并没有涉及政治认同主体层面的现实启示。这为我们后续深化政治认同研究指明了努力的方向。

第三章 当代中国公民政治认同现状的实证分析

　　研究当代中国公民政治认同问题,必须坚持历史与现实相统一。在前文对中华人民共和国成立以来公民政治认同的历史演变及其规律的历史分析的基础上,我们有必要转向现实聚焦,对改革开放以来中国公民政治认同的现状进行实证分析,以此反映出新时期公民政治认同的动态变化及阶段性特征。党的十一届三中全会以后,中国进入了改革开放和社会主义现代化建设的新时期。在这一时期,经济社会的重大变革不仅对中国的政治运行产生了极为深刻的影响,也推动了中国公民政治认同的现代性成长,引发了公民政治认同结构要素的深刻嬗变。一方面,与经济社会的发展进步相吻合,中国公民政治认同的内容和质量发生了历史性的飞跃,出现了许多积极的变化;另一方面,在急剧的社会变革中,中国公民政治认同的现代性成长在不同程度上还存在着一些挑战与障碍,出现了一些亟待解决的问题。概言之,本章试图通过本课题组在全国范围内开展的实地问卷调查和个案访谈,以及通过改革开放以来学界有关政治文化、政治心理、公民政治参与、公民意识等调查统计资料和实证研究数据[1]的分析与梳理,对当代中国公民政治认同的现状进行总体分析与把握,具体明确中国公民在

---

[1] 为了增强关于当代中国公民政治认同现状与问题研究的实证基础以及研究的说服力和针对性,本章在充分利用第一手经验资料的基础上,大量引用和借鉴学界有关调研数据和统计资料,力求呈现中国公民政治认同从改革开放以来的长时段的动态变化。主要引用数据包括:1987年闵琦主持开展的全国范围的"中国公民政治心理问卷调查"、2008年北京大学国情研究中心的大型概率抽样调查项目"中国公民意识年度调查"、2012年中国社会科学院政治学研究所与中国社会科学院调查与数据信息中心联合进行的全国性的"政治认同与政治稳定"问卷调查以及相关年份的"中国综合社会调查"等等。

治理绩效认同、制度规则认同、意识形态认同等方面所出现的积极变化以及相应存在的问题。

第一节　当代中国公民政治认同实证调研概况

为了准确把握和全面了解当代中国公民的政治认同状况，本课题组于2014年5月至8月在南充、重庆、南宁、南京、景德镇、齐齐哈尔等地，主要针对产业工人、农业劳动者、公务员、教师、大学生、商业服务业人员、城乡无业失业者等群体，开展了关于公民政治认同的实地调查研究。本课题组主要采用了问卷调查、结构性访谈等社会调查研究方法。本课题组根据调查的可介入性情况，采取非概率抽样方法，共发放调查问卷1200份，回收问卷1152份，有效问卷1092份，问卷有效率为91%，同时进行结构性个案访谈50份，收集了不同社会阶层或群体的有关政治认同的现状、影响因素及对策建议等丰富信息，为本研究提供了第一手资料。

在调查地点安排上，本调研之所以主要选择以上六个地区，一是考虑调查地点的多样性和地域广阔性，分布于中国的东西南北中不同地区，有直辖市、省会城市和一般地级市，经济发展水平有发达地区和一般地区等，社会调查地点具有一定代表性；二是考虑到调查的可介入性，这些地区课题组有较为丰富的社会资源和人脉，便于调查研究的顺利开展，以确保问卷调查的效度和信度。在样本选择上，本调研总体上是针对一个阶层、职业及身份多样化的公民群体，包括产业工人、农业劳动者、公务员、学生、教师、商业服务业人员、自由职业人员、城乡无业失业者等。就调研样本的自然特征而言，男性比例为60.7%、女性比例为39.3%，男性样本略多于女性样本；年龄结构以中青年人口为主，74.8%的样本年龄集中在20—49岁。就调研样本的社会特征而言，文化程度以"专科或本科"居多，占58.9%，"高中或中专、职高"次之，占21.6%；政治面貌以中共党员、共青团员为主，占到70.5%，民主党派成员最少，只占1.2%；平均月收入以中等及中高收入者居多，主要集中在3001元至6000元这几个档次之间；职业身份以产业工人、教师、公务员及学生群体为主，其余依次为农业劳动者、商业服务业人员、自由职业人员及无业失业者。由于样本的庞大多样性以及主客观条件的限制，本调研主要根据调查的可介入性情况而采取非概率抽样方法进行。本课题组在以上六个主要调查地区每个城市投放问卷 200 份，调查对象尽量涵盖以上列举的主要社会阶层。

本调研的开展首先根据前文的理论建构对当代中国公民政治认同进行操作性定义，将其划分为治理绩效认同、制度规则认同和意识形态认同三个测量维度，进而根据本调研的解释框架对每一维度又进行具体的操作性定义。具体而言，治理绩效认同表现为物质绩效认同、稳定绩效认同和公民资格绩效认同；制度规则认同表现为对国家制度体制认同、执政党结构认同等；意识形态认同表现为对马克思主义及其中国化理论的认同、社会主义核心价值观及个体道德价值观认同等。本书实证调研的研究思路如图 3-1 所示。在此基础上，自编"公民政治认同调查问卷"（见附录），运用此调查问卷对被试进行测量，并运用 SPSS 19.0 软件进行数据统计分析，进而重点考察和把握当代中国公民政治认同的实然图景，揭示其积极变化与面临的挑战。

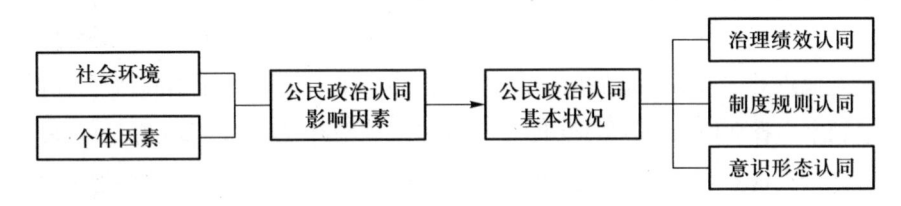

图3-1　当代中国公民政治认同实证研究思路

第二节　当代中国公民政治认同的基本现状透视

政治认同是社会成员在社会政治生活中的政治心理和政治行为的有机统一，它通过社会成员对一定政治体系的政治认知、政治情感、政治态度和政治参与等表现出来。因此，本书在大量调查研究的基础上，通过对社会成员的政治认知、政治情感、政治态度及政治参与的全面考察和分析，揭示出公民在治理绩效认同、制度规则认同、意识形态认同方面所出现的积极变化和面临的挑战，以准确把握和全面呈现当代中国公民政治认同的实然景观。

一 当代中国公民治理绩效认同的现状

治理绩效认同，是指公民对政治统治的有效性或实际业绩的认可和肯定，它构成政治认同的前提和基础。一个政治体系的治理绩效主要体现为该政治体系"政治输出"[①]的有效结果，可以分为物质绩效、稳定绩效以及公民资格绩效[②]三个方面。因此，治理绩效认同的主要内容就包括物质绩效认同、稳定绩效认同和公民资格绩效认同等方面。改革开放以来，伴随着中国经济社会的巨大发展和急剧的社会变革，公民的治理绩效认同在出现许多历史性飞跃和积极变化的同时，也呈现出一定程度的挑战和问题。

（一）治理绩效认同的积极变化

改革开放以来，在中国共产党的领导下，中国的社会生产力得到快速提高，综合国力得以迅速增强，人民生活水平也得到进一步改善，人民获得了广泛的民主权利，社会政治秩序保持了基本稳定。在此背景下，公民的治理绩效认同出现了许多积极的变化，具体表现在以下三个方面。

1. 物质绩效认同方面

在政治体系的治理绩效中，物质绩效是其最重要的方面。因为经济基础决定上层建筑，一个政治体系只有在生产力水平提高、经济不断发展的基础上，才可能切实改善广大人民群众的生活水平，充分保障人民群众的民主权利，才能实现政治稳定和国家安全。物质绩效认同又称为经济绩效认同，是指公民对一定政治体系发展经济以满足其物质利益需要的能力及实际效果的认可。改革开放以来，党中央始终清醒地认识到，经济发展对于公民的政治认同具有至关重要的意义，始终毫不动摇地致力于经济建设与社会发展。经过改革开放40多年，尤其是党的十八大以来的不懈努力，中国的综合国力、人民生活水平和国际地位都得到极大改善和提升，中华民族迎来了从站起来、富起来到强起来的伟大飞跃。面对党和政府所取得

---

① 戴维·伊斯顿是第一个用系统理论分析政治体系的政治学家，他创造了政治分析的系统研究途径并用"输入""输出"来描述政治过程。所谓政治输入是指来自体系外部对政治体系的要求和支持，所谓政治输出是指政治体系在资源提取与分配、人类的行为管制及象征方面的实际作为。（参见［美］戴维·伊斯顿《政治生活的系统分析》，王浦劬等译，华夏出版社1989年版，第34—36页。）

② 关于政治体系的治理绩效的这三种分类，参见［英］安德鲁·海伍德《政治学》，张力鹏译，中国人民大学出版社2006年版，第479—486页。

的良好经济绩效及全方位、开创性的成就,中国公民的政治认同现状究竟如何呢?

根据改革开放初期的有关调查显示,人们对国家实施改革开放的重要性、必要性及其前景预期等方面的认识都呈现出积极向好的趋势。当提出"您认为近年来群众的生活水平如何"时,得到的回答是:30.54%的公民认为有"显著提高";68.87%的公民认为"有一定提高";2.18%的公民认为"有所下降"。在对改革的必要性的评价方面,有2.22%的公民认为"没有必要";1.89%的公民认为"不很重要,不改革也过得去";30.72%的公民认为"相当重要,不改革无法实现现代化";64.00%的公民认为"非常重要,不改革民族即无法求生存"。在对改革前景的预期方面,42.01%的公民认为"改革必定成功,现代化必定实现";28.42%的公民认为"有一定成效,但不能叫人满意";27.84%的公民认为"很难预料"。[①]可见,改革开放从一开始便得到广大民众的肯定和支持。根据2003、2005、2006年度中国综合社会调查(CGSS)[②]的结果显示(见表3-1),近年来随着城乡居民生活水平的逐步提高,中国公民的生活幸福感也得以逐年上升。可

表3-1　中国城乡居民的生活幸福感(CGSS 2003/2005/2006)

年份\调查对象\幸福感	低收入层	中收入层	高收入层	城市	农村	总体均值
2002	1.99	2.26	2.45	2.25		2.25
2004	2.16	2.38	2.54	2.39	2.34	2.37
2005	2.20	2.38	2.53	2.40	2.35	2.38

注:①2003年度中国综合社会调查只涉及城镇居民,故无农村样本数据。
　　②表中"幸福感"评分区间为0—3分,1分表示"不幸福",2分表示"一般",3分表示"幸福";即得分越高,表明受访人的幸福感就越强。
资料来源:郑杭生:《中国社会发展研究报告2009》,中国人民大学出版社2009年版,第242页。

---

① 以上数据转引自朱永新、袁振国《政治心理学》,知识出版社1990年版,第255—256页。
② 中国综合社会调查(简称CGSS)是中国第一个全国性、综合性、连续性的大型社会调查项目。它由中国人民大学社会学系与香港中文大学调查研究中心合作执行,从2003年开始,每年一次,对全国28个省、自治区、直辖市,125个县(区),500个街道(乡、镇),1000个居(村)民委员会,10000户家庭中的个人进行调查。通过科学、系统、持续地收集关于中国人工作、生活、行为、观念、态度的数据,以揭示中国社会变迁的轨迹与趋势。

以看出，不论是分阶层或地区来看，还是从总体上看，中国城乡居民的幸福感都较强，几乎都在 2 分以上且接近 3 分。分阶层来看，一致的趋势是收入水平越高，幸福感越强；分地区来看，城市居民的幸福感略强于农村居民。

随着改革开放的不断深入和推进，中国公民的经济绩效认同状况又怎样呢？对此，我们主要通过 2008 年北京大学国情研究中心设计并实施的大型概率抽样调查项目"中国公民意识年度调查"[①]（以下简称"2008年的调查"）和 2012 年中国社会科学院政治学研究所与中国社会科学院调查与数据信息中心联合进行的全国性的"政治认同与政治稳定"问卷调查[②]（以下简称"2012年的调查"）的数据报告，同时结合本课题组的问卷调查和个案访谈结果等进行深入考察和分析。

首先，公民对改革开放成就的评价。

作为一项基本国策，改革开放是当代中国社会最鲜明的特征，也是推动中国发展的强大动力。面对改革开放的巨大成就，广大民众从生活满意度和幸福感等切身体会出发，对改革开放给予了充分肯定和积极评价。"2008年的调查"显示，绝大多数受访人认为过去 30 年的改革开放无论对整个国家，还是对他们自己及家庭都产生了积极影响，获得了实实在在的利益。如图 3-2 所示，95% 以上的受访人认为改革开放有成就，其中认为改革开放"有很大成就"的受访人占 54.6%，认为改革开放"有一定成就"的受访人占 40.9%，认为改革开放"没有多大成就"或"没有成就"的受访人只占很小的比例，约为 4.6%。这表明，绝大多数社会公众是从积极的角度看待改革开放的成就的，改革开放的成果得到了公民的普遍认

[①] 该调查采用GIS/GPS辅助的区域抽样方法，按照分层、多阶段、概率与规模成比例的方式抽取具有全国代表性的概率样本，并通过采访员持调查问卷、入户面对面访问受访人的方式采集数据。在前期相关准备的基础上，实地调查在2008年4月至6月进行，共完成有效样本4004份，有效完成率为73%。样本覆盖全国31个省、自治区、自辖市（港、澳、台除外）的73个区县，年龄在18—70岁的全国人口。

[②] 该调查于2012年7月至11月进行，在实施调查时使用"中国公民政治文化调查问卷"的题目，而未使用"政治认同与政治稳定"这一课题项目名称。该调查将全国划分为都会区、东北地区、东部沿海地区、中部地区、西部地区五大区域，并在各区域内选出经济发展处于最高水平和最低水平的省份作为调查地点，每个省份采用随机抽样的方式确定调查对象。该调查共涉及10个省（自治区、直辖市）、21个设区的市（自治州、地区）、40个县（县级市、市辖区）、80个乡镇（街道）、240个村委会（居民委员会），共完成有效问卷6159份。

可和肯定,对改革开放持积极乐观的态度。"2012年的调查"在询问被试是否同意"改革开放是中国发展的正确选择"时,选择"非常同意"的占42.45%,选择"比较同意"的占44.15%,选择"不确定"的占9.55%,选择"不太同意"和"非常不同意"的总共仅占3.85%。[①]

另外,根据本课题组的问卷调查,在关于"改革开放30多年来我国取得的成就如何"的回答中,认为"有很大成就""有一定成就"的受访人分别占43.2%和48.5%,认为"一般""没多大成就""很没有成就"的分别占6.5%、1.1%和0.7%。在我们的访谈中,有受访人说道:"要说改革开放的成就,用翻天覆地来形容一点也不会夸张。像我们50多岁的人都会很清晰地记得以前计划经济时代物资短缺的情形,穿衣吃饭都要凭票供应,老百姓能够吃饱饭就不错了,哪会想到30多年后的今天人民的生活是如此富足,国家发展如此快速,如非亲历,简直令人不敢想象。我觉得这就是改革开放的伟大成就!"可见,当前绝大多数的社会公众对改革开放的巨大成就是充分肯定的,并高度赞同改革开放是中国的强国之路,也是中国发展的正确选择。当然,在访谈中,也有人谈到改革开放进程中难免出现一些消极负面的因素,但这是发展过程中的问题,只有通过不断发展来进一步解决,并认为只要我们坚持现行道路,中国特色社会主义事业将会取得更大的成就,民众对改革开放寄予了很大的期望。

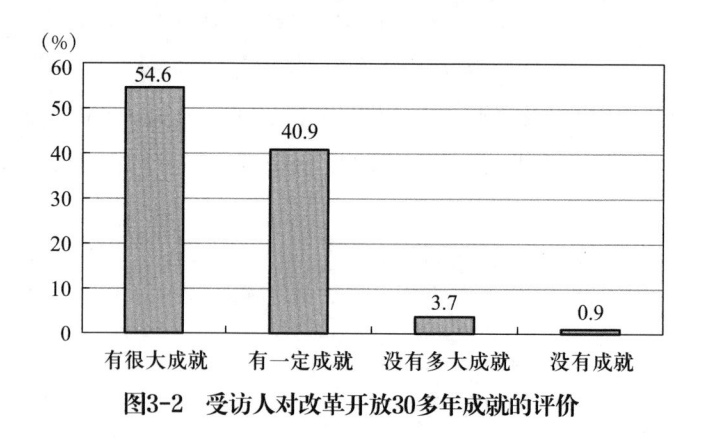

图3-2 受访人对改革开放30多年成就的评价

资料来源:沈明明等:《中国公民意识调查数据报告(2008)》,社会科学文献出版社2009年版,第54页。

[①] 史卫民等:《政治认同与危机压力》,中国社会科学出版社2014年版,第73页。

其次，公民对当前经济发展状况的评价。

"2008年的调查"关于"对当前全国经济状况的评价"数据显示，有2/3的受访人认为当前全国的经济状况很好或较好，其中认为"很好"的占22.8%、认为"较好"的占41.7%，而认为当前全国经济状况"一般""不太好"和"不好"的受访人分别只占28.5%、5.6%和1.5%。[①] 以五年前的经济状况作为参考，90.8%的受访人进一步认为全国经济在过去五年中已经得到了发展，当前的经济状况好于五年前，其中，36.0%的受访人认为全国经济在过去五年中已经发展了很多，54.8%的受访人认为有些发展。[②] 可见，正是由于改革开放带来了经济的高速增长，以及人民群众生活水平的提高，广大公民对中国经济发展现状给予了很高的评价。另外，根据本课题组的问卷调查，在关于"我国目前的经济发展形势如何"的评价中，有30.8%的受访人认为"很好"，45.5%的受访人认为"比较好"，认为"一般""不太好""很不好"的受访人分别占16.5%、6.1%和1.1%，这也表明当前绝大多数民众对中国经济发展形势是充分肯定的。

公民在社会、经济发展影响下对生活的满意度、幸福感都可以作为衡量公民对当前经济发展状况的评价指标。据"2008年的调查"中关于公民生活满意度和幸福感的数据显示，50%以上的受访人整体对生活的满意程度较高，打分在6分以上，平均打分为6.6分。[③] 同时有58.5%的受访人为自己的幸福感打了7分以上，其中15.9%的受访人打了10分，表示非常幸福，受访人的平均打分为6.9分，处于较高水平（见图3-3）。另据本课题组关于生活水平满意度的调查结果也显示，有92.6%的受访人对目前的生活水平感到"非常满意"和"比较满意"。以上调查均表明，当前中国公民在改革开放推动经济社会发展的进程中，由于生活水平得到了切实的提高，其生活满意度及幸福感得到较大提升，从而对国家经济发展态势抱以积极的评价。

---

① 沈明明等：《中国公民意识调查数据报告（2008）》，社会科学文献出版社2009年版，第222—223页。

② 沈明明等：《中国公民意识调查数据报告（2008）》，社会科学文献出版社2009年版，第222—223页。

③ 要求受访人在0—10分的量表上以打分的形式表示出他们对生活的满意程度，其中0分表示非常不满意、10分表示非常满意，得分越高表明满意度越高。（参见沈明明等《中国公民意识调查数据报告（2008）》，社会科学文献出版社2009年版，第74页。）

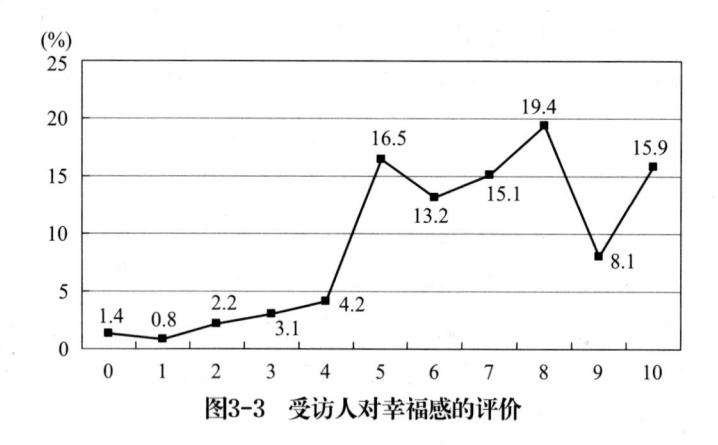

图3-3 受访人对幸福感的评价

资料来源：沈明明等：《中国公民意识调查数据报告（2008）》，社会科学文献出版社2009年版，第78页。

最后，公民对未来经济发展的信心水平。

在改革开放巨大成就的基础上，中国社会经济形势表现出了强劲的发展势头，公民对未来经济发展的预期普遍比较乐观，对改革及未来经济发展均表现出较高程度的信心。据"2008年的调查"显示，认为全国经济状况在未来一两年会"比现在好"的受访人占79%，认为"没有变化"和"不如现在"的受访人分别占17%和4%。而认为全国的经济状况五到十年内会"比现在好"的受访人占91%，认为"没有变化"和"不如现在"的分别占7%和2%。[①]可以看出，公民对于全国长期经济发展的预期要比短期经济发展的预期乐观得多，从而体现了公民对中国未来经济发展的信心是很足的。这也可以从本课题组的实地调查得到证明（见图3-4），在关于"对中国未来经济发展的信心"的回答中，认为"非常有信心"和"比较有信心"的受访者，占总问卷的79.9%，而表达"没多大信心"和"很没有信息"的问卷共计只占5.2%，其余则为"一般"态度。另外，据有关于改革信心的调查显示，62%的被试对改革持"有信心"和"很有信心"，而表示"没有信心"的只占5.6%。[②]这说明，由于改革开放推动了经济发展、人民生活水平的提高，给中国社会带来巨大变化，大多数中国公民对改革

[①] 沈明明等：《中国公民意识调查数据报告（2008）》，社会科学文献出版社2009年版，第225—226页。

[②] 刘少杰：《当代中国意识形态变迁》，中央编译出版社2012年版，第94页。

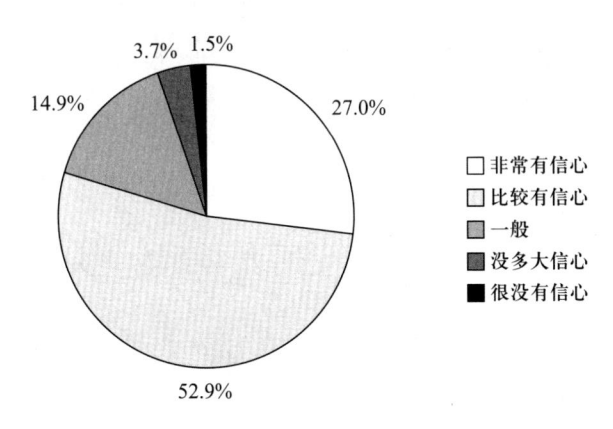

持有信心，由此体现出对未来中国经济发展有较高的信心水平。

图3-4　受访人对未来经济发展的信心

非常有信心 27.0%
比较有信心 52.9%
一般 14.9%
没多大信心 3.7%
很没有信心 1.5%

2.稳定绩效认同方面

政治体系的治理绩效不仅体现为经济绩效，即社会经济的发展、民众福利的增加，还体现为稳定绩效，即社会政治稳定、为公民提供安全与公共秩序。社会稳定对当代中国有着极为重要的意义。社会稳定与经济社会发展存在着紧密的联系。一般而言，社会稳定依赖于经济发展，而社会稳定局面的出现又成为经济社会发展的必要条件，没有社会的稳定，经济社会发展就难以实现。邓小平曾指出："中国的问题，压倒一切的是需要稳定。没有稳定的环境，什么都搞不成，已经取得的成果也会失掉。""我们搞四化，搞改革开放，关键是稳定。""在政治体制改革方面，最大的目的是取得一个稳定的环境。……中国的最高利益就是稳定。"[①] 改革开放以来，正因为中国长期保持了良好的政治稳定与社会秩序，经济建设取得了长足的发展，同时在中国经济高水平增长和人民生活水平稳步提高的前提下，又促使社会秩序基本保持稳定的态势。因此，广大民众表现出了较高程度的稳定绩效认同和社会秩序认同，也有力地巩固了党执政的合法性基础。尽管在社会发展进程中还存在一些问题，但总体而言人民群众过上了安居乐业的生活，对自身生活状况普遍感到满意，并呈现出较高水平的社会发展信念。

---

① 《邓小平文选》第3卷，人民出版社1993年版，第284、286、313页。

据 2000 年 7 月一项在全国 6 个城市的抽样问卷调查[①]显示，居民对全国总体的社会稳定形势较为乐观，对其给予了较为积极的评价。调查结果显示，认为中国社会形势"较稳定"和"很稳定"的达 63.7%，认为稳定状况"一般"的有 27.1%，而认为"较不稳定"和"不稳定"的分别为 6.4% 和 2.9%，两者合计不超过 10%。[②] 同时，该调查"关于对解决社会不安定因素的方式"的调查数据显示（见表 3-2），主张通过正常渠道向政府有关部门反映意见的比例最高（89.2%）；其次是通过新闻单位呼吁（79.0%）；再次是诉诸法律（73.5%）。此外，表示采取消极方式（如发牢骚、无能为力）和极端方式（如聚众上访、罢工罢课、结伙报复）解决社会问题的受访人所占的比例较小，分别有 37.8% 和 7.0%。可见，对于解决社会不安定因素的方式，居民基本上倾向于采取积极的、正面的和温和的方式加以解决，这种解决社会问题的方式对于舒缓居民的不满情绪、维持社会稳定有着重要作用。另外，根据本课题组的调查结果显示，在关于对"总体上我国的社会稳定形势"的评价时，认为"很稳定"的受访人占 9.5%，"比较稳定"的受访人占 42.5%，认为社会稳定形势处于"一般"状态的受访人占 40.1%，而表达"不太稳定"和"很不稳定"的受访人只占 7.9%。

表3-2　　　　关于对解决社会不安定因素的方式　　　　单位：人，%

选择方式	提及率	第一位原因 人数	第一位原因 百分比	第二位原因 人数	第二位原因 百分比	第三位原因 人数	第三位原因 百分比
政府部门	89.2	1419	71.06	223	11.37	140	7.34
新闻单位	79.0	197	9.86	1096	55.89	284	14.88
诉诸法律	73.5	157	7.86	431	21.98	879	46.07
聚众上访	5.7	10	0.50	34	1.73	70	3.67
罢工罢课	0.9	3	0.15	5	0.25	10	0.52

---

① 此次调查是国家计委宏观经济研究院"中国社会稳定形势跟踪分析及对策研究"课题组，就居民社会心态及其对社会稳定的作用在全国6个城市（上海、哈尔滨、贵阳、银川、厦门、商丘）进行的抽样问卷调查。该调查采用多阶段随机等距抽样方法（PPS），问卷发放委托国家统计局城镇调查总队协助完成，共发放问卷2001份，有效回收2001份。

② 汝信等：《2001年：中国社会形势分析与预测》，社会科学文献出版社2001年版，第28页。

续表

选择方式	提及率	第一位原因 人数	第一位原因 百分比	第二位原因 人数	第二位原因 百分比	第三位原因 人数	第三位原因 百分比
结伙报复	0.4	—	—	1	0.05	7	0.37
发牢骚	7.6	20	1.00	62	3.16	70	3.67
无能为力	30.2	179	8.96	101	5.15	323	16.93
其他	7.3	12	0.60	8	0.41	125	6.55
合计	—	1997	100	1961	100	1908	100

资料来源：汝信等：《2001年：中国社会形势分析与预测》，社会科学文献出版社2001年版，第31页。

社会治安形势是衡量社会稳定状况的重要标准之一。近年来，由于各地加强社会治安综合治理和重点整治，有效维护了社会稳定，群众对社会治安的总体状况比较满意。2006年度中国综合社会调查（CGSS）关于"城乡居民遭受不法侵害情况"的调查结果显示，当前中国总体的治安形势还是不错的，发案率最高的是财物盗窃，有16.81%的人曾遭遇随身财物被窃；其次是入室盗窃，为6.32%。相对而言，抢劫、人身伤害等恶性犯罪的发案率较低，随身财物被抢的发案率为3.64%，入室抢劫的发案率为1.13%，人身威胁的发案率为1.86%。[1]据"2008年的调查"关于本地治安的实际情况，有84.7%的受访人在过去一年里，家中没有发生过盗窃现象；家中总是或经常被盗的受访人仅占1.3%；有94.1%受访人在过去一年中并未受到过人身攻击，只有0.8%的受访人在过去一年总是或经常受到人身攻击。[2]这说明中国现阶段的社会治安现状是比较好的。那么，中国公民对社会秩序及治安问题的主观感受如何呢？对此，仍可根据"2008年的调查"来分析，该调查显示，现阶段中国公民对于治安问题的感受分布比较分散，多数受访人认为社会治安存在问题但并不严重。半数以上的受访人从来没有害怕过"家里被抢劫、被袭击或被盗"，30.3%的人群只是偶尔害怕，只有不足4%的人群总是

---

[1] 郑杭生：《中国社会发展研究报告2009》，中国人民大学出版社2009年版，第243页。
[2] 沈明明等：《中国公民意识调查数据报告（2008）》，社会科学文献出版社2009年版，第96页。

害怕。[①]这说明中国公民对当前社会治安是比较有信心的,对政府维持社会秩序的工作也比较满意与认同。尤其是近年来,随着立体化社会治安防控体系的不断完善与创新,社会多发性案件和公共安全事故得到有效防范,社会治安形势整体和谐有序,人民群众安全感和满意度明显提升。据国家统计局关于公安机关受理治安案件的数据显示,自2012年以来,治安案件数呈现不断下降趋势,到2015年,公安机关受理治安案件减少至1179.5万件,与2012年相比,下降了15.08%。[②]可见,当前中国社会治安和稳定形势整体平稳有序,人民群众对社会秩序的评价也呈现积极向好的趋势。

3. 公民资格绩效认同方面

公民资格绩效是指公民作为一种法定的成员身份和资格所拥有的公民权利、社会权利、政治权利等。这是体现一个政治体系中的公民"按照社会普遍标准过文明人生活的权利"[③]。公民资格绩效是政治体系治理绩效的一个重要标志及主要内容。一个政治体系如果不能保证公民获得应有的地位和权利,那么将失去人民群众的支持和拥护。因此,改革开放以来,在经济高速增长、人民生活水平稳步提高的前提下,中国的民主政治建设不断推进,广大人民群众切实获得了各项自由民主权利。在此背景下,中国的公民资格绩效认同在很大程度上得以提高,出现了许多积极变化。在此,我们主要通过对公民的自由、民主、权利意识的分析以及公民对中国的自由民主程度和公民权利保障状况的感受与评价,考察当前中国的公民资格绩效认同的现状。

第一,公民自由意识。在社会主义条件下,公民依据宪法和法律规定,在不危害他人自由的前提下享有各项自由权利。根据一项1987年开展的"中国公民政治心理问卷调查"(以下简称"1987年的调查")结果显示,当时中国公民比较喜欢抽象地谈论内在精神自由,而不大关注外在的权利自由,在受访者回答"最关心"的和认为"最重要"的公民权中,人身自由均列第一位,言论自由分列第二位和第三位,而对于出版、结社、

---

① 沈明明等:《中国公民意识调查数据报告(2008)》,社会科学文献出版社2009年版,第93页。

② 李培林等:《2017年中国社会形势分析与预测》,社会科学文献出版社2016年版,第300页。

③ [英]安德鲁·海伍德:《政治学》,张力鹏译,中国人民大学出版社2006年版,第484页。

集会、游行等积极的、以参与为目的的"政治自由"则不太关心。[①] 随着中国民主政治建设的发展和公民自由权利意识的增强,公民在实际生活中已充分享有言论、结社、宗教自由等权利。具体而言,关于公民言论自由的情况,"2008年的调查"主要通过询问受访人在批评政治人物和议论政治话题时是否有所顾虑来衡量。调查数据显示(见图3-5),大部分受访人在批评中央政府、地方政府、党和国家领导人时都回答"没有顾虑",分别占62.5%、63.7%、63.7%。关于公民的宗教信仰自由情况,"2008年的调查"显示分别大约有68.1%和66.4%的受访人表示在信仰宗教时和参加宗教活动时"没有顾虑",仅分别有6.2%和6.9%的受访人认为"顾虑很大"或者"顾虑较大"。另外,就公民结社自由的情况而言,据该调查显示,中国公民加入社团组织的类型广泛,包括工会、个协、私会、行业协会、职业协会、学会、体育娱乐团体以及同乡会等等,虽然公民加入社团的积极性整体不高,但公民普遍认为参加民间社团不会受到限制,其比例高达91%。[②] 可见,当前中国公民享有了较为充分的宗教信仰自由和结社自由。

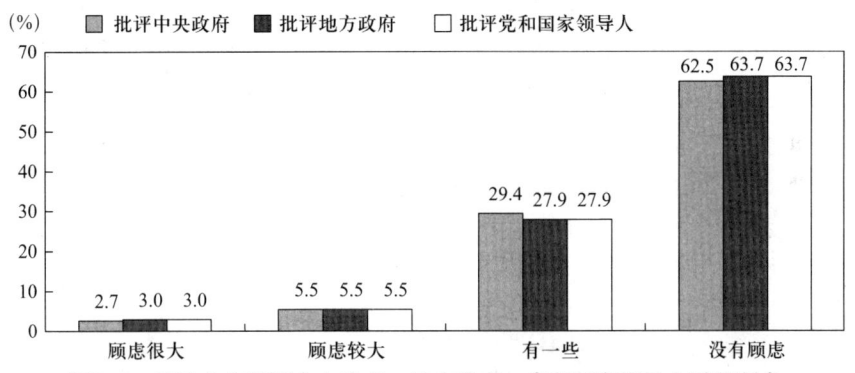

图3-5 受访人在批评中央政府、地方政府、党和国家领导人时的顾虑

资料来源:沈明明等:《中国公民意识调查数据报告(2008)》,社会科学文献出版社2009年版,第128页。

第二,公民民主意识。民主意识是指公民对自身民主权利、义务的认识,

[①] 闵琦:《中国政治文化——民主政治难产的社会心理因素》,云南人民出版社1989年版,第155—156页。

[②] 参见沈明明等《中国公民意识调查数据报告(2008)》,社会科学文献出版社2009年版,第131—136页。

以及由此产生的政治情感和民主心理。它是现代政治条件下，公民所应具备的重要素质之一。根据"1987年的调查"，在关于民主含义的理解中，分别有24.98%、19.45%和10.92%的被试认为民主是"集中指导下的民主""广泛听取、征求人民意见"和"为民做主"，认为民主是"人民群众当家作主""少数服从多数""人民能够选举政治领导人""人民有效地参与社会生活管理""限权分权"的共占38.39%，这表明当时中国公民对民主的理性认知很差，他们或者误将中国传统政治文化中的民本主义和开明专制当作民主要义，或者只重视民主的实质性意义而轻视民主的程序意义。[①] "2008年的调查"结果显示，大多数公民对民主的认知更接近民主的本质内涵，认为民主就是"有权利"的受访人占31.2%，认为民主是"自由"的占27.5%，认为民主是"平等、公正"的占21.9%。[②] 另外，关于公民对当前中国民主状况的评价，该调查通过0—10分的量表打分的方式（0分表示"非常不民主"，10分表示"非常民主"）来测量。其结果如图3-6所示，70.3%的受访人给中国目前的民主程度打分在5—8分，其中30.2%的受访人给中国的民主程度打了5分，有49.1%的受访人打了6分以上的及格分数，平均分为5.7分。可见，改革开放以来，随着社会主义民主政治建设的发展，中国的政治民主得到了很大程度的改善，从而使得公民对中国民主现状及民主进步程度的评价比较积极。

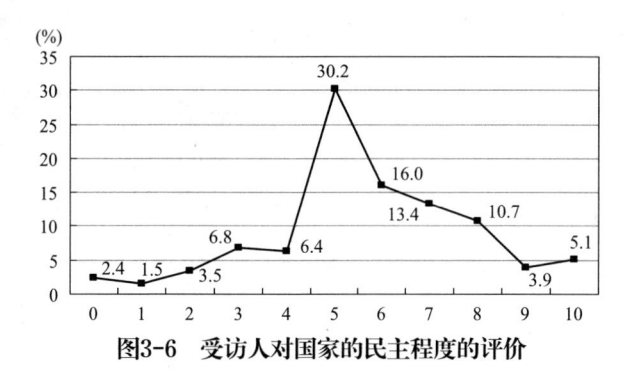

图3-6 受访人对国家的民主程度的评价

资料来源：沈明明等：《中国公民意识调查数据报告（2008）》，社会科学文献出版社2009年版，第141页。

[①] 闵琦：《中国政治文化——民主政治难产的社会心理因素》，云南人民出版社1989年版，第137—144页。

[②] 沈明明等：《中国公民意识调查数据报告（2008）》，社会科学文献出版社2009年版，第139页。

第三，公民权利意识。公民权利意识是指公民对于依法享有的权利的认知、理解和态度，也是公民所应具备的重要素质。改革开放以来，随着社会经济的发展和民主政治建设的推进，中国民众的权利意识越来越强，对于公民权利也越来越重视。根据"1987年的调查"结果显示，有83.51%、76.72%和82.68%的受访者分别认为自己是国家、地方和本单位（或本村）的主人，表明中国公民的主人翁权利意识较高。[①]另据"2008年的调查"显示（见表3-3），在公民权利方面，受访人提及最多的分别是生存权、劳动权，其次分别是个人隐私权、选举权和言论自由权。其中，生存权的提及率最高，为26.63%，劳动权的提及率为19.85%，个人隐私权、选举权和言论自由权的提及比例基本相当，分别为13.17%、13.07%和12.19%。

表3-3　　　　受访人对各种公民权利重要性的认识　　　　单位：人，%

	第一重要	第二重要	第三重要	总提及率
生存权	56.2	15.7	7.5	26.63
劳动权	15.3	25.0	19.3	19.85
个人隐私权	4.7	12.6	22.4	13.17
选举权	7.6	16.3	15.4	13.07
言论自由权	5.6	16.2	15.0	12.19
表达自由权	1.9	6.8	11.6	6.73
参政议政权	7.3	4.2	4.9	5.48
宗教自由权	1.5	2.5	2.6	2.20
结社权	0.1	0.7	1.2	0.65
有效回答人数	3541	3483	3436	100

资料来源：沈明明等：《中国公民意识调查数据报告（2008）》，社会科学文献出版社2009年版，第167页。

那么，在公民权利意识增强的前提下，当前中国对各项公民权利保障的状况如何呢？对此，"2008年的调查"就中国公民对各项公民权利保障状况的满意程度进行了测量与考察。据统计结果显示，大部分受访人对保障各项公民权利的现状表示"满意"。其中，"生存权利"的满意度最高，表示满意（包括非常满意和比较满意）的受访人达到90.6%；对"言论自

[①] 闵琦：《中国政治文化——民主政治难产的社会心理因素》，云南人民出版社1989年版，第200—201页。

由"的满意度位居第二，有28.1%的受访人表示非常满意，有60.5%的受访人持比较满意的态度；对于"参与社团的权利"和"投票权利"的满意度相近，分别有80.3%和78.6%的受访人对这两项权利的保障表示满意；相对于前面这些权利的保障而言，公民对"政务信息知情权""批评政府的权利"这两项权利的满意度相对较低，分别占68.4%和64.0%。[①]另据本课题组的问卷调查，受访者在关于"总体上对公民权利的保障是否满意"的回答中，"非常满意"和"比较满意"的分别占到35.4%和46.6%，共计超过80%的受访者表示对中国公民权利的保障总体上感到满意，表示不满意的受访人占10.3%。由此可见，目前中国公民不仅拥有明确的权利意识，而且公民的各项民主权利的实现也具有基本的保障，从而为公民切实享有各项民主权利奠定了坚实的基础，由此赢得广大民众广泛认同和肯定。

（二）治理绩效认同面临的挑战

改革开放以来，在党和政府的有效治理之下，中国经济社会发展取得了举世瞩目的成就，由此使得中国公民对党和政府的治理绩效给予了较大的肯定，公民的治理绩效认同也取得了积极发展。但是，与此同时，当代中国公民的治理绩效认同也面临着一些新的挑战，出现了一些值得关注的问题。

1. 收入差距扩大和贫困问题导致部分民众缺乏社会公平感，容易产生"相对剥夺感"，从而影响公民的治理绩效认同

改革开放以来，在中国城乡居民的总体收入显著提高的同时，城乡居民内部及城乡居民之间出现了显著的收入差距。就全国总体而言，20世纪70年代末到80年代初，基尼系数均在0.3以下，到80年代中后期，基尼系数超过了0.3，90年代初约在0.37，90年代中后期上升至0.4以上。[②]这一数据表明，20世纪90年代末期以来，中国的基尼系数已超出国际公认的警戒线0.4，中国居民的收入差距总体上呈现出扩大化的趋势。正如有学者指出，1996年以来中国居民收入差距扩大已开始出现具有"两极化"特

---

① 沈明明等：《中国公民意识调查数据报告（2008）》，社会科学文献出版社2009年版，第170页。

② 曾国安：《20世纪70年代末以来中国居民收入差距的演变趋势：现状评价与调节政策选择》，《经济评论》2002年第5期。

点的"马太效应"①。与收入差距扩大化相伴随的是,社会中开始形成一个具有相当规模的弱势群体。从目前的情况来看,中国社会中的弱势群体主要由占人口大多数的贫困的农民阶层、进入城市的上亿农民工阶层及城市中以下岗失业者为主体的贫困阶层等几部分构成。②这三大弱势群体,究其来源都是中国的基础阶层中的贫困者,他们往往处于物质生活的贫困状态之中。对于贫富差距扩大的感知是与个体所处的贫富两极之间的位置有关的,越是靠近"贫困"的一端,其贫富差距感就越强烈。可见,收入差距扩大与社会贫困问题往往是紧密联系的。比如,据中国社会科学院"2002年中国城市居民社会观念调查"显示,在受访人对所列的九个城市社会问题的判断中,收入差距扩大和社会贫困问题仅次于失业下岗和腐败问题,分别位居第三、第四,占到40.4%和30.7%。③在2004年北京社会心理研究所进行的社情民意调查中,市民把"贫富差距过大"列为最严重的社会问题之首,而2000年"贫富差距过大"仅列第五位,④同时生活困难和家庭贫困等也是人们较为关心的问题。

另外,本课题组的问卷调查中,在询问"您是否同意,目前中国收入差距越拉越大,穷的越穷,富的越富"这一问题时,表示"非常同意"和"比较同意"的受访人分别占22.8%和57.6%,表示"一般"态度的占13.1%,表示"不太同意"和"非常不同意"的受访人仅占6.5%。在我们的访谈中,当问及"当前我国社会的主要问题是什么?"时,受访人往往都会提到贫富分化、收入差距及社会不公平等问题,有受访人指出:"在改革开放30多年的时间里,中国已经改变贫穷落后的面貌而富起来了,但现在的问题是城乡之间、不同行业之间、不同阶层之间等出现了较大的贫富差距现象,而且这种贫富差距还在一定程度上不断加剧。我们觉得正常

---

① "马太效应"是社会学家和经济学家常用的术语,反映的是一种两极分化的社会现象,即富人越来越富有,贫困者越来越贫困。(参见张明军等《当代中国政治社会分析》,中央编译出版社2008年版,第349页。)

② 参见孙立平《断裂:20世纪90年代以来的中国社会》,社会科学文献出版社2003年版,第64—67页。

③ 李培林等:《社会冲突与阶级意识——当代中国社会矛盾问题研究》,社会科学文献出版社2005年版,第165页。

④ 汝信等:《2006年:中国社会形势分析与预测》,社会科学文献出版社2005年版,第76页。

的勤劳致富产生的收入差距可以理解，但现在社会上有很多是通过不正当的手段而暴富，拉大了贫富差距，这就很不正常。这也是社会不公平的体现！"以上调查结果说明，当前中国社会的贫富分化问题在一定程度上超越了人们可以接受的心理阈限，使公众对改革开放的普遍受益原则产生了一定程度的怀疑，进而影响公众对党和政府的认同。这也表明，优良治理绩效的获得，不仅需要做大做强"蛋糕"，更要公平合理地分好"蛋糕"，坚持社会成员普遍受益原则，维护社会公平正义。

当今社会，许多对于贫富差距的讨论已不再仅停留于经济角度和宏观角度，贫富差距已经被等同于社会的不公平或不平等，社会公众尤其是贫困群体往往由此产生较为强烈的收入不公平感。根据2006年度中国综合社会调查"关于收入公平感"的结果显示（见表3-4），总的来看，有将近半数（49.35%）的受访人认为，相对于自己的能力和工作状况来说，自己目前的收入是"合理"的，但与此同时，也有40.67%的受访人认为自己目前的收入"不合理"，有8.94%的受访人认为收入"非常不合理"。细分到阶层来看，显然，收入水平越低，对自己目前的收入不公平感就越强。低收入层中合计有59.50%的受访人认为自己目前的收入"不合理"或"非常不合理"；中收入层也有53.66%的受访人这样认为；而在高收入层中，有这种认为的受访人只占37.53%，远远低于另外两个阶层。这表明整个社会，无论上、中、下收入水平的阶层，都对自己目前的收入有不同程度的不公平感，而且收入水平越低，不公平感越强烈。另外，根据本课题组的问卷调查，当问及"您觉得目前您的收入与您的实际贡献相符合吗？"这一问题时，受访人回答"非常符合"的仅占14.8%，回答"比较符合"的占22.7%，而回答"不太符合""非常不符合"的受访人占到45.2%，其余17.3%的受访人则回答"一般"。

表3-4　各社会阶层关于自己个人收入的公平感（CGSS 2006）　单位：人，%

		非常合理	合理	不合理	非常不合理	合计
低收入层	人数（百分比）	17（0.67）	1007（39.83）	1205（47.67）	299（11.83）	2528（100）
中收入层	人数（百分比）	25（0.85）	1331（45.49）	1276（43.61）	294（10.05）	2926（100）
高收入层	人数（百分比）	46（1.51）	1855（60.96）	975（32.04）	167（5.49）	3043（100）

续表

		非常合理	合理	不合理	非常不合理	合计
合计	人数（百分比）	88（1.04）	4193（49.35）	3456（40.67）	760（8.94）	8497（100）

资料来源：郑杭生：《中国社会发展研究报告2009》，中国人民大学出版社2009年版，第244页。

同时，本课题组关于"目前所有社会成员是否都能分享改革发展的成果"的问卷调查显示，有57.9%的被调查者回答"完全不能"和"基本不能"，有15.5%的被调查者认为"说不清楚"，只有26.6%的被调查者做出"完全能够"和"基本能够"分享改革发展成果的肯定回答（见图3-7）。这一数据有点出乎我们的预料，因为客观而言改革开放40多年来，绝大多数人在不同程度上分享了改革发展成果，而大部分受访人却对此给出了否定性回答。究其原因，并不在于人们否定民众在不同程度上分享改革成果的事实，而在于人们在生活中感受到自己收入与贡献的不对称以及明显的贫富差距，进而对改革政策的公正性做出否定性评价。以上调查结果表明，社会贫富差距和分配不公已为大多数社会成员所感知，并引起一定程度的社会不满。当人们与自己身边地位相似的群体比较，发现自己的收入与实际贡献不相符合，投入产出之比小于他人时，就会产生"相对剥夺感"，使公众对改革成果及其公正性产生消极的价值判断，引发心理失落感和不满情绪。这些消极的社会心理如果不适当地控制和疏导，很容易造成群体间的对立情绪、仇富心理和报复社会等行为，不仅影响劳动者的积极性，还会引发一系列社会问题，影响社会的和谐与稳定。总之，当前中国的收入差距扩大和贫困问

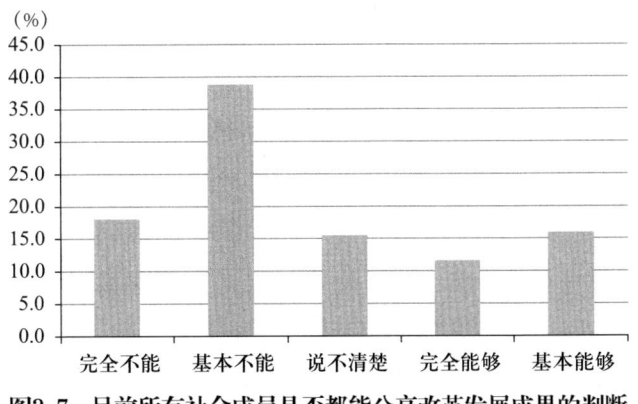

图3-7 目前所有社会成员是否都能分享改革发展成果的判断

题，致使公民产生"相对剥夺感"和失落不满心理，从而导致部分民众对改革开放的成果产生怀疑，在一定程度上影响了公民的治理绩效认同。

2.腐败现象的蔓延滋长，扭曲了市场竞争机制，加剧了收入分配的不平等，导致党和政府形象受损，从而影响公民的治理绩效认同

现代民主政治条件下，政治腐败问题已不是个别现象。对中国而言，20世纪90年代以来，随着改革开放步伐的明显加快，在我们取得巨大成绩的同时，腐败现象已在中国公共生活中不断蔓延滋长，成为推进改革开放和现代化建设事业的主要社会污染和政治挑战。据透明国际（监察贪污腐败的国际非政府组织）公布的腐败感觉指数（CPI）[①]显示，中国的腐败感觉指数在80年代前后是比较高的（一般在5分左右），这说明当时腐败现象较少。之后，CPI直降到1995年的2.16分、1996年的2.43分，并分别处于样本国家中的倒数第二位和倒数第五位，说明中国清廉状况迅速恶化。1997年后，中国得分稳定在3分左右，在各国中处于中等偏下的位置。而在透明国际仅有的两次行贿指数排名中，中国得分先后为3.1分和3.5分，在样本国家中分别居于倒数第一位和倒数第二位，情况更为严重。[②]有学者通过实证研究得出一个结论：腐败频率波动与社会经济发展存在着正相关关系，并且高频腐败局面在2010年以前不会得到根本转变。[③]

腐败是社会的毒瘤，是我们党长期执政所面临的最大威胁，也是人民群众最痛恨的社会现象。正如有学者指出："人民最大的不满足是什么？改革、稳定和发展的最大障碍是什么？是腐败！腐败如长在社会主义机体上的一块恶性肿瘤，时刻关系着党和国家的生死存亡。"[④]据中国社会科学院"2002年中国城市居民社会观念调查"显示（见表3-5），关于城市公众对各种社会问题的严重程度的总体看法，受访城市公众把"官员和吏治的腐败"看成是严

---

① 腐败感觉指数（CPI）是按降序排列的，得分越低表明腐败程度越严重。其中，CPI在10—8.0，说明很廉洁；在8.0—5.0，说明比较廉洁，腐败轻微；在5.0—2.5，说明腐败严重；在2.5—0，说明腐败现象泛滥。

② 参见倪星、王立京《中国腐败现状的测量与腐败后果的估算》，《江汉论坛》2003年第10期。

③ 参见王传利《1990年至1999年全国社会的腐败频率分析》，《政治学研究》2001年第1期。

④ 黄宗良：《书屋论政——苏联模式政治体制及其变易》，人民出版社2005年版，第199页。

表3-5　城市公众对各种社会问题严重程度的总体看法（平均分）　单位：分，件

序号	问题	严重程度平均分	标准差	个案数
1	官员和吏治的腐败	2.93	0.93980	10497
2	下岗与失业	2.89	0.91268	10785
3	贫富差距日益扩大	2.62	0.92441	10681
4	治安与犯罪	2.37	1.02117	10783
5	社会贫困	2.35	0.96998	10333
6	社会保障与社会福利办得不好	2.13	0.96329	10095

注：表中所列每一个社会问题的评分区间为0—4分，1分表示"不太严重"，2分表示"严重"，3分表示"比较严重"，4分表示"非常严重"；即得分越高，代表受访人认为该社会问题的严重程度就越高。

资料来源：李培林等：《社会冲突与阶级意识——当代中国社会矛盾问题研究》，社会科学文献出版社2005年版，第243页。

重程度最高的社会问题，其平均分值已达2.93分。同时，该调查发现，在判断谁是改革开放以来受益最多的群体时，大多数人认为是党政干部，占受访者的59.2%，位居第一；而关于"受益最少群体的判断"，排在第一位的是工人，第二位的是农民，分别占了88.2%和76.3%。[1] 2003年度中国综合社会调查结果表明，"当官的与老百姓之间"被认为是差异最大的，也是最容易发生冲突的一对，分别有44.74%和50.54%的人持这种看法。[2] 可见，当前党政干部与普通民众之间由于分享改革成果的巨大差异而导致利益矛盾与冲突，造成干群关系出现隔阂与对立。而这背后的原因往往在于权力腐败问题，一些党政干部置国家和人民的利益于不顾，利用手中的公共权力来为自己及亲友谋私利，给国家和人民造成重大损失。

对此，本课题组在田野调查中深有感触。在访谈中，受访人往往对腐败现象反映比较强烈，有人谈道："其实按照公务员的正常工资收入，一个月就那么一些钱，但现实是现在有的公务员尤其是一些当官的住洋房、开豪车、送小孩出国等，他们哪里来的钱？其中肯定有一些人依靠权力、各种关系或从事非法活动来致富。"民众往往认为高收入阶层的收入同腐败有着千丝万缕的联系，人们对高收入群体不正当的致富方式及由此产生的收

---

[1] 李培林等：《社会冲突与阶级意识——当代中国社会矛盾问题研究》，社会科学文献出版社2005年版，第203页。

[2] 郑杭生：《中国社会发展研究报告2009》，中国人民大学出版社2009年版，第246页。

入分配不公表示严重不满。同时，受访民众还认为出现不能合理分享改革成果及收入不公等问题的原因，主要是地方政府和基层干部没有很好地执行中央的政策，而出现了一些消极腐败现象。因此，民众对基层政府和党政干部的政治认同程度远远低于中央政府，这反映出中国公民政治认同从地方到中央呈现出一种逆差序格局。

总之，当前党内存在的作风问题和腐败现象，已是中国社会中的一个广受关注、影响大局的社会问题。尽管近年来中央通过各种有力举措加大正风肃纪和防治腐败的力度，有效遏制了腐败滋生蔓延的势头，但腐败问题依然存在，反腐败斗争形势仍然严峻复杂。权力"寻租"和腐败现象的存在和滋生，导致市场竞争机制的扭曲和破坏，不利于正常市场竞争的开展，给经济发展造成极为有害的影响，同时不正当的致富方式也会加剧收入分配的不公，引发民众的不满情绪，削弱人们通过诚实劳动合法经营致富的意愿和能力，从而影响经济效率的提升，导致政府经济绩效的受损。由于腐败现象的存在，也破坏了党群关系，造成干群关系的紧张和冲突，影响社会团结稳定，致使党和政府在人民群众中的形象受到损坏，党和政府的权威和公信力也遭到侵蚀，进而影响民众对党和政府的信任和认同。

3.某些公共服务的滞后，制约着治理效率和公共服务水平，使部分民众对党和政府的执政能力产生怀疑，从而影响公民的治理绩效认同

目前，除了民众强烈的反腐期望与现实的腐败问题之间的差距造成民众对党和政府的治理绩效认同弱化，政府在公共服务领域存在的一些问题也引起社会成员对党和政府执政能力产生一定程度的怀疑，从而也在一定程度上弱化了公民的治理绩效认同。

提供与一定经济社会发展水平相适应的基本公共服务，是现代政府的重要职能。当前中国政府明确提出建立"服务型政府"，强化社会治理和公共服务职能，实现基本公共服务均等化，以保障全体社会成员的基本生存权和发展权。一般而言，公共服务的内容主要包括基本生存、基本发展、基本环境等方面的公共服务，如教育、就业、社会保障、医疗卫生、住房保障、文化体育以及交通、通信、公用设施、环境保护、公共安全等领域的公共服务。[①]享有基本公共服务是公民的基本权利，也是公民生存和发展

---

① 石婧：《"微政务"公共服务模式研究》，武汉大学出版社2015年版，第37页。

之所需。然而，改革开放以来尽管我们取得了巨大的经济发展成就，民生问题也有很大改善，但是由于中国人口多、底子薄、地区差异大以及面临急剧的社会转型等因素的影响，中国政府提供的公共服务还不能完全满足人民群众日益增长的美好生活需要，因此，公民期望与政府的作为之间存在着较大落差，人们在现实生活中不可避免地面临诸多困扰或难题。关于公民对公共服务领域存在问题的具体感受，"2008年的调查"采用0—10分量表打分的方式对受访人进行了询问，其结果如表3-6所示。从中我们可以看出，受访人认为存在问题最多的是"贫困问题"，存在问题平均分为6.4分；另外，受访人认为存在问题比较严重的有"就业问题"和"环境保护问题"，其平均分分别为6.1分和5.9分。之后，还有"社会平等问题""社会保障问题""医疗服务问题""社会治安问题"等也是被认为存在问题的公共服务领域，存在问题平均分均在5分以上。可见，在解决就业、反腐败、反贫困、保护环境等公共服务领域，政府还未充分发挥其公共职能，公民所享有的基本公共服务及美好生活需要未能有效满足。

表3-6　　　　对各公共服务领域存在问题的感受　　　　单位：分，人

问题类型	平均分	标准差	标准误	中位数	95%置信区间		有效回答人数
贫困问题	6.4	2.5	0.0	7.0	6.3	6.5	3721
就业问题	6.1	2.6	0.0	6.0	6.0	6.2	3252
环境保护问题	5.9	2.9	0.0	6.0	5.8	6.0	3571
社会平等问题	5.6	2.7	0.0	6.0	5.5	5.6	3501
社会保障问题	5.2	2.6	0.0	5.0	5.2	5.3	3273
医疗服务问题	5.2	2.8	0.0	5.0	5.1	5.3	3614
社会治安问题	5.1	2.8	0.0	5.0	5.0	5.2	3609
教育问题	4.7	2.8	0.0	5.0	4.6	4.8	3628
法制建设问题	4.6	2.6	0.0	5.0	4.5	4.7	2956
国家安全和国防	3.7	2.8	0.1	3.0	3.6	3.8	3020

资料来源：沈明明等：《中国公民意识调查数据报告（2008）》，社会科学文献出版社2009年版，第86页。

另外，根据本课题组的调查结果显示，受访民众对政府履行职责的满意程度，明确表示"非常满意"和"比较满意"的只占42.6%，而回答

"一般"的占 25.0%，其余 32.4% 的受访者则表示"不太满意"和"很不满意"。应当说明的是，日常生活中"一般"并非是一个严格的中性概念，往往否定意义大于肯定意义，因而虽然对政府履职评价明确表示不满意的是少数，但加上一般判断的人数，其比例就已超过一半。可见，民众对政府仍有很大的期待，政府履职能力及公共服务水平的提高还有很大的空间。同时，在受访民众对当前中国社会的主要问题的回答中，排名前三位的依次是收入差距拉大、官员腐败问题和社会公平正义缺失，紧随其后的是环境污染问题、社会保障问题、社会治安问题等。这些问题基本都涉及与人民群众的切身利益相关的公共服务，也关系到政府的治理绩效水平，因此必须引起党和政府的高度重视。鉴于前文已对贫困及收入差距问题、社会治安问题等有所涉及，下面则主要对中国所面临的环境问题、就业问题及社会保障问题等进行考察和分析。

第一，环境保护问题。改革开放以来，在快速推进的社会主义现代化建设进程中，由于一些地方和部门片面追求经济总量和增长速度而不顾环境保护，造成了严重的生态环境问题，使中国的环境形势越来越严峻。据 2003 年度中国综合社会调查结果显示，总体而论，有 75.41% 的民众认为中国当前的环境问题"非常严重"或"比较严重"，只有 17.11% 的人认为"一般"，7.48% 的人认为"不严重""根本不严重"或"没有环境问题"[①]。由于环境形势的日益严峻，民众对环境问题越来越关心，而且大部分民众对严峻的环境问题深表忧虑。而对于环境问题的归因，大部分民众认为是政府的不作为，政府没有做好环境保护的工作。因此，当前公民对政府环境保护工作的满意程度及评价并不高，相对而言，民众对当地政府的评价比中央政府要低一些。[②] 另外，"2008 年的调查"询问了公民对现阶段政府工作的满意度。结果显示，在政府所从事的各项公共服务领域工作中，受访人对于环境保护领域的工作颇有微词，其满意度远低于其他领域工作的

---

① 郑杭生：《中国社会发展研究报告2009》，中国人民大学出版社2009年版，第248页。

② 据2003年度中国综合社会调查关于"民众对于政府环境保护工作的评价"的结果显示，对中央政府的工作而言，给予差评的人数占33.48%，只有10.53%的人认为"取得了很大的成绩"；对当地政府的工作来说，给予差评的人数占41%，只有11.85%的人认为"取得了很大的成绩"。（参见郑杭生《中国社会发展研究报告2009》，中国人民大学出版社2009年版，第249页。）

满意度。其中，对政府环境保护的工作持非常不满意态度的人占12.1%，持不太满意态度的人占33.9%，即对政府环境保护的工作不满意的人群占到了总体人群的46.0%。① 根据"2012年的调查"，请被试在中国特色社会主义"六大建设"中选出最满意的一种，其结果按民众满意度高低分别为：经济建设、党的建设、社会建设、文化建设、生态建设和政治建设，其中受访者满意"生态建设"的仅占10.30%，② 排名倒数第二。可见，随着物质生活水平的提高，民众对环境保护及良好生态的需求越来越高，也对政府工作提出了更高的要求。

第二，就业问题。"就业是民生之本"③，对个人而言，获得一种职业、一份工作，不仅是劳动者的基本生活保障，也是劳动者能够平等地融入社会和共享社会发展成果的基本途径，事关每个劳动者及其家庭的生存与发展问题。因此，充分开发就业资源，实行积极的就业政策，尽可能地实现充分就业，是政府必须提供的一项重要的公共服务。近年来，由于国企改革的深入、大学招生规模的扩大和农村剩余劳动力的增加，中国的就业形势总体上处于供大于求的紧张局面，失业人数和失业率呈现不断提高的趋势。据国家统计局的统计数据显示，2001年，中国的城镇登记失业人数是681万人，城镇登记失业率是3.6%。此后，中国城镇登记失业人数不断攀升，2003年开始超过800万人，城镇登记失业率从2002年开始超过4%。2015年，中国的城镇登记失业人数达到966万人，城镇登记失业率达到4.05%。④ 而且，随着中国产业结构的不断调整，失业人数还将进一步增加，中国就业总体紧张的状况也难以在短期内彻底扭转。尽管通过实行积极扩大就业的政策，中国就业形势紧张的局面有所缓解，但由于诸多因素的制约，中国就业总体形势仍不容乐观，尤其是大学生就业问题比较严峻，社会公众对政府实现就业的相关政策、措施并不感到十分满意。例如，据前文"2008年的调查"显示（见表3-6），公民认为公共服务领域存在的严重

---

① 沈明明等：《中国公民意识调查数据报告（2008）》，社会科学文献出版社2009年版，第97页。
② 史卫民等：《政治认同与危机压力》，中国社会科学出版社2014年版，第128页。
③ 胡锦涛：《把科学发展观贯穿于发展的整个过程》，《求是》2005年第1期。
④ 国家统计局人口和就业统计司编：《中国人口和就业统计年鉴2016》，中国统计出版社2017年版，第25页。

问题当中，就业问题仅次于贫困问题，位居第二。另据本课题组问卷调查结果显示，当前广大人民群众生活所面临的主要困难排在前三位的分别是：社会不平等（32.5%）、就业难（25.9%）和看病难看病贵（18.3%），也表明就业问题是当前影响民众生活困难的主要问题之一。

第三，社会保障问题。社会保障是指国家通过一系列途径和措施，切实保障社会成员的基本生活权利的社会安全制度。它是经济发展、社会安定的重要保障，也是现代政府必须承担的重要职能。随着社会主义市场经济的建立与完善，中国目前已经初步形成了中国特色的社会保障制度与体系。但随着改革开放和利益调整的不断深入，劳动关系的复杂化、人口老龄化和失业问题等将不断增加对中国社会保障的压力，致使中国社会保障制度面临越来越突出的问题和挑战。中国现有的社会保障"还仅仅是一种低水平、广覆盖、满足基本生存需要的社会保障"[1]，仍存在较大的缺陷与不足，尤其是在城镇贫困人口社会保障、农村社会保障模式、社会保障的社会化等方面亟须改进和完善。其中，中国"城乡二元社会保障体系"问题，特别是农村社会保障问题尤其值得关注。长期以来，与中国城乡二元化的经济社会格局相适应，中国形成了一种明显的"城乡二元社会保障体系"，中国城乡之间的社会保障建设出现巨大反差，一方面中国城镇基本形成了一套涵盖养老、医疗、失业、工伤、生育等方面的保障体系，而另一方面广大农村社会保障的发展却大大落后于城市，并没有建立起真正意义上的农村社会保障体系。[2]总体而言，中国农村社会保障的层次低、范围小、覆盖面窄，农民的养老依然是传统的"养儿防老"，主要靠家庭，农民的医疗主要依赖于自身积累，虽然近年来国家实行了新型农村合作医疗制度、新型农村社会养老保险制度及农村最低生活保障制度等，但这些保障仅仅达到社区化，远未达到社会化，并未真正发挥实效。在我们的调研中，对于这种违背公平性原则的"城乡二元社会保障体系"，广大农民往往也感到不满，特别是一些家庭经济较为困难的人，对自己的养老、医疗等有很多担心，他们很怕生重病和年龄大了丧失劳动能力，他们非常希望国家尽快实

---

[1] 杨宜勇、刘婉：《我国城乡二元社会保障体系面临的主要原因及问题》，《经济纵横》2007年第3期。

[2] 杨宜勇、刘婉：《我国城乡二元社会保障体系面临的主要原因及问题》，《经济纵横》2007年第3期。

现真正平等地覆盖城乡居民的社会保障体系。

综上所述,当前中国社会所出现的收入差距拉大、腐败现象的滋长蔓延以及公共服务的滞后等问题,不仅有损人民群众的实际利益,引发了部分民众的社会不满情绪,而且严重地影响了党和政府的治理绩效,弱化了公民的治理绩效认同。对此,必须引起全党全社会的高度关注和重视,切实采取措施加以解决,提高广大民众对党和政府的信任和认同。

二 当代中国公民制度规则认同的现状

制度规则认同作为当代中国公民政治认同的主要内容之一,它是指民众对一定政治体系的政治、经济、文化、社会制度等制度规则有所肯定而产生的一种情感和意识上的归属感,以及相应的基于特定利益而积极支持、参与制度设计和安排的行为。改革开放以来,中国经济社会发展取得巨大成就,党和政府也获得了优良的治理绩效,与此同时,党和政府积极推进制度创新,强化各种制度化建设,制定并实施了一系列为经济社会发展所需要的制度规则及具体的方针、战略和政策等,从而使中国公民的制度规则认同获得了极大的巩固与发展。当然,由于社会转型背景下多种因素的影响,中国公民的制度规则认同还存在一些亟待关注的问题。

(一)制度规则认同的积极变化

制度规则认同本质上是一种法理型合法性,即以非人格化的制度性力量而获取民众的认同和支持。改革开放以来,中国共产党在以经济建设为中心的同时,非常重视强化各种制度规范建设。改革之初,邓小平发表了《党和国家领导制度的改革》的重要讲话,强调了制度建设的重要性,并认为只有依靠制度、依靠法治,才能实现国家的长治久安,由此拉开了中国政治体制改革的序幕。然而,由于中国的政治体制改革长期滞后于经济体制改革,造成在经济空前繁荣的背后出现了不同程度的社会矛盾与冲突。20世纪90年代以来,中国共产党越发清晰地认识到,要化解严峻的社会问题不能仅仅靠把"蛋糕"做大,更重要的是应通过建立各种制度规范,从制度上保障国家的长治久安。1997年党的十五大提出了"依法治国"的基本方略。以此为契机,中国共产党开辟了一条通过政策或制度"合法化"来实现统治"合法性"的道路。有学者明确指出,"进入21世纪,以十六大为标志,党的纲领和中心工作应该转向现代国家制度建设为中心,开创制度建设时代"。"实际上，从党的十四大提出建设社会主义市场经济体制目标为标志，中国开始进入制度建设和制度创新时代。"[1]我们党经过长期的理论和实践探索，现已基本形成一整套包括经济、政治、文化、社会等各个领域制度相互衔接、联系的中国特色社会主义制度体系，并制定了一些具体的制度规则，包括强制机制、汲取机制、共识机制、监管机制、协调机制、表达机制、整合机制、再分配机制[2]等。

中国特色社会主义制度的确立及逐步完善，是社会主义优越性的集中体现，是中国特色社会主义走向成熟的重要标志，也是当代中国发展进步的根本制度保障。这充分表明中国制度化建设取得了十分突出的成绩，从而增强了公民对制度规则的认同与支持，提高了公民遵循制度的自觉性和主动性，激发了公民参政议政的积极性，在此基础上，公众对中国的社会主义国家、人民政府、中国共产党及党的路线、方针、政策等给予了较为积极的评价与普遍的认可。在此，本书主要从国家认同和执政党认同[3]两个方面入手，探究改革开放以来中国公民的制度规则认同所出现的积极变化。

1. 国家认同方面

在现代政治中，国家认同是一种普遍现象，居于政治认同结构的核心地位，它是指"个体在接受、参与并分享国家制度体系过程中所形成的对国家制度体系及其决定的自我身份(公民身份)的认同"[4]。现代国家认同反映了公民与国家的基本关系，它不仅是国家生存与发展的需求，也是生活于国家中的每个公民的需求。就内容而言，国家认同可分为对国家制度体系的认同、对公民身份和权利的认同以及对公民生活其中的政治共同体

---

[1] 胡鞍钢等：《第二次转型：国家制度建设》，清华大学出版社2003年版，第6页。
[2] 胡鞍钢等：《第二次转型：国家制度建设》，清华大学出版社2003年版，第10—12页。
[3] 在中国语境下，执政党认同和国家认同、政府认同实际上难以区分，人们经常将"党和国家""党和政府"放在一起进行评价并表达自己的情感和态度。虽然它们是不同的概念，但由于中国共产党建构了一个以自身为核心和中轴的国家政权结构，在保持相对独立性的同时全面进入国家系统。执政党是国家（政府）的组织者和掌控者，政府的施政过程贯彻的是执政党的政治主张、纲领和政策，体现的是执政党的执政意图和目标，因此，执政党认同和国家、政府认同是紧密联系的，当人们形成执政党认同的时候，也就意味着他们认同执政党组建的国家及其政府。还需指出的是，这里所讲的国家认同、执政党认同是从制度规则认同的角度而言的，主要是指公民基于对党和政府所制定的路线方针政策的认可、赞同和支持而产生的对于中华人民共和国、中国共产党及政府的一种强烈的归属感和忠诚感。
[4] 林尚立：《现代国家认同建构的政治逻辑》，《中国社会科学》2013年第8期。

的认同等层面。

首先，在对国家基本制度及相关体制、政策的认同方面，中国公民对社会主义基本制度体系及其所决定的国家结构体系总体上比较认同，对中国特色社会主义道路未来充满信心。

国家认同的一个重要方面，是对国家政治权力及政治统治的承认和同意，其实质是对国家制度及其所决定的国家结构体系，即国体和政体的认同。中国是人民民主专政的社会主义国家，这是中国的国体即国家性质；中国的政体是人民代表大会制度，此外，在国家的组织形式和管理形式上还实行中国共产党领导的多党合作和政治协商制度、民族区域自治制度以及基层群众自治制度等，这些都是中国的国家制度所涵盖的主要内容。据相关调查显示，中国公民长期对社会主义基本制度的评价与认同保持较高水平。比如，"1987年的调查"显示，对人民代表大会制度寄予厚望或认为它是实现真正民主的一个方面的受访公民占到77.40%，而对此"不抱希望"的占13.55%。[1] 1998年年底对黑龙江城市青年的调查显示，有85%的青年拥护中国共产党的领导和社会主义制度，并对远景目标充满信心。[2] 1999年对云南高校学生的调查报告显示，77.9%的受访学生认为中国应坚持社会主义道路，其余的选择资本主义制度或无所谓；72.8%的学生认为中国应坚持人民代表大会制度，其余的选择三权分立制度或无所谓。[3] 2000年一项对河南农民的抽样调查显示，70%以上的农民对党的"一个中心，两个基本点"的基本路线持积极肯定的态度，86.4%的农民认为走有中国特色的社会主义道路是符合中国国情的，并坚信中国共产党有能力领导中国现代化的建设事业，65.9%的农民肯定了党的十一届三中全会以来的改革开放政策，对社会主义市场经济体制保持较高的认同率。[4] 根据"2012年的调查"，在询问被试是否同意"改革开放以来，中国的政治体制有力地推动了中国的发展"时，选择"非常同意"和"比较同意"的

---

[1] 闵琦：《中国政治文化——民主政治难产的社会心理因素》，云南人民出版社1989年版，第66页。
[2] 宋国力等：《黑龙江城市青年思想道德文化调查报告》，《青年研究》1999年第9期。
[3] 张建文：《云南省高校学生思想政治状况调查与思考》，《云南师范大学学报》2000年第6期。
[4] 王景花：《当代农民思想政治意识状况的调查分析》，《桂海论丛》2000年第4期。

被试分别占 37.68%、45.96%，说明有 83.64% 的被试对中国现有体制对发展的促进作用持认可和肯定的态度；在询问被试是否同意"中国改革开放以来的发展，充分体现了中国社会主义制度优越性"时，选择"非常同意"和"比较同意"的被试分别占 34.80%、43.92%，共有 78.72% 的被试对社会主义制度优越性明确表示认同。同时，该调查还询问被试是否同意"党和政府的政策，比较符合改革开放以来中国发展实际"的说法，结果显示有 79.42% 的被试对党和政府的政策表示认同，其中表示"非常同意"和"比较同意"的，分别占 30.35% 和 49.07%，[①]这些调查数据都表明广大公众基于改革开放以来所取得的良好执政绩效，对国家的社会主义体制和政策表现出了较高程度的认同。

另外，2016 年教育部组织开展的全国大学生思想政治状况滚动调查的结果显示，分别有 89.9%、81.0%、83.7% 的学生赞同中国必须坚持"走中国特色社会主义道路""人民代表大会制度""公有制为主体、多种所有制经济共同发展的基本经济制度"，分别比 2015 年上升 1.9 个、3.7 个和 1.9 个百分点。[②]据沈壮海教授主持的"中国大学生思想政治教育发展报告"2016 年的调查结果显示，关于对"中国特色社会主义制度具有独特优势"的看法，在受访大学生中有 51.9% 的人选择"非常赞同"，36.9% 的人选择"比较赞同"，选择"说不清楚""不大赞同"和"很不赞同"的分别占 9.6%、1.0% 和 0.6%。从选择情况看，高达 88.8% 的受访大学生对"中国特色社会主义制度具有独特优势"的看法，持赞同和肯定的态度。该调查还进一步对大学生关于人民代表大会制度、中国共产党领导的多党合作和政治协商制度、民族区域自治制度和基层群众自治制度的认同状况进行了问卷调查，结果显示当代大学生对以上中国的根本政治制度和基本政治制度均予以充分地肯定和高度评价，赞同人数都达到受访人数的 85% 以上。[③]以上调查表明，当前广大高校学生具有比较坚定的中国特色社会主义道路自信、理论自信、制度自信，对作为当今中国发展进步的根本保障的

---

① 以上数据参见史卫民等《政治认同与危机压力》，中国社会科学出版社 2014 年版，第 51—52、70 页。

② 《2016 年高校大学生思想政治状况滚动调查表明大学生思想主流积极健康、向上向好》（http://www.moe.gov.cn/jyb_xwfb/gzdt_gzdt/s5987/201605/t20160531_247095.html）。

③ 沈壮海等：《中国大学生思想政治教育发展报告 2016》，北京师范大学出版社 2017 年版，第 158—160 页。

中国特色社会主义制度予以充分肯定，对党和国家的未来充满信心和期待。

还有，据本课题组的调查显示，公民对于"中国只有坚持社会主义道路才有前途"说法的评价中（见表3-7），有82.1%的受访人表示认同，其中表示"非常同意"和"比较同意"的受访者分别占28.5%和53.6%，只有7.8%的受访者表示"不太同意"和"非常不同意"，其余为"一般"态度。而在我们对于"总体上，您是否认同当前党的基本纲领和路线、方针、政策"的调查中，也有共计85.2%的受访者表示"非常认同"和"比较认同"，表示"不太认同"和"完全不认同"的分别占5.6%、2.6%，其余6.6%则为"一般"态度。

表3-7　受访人对"中国只有坚持社会主义道路才有前途"的评价　　单位：%

评价	有效百分比	评价	有效百分比
非常同意	28.5	不太同意	6.9
比较同意	53.6	非常不同意	0.9
一般	10.1	有效回答人数	1092

其次，在公民的身份认同以及对政治共同体的认同方面，中国公民体现出较强的爱国意识、国家忠诚感和国家归属感，同时还具有强烈国家责任感和一定程度的政治参与热情。

对国家共同体心理上的归属感和忠诚感，即国民身份认同也是国家认同的一个重要方面。据"1987年的调查"显示，当问到受访者"您对自己生活在社会主义国家感到骄傲吗？"，总体回答骄傲的占54.15%，回答无所谓的占29.52%，没有什么好骄傲的占15.22%，认为恰恰相反的占1.10%。[①] 据"2008年的调查"结果显示，对"即使可以选择世界上任何国家，我也更愿意做中国公民"这一问题，表示同意的人数占受访人的91.0%；有83.0%的受访人赞同"目前的政治制度是最适合中国国情的"；有81.9%的受访人认为"中国比其他大多数国家都好"。[②] 另外，根据"2012年的调查"

[①] 闵琦：《中国政治文化——民主政治难产的社会心理因素》，云南人民出版社1989年版，第33页。

[②] 沈明明等：《中国公民意识调查数据报告（2008）》，社会科学文献出版社2009年版，第103页。

结果显示，在询问"作为中国人，我很自豪"时，分别有 65.49%、24.45% 的受访者选择"非常同意"和"比较同意"，仅分别有 2.16%、2.22% 的受访者选择"非常不同意"和"不太同意"，其余 5.59% 选择"不确定"；该项调查询问被试是否同意"在国外被误认为日本人或韩国人时，会郑重地说明自己是中国人"，从统计结果看，89.06% 的被试持肯定和赞同态度；还询问被试"公民的身份对个人来说是无所谓的"，从统计结果看，64.11% 的被试持否定态度，只有 22.41% 的被试持赞同态度。①以上这些调查结果表明当前中国公民有着强烈的国家自豪感和国民身份认同，大多数人认可公民身份的重要性，特别是随着改革开放和社会主义现代化建设的推进，在国家取得重大发展成就的前提下公民的国家自豪感更呈现明显提升。

　　国家归属感是国家责任感的前提，国家责任感是国家归属感的终极指向。就中国公民而言，正因为公民有了较强的国家归属感，明确了国民身份认同，他们才会关心国家命运，为国家利益挺身而出，从而才会形成强烈的国家责任感。根据"1987年的调查"，中国公民对"天下兴亡，匹夫有责"这句爱国主义格言表示同意的人数达到受访人数的 94.22%，而对此表示否定的只有 5.78%；在政治热情和政治责任感方面，该调查结果显示，57.36% 的公民愿意谈论政治，其中表示"对政治有兴趣""议政是我的权利"的受访者比例较高，均占总体被试的 23.98%。②据中国社会科学院 1989 年初开展的一次关于"公民政治素质"的全国性大规模调查结果显示，73.3% 的公民愿意谈论政治问题，其中表示经常谈论的有 33.0%。③到了 20 世纪 90 年代中期的一项调查显示，58.9% 的选民在乡镇换届选举中是"精心选择自己所信赖的人"，当问及"您如果是正式代表候选人，是否愿意被选为人民代表"时，有 76.2% 的受访选民表示愿意。④这表明中国公民关注政治、主动参与政治活动的热情和愿望呈现逐渐强烈的态势。另外，本课题组的调查研究也表明，中国公民在表现出高度的国家归属感和自豪

---

　　① 史卫民等：《政治认同与危机压力》，中国社会科学出版社2014年版，第60—62页。
　　② 闵琦：《中国政治文化——民主政治难产的社会心理因素》，云南人民出版社1989年版，第27、233页。
　　③ 张明澍：《中国"政治人"——中国公民政治素质调查报告》，中国社会科学出版社1994年版，第68页。
　　④ 张兴杰等：《迈向理性——中国政治年报（1999年版）》，兰州大学出版社1999年版，第179页。

感的同时,也体现较强的政治参与热情和社会责任感,有超过八成的受访者表示愿意和身边的人谈论政治问题,同时表示愿意参与政治活动(如投票、选举、政治表达、结社活动等),其中大学生群体和公务员群体表现出较高的政治参与热情与政治效能感。

2. 执政党认同方面

作为在政党政治时代的一种普遍政治现象,政党认同是指民众在心理和情感上对某一政党组织的归属感和忠诚感。在中国,政党认同特指对执政的中国共产党的认同,即通过对党的执政绩效、意识形态、政党组织等方面的认知和评价,进而形成对中国共产党的心理归属、信任忠诚。在中国的现实政治框架下,中国共产党作为中国的执政党和领导核心,是当代中国政治体制的中轴,是理解当代中国政治的钥匙。研究中国社会的任何问题尤其是政治问题,都不可回避对中国共产党的关注和研究。因此,对当代中国政治认同现状的考量,关键就在于分析民众对中国共产党的执政绩效、意识形态、组织结构等方面的认同和评价。一定意义上可以说,在中国对执政党的认同程度即是政治认同度的客观写照。在此,由于本书对执政绩效认同、意识形态认同分别单独作为一个部分进行阐释,关于执政党认同现状的分析就仅涉及民众总体上对中国共产党及政府的认知和评价。

总体而言,当前中国公民坚决拥护中国共产党的领导,对党和政府的执政绩效、执政理念、思想和战略等高度认同,对党和政府引领未来发展也充满信心,尤其是绝大多数党员公民对党的最高理想和信念是坚定的,也以自己作为一名党员而自豪,还有相当一部分非党员公民表示非常愿意加入中国共产党。据"1987年的调查"结果显示,有57.2%的党员公民为自己作为共产党员而感到光荣与自豪,并且有43.2%的非党员公民表示非常想加入中国共产党。公民对党的宗旨、社会发展目标及各项方针政策基本上都持满意态度,其满意比例分别为64.61%、51.89%和57.48%。[1]该调查还了解公民对政府的总体评价及在具体问题上对政府的态度,据调查结果显示,有68.93%的公民对政府表示信任,不信任的公民只有22.05%,有51.31%的公民对政府持感激之情;另外分别有74.73%、73.88%的民众

---

[1] 闵琦:《中国政治文化——民主政治难产的社会心理因素》,云南人民出版社1989年版,第98—101页。

对"政府制定的多数政策""政府办的多数事情"表示满意。[①]20世纪90年代，在中国青少年研究中心所做的关于青年心目中的党团形象的调查中，有一半以上（54.12%）的中国城市青年认为党组织有良好的形象，其中23.00%的青年公民认为自己心目中党的形象"很好"，31.12%的青年公民认为"较好"，而认为党的形象"较差""很差"的分别只占6.70%、2.72%，此外还有36.45%的青年表示"一般"。该调查结果还显示：在接受调查的一般青年（即非党团员）中，多数青年（58.8%）表示自己想入党入团，回答"说不清"的占25.52%，而明确表示自己不想入党入团的仅占15.68%。[②] 2006年对华东地区大学生的问卷调查结果显示，有71.3%的大学生表示有加入中国共产党的愿望，有72.9%的大学生对"共产党是当代中国不可替代的领导力量"表示很赞同或基本赞同。[③] 可见，中国青年公民心目中党团组织的形象在总体上趋于较好的水平，对党团组织具有亲近感并充满向往，有入党入团意向的青年所占比例较高。

随着中国发展水平的不断提升以及党和政府自身建设的加强，广大民众对党和政府的认同水平也不断提高。据"2008年的调查"结果显示（见表3-8），中国公民对中央政府和中国共产党的信任程度非常高。总体上，63.8%的受访人表示非常信任中国共产党，30.3%的受访人对中国共产党比较信任；66.3%的受访人表示非常信任中央政府，29.5%的受访人对中央政府比较信任。[④] 据"2012年的调查"显示，有85.42%的受访人对"坚持中国共产党的领导，对中国的发展极为重要"说法持肯定和赞同态度，而持否定态度的受访人仅占4.89%。[⑤] 另外，据2016年高校大学生思想政治状况滚动调查显示，大学生充分肯定2015年党和政府工作，高度认同以习近平同志为总书记的党中央治国理政的新理念新思想新战略。86.3%的学生认为"到2020年，国家治理体系和治理能力现代化取得重大进展"，86.6%

---

① 闵琦：《中国政治文化——民主政治难产的社会心理因素》，云南人民出版社1989年版，第44—45页。
② 黄志坚等：《走向新世纪的中国青年》，中国和平出版社1996年版，第349页。
③ 杨雄：《关注改革开放后出生的一代——华东地区大学生调研报告》，上海社会科学院出版社2008年版，第46—47页。
④ 沈明明等：《中国公民意识调查数据报告（2008）》，社会科学文献出版社2009年版，第209—210页。
⑤ 史卫民等：《政治认同与危机压力》，中国社会科学出版社2014年版，第56页。

的学生对"党的创造力、凝聚力、战斗力进一步增强"表示乐观,分别比2015年上升1.9个和2.5个百分点。[1]据"中国大学生思想政治教育发展报告"的最新调查数据显示,当代大学生对于"没有共产党就没有新中国"的说法,88.4%的受访大学生持赞同态度,比2015年上升了0.5%;对于"中国共产党是中华民族的先锋队"的说法,88.1%的受访大学生持赞同态度,比2015年上升了1.0%;对于"中国共产党的领导是我国发展进步的根本保证"这一说法,则有86.2%的受访大学生持赞同态度,比2015年上升了1.5%。[2]这说明,当代大学生对党的历史贡献、先锋队性质和在国家发展中的重要作用的认识都是高度肯定的,表现出对党的认同程度处于高水平,且整体上有逐年提高的趋势。而本课题组的相关调查结果也与以上调查数据相互印证,充分表明了当前民众对党的高度认同,对党和政府执政绩效及推动中国发展的作用高度评价,对以习近平同志为核心的党中央取得的成就高度肯定并对其引领未来中国发展充满信心。

表3-8　　　　受访人对政府机构和各种组织的信任感　　　单位：%,人

	非常信任	比较信任	不太信任	非常不信任	有效回答人数
中央政府	66.3	29.5	3.4	0.9	3854
中国共产党	63.8	30.3	4.8	1.1	3807
人民代表大会	52.3	38.9	7.2	1.5	3520
法院	41.8	39.6	15.1	3.5	3555
检察院	41.6	42.8	12.6	2.9	3372
公安机关	35.7	42.1	17.1	5.1	3613
新闻媒体	33.8	47.2	16.7	2.4	3523
县/市人民政府	33.4	43.3	18.7	4.6	3604
村委会/居委会	24.5	40.2	25.5	9.7	3728

资料来源：沈明明等：《中国公民意识调查数据报告（2008）》,社会科学文献出版社2009年版,第210页。

（二）制度规则认同面临的挑战

改革开放以来,党和政府在治国理政的过程中,坚持理论创新基础上

---

[1] 《2016年高校大学生思想政治状况滚动调查表明大学生思想主流积极健康、向上向好》(http://www.moe.gov.cn/jyb_xwfb/gzdt_gzdt/s5987/201605/t20160531_247095.html)。

[2] 沈壮海等：《中国大学生思想政治教育发展报告2016》,北京师范大学出版社2017年版,第142—144页。

的制度创新，不断强化制度建设，推进社会主义制度的自我完善和发展，已形成了一整套相对定型的中国特色社会主义制度体系，由此使得中国公民的制度规则认同获得积极发展。与此同时，由于我们的制度还不是尽善尽美和完全成熟的，在中国特色社会主义基本文化制度、基本社会管理制度和基本生态文明制度，以及基本经济政治制度中的一些具体制度和体制机制仍存在不完善、不健全的地方，导致当代中国公民的制度规则认同面临一些新的问题与挑战。总体而言，当前中国公民对中国特色社会主义根本政治制度和基本经济、政治制度[①]的认同普遍比较高，而对于一些具体制度和体制机制的认同则需进一步提升。在此，本书主要从中国特色社会主义的经济制度和政治制度两大基本制度着手，从其中的一些具体制度和体制的分析出发，对当前制度规则认同面临的挑战加以说明。

1. 收入分配机制的不健全，拉大了贫富差距，一定程度上削弱了公众对社会主义分配制度的认同，使公众的共识产生分裂

改革开放以来，中国形成了以公有制为主体、多种所有制经济共同发展的基本经济制度。这一中国特色社会主义经济制度是中国特色社会主义制度中最具活力、最富创造性和影响力的制度因素。其中，收入分配制度是社会主义基本经济制度的重要部分，它通过对社会劳动产品的分割和配给来理顺人们之间的利益关系，为确认一定的利益结构和利益秩序提供制度保障。党的十一届三中全会以来，我们在对所有制结构进行改革的同时，对收入分配制度及分配秩序也进行了相应的改革与调整。中国传统的计划经济体制下形成的以高度集中的计划分配和严重的平均主义为特征的分配制度，已逐步转变为同社会主义市场经济体制相适应的以按劳分配为主体、多种分配方式并存的分配制度。在中国居民总体收入水平不断提高的同时，收入分配领域也存在一些亟待解决的问题，如社会中贫富差距日益加剧、收入分配秩序不规范以及部分群众生活比较困难等问题，并引发了诸多社会矛盾，这已成为全社会广泛关注的问题之一。

---

① 中国特色社会主义制度主要包括：人民代表大会制度这一根本政治制度，中国共产党领导的多党合作和政治协商制度、民族区域自治制度以及基层群众自治制度等基本政治制度，以公有制为主体、多种所有制经济共同发展的基本经济制度，等等。这些制度符合中国国情，既坚持了社会主义的根本性质，又借鉴了古今中外制度建设的有益成果，集中体现了中国特色社会主义的特点和优势，从而成为当代中国发展进步的根本制度保障。

收入分配是民生之源，是改善民生、增强人民群众获得感的最直接方式。然而改革开放以来，中国在经济发展的同时并没有完全实现发展成果由人民共享，面临着较为严峻的贫富差距扩大及收入分配不公问题。比如，城乡居民之间及城乡居民内部的收入差距、地区之间及行业之间的收入差距都出现不断扩大的趋势，其中最为典型的是中国在城乡二元格局背景下城乡居民之间的收入差距。有数据显示，1978年城乡居民人均收入差距为2.57倍，1985年曾缩小为1.86倍，到2008年其收入差距又扩大到3.31倍，2009年城镇居民与农村居民收入差距扩大到3.33倍。[1] 近年来，尽管随着城乡一体化进程的加快以及国家对低收入贫困人口扶持力度的加大，城乡居民收入差距过大的局面正在逐渐改变，其差距从2009年的3.333倍，缩小至2015年的2.951倍，[2] 但城乡居民收入的绝对差距仍是比较大的。另外，就居民总体收入差距而言，改革初期其实并不明显，但进入20世纪90年代以后，收入差距开始拉大并日趋严峻。自2009年以来中国的收入差距在不断缩小，全国居民收入分配基尼系数从2008年的0.491下降到2015年的0.462。[3] 尽管如此，中国居民收入分配基尼系数仍保持高位，属于收入差距较大的状态。总之，中国社会中的贫富差距及收入分配不公平问题是一个复杂的经济、社会问题，尽管这一问题的出现是多方面因素共同影响的结果，但其直接原因在于分配制度的错位和缺位。长期以来，中国一直没有完全形成一套目标明确、体系完善的收入分配制度，这些不规范的制度安排对弱势群体和其他一些利益群体的权利造成了限制，对强势利益群体的权利则给予了扩展，从而造成了目前贫富差距的扩大及不公平的收入分配格局。[4]

我们在调查中，直接针对当前中国收入分配不公平凸显的问题，询问受访人是否同意这一问题出现的"根本原因是收入分配机制的不健全"，结果有26.5%的受访人表示"非常同意"，38.4%的受访人表示"比较同

---

[1] 以上数据参见国家统计局《中国统计年鉴2010》，中国统计出版社2010年版，第342页。

[2] 李培林等：《2017年中国社会形势分析与预测》，社会科学文献出版社2016年版，第25页。

[3] 李培林等：《2017年中国社会形势分析与预测》，社会科学文献出版社2016年版，第7页。

[4] 石瑞勇：《"收入分配不公平"问题剖析与制度应对》，《社会科学家》2010年第8期。

意"，而明确表示"不同意"及"非常不同意"的受访人仅占12.5%，其余为"一般"态度。这表明大多数民众认为改革开放以来收入分配不公及差距的出现，根本原因在于中国分配制度的不完善和分配机制的某些缺陷。具体而言，其一，初次分配的秩序不规范，导致不公平。初次分配中，"按劳分配"基本原则被"按要素分配"原则替代，导致资本挤占劳动所得严重，利润侵蚀工资份额较大，工资决定机制的不合理，从而使得劳动报酬所占比重下降，职工工资总额占国民总收入的比重下降。同时还存在工资增长机制不完善、职工工资支付保障机制的不健全等问题。其二，二次分配机制的调节力度不够，导致其作用弱化。由于中国现行税收制度不合理，社会保障制度不完善，国家财政转移支付力度不够等问题的存在，导致现实中往往出现非法收入、隐性收入、过高收入等问题，政府拟通过二次分配减少因初次分配而产生的贫富分化作用被弱化了，使得大部分人只得到了"一次分配"，没有得到所谓政府对财政收入统筹下的"二次分配"。其三，第三次分配格局尚未形成，社会财富难以重新配置。由于政府缺乏必要的制度安排、社会公益组织及民众的公益意识缺乏等原因，中国以民间为主导的第三次分配格局仍未形成，并难以发挥它对第一次分配和第二次分配的重要补充作用。由此，民众对中国收入分配制度的认同存在一定程度的问题，对改革开放以来党和政府的政策的公正性、科学性及有效性也感到怀疑。比如，当我们在调查中问及"您认为我国的改革政策对各个社会群体公平吗？"时，15.5%的受访人认为"很不公平"，30.8%的受访人认为"不公平"，40.2%的受访人认为"一般"，只有13.5%的受访人认为"很公平"及"比较公平"。这个结果与之前我们关于共享改革成果及收入与实际贡献是否相符等调查数据是比较接近的，这说明民众对改革政策公正性的评价在很大程度上是否定性的。

总之，正是由于中国收入分配制度和分配机制的不健全、不完善，一定程度上造成了目前贫富差距的扩大以及改革发展的成果不能为全体社会成员合理分享的问题，影响人民群众的切身利益和"获得感"的增加。这就必然会造成一些社会成员对现有分配制度的不满，削弱公众对社会主义分配制度的认同与支持，从而使公众的共识产生分裂，影响社会的稳定与和谐。

2.具体政治制度的不健全与不规范，使得政治制度的公正性与权威性面临挑战，从而削弱了公众对政治制度的认同

经过中华人民共和国成立以来尤其是改革开放以来的实践探索，中国已初步形成了符合中国国情、具有自身优势、体现人民主权的中国特色社会主义政治制度。然而，在当前社会转型时期，由于历史和现实诸多因素的影响，中国的一些具体政治制度还存在着不健全、不完善等问题，特别是一些体制机制层面还存在弊端，政治制度不能有效地发挥保证公众基本政治权利的作用，因此，政治制度的公正性和权威性受到了严重的挑战，使得社会公众对政治制度的认同大大削弱。

根据"2012年的调查"结果，在询问被试者是否同意"中国当前急需进行政治体制改革"时，26.53%的受访者表示"非常同意"，42.11%的受访者表示"比较同意"，有24.24%的受访人是不确定的态度，只有7.12%的受访人持明确否定态度。[1] 这表明由于政治体制方面的不成熟和不完善，大多数民众有较强的政治体制改革愿望，认为应进一步加强政治文明建设。该调查还进一步了解民众对政治体制改革的具体看法，专门设计了"您认为中国政治体制改革应着重于以下哪些方面"的问题（在10个选项中选择3项，并根据重要性排序），调查结果显示（见表3-9），按第一选择从高到低进行排序，前三位分别是"基层自治改革"（40.44%）、"人大制度改革"（17.15%）、"党的领导体制改革"（9.67%）；按第二选择的重要性排序，前三位分别是人大制度改革、选举制度改革和行政制度改革；按第三选择的重要性排序，排在前三位的则分别是决策体制改革、选举制度改革和行政制度改革。由此可见，民众对中国政治制度中一些具体制度、特定制度及决策体制等方面的改革都比较关注，其中也表现出一定的选择性，根据该调查关于总提及频率的排序结果显示，[2] 民众最为关注的是基层自治制度和人民代表大会制度的改革。

---

[1] 史卫民等：《政治认同与危机压力》，中国社会科学出版社2014年版，第51—52页。
[2] 该调查关于被试对政治体制改革的看法，按照全体被试的总提及频率（各因素在三个选项中的选择频率）排序，排在前三位的分别是："基层自治改革"（19.01%）、"人大制度改革"（14.40%）和"选举制度改革"（11.67%）。（参见史卫民等《政治认同与危机压力》，中国社会科学出版社2014年版，第55页。）

表3-9　　　　　受访人对政治体制改革着重点的选择　　　　　单位：%

选项	第一选择 频率	第一选择 百分比	第二选择 频率	第二选择 百分比	第三选择 频率	第三选择 百分比	第四选择 频率	第四选择 百分比
基层自治改革	2481	40.44	524	8.56	487	7.97	3492	19.01
民族自治改革	330	5.38	652	10.65	316	5.18	1298	7.07
人大制度改革	1052	17.15	1028	16.79	565	9.25	2645	14.40
司法制度改革	411	6.70	799	13.05	662	10.84	1872	10.19
行政制度改革	448	7.30	807	13.18	680	11.13	1935	10.54
选举制度改革	367	5.98	842	13.75	934	15.29	2143	11.67
党的领导体制改革	593	9.67	738	12.06	632	10.35	1963	10.69
决策体制改革	252	4.11	458	7.48	992	16.24	1702	9.27
走向多党制	132	2.15	147	2.40	231	3.78	510	2.78
政协制度改革	69	1.12	127	2.08	609	9.97	805	4.38
合计	6135	100.00	6122	100.00	6108	100.00	18365	100.00

资料来源：史卫民等：《政治认同与危机压力》，中国社会科学出版社2014年版，第54页。

在中国的政治制度设计中，人民代表大会制度是中国的政权组织形式，是适合中国国情的体现人民民主专政的国家性质的根本政治制度，也是坚持党的领导、人民当家作主、依法治国有机统一的根本性制度安排，还是广大人民参与管理国家事务和社会事务的重要途径和渠道。在此，基于人民代表大会制度在中国民主政治建设以及公民政治生活中的重要地位和作用，本书以人民代表大会制度为例，对公民的政治制度认同问题加以分析与阐释。

习近平总书记在庆祝全国人民代表大会成立60周年大会上的讲话中指出："六十年来特别是改革开放三十多年来，人民代表大会制度不断得到巩固和发展，展现出蓬勃生机活力。六十年的实践充分证明，人民代表大会制度是符合中国国情和实际、体现社会主义国家性质、保证人民当家作主、保障实现中华民族伟大复兴的好制度。"[①] 尽管如此，我们还必须看到在人民代表大会制度的具体制度构成中如选举制度、代表制度、组成人员制度、委员会制度及监督制度等方面，还存在一些亟待完善和改进的问题，影响

[①] 中共中央文献研究室：《十八大以来重要文献选编》（中），中央文献出版社2016年版，第53页。

了人大制度应有的权威及其作为"人民当家作主"制度作用的发挥，继而削弱了公民对人民代表大会制度的认同。具体而言，目前中国人民代表大会制度所面临的问题主要包括：其一，在选举制度中还存在选举程序不尽完善，选民与代表的沟通联系机制较为欠缺等问题。长期以来，我们的人大代表选举制度在其实质上带有很大程度的"确认式选举"或"安排式选举"的色彩，在实践中，代表候选人往往只有政党提名，而很少有团体和代表提名，提名的代表候选人的差额比例远远不到法定的25%，甚至不足10%的差额。① 同时由于人大代表选举机制的不健全以及间接选举制度的局限，"模糊了代表与公民之间的委托责任关系，人民难以有效地监督罢免自己的代表，也就更难监督政府官员了"②，代表与选民之间的联系与沟通机制不规范，使得代表与选民之间容易产生隔膜与疏离，从而导致选民认为选举不过是走过场，降低了选民参与选举的热情，最终导致选民对选举的冷淡。其二，部分人大代表的思想、文化及政治素质及参政议政能力还不够高，一些代表往往把当人大代表仅仅看成是一种政治荣誉，而没有意识到其重要的政治责任。同时各级人大代表的组成结构还不够合理，往往是党政机关官员的比例较高，而工农代表的比例则相对较少。其三，由于人大代表及其人大常委会的专职化程度较低等诸多因素的影响，人民代表大会的监督职能的行使力度还显薄弱，存在监督方式不够完善、监督程序不够规范、监督机制不够健全等问题，从而为政治生活中权力腐败现象的滋生蔓延造就了温床，反过来进一步削弱了人大制度在人们心中的权威，影响了民众对人大制度的认同与支持。

根据2000年北京大学法学院"人民代表大会与议会研究中心"组织的一项全国范围的关于人民代表选举问题的调查问卷，其调查结果显示，对于"您觉得现在的人民代表大会是否已经发挥了其应有的作用"这一问题，社会成员中认为人民代表大会"发挥了其应有作用"的仅占23.6%，认为"部分发挥了作用"的占62.7%，认为"没发挥作用"的占11.1%；对于"有人认为，人民代表大会的选举仅仅流于形式，您是否同意这种看法"这一问题，社会成员中持"完全同意"观点的占13.2%，持

---

① 杨光斌：《当代中国政治制度》，华文出版社2004年版，第126页。
② 蔡定剑：《中国人民代表大会制度》，法律出版社1998年版，第21页。

"基本同意"观点的占38.8，二者合计达52%，已经超过半数。[①]另外，根据本课题组的问卷调查，当问及受访民众是否同意"人民代表大会制度是符合我国国情的根本政治制度，但其具体制度中还存在一些问题，仍需不断完善"这一说法时，有28.5%的人表示"非常同意"，有53.8%的人表示"比较同意"，而表示"不太同意"和"非常不同意"的受访人共计只占7.6%，其余则为"一般"态度。当问及"您认为现在的人民代表是否能充分代表人民的意志？"这一问题时，回答"基本不能"和"完全不能"的受访人分别占38.9%和15.7%，二者合计已达54.6%，明确表示"完全能够"和"基本能够"的受访人只占33.9%。可见，大多数公民认为人民代表大会制度作为中国的根本政治制度，具有较大制度优势，但其具体制度仍需要不断完善，并认为人民代表还不能充分代表人民利益并反映人民愿望，其形式意义大于实际意义，从而民众主动积极参与选举人大代表活动的比例并不高。在我们的访谈中，有很多人虽然都有参加基层人大选举的经历，但多数人都是迫于完成政治任务，觉得选举基本是在走过场、搞形式，很多人反映他们对代表候选人根本不熟悉甚至不认识，基本没有交流沟通，认为选出的代表不可能反映自己的利益和愿望，从而导致民众对参与选举的热情和积极性不高。因此，中国大多数公民对人民代表大会制度的满意度及评价并不高，对人民代表大会的选举也抱有不信任的态度。

总之，当前中国政治制度基本框架已建立并正常运行，但由于处于社会转型时期，中国民主政治建设水平还不高，包括人民代表大会制度的具体制度在内的一些具体政治制度还不健全、不完善，不能很有效地发挥保证公众基本政治权利的作用，从而使得公民往往产生对政治制度的一种离心倾向和冷漠心理。其中，人民代表大会制度作为联系群众最广泛最有效的制度化渠道，由于在中国政治制度体系中居于核心地位而被公认为是实现人民当家作主的最主要途径，也是最为重要和最具效能的利益表达方式与政治参与渠道。然而由于目前人民代表大会制度本身还存在一些有待完善之处，并影响其作用的有效发挥，从而导致部分民众对政治制度的正当

---

① 以上数据参见蔡定剑《中国选举状况的报告》，法律出版社2002年版，第518—519页。

性与权威性产生一定程度的质疑，影响到公民的政治制度认同和政治参与，从而导致公民在实际生活中往往舍弃正式制度而去认同或执行潜在的规则，出现大量非制度化政治参与行为，进而给政治秩序与社会稳定带来较大风险。

三 当代中国公民意识形态认同的现状

一般意义而言，对一种意识形态认同，主要体现在是否认同这种意识形态所传递的理论体系、所支持的社会制度以及所代表的价值观念。当前，中国公民的意识形态认同是指社会成员对以马克思主义为指导的社会主义意识形态以及中国特色社会主义文化的认可和遵循，其主要内容包括对马克思列宁主义、毛泽东思想、中国特色社会主义理论体系等科学理论在内的社会主义意识形态的赞同与支持。改革开放以来，中国共产党对待马克思主义始终做到"在坚持中发展、在发展中坚持"，不断推进马克思主义的中国化、时代化和大众化，从而不断巩固和提升广大民众的主流意识形态认同。与此同时，随着中国社会转型的加剧以及新的历史时期所面临的新情况和新变化，公民的主流意识形态认同也面临新的问题和挑战。

（一）意识形态认同的积极变化

改革开放以来，面对社会思想观念、道德意识和价值取向日益多样化的现实，中国共产党始终坚持马克思主义在社会主义意识形态领域的一元指导地位，同时对马克思主义的意识形态进行了理论创新，不断开拓马克思主义的新境界，并提出社会主义核心价值体系、社会主义核心价值观等理论命题，从而增强了主流意识形态的吸引力、凝聚力、开放性与包容性，最大限度地形成社会思想共识与统一意志，使社会成员更加广泛地接受与认同以马克思主义为指导的社会主义主流意识形态，中国公民的意识形态认同呈现出积极的发展态势。就公民政治认同的生成而言，物质绩效层面、制度政策层面的政治认同相对容易形成，且也表现出暂时性和不确定性，而意识形态及价值层面的政治认同则难以形成，而且一经形成则相对稳定和持久。因此，中国公民意识形态认同所表现出的积极状态对于促进政治稳定和社会发展具有重要意义。

1. 马克思主义及中国化马克思主义认同方面

当今中国社会，以马克思主义为指导的社会主义意识形态是中国的主流意识形态，是指导党和国家的各项事业的行动指南。因此，我们必须坚持马克思主义的指导地位，即坚持指导思想上的一元化。然而，马克思主义不是僵化的教条，而是一个不断发展的理论体系，而且其现实指导作用的充分发挥也要求马克思主义必须根据实践的变化而不断发展，保持与时俱进的理论品质。改革开放 40 多年来，党始终保持与时俱进的精神状态，在坚持马克思主义中不断发展马克思主义，对社会主义意识形态进行理论创新，不断推进马克思主义中国化的进程，形成了邓小平理论、"三个代表"重要思想、科学发展观及习近平新时代中国特色社会主义思想等重大创新理论，从而中国公民对马克思主义为主导的社会主义意识形态保持了较高程度的认同与支持，形成了广泛的社会思想共识与统一意志。

改革开放后成长起来的当代青年尤其是青年大学生是国家和民族的希望，他们担负着民族复兴的历史责任和重要使命。因此，当代青年群体的政治价值观和价值选择以及他们对社会主义意识形态的认知、理解和认同，就逻辑性地成为我们对当代中国公民意识形态认同进行勾勒的重要量标。据 1998 年对黑龙江城市青年的调查显示，信仰马列主义、毛泽东思想和邓小平理论的占 66.89%，但回答信仰宗教、西方实用主义的占 5.87%，回答什么也不信的占 27.18%。[①] 据上海市一项关于高校学生思想政治状况调查，受访大学生中认为自己对邓小平理论"了解"和"比较了解"的，1997 年为 91%，比 1996 年上升了 5%；认为邓小平理论"对中国改革开放和现代化建设具有指导作用"的达到 97%，比 1996 年上升了 4%；认为邓小平理论"能够统一人们的思想认识"的达到 70%，比 1996 年上升了 9%。[②] 可以看出，大学生正在逐步树立正确的政治信仰，并逐渐具备正确的政治立场。另外，据一项关于山东青年政治态度的调查显示，"在回答对中国特色社会主义理论掌握的程度时，表示'完全了解'的为 19.5%，'知道大概'的为 63.7%，'听说过，但不清楚具体内容'的为 14.9%，表示'完全不了解'的为 1.9%；对于中国特色的社会主义理论，认为它'是科学完整的理论体系'的，略高于调查对象的 1/3，为 34.1%，认为是'根据现实需要

[①] 宋国力等：《黑龙江城市青年思想道德文化调查报告》，《青年研究》1999 年第 9 期。

[②] 吴强：《1997 年上海高校学生思想政治状况调查报告》，《思想理论教育》1997 年第 8 期。

而提出的理论'的接近半数,为49.1%,认为'只是一种零星的理论观点'的占5.6%,有11.2%的人表示'说不清'"①。根据2008年一项关于北京高校大学生价值观的调查显示,75.7%的大学生对"我相信马克思主义理论是科学真理"持肯定态度,17.3%的大学生"说不清楚",只有7%的大学生持否定态度;82.5%的大学生对"我相信中国特色社会主义理论能够指导中国科学发展"持肯定态度,14%的大学生"说不清楚",只有3.5%的大学生持否定态度。②还有调查显示,42.7%的青年"信仰中国特色社会主义",33.1%的青年"信仰马克思主义",29.4%的青年"信仰实用主义",12.4%的青年"信仰佛教",11.5%的青年"信仰个人主义",还有6.5%的青年"信仰基督教"。③以上调查说明,大多数青年尤其是大学生的价值观与信仰呈现出明显的多元化倾向,但总体上对主流价值观有更广泛的认同,在坚定马克思主义信仰和社会主义理想信念方面保持了清醒的认识,对马克思主义中国化理论创新成果有较高的认同度。

另外,据沈壮海教授主持的"中国大学生思想政治教育发展报告"建设项目2016年的调查结果显示,对"我国建设事业的指导思想不能搞多元化"的说法,有35.7%的受访大学生表示"非常赞同",27.1%的大学生表示"比较赞同",21.8%的大学生选择"说不清楚",选择"不大赞同"和"很不赞同"的大学生分别占11.2%和4.2%。可见,大部分大学生(62.8%)坚持马克思主义的一元指导地位,反对指导思想的多元化,该比例比2015年上升了1.5个百分点。④在坚定对马克思主义信仰的科学基础上,大学生对当前中国特色社会主义共同理想表现出了更广泛的思想共识,对中国特色社会主义道路、理论体系和制度表现出高度的认同和自信。该项调查的结果显示,有86.1%的受访大学生对"大学生应牢固树立中国特色社会主义共同理想"的说法,持积极赞同态度(见图3-8);达到88.4%的受访大学生对"中国特色社会主义理论体系是我国现代化建设的理论指南"的说

---

① 张华:《1996—2001:山东青年政治态度比较研究》,《中国青年研究》2002年第4期。
② 邱吉等:《当代大学生价值观特征、现状分析及思考》,《教学与研究》2011年第3期。
③ 于昆:《社会变革、观念多元与价值认同——基于东北地区青年政治思想状况的调查分析》,《中国青年研究》2010年第7期。
④ 沈壮海等:《中国大学生思想政治教育发展报告2016》,北京师范大学出版社2017年版,第135—136页。

法，持积极赞同态度，该比例比 2015 年上升了 0.6 个百分点（见图 3-9）。

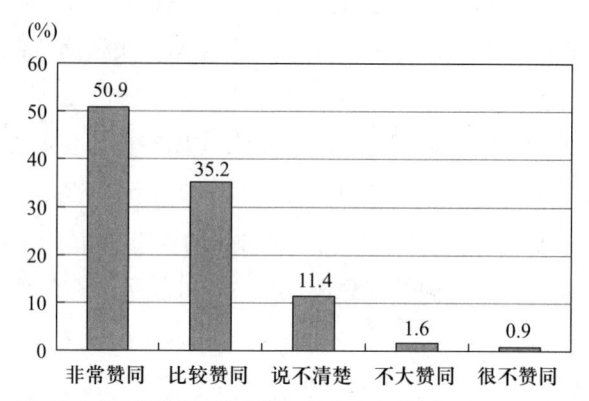

图3-8 "大学生应牢固树立中国特色社会主义共同理想"的认同分布情况

资料来源：沈壮海等：《中国大学生思想政治教育发展报告 2016》，北京师范大学出版社 2017 年版，第 139 页。

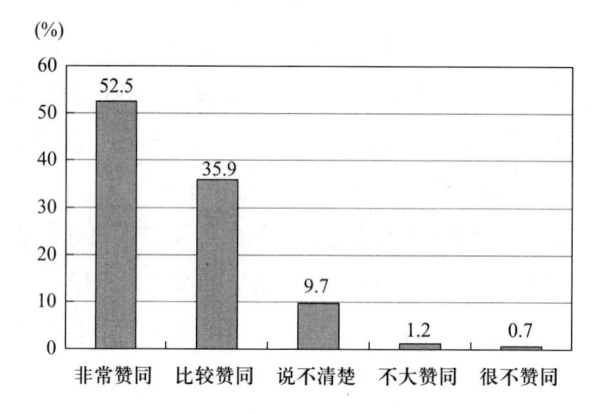

图3-9 "中国特色社会主义理论体系是我国现代化建设的理论指南"的认同分布情况

资料来源：沈壮海等：《中国大学生思想政治教育发展报告 2016》，北京师范大学出版社 2017 年版，第 155 页。

在本课题组针对大学生群体的访谈中，大部分受访大学生认为，马克思主义作为我们党的指导思想和行动指南，具有科学性、先进性和感召力，在当前文化多元条件下应该坚持社会主义主流意识形态的主导地位和指导思想的一元性，但同时不能否定多元文化和价值观念的存在，坚持指导思想一元主导的前提下发展多元文化，用主导性引领多样性。有受访人还谈道："当前我们党对待马克思主义的态度及策略是非常理性和正确的，它不是采取教条主义或神圣化,而是通过不断创新和发展,在此过程中坚持以人民为中心、解决人们的实际问题,从而赢得了民心,不断增强社会主义意识形态的凝聚力、亲和力和吸引力。"同时,在我们的问卷调查中,当问及"您的信仰是什么?"时,明确选择"马克思主义"的受访人占60.9%,选择"实用主义""享乐主义""利己主义""宗教"的受访人共计占23.6%,还有15.5%的受访人选择"说不清"。在关于当前中国马克思主义的性质的调查结果显示,有78.8%的受访人认为"马克思主义是党的指导思想,必须坚持",而表示"马克思主义只是众多政治学说的一种,不必作为指导思想""已经过时"的受访人分别为5.6%和5.1%,还有10.5%的受访人表示"说不清楚"。当问及您是否同意"当代中国坚持马克思主义就必须坚持中国特色社会主义理论体系"的说法时,有82.1%的受访人表示"非常同意"和"比较同意",表示"不太同意"和"非常不同意"的受访人只占7.1%,其余10.8%则为"一般"态度。这表明大部分民众对马克思主义作为党的指导思想已有比较明确的认识,并坚持马克思主义信仰,也说明以马克思主义为指导的社会主义意识形态在中国民众中已基本形成共识。

2.社会主义核心价值观及个体道德价值观认同方面

在坚持社会主义意识形态一元主导的前提下,我们党提出社会主义核心价值体系、社会主义核心价值观等理论命题,以引领和整合当前多元化的社会思想观念和道德价值取向。作为社会主义意识形态的本质体现,社会主义核心价值体系和社会主义核心价值观的提出,有利于在多元价值体系并存的情况下坚持社会主义意识形态的主导地位,有利于保持主流意识形态的适应力与生命力,从而有利于广大民众对社会主义核心价值体系及核心价值观的广泛认同和遵循,以最大限度地形成社会思想共识。

社会主义核心价值观认同作为一种价值认同,一般要经历认知认同、情感认同和行为认同三个阶段,[①]才能最终实现社会主义核心价值观内化于心、外化于行。据"2012年的调查"结果显示,在问及总体上是否认同"党和政府强调的社会主义核心价值观"时,有29.34%的受访人选择"非常同意",42.63%的受访人选择"比较同意",而选择"不太同意"和"非

---

① 胡建、刘惠:《大学生社会主义核心价值观认同建构的阶段性分析》,《思想理论教育导刊》2017年第8期。

常不同意"的受访人分别占3.46%和2.27%，其余22.30%选择"不确定"。[①]可见，大部分民众对社会主义核心价值观整体上持认同的态度，但是比例还有待进一步提升，这也表明在全社会培育和践行社会主义核心价值观仍需加大力度。青年大学生作为未来国家建设和发展的生力军，又处在价值观形成和确立的关键时期，大学生培育和践行社会主义核心价值观对国家和自身发展都具有重要意义。根据"中国大学生思想政治教育发展报告"建设项目关于大学生对社会主义核心价值观的理解、认同及践行意愿等方面的调查结果，我们可以对当代青年大学生的社会主义核心价值观认同现状进行具体的把握。该调查显示，超过九成（92.4%）的大学生对社会主义核心价值观建设的重要性有较为准确的认识，有89.7%的大学生能够记住社会主义核心价值观的基本内容，92.1%的大学生表示理解核心价值观的内涵，同时有96.0%的大学生表示认同社会主义核心价值观，有85.3%的大学生对核心价值观表现出强烈的主体践行意愿。[②]这反映出大学生作为培育和践行社会主义核心价值观的重要主体，其核心价值观认同现状呈现出很好的状态，也说明当前高校的社会主义核心价值观教育取得了较好的效果。

另外，根据本课题组的问卷调查和个案访谈的结果显示，由于党的十八大以来，以习近平同志为核心的党中央高度重视社会主义核心价值体系建设，并采取一系列重大举措，推动社会主义核心价值观的广泛弘扬，广大民众对加强社会主义核心价值体系建设的重要性和必要性已形成高度共识，而且在整体上也比较认同社会主义核心价值观。当问及"您对社会主义核心价值观的具体内容了解吗？"这一问题时，有82.6%的受访人表示"非常了解"和"比较了解"，回答"不太了解"和"完全不了解"的受访人仅占9.8%。同时大部分民众都谈道，"社会主义核心价值观的培育不仅体现在认知上，更应该体现在日常生活的行动中，要做到知行合一，比如对'爱国''敬业''诚信''友善'等个人层面的核心价值观就应当在平时的生活中努力践行，达到内化于心、外化于行"。受访民众也普遍对社会

---

① 史卫民等：《政治认同与危机压力》，中国社会科学出版社2014年版，第66—67页。

② 沈壮海等：《中国大学生思想政治教育发展报告2016》，北京师范大学出版社2017年版，第81—125页。

主义核心价值观在日常生活中的践行表现出比较积极的状态。需要指出的是，对社会主义核心价值观的认知、认同和践行的程度均要受到教育文化因素、成长环境等影响，其中大学生和公务员群体的社会主义核心价值观认同度最高，农业劳动者、自由职业者及无业人员的社会主义核心价值观认同度则偏低。比如，近几年教育部组织开展的高校大学生思想政治状况滚动调查也表明，中国大学生对坚持以马克思主义为指导的问题上，态度更趋明确，对社会主义核心价值观的知晓率、认同度不断提升，培育和践行核心价值观的积极性进一步增强。

在个体道德价值观的认同方面，由于长期以来中国倡导和奉行国家、集体利益高于一切的社会道德价值准则，广大公民形成了以理想主义为特征的，集体本位、国家至上的传统道德价值观认同。然而改革开放以来，随着经济社会的发展，公民在坚持社会主义道德准则的前提下，价值观开始发生变化，转向了以务实与理性为特征的，兼顾国家、集体和个人利益的价值观。在此我们仍以青年群体为样本进行具体分析。比如，20世纪80年代末90年代初，一项对全国青年的抽样调查显示，对于自我本身的价值评价，主张"应兼顾社会、他人和自我"的占了74.7%，而推崇"自我应是一切言行的出发点""他人应高于自我"和"自我与社会永远是对立的"分别只有13.9%、5.7%和4.1%。[1] 1992—1993年，中国青少年研究中心开展的全国性调查显示，在回答"当个人利益与集体利益相矛盾时您认为应该如何处理？"一题时，青年中选择频率最高的项目是"集体利益为主兼顾个人利益"，占青年总数的63.6%；而选择"个人利益无条件服从集体利益"的人数仅占17.0%。[2] 不难看出，在对待个人与集体利益的关系问题上，过去那种忽视个人利益和个人价值，片面强调整体利益与集体价值，把自己与社会截然对立起来的社会主导性价值取向，被越来越多的当代青年人所放弃，青年中占据主导地位的价值取向是"集体利益为主兼顾个人利益"或主张应兼顾社会、他人和自我价值。这也说明人们对社会主义的集体主义原则已有了现实的、理性的价值评价，这是一个值得关注的倾向。怎样处理个人、集体与国家的关系是社会文明程度的重要显现，也是衡量

---

[1] 单光鼐等：《中国青年发展报告》，辽宁人民出版社1994年版，第449页。
[2] 黄志坚等：《走向新世纪的中国青年》，中国和平出版社1996年版，第428—429页。

公民道德价值观的重要标尺之一。据 2006 年对华东地区大学生的问卷调查显示，绝大多数大学生认同"保障国家、集体和个人的合法利益"（占93.5%），近八成大学生认同"集体利益高于个人利益"（占79.1%），另有24.8%的大学生认同"毫不利己、专门利人"的说法。[①]本课题组在问卷调查中也设置了两道涉及个人、集体与国家的关系的问题，当问及"您如何看待个人、集体和国家三者的关系？"时，有83.2%的受访青年选择"国家、集体、个人应兼顾"，而选择"国家至上""集体至上""个人至上"或"不知道"的受访青年共计占16.8%。当问及"个人利益与集体利益发生矛盾时，您认为应该何如处理？"时，也有超过八成的受访青年选择"集体利益为主兼顾个人利益"。这可以看出，中国公民道德价值观尤其是青年群体的道德价值观更趋务实，道德行为更趋理性，他们不赞成个人利益至上，也不赞成完全不顾个人利益，他们更多的是在追求实现个人目标的同时，能为社会做出更多的贡献，在国家发展进程中成就个人价值，实现个人与社会的共同发展。

此外，据"中国大学生思想政治教育发展报告"的调查数据显示，大学生对作为社会主义道德准则和价值取向的重要载体的雷锋精神，依旧体现出热切推崇和高度认同，其认可度呈逐年上升趋势，分别有92.4%（2014年）、93.6%（2015年）、95.1%（2016年）的大学生表示雷锋精神"并未过时，仍值得发扬"。同时，该调研数据还表明有93.4%的大学生"愿意做诸如抗震救灾、山区支教、环境保护等相关活动的志愿者"，仅有6.6%的大学生表示不愿意参加志愿活动，[②]这说明当代大学生具有较为强烈的道德意愿并积极践行，呈现出崇德向善的道德追求和价值取向。该调查同时反映出，尽管当前大学生的道德认知层面呈现良好局面，但一部分学生在道德践行方面还有很大提升空间。这也与本课题的调研访谈所了解的情况基本一致。通过针对大学生的访谈我们了解到，大部分学生在道德意识和道德认知上是良好的，他们往往能明辨是非、惩恶扬善，但一旦需要他们在日常生活中做出努力，践行道德要求时，其道德行为往往就会出现

---

① 杨雄：《关注改革开放后出生的一代——华东地区大学生调研报告》，上海社会科学院出版社2008年版，第47页。

② 沈壮海等：《中国大学生思想政治教育发展报告2016》，北京师范大学出版社2017年版，第195、227页。

偏差和缺失，没有做到知行统一。例如，他们认同责任感，却在生活中缺乏从我做起的自律和责任意识；他们有集体主义价值取向，但在行动上体现出重实惠的功利化倾向；他们有良好的社会公德价值取向，却没有良好地遵守社会公德的习惯；等等。总体而言，当代青年的主流价值观呈现出积极、健康向上的状态，对社会主义核心价值观具有较高的认同度，同时当代青年的价值观念呈现多元化和多样性，体现出务实、理性的倾向，当然也存在一些值得注意的消极方面。

（二）意识形态认同面临的挑战

当前，一方面中国公民的意识形态认同出现积极变化，绝大多数公民对以马克思主义为指导的社会主义意识形态是认同和支持的；另一方面，由于中国正处于急剧变革的社会转型期，在国际国内各种因素的影响下，中国公民的意识形态认同也面临着一些值得关注的问题。

1. 价值取向的多元化和功利化，引发思想观念领域的冲突和斗争

随着中国改革开放的深入推进，经济体制、社会结构及利益格局都发生了越来越深刻的变动与转型，社会存在层面的变化必然引发社会思想意识的深刻变化，个人的主体意识开始觉醒，人们开始追求自觉而多样的价值观。于是，各种各样的思想观念纷纷涌现，不可避免地带来了人们价值观念及价值取向的多样化、多重性和功利化，甚至相互矛盾和冲突，造成社会公众对理想信念、道德观念等的选择产生困惑和迷茫，从而不断消解人们对主流意识形态的认同。

当前，社会生活的多样化必然导致人们思想观念、价值取向的多元化。虽然马克思主义仍然是大部分民众所认同的主流意识形态，但它已不再是人们唯一的价值选择，因为社会中已经出现了许多备选的价值观，既有爱国主义、集体主义、开放发展意识、竞争创新意识、民主法治意识等积极向上的价值观，也有个人主义、实用主义、拜金主义和享乐主义等消极逆向的价值观。同时，面对转型期不断呈现新内容、新形式的思想观念，中国社会中各种社会思潮纷至沓来，逐渐形成一些对人们具有最广泛影响、涉及社会问题最深刻的主要社会思潮，如新自由主义思潮、新左派思潮、民族主义思潮、后现代主义思潮等。"社会的多样化与个性特色化，逻辑地包含着社会主体与个体价值取向、存在与发展方式的多重性，即社会与个体存在方向、性质、特点上的差异，诸如公与私、真与假、善与恶、美与丑、荣与耻等不

同性质行为的交织。"[1]一些人面对复杂多样的社会条件，思想与行为往往产生诸多矛盾和困惑，从而价值选择和价值取向表现出不一致性或多重性，比如，在部分社会成员中，爱国主义、社会主义、集体主义等主导价值观念逐渐淡薄，个人主义、拜金主义、享乐主义、实用主义等价值观却有所滋长。2003年一项对江苏省苏中和苏北民众的马克思主义信仰状况的抽样问卷调查显示（见表3-10），从总体情况看，虽然选择信仰马克思主义的比例在五个选项中排名第一，但也只有43.1%，而信仰金钱万能和权力万能的分列第二和第三，分别达到25.8%和20.2%，其合计比例（46%）已经超过了马克思主义信仰者的数量。从群体差异看，国企工人和干部两个群体信仰马克思主义的比例相对较高，但也仅仅刚超过50%；而农业工人和大学生群体中，近三分之二的人信奉的是马克思主义以外的"金钱万能""权力万能""宗教"和"利己主义"等价值观。[2]可见，当前由于金钱魅力的大增，权力本位思想的影响以及个体实利意识的凸显，在一定程度上削弱了公民的主流意识形态认同。

表3-10　　　　　　　以下诸选项中，您最信仰什么？　　　　　　　单位：%

选择项	总体情况	国企工人	农业工人	干部	大学生
马克思主义	43.1	50	35.8	54.3	34
金钱万能	25.8	31	33.7	16	21
宗　教	5.6	4	2.1	7.4	9
权力万能	20.2	11	24.2	19.8	26
利己主义	5.3	4	4.2	2.5	10

资料来源：侯惠勤等：《关于"四信"问题的调查分析——基本群众的"四信"状况》，《淮阴师范学院学报》（哲学社会科学版）2003年第6期。

另外，据前文本课题组关于民众信仰的问卷调查结果显示，明确选择"马克思主义"的受访者占60.9%，同时选择"实用主义""享乐主义""利己主义""宗教"的受访者共计占23.6%，还有15.5%的受访者选择"说不

---

[1] 郑永廷等：《主导德育论：大学生思想政治教育一元主导与多样发展》，人民出版社2008年版，第42页。

[2] 侯惠勤等：《关于"四信"问题的调查分析——基本群众的"四信"状况》，《淮阴师范学院学报》（哲学社会科学版）2003年第6期。

清"。从总体统计数据看,虽然马克思主义仍是受访民众的主要信仰和价值选择,但其比例并不太高,而且民众的价值取向明显呈现多样化,还有部分民众说不清则是无从进行价值选择,价值取向呈现出困惑和摇摆不定,这些都是值得关注的现象。值得一提的是,本课题组通过访谈发现,在社会主义市场经济条件下,市场经济的竞争性、趋利性使人们更多地关注自身利益,更多地强调实用和功利,部分公民人生价值天平逐渐向经济利益、物质金钱和个人主义倾斜,公民的价值取向呈现功利化,一些人把金钱和财富作为实现自身价值的唯一标准。有受访人谈到,在当今市场经济社会一些人完全沦为拜金主义和功利主义的奴役,为了自己的利益而不择手段,不惜一切代价去追逐金钱,比如这几年那些黑心商家为了一己私利,弄出毒奶粉、假药品、毒食品等,给他人和社会带来很大的伤害。

当前,社会价值取向的多元化和功利化,势必容易导致思想观念领域的混乱,引起各种思想和价值观念之间的相互矛盾和斗争,即产生多元价值之间的价值冲突。这种价值冲突,主要有价值主体之间的矛盾冲突、功利性价值和非功利性价值的矛盾冲突、目的性价值与手段性价值的矛盾冲突、社会主导价值和基础性价值的矛盾冲突以及解释性价值和操作性价值的矛盾冲突等。[1]价值冲突本质上是利益冲突,是各种主体形态的不同利益冲突,因为"利益冲突是人类社会一切冲突的最终根源也是所有冲突的实质所在"[2]。因此,随着市场经济的发展,利益主体和价值主体将更加多元化和复杂化,而利益及其追求和实现的复杂化,又将会使价值冲突更趋经常化和复杂化。更为严重的是,多元价值冲突引发了价值观念的大分裂,干扰和降低了主流意识形态对人们的吸引力,从而引发价值认同危机,集中表现为主流意识形态的认同危机。由价值冲突而引发的价值认同危机将会造成社会共同体内部的分歧和内耗,弱化、消解了人们对社会制度的认同、对共同体的认同,使人们产生内心焦虑与行为冲突,从而往往引发社会的混乱与不稳定。有学者指出,价值取向及文化多样性在政治上可能带来一些不利的后果,主要包括:无法有效整合持有不同文化的群体和成员之间的分歧和冲突;文化领域冲突

---

[1] 陈章龙等:《论主导价值观》,江苏人民出版社2006年版,第2页。
[2] 张玉堂:《利益论——关于利益冲突与协调问题的研究》,武汉大学出版社2001年版,第56页。

的爆发可能会波及政治领域；增加社会政治控制的成本等。① 总之，社会公众价值取向的多元化和功利化，引发思想观念领域的冲突和斗争，导致人们价值取向上的混乱和价值选择的困惑，意识形态的社会整合功能逐渐削弱，从而不断冲击和消解主流意识形态认同，引发人们的政治信仰迷茫与危机。

2. 马克思主义信仰的弱化和边缘化，导致主流意识形态认同的困境

马克思主义是我们的根本指导思想和当今中国的主流意识形态。因此，我们必须始终坚持马克思主义在意识形态领域的指导地位，树立坚定的马克思主义信仰。对广大民众而言，树立马克思主义信仰就是指对马克思主义、社会主义和共产主义的高度信服和执着追求，并以此作为自己的精神支柱和行动指南。当前，马克思主义信仰的基本内容体现为"四信"②的统一整体，即对马克思主义的信仰、对社会主义的信念、对改革开放和现代化建设的信心、对党和政府的信任。总的来说，长期以来马克思主义在中国意识形态领域的主导地位并没有发生改变，中国绝大部分民众在对待坚持以马克思主义为指导问题上，认识是清醒的、态度是坚定的。与此同时，我们也要清醒地认识到，在价值取向多元化和思想观念冲突多发的态势下，一部分民众对马克思主义的科学性产生了怀疑，对社会主义理想、共产主义信念发生了动摇，社会主义主流意识形态出现了淡化、弱化和边缘化倾向，导致公民中出现一定程度的马克思主义信仰危机。

据2006年中国社会科学院的一项调研显示，当问及"是否认为有越来越多的人存在马克思主义信仰危机"时，有61%的受访人回答"是"，有20%的受访人回答"不是"，其余19%回答"说不清"。③ 而中国社会科学

---

① 参见［美］罗伯特·A. 达尔《论民主》，李柏光等译，商务印书馆1999年版，第158—159页。

② "四信"所包含的四个方面的内容彼此有着内在的联系，是一个依次过渡的层次性结构：其一，对马克思主义的信仰是指对马克思主义的世界观方法论的信奉，它是最高层次，统摄着下面三个层次的"信"，因此通常可以用"马克思主义信仰"来概括整体信仰体系；其二，对社会主义的信念是马克思主义信仰在现实社会主义运动中的具体体现，它更多的是一种社会政治信念；其三，对社会主义现代化建设事业的信心，则是对为共产主义事业奋斗的阶段性目标的坚持；其四，对共产党和政府的信任，是指对马克思主义信仰的载体进而组织依托的向心和凝聚，它是共产主义信仰的现实落脚点。

③ 中国社会科学院马克思主义研究学部课题组：《关于加强马克思主义理论研究和建设问题的调研报告》，《马克思主义研究》2008年第4期。

院的另一项调研数据也显示，有近40%的受访人认为目前存在着共产主义的信仰危机问题。① 另据2009年、2010年《人民论坛》杂志社等部门的调查结果显示，36.3%的受访人认为"主流价值观边缘化危机"是未来10年的十大严峻挑战之一；55.7%的受访人认为主流文化边缘化现象"严重"或"比较严重"。② 以上调研数据，总体上反映了当前中国马克思主义信仰呈现一定程度的危机和困境。具体而言，当前马克思主义信仰危机主要表现在以下几个方面：一是部分民众没有明确的信仰对象，处于信仰缺失状态；或者耻谈崇高信仰，只顾眼前利益，奉行个人主义和功利主义。二是有部分民众对马克思主义产生虚假认同和教条化认同，他们往往把马列主义、社会主义等词语挂在嘴边、写在纸上，仅把主流意识形态当作装点门面的符号，而对其精神实质并不知晓，也不愿去知晓，更落实不到行动上，甚至借马克思主义信仰之名，行反马克思主义之实。三是有部分民众对马克思主义信仰悲观失望，逐渐背离和疏远马克思主义信仰，进而形成对迷信、邪教和资本主义意识形态等非主流意识形态的认同。习近平总书记也强调指出："实际工作中，在有的领域中马克思主义被边缘化、空泛化、标签化，在一些学科中'失语'、教材中'失踪'、论坛上'失声'。"③ 凡此种种，不断冲击、消解着马克思主义信仰和主流意识形态认同，对此必须引起我们的高度重视。

关于当前中国公民马克思主义信仰的具体现状及其变化特征，我们可以通过一些调查数据进行分析和把握。据2000年一项关于高校师生"四信"状况的问卷调查显示，在对马克思列宁主义的信仰方面，认为马克思列宁主义、毛泽东思想"只是众多理论流派中的一种，不宜在指导思想上搞马克思主义一元化"、"基本结论已经过时，不适用了"和"说不清楚"的学生达31.01%，教职工达9.37%。认为邓小平理论"是实用主义"，"主要是一些讲话和谈话，谈不上形成新的理论体系"和"说不清楚"的学生

---

① 中国社会科学院马克思主义研究院国情调研课题组：《新世纪新阶段党的思想理论建设调研报告》，《当代世界与社会主义》2009年第1期。
② 参见人民论坛"千人问卷"调查组《"未来10年10大挑战"调查报告》，《人民论坛》2009年第24期；艾芸《73.6%受调查者认为主流文化缺乏现实关怀——"主流文化怎么了"问卷调查分析报告》，《人民论坛》2010年第24期。
③ 习近平：《在哲学社会科学工作座谈会上的讲话》，《人民日报》2016年5月19日。

达 34.02%，教职工达 21.88%。关于社会主义信念，被调查的大学生中只有 35.18% 的人认为"社会主义最终必然战胜资本主义"；在回答有关共产主义理想是否能实现时，学生中有 21.86% 的人，教职工中有 5.42% 的人认为共产主义"是幻想，是乌托邦，实现的希望非常渺茫"，还有 19.26% 的学生和 9.79% 的教职工回答"说不清"。[①] 可见，目前部分高校师生特别是部分大学生，在理想信念方面发生了严重的错位，相当一部分人没有树立起马克思主义信仰及社会主义信念。从统计数字看，尽管这些问题所占比例不大，只是"非主流"，但其绝对数字是不容忽视的。它告诉我们，由于在理想信念问题上的多元化趋势，信仰危机的确在严重地困扰着相当一部分高校师生。

根据前文提及的 2003 年一项对苏中和苏北民众的关于马克思主义信仰等"四信"现状的问卷调查结果显示（见表 3-11），受访民众中内心具有"四信"的人占 50.5%，刚过半数，说明基本情况是好的；还有 33.2% 的人思考过但内心没有确立"四信"，有 16.2% 的人从未思考过"四信"。[②] 可见，就"四信"总体情况而言，受访民众中真正确立对马克思主义的信仰、对社会主义的信念等的状况不容乐观，说明"四信"教育的落实还不够扎实。就"四信"具体情况而言，关于其中的马克思主义信仰状况，据前文表 3-10 的调查结果显示，信仰马克思主义的受访人还未过半，仅有 43.1%。而该调查对于有明确的马克思主义信仰的群体分析的结果显示，不同群体对马克思主义信仰的程度是有所区别的。其中，干部和国企工人信仰马克思主义的比例分别为 54.3% 和 50%，远高于农业工人（35.8%）和大学生（34%），而大学生则是马克思主义信仰最为薄弱的群体。该调查还进一步显示，"有 50%（其中大学生中高达 63%）的人认为学不学马克思主义对形成正确世界观、人生观没有什么影响，甚至还有 4.8% 的人认为学了反而不利于今后的发展。有 55% 的大学生认为学马克思主义或是因把它当作个人升迁的敲门砖（占 21%），或是被外在强迫（占 34%）"。另外，"有 64.4%（在农村更是高达 83.4%）的被调查者认为信仰马克思主义的人在减

---

① 龚竞昇等：《关于高校师生"四信"状况的调查与思考》，《长沙电力学院学报》（社会科学版）2001 年第 2 期。

② 侯惠勤等：《关于"四信"问题的调查分析——基本群众的"四信"状况》，《淮阴师范学院学报》（哲学社会科学版）2003 年第 6 期。

少的主要原因是党内腐败现象严重"①。由于党内干部的腐败，意味着他们在实际行动中背离了马克思主义，这种行为上的反马克思主义，严重损害了党和政府的良好形象，使老百姓以为马克思主义已成为少数人用来谋取个人利益的工具，从而导致一些人对马克思主义和社会主义产生怀疑，进而不断加剧对马克思主义信仰的怀疑和对主流意识形态认同的弱化。

表3-11　　　　　　　　对"四信"的总体态度　　　　　　　　单位：%

选择项	总体情况	国企工人	农业工人	干部	大学生
内心具有"四信"	50.5	55	45.3	77.8	29
思考过但内心没有确立"四信"	33.2	35	32	14.8	48
从未思考过"四信"	16.2	10	23.1	7.4	23

资料来源：侯惠勤等：《关于"四信"问题的调查分析——基本群众的"四信"状况》，《淮阴师范学院学报》（哲学社会科学版）2003年第6期。

另外，根据前文提及的本课题组的问卷调查和访谈结果显示，虽然有60.9%的受访人选择马克思主义信仰，但民众的信仰已明显多样化，马克思主义信仰的主体地位受到来自其他社会思潮的很大威胁，还有部分民众处于信仰模糊与缺失的状态。在对马克思主义的认识方面，我们的调研结果显示，除了有78.8%的受访人认为马克思主义是党的指导思想，必须坚持；还有10.7%的受访人认为马克思主义只是众多政治学说中的一种，不必作为党的指导思想，或认为马克思主义已经过时；有10.5%的受访人表示说不清楚。在对共产主义理想的认识方面，我们的调查结果显示，只有58.3%的受访人持客观正确的认识，认为共产主义是人类历史发展趋势，最终能够实现；另外将近一半的受访人则认为共产主义是一种美好愿望，难以实现，或是一种纯粹空想，永远不能实现，或者表示不知道。由此可见，伴随思想观念和价值取向的多元化，马克思主义信仰和社会主义、共产主义信念的凝聚力和吸引力逐渐削弱，马克思主义信仰在整体上呈现日益弱化的趋势，从而对公民的主流意识形态认同造成不同程度的冲击，引发一定程度的马克思主义信仰困境。

---

① 侯惠勤等：《关于"四信"问题的调查分析——基本群众的"四信"状况》，《淮阴师范学院学报》（哲学社会科学版）2003年第6期。

综上所述，在大量调查研究和统计数据的基础上，我们从治理绩效认同、制度规则认同、意识形态认同三个层面入手，就正向态势和负向挑战两个方面，对改革开放以来中国公民政治认同的现实状况进行了分析和梳理，较为全面地描述和呈现了当代中国公民政治认同的实然景观。我们既要看到改革开放以来公民政治认同所出现的历史性飞跃和积极变化，这是中国公民政治认同现状的主要方面，同时也要看到公民政治认同所存在的问题及面临的挑战，这是其次要方面。对于公民政治认同的积极方面，需要我们不断总结经验，继续保持政治认同的良好态势；而对于其面临的问题，则需要我们分析原因、寻找解决对策，不断促进政治认同的现代性成长。对此，我们需要有一个比较清醒的认识。

第四章　当代中国公民政治认同的影响因素分析

政治认同作为一种政治心理和政治行为的统一，其生成与发展是在认同主体的个体特性和一定社会环境的基础上，通过一定的心理机制和社会机制共同作用而实现的。换言之，政治认同是一定时期的政治、经济、文化等社会环境条件和认同主体的个体建构相互作用的产物，它受到社会因素、个体因素的制约和影响。可以说，与人们的政治生活相关的一切要素，都可以在一定程度和不同方面制约和影响公民政治认同，并成为公民政治认同问题产生的原因。如前文所述，改革开放以来随着经济社会的发展和急剧变革，中国公民的政治认同在取得积极变化和巨大进步的同时，也面临着一系列的现实挑战和问题，出现一定程度的认同消解、认同危机和虚假认同等困境。当前中国公民政治认同困境的出现，其原因是多种多样的，"从客观上看，有社会政治状况的修明程度，政治组织的权威性，政治过程的明晰公平有效，政府形象和效率等；从主观看，有社会心理的影响，人们对客观事物及其结果的主观感受，以及感知上的偏差等"[①]。在此，本书主要从宏观与微观的视角出发，就时代挑战和现实问题两个层面，对影响当代中国公民政治认同状况的诸多变量和因素进行具体的分析，力图全面阐释公民政治认同困境产生的深刻原因。

[①] 邱柏生：《浅析我国政治心理学研究的现状》，《复旦学报》（社会科学版）1996年第4期。

第一节　时代挑战：当代中国公民政治认同的宏观影响因素

马克思曾指出："物质生活的生产方式制约着整个社会生活、政治生活和精神生活的过程。不是人们的意识决定人们的存在，相反，是人们的社会存在决定人们的意识。"① 社会样态的改变，反映到人们的头脑中，必然会引起人们思想意识的变动。当代中国，既面临着社会转型期所引发的复杂矛盾，又面临着经济全球化的激烈冲击，还要面对社会信息化和网络化所带来的巨大压力。在这些重重压力和挑战之下，政治认同问题更加凸显，已成为当代中国政治发展所面临的重大课题。因此可以说，社会转型、经济全球化及社会信息化构成了当代中国公民政治认同的宏观影响因素，也是中国公民政治认同发生变化的现实社会场景和时代挑战。

一　社会转型与公民政治认同的矛盾和张力 *

改革开放以来，中国社会正经历着以社会结构变迁为基础的，涉及经济、政治和思想文化等社会领域的全面性的社会变革和转型。推动中国社会转型的根本动力是经济结构的变迁，即从计划经济向社会主义市场经济的转型。而中国经济体制的转型开始于党的十一届三中全会之后的改革开放，因此，从这个意义而言，中国改革开放的过程同时就是社会转型的过程。作为一种从传统到现代的社会进步和社会发展的过程，当代中国社会转型是一场前所未有的伟大社会变迁，其全面性、整体性、深刻性和广泛性，引起了公民政治认同重大而深刻的变化，产生了积极的影响，同时也对中国公民政治认同产生了严峻的挑战和消极影响，由此形成了社会转型与公民政治认同之间的矛盾和张力。

（一）社会转型的含义

"社会转型"是一个发展社会学的概念，其意义是说，由于外力或者内

---

① 《马克思恩格斯选集》第2卷，人民出版社1995年版，第32页。
* 参见胡建《论当代中国社会转型对公民政治认同的消极影响》，《西华师范大学学报》（哲学社会科学版）2014年第2期。

第四章　当代中国公民政治认同的影响因素分析

在力量的推动,一个社会经过改革和调整,由一种状态向另一种状态转换和变迁的过程。西方较早使用"社会转型"一词的,是社会学者 D. 哈利生。在《现代化与发展社会学》一书中,D. 哈利生在论述现代化与社会发展时,就多次运用"社会转型"一词来予以说明。①台湾学者范明哲在其《社会发展理论》一书中把"social transformation"直接译为"社会转型",并认为"发展就是由传统社会向现代化社会的一种社会转型与成长过程"②。对于"社会转型"概念的含义,学者们从不同的视角做出了不尽相同的理解和阐释。

在西方学界,"社会转型"的思想是社会功能结构学派现代化理论的经典思想。西方学者以西方社会为蓝本,围绕社会如何从传统型转向现代型的过程而展开,将社会转型的具体内容概括为六个主要方面:经济转型即工业化、社会转型即城市化、政治转型即民主化、文化转型即世俗化、组织转型即科层化、观念转型即理性化。③对于中国学界而言,社会转型概念已被相当普遍地使用,已成为描述和解释中国改革开放以来社会变迁的重要理论之一,也成为一个内涵日趋丰富的学科视野。大多数学者基于现代化理论的视角,认为"社会转型"是一个有特定含义的社会学术语,是指社会从传统型向现代型的转变,或者说从传统型社会向现代型社会的转变过程,在此过程中传统因素逐渐丧失而现代因素逐渐成长。④具体来说,就

---

① David Harrison, *The Sociology of Modernization and Development*, Academic Division of Unwin Hyman Ltd.,1988, p.56.

② 范明哲:《社会发展理论——人性与乡村发展取向》,巨流图书公司1987年版,第66、189页。

③ 陆学艺:《社会学》,知识出版社1991年版,第375—376页。

④ 比如,李培林教授指出:"社会转型是一种整体性发展,是一种特殊的结构性变动。而这种特殊的社会结构型变动有三层含义:一是指它不仅意味着经济结构的转换,同时也意味着其他社会结构层面的转换,是一种全面的结构性过渡;二是指它是持续发展中的一种阶段性特征,是在持续的结构性变动中从一种状态过渡到另一种状态;三是指它是一个数量关系的分析概念,是由一组结构变化的参数来说明的,而不仅仅是一般的宏观描述和抽象分析。"(参见李培林《中国社会结构转型》,黑龙江人民出版社1995年版,第18页。)景天魁教授认为,社会转型可分为三种规定性:事实性规定、实质性规定和结构性层次性规定。具体而言,事实性规定是指中国社会从传统社会向现代社会、从农业社会向工业社会,从封闭性社会向开放性社会的社会变迁和发展;实质性规定是指在传统与现代性的强力作用下实现社会变迁和发展;结构性层次性规定是指传统社会结构向现代社会结构的转变。(参见景天魁《社会发展的时空结构》,黑龙江人民出版社2002年版,第432—433页。)

是从农业的、乡村的、封闭的半封闭的传统型社会向工业的、城镇的、开放的现代型社会的转型，它着重强调的是社会结构的转型，其含义与"社会现代化"是基本一致的。对于社会转型的含义，目前中国社会学者中最富有代表性的看法认为，社会转型主要是指社会结构的一种整体性和根本性的变迁。作为社会发展的一种特殊形式，社会转型是一种从传统到现代的社会进步和发展过程，是以社会结构的变迁为主要内容的涉及社会各个领域的全面的结构性变革。它不只是某个领域、局部性的变化，而是社会生活的整体性变迁，至少应该包括结构转换、机制转轨、利益调整和观念转变，是一种整体性的社会发展。

（二）当代中国社会转型的特点

改革开放以来，由于中国社会在历史、文化及经济发展等方面的特殊性，中国社会转型所表现出的一个显著特征，就是我们除了要经历西方国家从农业社会向工业社会、传统社会向现代社会的转变外，还要伴随着社会体制的转轨，尤其是伴随着从高度集中的计划经济体制向社会主义市场经济体制的转轨。可以说，当代中国社会转型最深刻的意义就在于，它把市场化、工业化与现代化、社会主义制度改革三类重大的社会转型浓缩在了同一历史时代，从而构成了一场前所未有的波澜壮阔的伟大社会变迁。具体而言，当代中国社会转型具有以下特点：

第一，社会结构的不平衡性。

当前"中国社会正在从自给、半自给的产品经济社会向有计划的商品经济社会转型，从农业社会向工业社会转型，从乡村社会向城镇社会转型，从封闭、半封闭社会向开放社会转型，等等"[①]。当代中国正经历从传统到现代的社会转型，其实质是社会结构不断优化的过程，它着重强调的是社会结构的转型。社会转型过程中，由于社会结构的全面性、整体性和根本性变迁，难免会出现社会结构的冲突和一些社会失衡现象。其中，经济结构转型，即从计划经济体制向社会主义市场经济体制的转轨是推动中国社会转型的基础和动力。中国的经济结构转型是以改革开放为契机开始的，从40多年的实践看，大体沿着两条脉络展开：一是由封闭的经济体制向开放的经济体制转变；二是由集权的计划经济体制向分权的市场经济体制转变。

---

① 袁方等：《社会学家的眼光：中国社会结构转型》，中国社会出版社1998年版，第31页。

这一深刻的转型必然带来如社会资源结构、社会产业结构、社会区域结构、社会组织结构及社会身份结构等结构要素一定程度的失衡。

第二，利益矛盾的复杂化。

在当前社会转型期，面对社会结构的失衡、思想观念的冲突和错综复杂的社会现象，人们往往一时难以适应和辨别，并难免产生心理困惑和疑虑。因此，许多社会问题很容易集中出现，社会矛盾空前复杂与尖锐。其中，由于社会利益关系的调整而产生的利益矛盾是所有社会矛盾的焦点。改革开放以来，随着经济结构变化和社会主义市场经济体制的确立，引起社会阶级、阶层结构的重大变化，从而形成利益主体的多元化、利益来源的多样化，加上一些主客观因素，就使整个社会形成了错综复杂的利益关系，出现了利益差距扩大化的趋势，从而在经济、政治、文化等多个领域产生各种利益矛盾和冲突。这些利益矛盾和冲突的出现，容易引发利益主体尤其是利益受损群体的心理不平衡和对社会的不满态度，往往导致一些群体性事件的发生。因此，处理好这些利益冲突和矛盾，关系到当代中国社会转型的顺利进展。

第三，社会生活内容的创新。

作为一种社会进步方式，社会转型是社会结构的变迁与优化，它必将带来整个社会生活内容的扩展、更新和完善，其主要体现在经济、政治、文化等各个社会领域。具体表现如下：在经济领域，改革开放以来中国的经济形态转型除了经济体制的转变之外，还包括所有制结构的变化、产业结构的变化、分配方式的变化以及社会成员身份和阶层结构的转型等，从而有力地推进了现代化经济社会形态的形成和社会经济水平的提高。在政治领域，面对社会转型的压力，中国公共权力的原则理念、权力结构和运行机制等都做出了适应性调整和变化，比如从中央高度集权的权力结构向中央集权与地方分权相结合的权力结构转变，由党政合一的权力机构关系向党政分开的权力机构关系转型等，促进了社会民主政治的发展。在思想文化领域，改革开放以来，随着社会转型的加剧，人们的思想观念和价值体系也发生了显著的变化，传统的封闭、保守、等级特权观念受到冲击和削弱，单一化、理想主义浓厚的价值观也逐渐淡化，社会成员的价值取向和思想观念更加务实和多样化，进取、创新、自主、平等意识以及不尚空谈、讲求效益等思想观念更加深入人心。

（三）社会转型对中国公民政治认同的影响

当代中国社会转型是全方位、整体性的转型，涉及经济、政治和思想文化等多个领域，这种社会变革促进了传统农业社会向现代工业社会的转变，使中国逐步摆脱计划经济体制走上社会主义市场经济道路，实现了社会变迁和进步的开放式发展，进而形成了中国特色的现代化发展模式。随着中国社会主义市场经济体制的建立及发展，社会主义民主法治建设不断完善，社会思想文化和价值观念变得开放多元，推动了社会公众的思想解放，人们的民主法制意识、开放创新意识、自主平等意识、效率竞争意识等现代性意识不断凸显和增强。这些重大变化为进一步提升和强化中国公民的政治认同提供了重要的条件和有利的政治文化土壤，对公民政治认同的建构产生了重大的积极影响。与此同时，当代中国社会转型的全面性、深刻性及广泛性，易带来社会的动荡和不稳定，从而引起公民政治认同重大而深刻的变化，对公民政治认同的建构带来了一定的困难和挑战，对其造成了一些消极影响。其消极影主要表现在以下几个方面：

1.社会转型引发社会结构的变迁和社会阶层的分化，加大了公民政治认同整合的难度

当代中国的社会转型是一种以社会结构的变迁为主要内容的整体性和全面性变革。在社会转型不断加快和经济体制进一步深入改革的背景下，中国原有的社会结构开始解体，推动社会关系进行重组，社会阶层出现多元分化的趋势。在这个过程中，社会主义市场经济体制逐渐取代了高度集中的计划经济体制，同时以公有制为主体、多种所有制并存的所有制结构也取代了原有的单一公有制格局。所有制结构的变化促进了社会分工的发展和社会功能分化，进而影响着社会群体结构、阶层结构、组织结构、分配结构等多方面的改变。改革开放之前，中国的社会结构相对单一，社会阶层分化程度很低，社会结构具有很强的身份属性，人们基于政治身份、户口身份和干部工人身份等差异而归属不同的身份系列，且这种身份差异具有较高的稳定性，人们的阶层身份基本固化，较少流动。改革开放以来，随着社会转型带来的社会结构的变迁，中国原有的单一、固定的社会阶层结构已经无法承担推动社会发展的功能，开始出现分化重组现象，导致社会阶层的多元化，新的利益集团、新的职业群体等不断产生。比如，中国著名社会学家陆学艺教授以职业分类为基础，根据所获得的组织资源、经

济资源、文化资源情况的不同,将社会群体划分为五个等级、十大阶层。①有学者则认为中国社会形成了四种阶层类型,即基本阶层(产业工人、知识分子、公务员、农业劳动者等)、新兴阶层(乡镇企业职工、农民工、私营企业主、企业家群体等)、复兴阶层(个体劳动者、失业者等)及过渡阶层和"复旧群体"(军人、大学生、游民、休闲人士、社会求助者、性工作者等)。②党的十六大报告指出,当前我国社会出现了"民营科技企业的创业人员和技术人员、受聘于外资企业的管理技术人员、个体户、私营企业主、中介组织的从业人员、自由职业人员"③等新的社会阶层。社会阶层的分化和多样化,必然导致阶层利益和阶层意识的分化、差异乃至冲突,从而加大了对不同主体的差异化政治认同进行整合和协调的难度,不利于一体化的主导政治认同的形成。

政治认同整合是指在具有差异的政治认同之间形成相互协调、相互依存关系的有机整体,最终形成一体化的国家认同。④它是一个"求同存异"的过程。从某种程度上说,政治认同的整合过程就是一个寻找认同契合点的过程。在社会转型过程中,随着中国高度集权的总体性社会向多元社会的逐步变迁,原有固定的身份制社会结构逐步瓦解,社会阶层出现分化和多元化,不同阶层之间及其内部实现了更多的交往和阶层流动。但是,由于不同社会阶层有着不同的利益诉求和思想意识,各种不同的阶层意识在利益矛盾中不断发生碰撞和冲突,造成了思想协调和共识形成的难度,也使人们的行为失去了总体联动性,从而对公民政治认同整合及一体化政治认同的形成带来极大的挑战。在当代中国社会转型期,随着社会主义市场经济的发展和体制改革的推进,一部分人利用所掌握的组织资源、物质资源和文化资源等社会资源或借助转型期制度短缺,不断积聚大量财富而成

---

① 中国十大社会阶层包括:国家与社会管理者阶层、经理人员阶层、私营企业主阶层、专业技术人员阶层、办事人员阶层、个体工商户阶层、商业服务业员工阶层、产业工人阶层、农业劳动者阶层和城乡无业失业半失业者阶层。(参见陆学艺《当代中国社会阶层研究报告》,社会科学文献出版社2002年版,第9—14页。)
② 朱光磊等:《当代中国社会各阶层分析》,天津人民出版社2007年版,第12—18页。
③ 《江泽民文选》第3卷,人民出版社2006年版,第286页。
④ 王茂美:《村落·国家:少数民族政治认同研究》,社会科学文献出版社2015年版,第215页。

为改革的受益者或获益者群体；而另一部分人则由于缺乏相应的社会资源而游离于市场体制之外，在社会总体经济快速发展的情况下，却陷入了贫困生活状态，成为利益相对受损群体和社会底层群体，这就导致了中国当前阶层分化中贫富差距拉大和收入分配不公的问题。这一问题的出现，使得一部分人尤其是一些利益受损者和弱势群体往往产生挫折心理和被剥夺感，导致产生一定程度的社会紧张；而且有可能使利益相对受损者阶层产生一种错误意识，错误地认为是党的制度、政策引起了贫富差距拉大的问题，进而使一部分人对政府经济政策的不满转移到政治层面上来，造成人们对社会主义制度及其价值理念的质疑，使公众的共识产生分裂，最终对公民政治认同整合机制的构建带来一定困难和挑战。

2. 社会转型带来利益关系的多样化和利益格局的复杂化，容易导致公民政治认同的式微和消解

中国以改革开放为起点的社会转型，其本身就是利益结构的调整和资源分化重组的过程。随着社会结构的变迁和社会阶层的分化，中国的社会利益关系和利益格局发生了重大变化，出现多样化和复杂化的发展态势。在利益结构不断变迁的背景下，不同社会阶层之间的利益矛盾愈发激化，利益的整合与协调愈发困难，这样既不利于政治体系获取政治合法性以及维护政治稳定，也伤害了公民的政治情感，对公民政治认同的建构带来了严峻的挑战。

在改革开放前的高度集中的计划经济体制下，中国是一个利益总体性社会，利益主体就是国家和集体，利益来源非常单一，利益差距比较微小，利益关系简单化，社会利益矛盾相对较少。随着改革开放的不断推进，中国原有的整体利益格局和单一利益关系被打破，日益呈现出利益关系多样化和利益格局复杂化的特点。在中国由计划经济向社会主义市场经济的转型过程中，由于个体在社会利益格局中占有的资源不同、获利的方式不同、对利益的要求不同，必然会形成不同的利益群体和错综复杂的利益关系。20世纪80年代那种全体民众在改革中都普遍受益的情况开始改变，社会各阶层、不同利益群体从改革中获利的不确定性在不断增大，利益的分化愈发明显，而且有不断拉大的态势。利益分化必然会导致利益冲突和利益矛盾的发生，这些冲突和矛盾容易激起利益主体尤其是利益受损者的不满态度，使其产生心理失衡和相对被剥夺感，从而成为影响社会和谐稳定的

最大的不确定因素。同时，随着中国社会转型的加剧，市场经济的发展促使了地方利益格局的形成，也往往会诱使地方对中央方针、政策的执行产生逆反心理与抵触情绪，从而导致地方与中央、下级与上级的矛盾与冲突，在很大程度上破坏了党的政策的权威性。在市场经济条件下，由于价值规律作用的彰显，个体自主性和获利倾向性的增强，对个人利益的追求成为市场经济发展的最大原动力，部分社会成员往往只从自身物质利益出发，偏重眼前利益和物质价值，而忽视国家、集体整体利益和政治、道德价值，甚至冲击、违犯国家的政治、法律、道德，从而影响和冲击了社会秩序和规范，给公民政治认同带来了巨大挑战。另外，在转型时期由于体制过渡而产生的制度短缺导致权力约束的弱化以及利益分化不当等原因，政治生活中不断滋生和蔓延权力"寻租"、权钱交易、以权谋私等腐败现象。这些现象的出现，损害着社会的公平与正义，败坏着党和政府在人们心目中的形象，恶化了干部和群众之间的关系，削弱了党和政府的权威和政权的合法性，从而引起民众越来越强烈的不满情绪以及对党和政府执政能力的质疑。这些都在不同程度上导致了公民政治认同的式微和消解，给当代中国社会转型期公民政治认同的建构带来了巨大的挑战和冲击。

3. 社会转型造成思想观念的多元化和价值取向的功利化，往往导致公民政治认同的弱化和碎片化

改革开放以来，随着社会转型与变革的不断深入，中国社会日益呈现多样化的发展趋势，社会存在的多样化必然会引发多样化的社会思想意识和价值观念。与此同时，中国的政治文化和意识形态开始世俗化和理性化，个人的主体意识逐渐觉醒，人们开始追求自觉的多元的价值观，尤其是由于市场经济的趋利性使人们更多地关注自身利益，部分公民的价值取向逐渐偏离国家至上和集体主义，而青睐功利主义、个人主义等价值追求。于是，不可避免地带来了当代中国社会思想观念的多样化及价值取向的功利化，并对公民的政治认同尤其是主流意识形态认同产生极大的影响和冲击。

在计划经济年代，思想文化领域主要是单一的社会主义文化，中国共产党高度重视社会主义意识形态的政治合法性功能，主要凭借马克思主义的主流意识形态来培育民众的认同感以凝聚人心，从而使党的执政基础得以巩固。然而，随着改革开放以来中国社会转型的深入，社会生活的多样

化带来了多元思想文化的并存，西方资产阶级思想文化和意识形态、封建文化和封建主义意识形态、社会主义主流文化和主流意识形态等各种思想文化相互交融、相互激荡和相互冲突。在思想观念和价值取向多元分化的条件下，"曾经被认为是绝对的、普遍的、永恒的，或者被盲目接受的规范和真理，正在受到人们的质疑。这似乎成了我们时代的特征"[①]。当前，虽然马克思主义仍然是我们的主流意识形态，但它已不再是人们唯一的价值选择，因为社会中已经出现了许多备选的价值观，如有开放意识、自主意识、公平竞争意识等积极向上的价值观，也有个人主义、实用主义、拜金主义和享乐主义等消极逆向的价值观。这样一来，公民往往产生思想观念的模糊性和迷失感，他们在诸多的价值供给中无法抉择、困惑彷徨，这表明社会思想观念领域的混乱，党的意识形态的社会整合功能已经逐渐削弱，由此引发人们的政治信仰迷茫和一定程度的马克思主义信仰危机，对公民的主流意识形态认同产生极大冲击。

值得一提的是，思想观念和价值取向的多元分化势必引起一定程度的价值冲突和矛盾。价值冲突本质上是利益冲突，是社会利益分化条件下不同利益阶层之间的矛盾和冲突。在市场经济条件下，利益追求构成了人们价值取向的重要内容，人们往往是从个人利益出发去形成和表达自己的价值观念，甚至一些人在面对市场逐利性和功利性思想影响下而不谈或耻谈崇高的理想信念和社会主流价值。正如有人所指出的，"尤其是在当下，市场经济趋利性和消费主义价值观的蔓延，使人们更多地关注自身利益诉求，而较少接纳或认同所谓'理想信念'"[②]。随着社会主义市场经济的发展，利益分化和多元化将会导致价值冲突更趋经常化和复杂化，各种思想和价值观念在利益矛盾中不断发生碰撞和冲突。不同的阶层往往都从自己阶层利益出发，提出和表达自己的思想认识，形成思想观念的差异性和多元价值的冲突，社会共识难以形成，意识形态更加碎片化，使得社会主义主流意识形态的主导地位受到威胁，从而引发主流意识形态认同危机。因此，如何在思想文化和价值观念多元分化的背景下，提升社会主义意识形态话语

---

① ［德］卡尔·曼海姆：《意识形态与乌托邦》，黎明等译，商务印书馆2000年版，第3页。

② 叶政：《略论信息网络化条件下的主流意识形态建设》，《淮北煤炭师范学院学报》（哲学社会科学版）2006年第5期。

权和整合力,强化和巩固公民的主流意识形态认同,这已是一个无法回避的现实问题。

二 经济全球化与公民政治认同的矛盾和张力

当今世界正处于全球化时代,全球化是当今时代的最基本特征。作为一种客观历史进程,全球化是指一种在全球范围内以经济一体化为基础和核心,进而向其他领域扩散,涉及经济、政治、文化、科技、生活方式等在内的全方位整体化变迁趋势。全球化在本质上就是经济的一体化或国际化。在此意义上,人们往往称经济全球化为全球化,或者用全球化特指经济全球化。作为人的存在方式的一次重大变革,"全球化在产生整合的同时制造分裂,在推动合作的同时引发冲突,在呼吁普世化的同时凸显特殊"[1],由此给世界政治发展带来了新问题,为各民族共同体的凝聚和经济社会发展增添了新变数,同时对中国公民政治认同产生了严峻的挑战和深刻的影响,从而形成了经济全球化与公民政治认同之间的矛盾和张力。

(一) 经济全球化的含义及特点

经济全球化是当今时代最突出的发展趋势,也是当今国内外学术界研究的热点问题。经济全球化的内涵十分丰富,国内外学者对此也是众说纷纭,从不同的角度提出了不同的理解和认识。在此,我们根据所掌握的资料,对学界关于经济全球化内涵的界定进行梳理和分析,归纳出比较有代表性的观点,主要有以下几个方面:其一,"社会历史发展进程说",该观点认为经济全球化是一个客观历史进程,是人类社会发展的必然趋势和世界发展潮流,但在其具体的起源时间上具有差异性。正如习近平总书记指出:"历史地看,经济全球化是社会生产力发展的客观要求和科技进步的必然结果,不是哪些人、哪些国家人为造出来的。"[2]其二,"经济全球化主体说",该观点认为经济全球化过程中各个国家和地区都参与其中,但占主导地位的是西方发达国家,全球化被看作资本主义的全球化或全球资本主义的扩张。对此,美国著名社会学家沃勒斯坦的世界体系理论最具代表性,

---

[1] 詹小美:《民族文化认同论》,人民出版社2014年版,第214页。
[2] 习近平:《共担时代责任 共促全球发展——在世界经济论坛2017年年会开幕式上的主旨演讲》,《人民日报》2017年1月18日。

他认为不平等交换形成了中心—半边缘—边缘结构的世界体系，这个体系的本质是资本主义世界经济。[①]中国有学者提出，"当代经济的全球化实质上是在当代资本主义主导下的全球化，全球化问题实际上也是当代资本主义特别是发达资本主义的问题"[②]。其三，"经济全球化内容说"，该观点认为经济全球化不仅仅是指各国和地区在全球化中经济联系的融合和加强，还涉及政治、文化、技术等各个方面。比如有学者认为，在经济全球化历史进程中，生产、贸易、资本、科学技术以及资本主义生产关系在世界市场上自由发展，从而使资本主义的政治、经济和文化渗入到了世界上的每一个角落。[③]其四，"经济全球化载体说"，该观点认为经济全球化是在多种条件影响下的产物，但其发展主要是以跨国公司为载体的，跨国公司在经济全球化过程中起着举足轻重的作用。有学者指出，作为经济全球化最重要的微观主体和推动力，"跨国公司超越国家主权和边界，进行全球化生产经营的战略和布局会不断深化发展，这个趋势也不会出现逆转和停滞"[④]。

综上所述，经济全球化是一个内涵丰富的概念，也是一种十分复杂的现象。关于经济全球化内涵的界定，理论界从其历史进程、主体、内容及载体等不同的角度出发，得出了不同的见解。应当说，每一种见解都在一定程度上揭示了经济全球化的某种质的规定性，但又不足以概括其全貌。因此，在综合学界观点的基础上，我们在此笼统地以描述的方式对经济全球化概念进行总体性界定。所谓经济全球化，是指由于科学技术和生产力的迅猛发展，人类社会生活跨越国家和地区的界线，世界各国、各地区的经济交往、联系和融合更加紧密、频繁，在全球范围内展现的以经济一体化为基础的涉及政治、法律、文化、科技和意识形态等的全方位的沟通和联系。因此，经济全球化不仅是一个客观进程和历史潮流，还是一个多维的过程和状态，是一种人类社会发展的整体化、全方位的变迁趋势，而并非某种单一的终极状态。

---

① Immaneul Wallerstein, *The Modern World-system,* New York:Academics Press, 1974.
② 纪玉祥：《全球化与当代资本主义的新变化——兼及考察全球化的方法问题》，《马克思主义与现实》1998年第4期。
③ 参见董岩《经济全球化基本问题研究》，博士学位论文，吉林大学，2013年，第8页。
④ 权衡：《经济全球化发展：实践困境与理论反思》，《复旦学报》（社会科学版）2017年第6期。

在分析了经济全球化概念含义的基础上，我们还有必要明确其基本特点。经济全球化作为当今世界一种不可抗拒的历史潮流和发展趋势，它呈现出动态发展性、空间全球性、相互依赖性及内容复杂性等明显特点。具体而言：

第一，动态发展性。经济全球化不是静止不变的，而是一个动态发展的过程。无论是从对经济全球化发展阶段的考察，还是经济全球化未来发展的设想，其都表现出动态性这一特质。经济全球化是人类社会发展中的一环，是随着生产力和科学技术的不断提高而兴起的。商品不仅在各自国内进行广泛的流通和交换，随之而来的还有资本、服务、技术和劳动力等也必定会走出国门，进入世界范围的流通，从而形成了经济全球化的趋势。这一趋势不是一蹴而就形成的，而是经历了一个漫长的过程，但这一趋势是不随着人的意志而转移的。各国参与到这一动态发展过程中并对本国的发展经验进行经验总结，提炼出新的经济发展理论，从而又将理论与本国经济发展实际相结合，指导本国经济活动的开展，其实这一过程也推动了经济全球化的动态发展进程。就中国而言，进入新时代后，我们明确表示要积极主动地参与到经济全球化中来，顺应经济全球化大趋势，在这一过程中充分抓住机遇发展自己，并促进经济全球化进程的推进。

第二，空间全球性。1904 年，英国地理学家哈·麦金德从地理学和地缘政治的角度指出："世界是一个整体，它已经成为一个联系紧密的体系。"[①]20 世纪七八十年代以来，随着市场经济体制在全球范围的推行，加之信息技术的发展挣脱了地理性阻隔和国家边界的束缚，压缩了各国和地区交流的时空，使得整个世界所有主体间的交往和交流更加便捷、高效，从而形成了世人熟知的"地球村"。例如，现今世界上共有 224 个国家和地区，其中国家为 193 个，地区为 31 个，已加入世界贸易组织（WTO）的就有 164 个国家，这足以证明各国之间的联系在不断加深。中国自 2001 年加入世贸组织以来，超越国家和地区间的边界、文化、意识形态等因素，不断增强与西方发达国家和发展中国家的合作。中国成为世贸组织的重要成员之一，也担负起了为全球经济的发展做出贡献的责任。2015 年中国提

---

① ［英］哈·麦金德:《历史的地理枢纽》，林尔蔚、陈江译，商务印书馆 2007 年版，第 19 页。

出了"一带一路"倡议,为经济全球化又增添一座新的桥梁,这大大地缩短甚至是消除了沿线国家和地区之间由于政治因素而存在的国家间的距离,使得沿线国家和地区在"一带一路"倡议下共同参与到经济全球化中来。

第三,相互依赖性。经济全球化是一种全球范围内的沟通和联系,在这一过程中世界各国之间已形成唇亡齿寒、"一荣俱荣,一损俱损"的关系。随着跨国公司的发展,各国在劳动力、生产资料等方面已经构建起了"世界工厂",使得各个国家在经济全球化的各个环节上都密不可分。因为"在以市场经济为主流的世界经济系统中,任何国家或经济体如果试图走封闭发展的道路,终将丧失活力,自绝于繁荣,或者被市场经济的洪流所淘汰,或者被市场经济吞噬而重生"①。中国作为世界第二大经济体不仅抓住机遇积极地参与其中,并在经济全球化过程中担负着大国责任。比如,在 GDP 贡献率上,2001 年至 2017 年,中国实际 GDP 对全球贡献率从 0.53% 提升至 34% 左右。②但是在经济全球化过程中也出现过由于一国经济问题或危机而使得各国经济发展均被波及和影响的现象。如 2007 年至 2011 年肇始于美国的次贷危机最终引发了波及全球的金融危机,使得世界各国经济增速放缓,失业率激增,一些国家开始出现严重的经济衰退。这些都说明了在经济全球化的进程中,世界各国的发展相互依赖、紧密联系。

第四,内容复杂性。一般意义上,资本、商品、服务、劳动及信息超越国界进行扩散的现象都被认为是经济全球化。但随着当今社会生产力和科学技术的发展,经济的全球化已被渗透了其他方面的内容,从而使其内容呈现出复杂性。从人类社会的进程来看,18—19 世纪资本主义市场经济一经扩散就使经济全球化浪潮推开,在这一过程中经济全球化的主要内容包含了商品贸易自由化和国际投资自由化。随着社会生产力的发展,到了 20 世纪之后,经济全球化的内容越来越复杂多样,贸易全球化、生产全球化、金融全球化、信息全球化、文化全球化、科技全球化等都列入经济全球化的范畴。更为重要的是,在众多复杂内容的交流和融合过程中,西方发达国家一直占据着主导地位。在一定程度上甚至可以说是由西方发达国

---

① 金碚:《论经济全球化 3.0 时代——兼论"一带一路"的互通观念》,《中国工业经济》2016 年第 1 期。

② 《70 年过去了 世界贸易更自由还是更封闭?》,2017 年 10 月 30 日,中国新闻网。

家控制和主导之下的经济全球化，而在这一过程中，西方发达国家不仅掌握着经济全球化的控制权，甚至还借以经济全球化的旗帜将政治渗透和意识渗透纳入其中，从而使经济全球化褪去了纯粹性的特点。

（二）经济全球化对中国公民政治认同的影响

当前，迅猛推进的全球化浪潮作为一种不可阻挡的发展趋势，对人类社会的经济、政治、文化和社会生活带来了剧烈的震荡和深刻的影响。对中国而言，经济全球化是一把"双刃剑"，它既会给中国公民政治认同带来积极的影响，也会对公民政治认同带来严峻挑战。一方面，由于经济全球化有利于扩大我们的交往空间，加强与西方先进国家的联系，为我们学习吸收世界先进经济、文化成果，实现跨越式发展，以及打破人们旧有观念和思维定式的禁锢，提供了难得的机遇和条件，从而为公民政治认同注入新的生机和活力，有利于进一步扩大认同领域和丰富人们的既有认同；另一方面，由于经济全球化带来民族、国家疆界、国家主权等的日渐模糊和失效，同时西方发达资本主义国家凭借其各方面的先发优势，在全球范围内推行其政治制度、意识形态、价值观念、生活方式等，从而不断影响着中国民众的政治思维与价值观念，瓦解着传统的政治社会基础，对中国公民政治认同产生了严峻挑战，导致公民政治认同呈现出新的发展趋向。

1. 经济全球化冲击了民族国家主权权威，导致国家政权的合法性基础缺失，引发了对民族国家的认同危机

民族国家作为人类政治生活的核心，"是当今世界主导性的国家形态，也是现行国际体系的政治单元和法律单元"，"本质上是一套保障民族认同国家的制度安排"[①]。民族国家认同，是指人们立足于自己的民族而对国家的认同，是公民对自己祖国的历史文化、疆域、族群、国家主权、政权组织等的一种自觉的认可和接受。民族国家认同是人类社会中具有核心意义的政治认同，它直接决定着人们对国家政权的基本态度和基本情感，它是公民政治支持、政治服从、政治忠诚和政治归属的基础。因此，从很大程度上说，民族国家的认同是政治认同的核心和最终归属。然而，随着经济全球化的迅速推进，传统的国家主权和边界概念似乎正在消解，民族国家

---

① 周平：《民族国家认同构建的逻辑》，《政治学研究》2017年第2期。

在经济、政治、文化诸领域的主权权威受到不同程度的侵蚀和威胁。正如江泽民曾指出的，西方发达国家"企图通过经济全球化实现资本主义的一统天下，这使广大发展中国家的经济主权、国家安全面临着严峻挑战和威胁"①。具体而言：经济上，民族国家制定的各种有利于本国经济发展的政策与目标，由于不利于跨国公司和国际经济组织对民族国家的经济控制而无法完全实现，从而在很大程度上制约了民族国家的经济发展，民族国家的经济主权被削弱；政治上，民族国家的政治独立地位和外交政策制定由于处于西方主导的政治秩序框架内，往往出现受到外来势力的干预情况，而且由于世界各方政治力量的不平衡，部分弱国会依附强国，造成政治的不独立，对民族国家的政治主权构成威胁；文化上，随着不同国家之间文化的相互交流、融合，各国的文化传统、伦理价值等出现高度的相关性、互动性及共性元素，民族特色文化逐渐褪色，使得民族国家的文化主权受到制约和影响。鉴于经济全球化对民族国家主权所构成的挑战，一些学者直接就把全球化的过程定义为"非民族国家化"或"民族国家的终结"的过程，认为全球化正在消除经济空间和政治空间的一致性，从而使传统的国家主权分散和弱化，民族国家的统治逐渐失效。

国家主权是国家基本权利的基础，也是国家的本质属性。经济全球化所带来的国家主权的被侵蚀，意味着国家至高无上权威的泯灭，人们开始对传统的民族、国家观念重新思考，从而必然导致传统政治认同的淡化或转移，引发对民族国家的政治认同危机。在全球化时代，随着世界各国相互依存关系的加深，越来越多的国家开始从全球的思维高度来重新认识国家主权，越来越多的国家也逐渐认识到要让渡一部分主权，建立有效的国际协同合作机制，以维护国家的独立性和根本利益。同时，随着科技革命的深化及其带来的时空压缩和"全球意识"的增强，各民族国家在处理国内外事务时已不能绝对地、至高无上地享有国家权力，越来越多地受到来自跨国公司、超国家组织等外部力量的掣肘。在此背景下，民众政治认同呈现出多重复杂性以及更多更大的裂痕，人们去寻求新的认同客体和认同

---

① 《江泽民论有中国特色社会主义（专题摘编）》，中央文献出版社2002年版，第519页。

框架，公民中开始出现所谓的"超国家政治认同""亚国家政治认同"[①]及"全球认同"等新政治认同。对此，托夫勒夫妇认为，"随着第二次浪潮对民族经济的改变，民族经济被迫放弃部分主权，接受国与国之间经济与文化的相互渗透。因此，当经济落后地区的诗人和知识分子还在创作国歌的时候，第二次浪潮国家的诗人和知识分子已在讴歌无国界世界和全球意识的理念了"[②]。也有学者指出，"经济全球化、互联网和生态环境的国际化，使越来越多的公民开始淡化原来的国家认同，而滋生出了全球意识，出现了所谓的'新认同政治'，少数先锋派如国际环境保护主义者甚至已经以'全球公民'自居了"[③]。由此可见，全球化不但是形成民族国家认同的推动力量，同时在全球化进一步推动下，也成为削弱民族国家认同的力量。[④]

不断推进的经济全球化对各个民族国家认同都提出了不同程度的挑战，同样，日益积极参与经济全球化进程的中国也不能不受影响。有调查资料显示，"全球有7亿人希望永久移民到另外一个国家……这一数字占全球成年人口总数的16%……这些人都觉得'异乡的月亮更圆'"[⑤]，当然中国也是移民大国。对于这些移民来说，传统的那种绝对的种族认同和民族国家认同基本上不复存在。当前随着大众传媒、通信网络、信息技术的全球发展，国家权力正在从权力的神坛上走下来，国家权力正在越来越多地让渡，政府失去了许多独立行动的能力，政府将更多的权力下放到民间，在一定程度上弱化了国家保障社会发展和促进社会公平的作用，从而削弱了公民对国家和政府的信任，不利于民族国家政治合法性的积累。同时，全球化进程中网络的全方位渗透和信息的跨国流动，使国家传统的对信息的控制和

---

① 所谓"超国家政治认同"，是指一种基于全球化"整合"意义上的超越国家的政治认同，认同目标从国家转向了世界性运动、国际组织等。所谓"亚国家政治认同"，是指一种基于全球"碎裂"意义上的分裂国家的政治认同，认同目标从国家转向了单个民族文化（族性）认同或群体身份问题。（参见刘昌明《论全球化背景下发展中国家政治认同的新趋向》，《当代世界社会主义问题》2005年第2期。）

② [美]阿尔文·托夫勒、海迪·托夫勒：《创造一个新的文明》，陈峰译，上海三联书店1996年版，第9页。

③ 俞可平：《论全球化与国家主权》，《马克思主义与现实》2004年第1期。

④ [英]安东尼·D.史密斯：《全球化时代的民族与民族主义》，龚维斌等译，中央编译出版社2002年版，第1—2页。

⑤ 参见管克江《调查：全球7亿人想移民》，《环球时报》2009年11月5日。

垄断能力急剧下降，各种不同的思想观念同时呈现，对中国根深蒂固的制度、传统、文化、价值产生了强烈冲击，使许多公民产生出一种无所适从的感觉，并产生一种文化迷茫和文化离心力，从而往往使公民缺乏对自己的民族文化身份的认识，缺乏对自己国家的归属感，即缺乏国家认同感。在此背景下，近年来中央高层反复强调加强爱国主义教育，弘扬和培育伟大民族精神，筑牢中华民族共同体意识等，以此不断增强中国公民对国家和民族的认同。

2. 经济全球化引发传统政治文化的急剧变迁，从而产生多样化的价值观冲突，导致公民对主流意识形态认同的削弱

公民政治认同的形成不仅需要从利益上满足他们的要求，更重要的是创造出统一的政治文化基础，并形成文化认同。有学者指出，"人生存于一定的文化环境之中，长期的文化熏陶，培育了人们的一种文化认同，以及由此而产生出的一系列的制度和行为方式上的认同。而当旧的环境失去、旧的行为变异时，它所带来的一个重要结果就是过去心灵所系的文化命脉的动摇，同时也意味着所有的价值和意义的重新寻找"[①]。因此可以说，良好政治文化的培育是政治认同得以形成的基本条件，也是政治认同得以长期维持的保障。无论一个国家的政治文化是传统的还是现代的，只要它是统一的且为人们所认同，就可以为政治认同的形成奠定基本的条件。反之，在一个政治文化处于分裂状态的国家中是无法形成政治认同的。当前，在全球化的背景下，随着高科技手段的应用，市场经济的发展和资本的跨国流动，各个国家之间思想文化的交流、沟通和融合大大加强，原来在不同历史时期及不同文化背景下存在的价值观念被全球化"时空压缩"而挤在同一个平面上，使本国的与外来的、传统的和现代的文化观念互相碰撞、交织在一起，从而出现了价值观的多样化和复杂化。而价值取向的多元化，势必容易导致思想观念领域的混乱，引起各种思想文化和价值观念之间的相互矛盾和冲突。人们对于纷至沓来的各种社会政治思潮、政治主张及政治价值评价往往无所适从，在价值选择上感到困惑彷徨。因此，"全球化的效果势将削弱所有民族国家的文化向心力，即使在经济上强势的国家，亦

[①] 李丽红：《当代西方多元文化主义思潮的起源和发展》，《中西政治文化论丛》第四辑，天津人民出版社2004年版，第350页。

不能幸免于此"①。与此同时,在全球化的进程中,对外开放的要求使政治文化变迁的步骤加快,社会成员对原有政治体系的认识、感情、态度、信仰、价值评价发生了急剧的转变。但是社会政治文化对旧体制认同感的失却与新的政治体制的生成并不是同步进行的,在对旧体制失去政治认同的同时,并没有同时确立起对新体制的基本共识和认同态度,由此导致政治认同的"真空",并破坏着传统政治认同的基础。

对中国社会而言,改革开放的过程,就是一个冲破自我封闭走向世界的过程,也就是一个全方位融入全球化的过程。经济全球化在为中国改革开放提供有利的外部环境的同时,也使中国面临着西方强势国家文化霸权战略的挑战。资本主义的经济扩展总是与思想渗透联系在一起的。以美国为首的西方发达国家在全球化进程中,利用其强大的经济技术优势,极力向全世界特别是以中国为代表的社会主义国家宣传、推行其经济政治制度、文化和意识形态,它们企图迫使弱势民族及其文化重新整合到由其主导和控制的资本主义世界文化中去。实际上,自中国社会主义制度建立以来,西方意识形态的渗透以及社会主义与资本主义之间的意识形态斗争就从来没有停止过。尤其是近年来随着中国越来越走近世界舞台中央,西方国家更是加紧对中国策动"颜色革命"和意识形态渗透。邓小平曾在冷战尚未结束时,针对西方资本主义对社会主义国家的"西化"和"分化"图谋,告诫我们指出:"西方国家正在打一场没有硝烟的第三次世界大战。"②因此,全球化进程中,资本主义制度和意识形态的不断渗透,给中国主流意识形态认同带来极大的冲击和挑战。

改革开放40多年来在中国不断融入全球化的进程中,民主制度不断健全、依法治国不断推进、公民民主权利获得更多保障、政治参与走上制度化轨道等,在政治文明方面取得重大进步的同时,中国在政治文化方面也发生了深刻的变化,政治文化呈现世俗化、理性化,公民的政治价值取向日趋功利化,由此导致国家长期形成的有利于社会和谐稳定的社会传统、文化观念及道德信仰等遭到瓦解,出现公民对传统政治认同的反叛,致使主流意识形态认同失去基础。比如,越来越多的中国公民,特别是年青一

---

① 赵修艺:《解读汤林森的〈文化帝国主义〉》,上海人民出版社1999年版,第13页。
② 《邓小平文选》第3卷,人民出版社1993年版,第344页。

代公民，对政府和现存政治制度明确地表示不满，直至激烈地批评，对政治行为不再逆来顺受而开始采取一种相对独立的态度和反应。当前，在年青一代中国公民中，由于缺乏正确的政治认知以及对中国历史和世界发展状况缺乏全面认识，很多人还表现出盲目崇拜西方，对资本主义一味向往和认同，而对自己的民族、国家的认同趋于淡化，认为我们国家"与其他国家相比如何如何落后"；年青一代公民也在一定程度上表现出对"党指向哪里我们就战斗到哪里""对上级的指示要坚决服从和执行"等传统政治服从的响亮口号的怀疑与排斥。对此，有学者明确指出，"毫无疑问，如果没有对外开放，没有外部的冲击和影响，在完全封闭的状态下，不可能产生上述深层的政治文化变迁。而经济全球化则加速了这一政治文化的变迁过程，没有20世纪80年代以来的全球化浪潮，中国的政治文化就难以在如此短的时间内发生这样巨大的变化"①。因此，对中国政治文化的分化变迁所带来的对主流意识形态认同的冲击和挑战，必须引起我们的高度重视。

3. 经济全球化所引发的"期望革命"②与政府的社会满足能力之间的巨大差距，使公民产生强烈的受挫感，容易导致公民政治认同感的淡化和消解

某种意义上讲，经济全球化作为社会文明的新形态，是以西方为主导的，以美国为首的西方发达国家是全球化的推动者。因此，在全球化的进程中，发达国家的经济、政治、文化以及价值观、人生观、生活方式等，无时无刻不在对世界各国进行渗透并产生着强烈影响；并且发达国家还刻意对那些与自己意识形态和文化传统相异的发展中国家，利用一切时机传播其意识形态、价值观念、制度模式和生活方式等，使发展中国家的政治发展处于一种被动的缺乏自主性的状态之中。更为突出的是，在经济全球化进程中，发达国家的"先发优势"从过去的一种抽象的、间接的体认，

---

① 李惠斌：《全球化：中国道路》，社会科学文献出版社2003年版，第50页。
② "期望革命"是西方学者研究政治不稳定原因时所关注的一个焦点。亨廷顿等学者认为，发展中国家在现代化之初，人们对社会的期望受到多种因素的推动而急剧膨胀，甚至可能带来一场"期望革命"。这些因素主要包括：政府提出的过于趋前、诱人的发展前景；现代传媒的宣传导向；贫富不均导致的社会攀比心理等。期望增长只有同经济增长同步趋进，才能实现社会满足。而发展中国家的经济发展不可能一帆风顺，于是，公众期望的普遍挫折感将可能爆发一场社会范围内"不满的革命"，形成政治骚动的社会氛围。

逐渐成为一种全面、直接的感受，呈现在发展中国家的人民面前，使他们不由自主地对之产生了一种向往和社会期望。然而，现实中的发展中国家由于各方面的原因，政府又无力满足这种向往。这样，在社会期望值与社会满足能力之间，便形成了一个差距。这种差距使得发展中国家的国民对自己国家的制度，对政府的合法性、权威性产生了不满和怀疑，从而对自己国家的现代化事业及政府的绩效产生一种"受挫折感"和不满足感，导致政治认同感的淡化或转移。正如美国社会学家戴维斯所指出，当人们的期望和要求在社会现实中得不到满足，或者社会提供的满足程度低于期望的要求，人们在期望受挫的心态下形成对社会的不满，构成了引发社会不稳定的心理基础。[1]这里，社会不稳定的出现正是由于人们政治认同淡化或转移而造成的。

改革开放以来，在中国融入经济全球化的进程中，发达国家的"先发优势"也在观念上与事实上对我们产生了一种示范效应。尤其是中国加入世贸组织后，我们与发达国家的差距越来越为人们从不同途径和方式直接感受到。当前，随着中国特色社会主义事业的不断发展，人们除了对物质资料追求之外，在民主、法治、公平、正义、安全、环境等方面的要求也空前地强烈起来，即人们的美好生活需要日益广泛。尽管当前中国社会生产力水平显著提高，经济总量位居世界第二，社会生产能力也进入世界前列，但仍不能完全满足人民日益增长的美好生活需要，其主要制约因素就是发展的不平衡不充分问题。党的十九大报告明确指出，"中国特色社会主义进入新时代，我国社会主要矛盾已经转化为人民日益增长的美好生活需要和不平衡不充分的发展之间的矛盾"[2]。即是说，当前人们的社会期望值与社会发展所能够提供的需要满足能力之间还存在差距和矛盾。这一矛盾的出现，要么使一些人产生沮丧心理、不安心理、挫折感甚至是不满情绪，对政府绩效和社会主义制度产生怀疑，如人们所说的"端起碗来吃肉，放下筷子骂娘"；要么使一些人为了利益不择手段，通过权力"寻租"等一切有使用价值的东西的交换作为满足需求的手段，从而导致政治不稳定和政治腐败因素局部活跃。与此同时，在全球化进程中，人们获取信息的渠

---

[1] 转引自邓伟志《变革社会中的政治稳定》，上海人民出版社1997年版，第62页。
[2]《党的十九大报告辅导读本》，人民出版社2017年版，第11页。

道多样化，视野变得开阔了，人们开始了更多的思考、比较、鉴别。在国与国的比较中，在制度与制度的比较中，在政府与政府的比较中，一些人的心态变得越发不平衡，一些人的期望与现实的落差也变得越来越大了。比如，人们把自己所面临的生活困境与一些发达资本主义国家人民的优越生活相比较，往往使他们对"社会主义比资本主义优越""社会主义比资本主义好"等官方的宣传说教产生怀疑，从而大大降低人们对社会主义的政治认同度。又如，与其他发展中国家相比较，人们了解到一些国家虽然总体经济实力落后于我们，但其实行全民免费教育、全民免费医疗，公用事业（包括水、电、煤气等）和交通的费用也很低，这种情况与中国当前正面临的"上学难、看病难、就业难"等社会民生问题形成鲜明对比，从而也会影响民众对中国政府和现有体制的认同感，导致公民政治认同的淡化和消解。

三 社会信息化与公民政治认同的矛盾和张力

在人类历史的发展长河中，技术革命与人类文明往往互相伴随和互相影响，共同促进社会文明的不断进步。当今世界，随着网络信息技术的迅猛发展和普遍应用，一个与"全球化"相伴随的新的发展趋势和时代特征出现了。有人将之称为"信息时代"或"信息革命时代"[①]，方兴未艾的信息技术革命正推动着人类社会逐渐从工业化社会向信息化社会转变。作为现代社会人们进行交往和获取信息的重要媒介，社会信息化和网络化以其即时性、互动性、透明度及开放性等特征深刻改变着人们的生活方式、组织形式，为社会发展提供了新的动力、注入了新的活力，从而极大地改变了世界的面貌，但是网络的虚拟性、隐蔽性、自由性以及信息多样化等也对公民政治心理造成很大的冲击，加大了国家和社会治理的难度，给公民政治认同带来了一些新的问题和挑战，由此形成了社会信息化发展与公民政治认同之间的矛盾和张力。

---

① 弗朗西斯·福山等认为，由于全球化是技术变革推动的，因此也可以把我们的时代称为"信息时代"或"信息革命时代"。（参见［美］弗朗西斯·福山等《全球化：新时代的标识》，中国现代国际关系研究所全球化研究中心编译《全球化：时代的标识——国外著名学者、政要论全球化》，时事出版社 2003 年版，第 2、21 页。）

（一）社会信息化的含义及其主要内容

社会信息化概念是在信息化概念基础上发展而来的。1963年，日本学者梅棹忠夫在题为《论信息产业》的文章中首次提出了"信息化"的概念，随后这一概念为世人广泛认可。一般意义上，信息化是指以现代通信、网络、数据库技术为基础，培育、发展以智能化工具为代表的新的生产力并使之造福于社会的历史过程。就本质而言，信息化是一个社会发展过程，也是一种全新的社会发展现象。就信息化涉及的社会层面来说，实现国民经济和人类社会生活的全面信息化，即社会信息化是信息化发展的最终趋势和目标。而关于"社会信息化"的界定，理论界有着不同的阐述，大致可分为广义的和狭义的社会信息化，但人们谈到社会信息化时，往往是从广义进行理解的。有学者认为："社会信息化就是指在国家宏观信息政策指导下，通过信息技术开发、信息产业的发展、信息人才的配置，最大限度地利用信息资源以满足全社会的信息需求，从而加速社会各个领域的信息化发展进程。"[1] 有学者认为，社会信息化"是指社会在日新月异的信息技术推动下，信息资源广泛应用到社会的诸多领域、行业、机构以及家庭，信息从而在社会发展中起重要作用的社会化过程"[2]。还有学者认为"所谓社会信息化，就是各行各业包括政府系统、社会各种团体、企事业单位、家庭、个人等社会成员依赖并使用信息化知识、信息化技术、信息化手段进行管理与运作。"[3] 另有观点还认为："社会信息化是通过现代信息技术和网络设施把作为社会的最基础资源——信息资源充分应用到社会各个领域，使全社会过渡到信息化社会。社会信息化是一个渐进的动态过程，其发展的最高阶段就是社会各个方面、各个领域的全面信息化。"[4] 总之，通过对上述社会信息化定义的考察，我们可以看出不同学者从不同的角度对社会信息化的内容、特征等方面进行了卓有成效的界定，有利于我们全方位理解社会信息化的含义。必须指出的是，上述对社会信息化含义的理解虽然在某些方面有可取之处，但这些理解往往将社会信息化等同于信息化或者信息化社会，主要突出了技术层面，而弱化了信息化对重塑

---

[1] 郑建明等：《社会信息化进程中的理论研究》，《情报科学》2000年第8期。
[2] 王世伟：《社会信息化发展的新趋势与产业》，《情报资料工作》2013年第5期。
[3] 解金山：《社会信息化与信息化技术》，人民邮电出版社2011年版，第3页。
[4] 刘刚、娄策群：《政府信息化与社会信息化的互动影响》，《情报科学》2005年第3期。

社会观念、社会职能转变、社会结构重构等方面影响的探讨，无可避免地存在用技术概念解释传统社会治理模式的倾向，这样背离了社会信息化的本质。

实际上，社会信息化是一个动态的、不断变化发展的进程，其含义也不是静止不变的，我们对社会信息化的理解应当随着时代的发展而不断深化，关键是要把握其精髓和落脚点。质言之，我们对社会信息化内涵的理解，重点和关键是应当把握这一概念中"社会"而不是"信息化"。"信息化"只是代表着一种技术支撑，它是为社会治理服务的，运用信息化技术推动新型社会治理模式的建构才是社会信息化的应有之义。我们界定社会信息化时，应当考察信息化对社会组织方式、运行方式、社会职能以及人类生活方式产生的影响，探寻信息化蕴含的社会属性，侧重从"社会"角度来分析和研究社会信息化的内涵。社会信息化是信息化技术发展的必然结果，它的兴起既是信息技术进步的必然，更是实现社会再造的理性选择。社会信息化的推进，必然引起社会运作方式的变化，导致社会治理体制和方式的改变。在信息时代，信息技术是促进公民社会化的重要手段，人类社会生活的各个领域都必然会普遍受到信息化的影响。推进社会信息化意味着运用信息化手段实施社会治理工作，充分发挥信息在国家和社会治理中的作用，社会治理不仅要重视网下，还要重视网上，这种转变将彻底改变传统社会治理模式和治理机制。因此，社会信息化不是简单的现代信息技术在社会治理中的运用，而是与社会治理职能的转变和社会变革密切结合的，其本质是一种现代社会治理新模式，是以信息化推进国家治理体系和治理能力现代化。从这点出发，我们认为所谓社会信息化，就是指在信息化背景下，以现代信息技术和数字通信技术作为实现社会治理、推动经济社会发展、提高生活质量的主要手段，使国家机构、社会组织、社会成员依赖并使用信息化知识、信息化技术、信息化手段的过程。

在明确了社会信息化的含义基础上，我们有必要进一步把握社会信息化的主要内容及其建设思路。在这里，我们主要以1997年召开的首届全国信息化工作会议关于国家信息化的定义及中国信息化发展思路为依据，来对此进行阐释。在这次会议上，国务院信息化工作领导小组首次明确提出了国家信息化的定义，即在国家统一规划和组织下，在国民经济各个方面应用现代信息技术，深入开发和广泛利用信息资源，加速实现现代化的进程。根据这一定义，全国信息化工作会议确定了国家信息化体系框架，也就是社会信息化的主要内容，包括以下六个方面：

第一，信息资源的开发利用。信息是国民经济和社会发展的战略资源，也是社会信息化的重要载体，它关系到社会是否有信息可用以及能在多大程度上将信息运用到社会中，它是社会信息化建设取得实效的关键。信息化的最大优势在于能够实现各种信息资源的互通共享，减少经济成本，扩大经济社会效益。众所周知，信息化社会最大的特点就是信息总量的巨大性，在这广大的信息量中既有有用信息，也有无效信息甚至有害信息，如何对这些信息进行有效区分成为促进社会信息化的重要任务。如果不对信息进行有效的开发利用，任凭各种信息充斥社会，必然导致信息不对称或虚假信息泛滥，造成社会混乱和不稳定。因此，信息资源开发利用的程度是衡量国家信息化水平的一个重要标志，也是推动社会信息化的重中之重。

第二，信息网络建设。社会信息化主要依靠发达的信息网络实现。互联网的普及使国家对信息网络进行建设成为紧迫任务，这是适应社会信息化发展趋势的必要手段。国家信息网络是信息传输、交换和资源共享的主要渠道，关系到社会信息化的实现效果。只有加强国家信息网络建设，才能充分发挥信息化的整体效益。信息网络建设是推进社会信息化的硬件层面问题，是信息资源开发利用和应用信息技术的基础。"巧妇难为无米之炊"，没有信息网络基础设施的硬件支持，即使有再多有用的信息也无法及时传递，更不用说实现信息共享。到目前为止，中国已经启动了诸如"三金"信息系统工程在内的多项信息网络建设工程，并建成了国家公共数字化干线传输网络，现在正在开展国家大数据建设、"互联网+"行动计划、实施网络强国战略等，这些举措推动了整个社会信息化水平的大幅提高，改变了人们的思维、生活、工作方式和价值观念。

第三，信息技术的应用。信息化产品与其他产品最大的区别在于其能够无限复制，而这离不开信息技术的运用。信息技术，是指人们获取、筛选、传输、运用信息的技术，这是实现社会信息化的技术层面问题。就现阶段而言，中国已经形成了多元化的信息技术手段，主要有通信技术、数据技术、互联网技术、多媒体技术、信息检索技术、信息安全技术等类型，为社会信息化提供了良好的技术支持。与此同时，我们与世界先进水平仍存在不小差距，尤其是在互联网核心技术方面。因此，要有决心、恒心和重心，加速推动信息领域核心技术突破和广泛应用。信息技术的应用关系到社会信息化建设的速度与效益问题，尤为重要。从社会的角度看，社会信息化的推进首先要实现信息技术在全社会范围内的普及，使每一个社会成员都具备相应的信息技术运用能力。离开信息技术的广泛应用，社会信息化也将失去基础。

第四，信息产业发展。信息产业，是指以信息生产、交换、消费为目的而形成的产业群。信息产业的出现是社会信息化趋势发展的必然结果，它打破了传统产业以物质生产为目的的行业界限，促进了产业结构的优化升级。按照分工不同，信息产业可以分为信息产品制造业、信息服务业、信息传输业、信息集成业等。从信息产业的发展角度分析，信息产业作为信息市场活动的主体，其发展水平如何，直接影响社会信息化建设，它是社会信息化的支柱。正由于此，我们党和国家一直致力于通过不同形式的渠道和方法促进国家信息产业在规模和领域的创新发展，并且带动了许多信息产业群的发展，初步形成了信息产业的生态体系，并在重点核心领域取得重大突破，产生了一批有实力的信息产业集团，形成了品牌效应，很好地促进了社会信息化的实现。

第五，信息化人才队伍的培育。"网络空间的竞争，归根结底是人才竞争。"[1]社会信息化的实现离不开高素质信息化人才的支持，这是社会信息化成功的智力保障和决定性因素。中国许多高校和社会机构都开设了诸如计算机、通信等与信息化相关的专业，为社会输送了大批优秀的信息化人才，但是仍然不能很好地满足社会需求。随着信息技术的日益先进、发达和信息化的不断发展，社会对信息人才的要求越来越高，而目前我们网络信息领域的人才特别是高端人才依然稀缺，严重制约了中国社会信息化的发展水平。正是基于这样的社会现实，国家将信息化人才队伍的建设作为社会信息化的重要内容，强调对信息化人才培养的规范性与常态化。

第六，信息化政策法规的制定。当前，作为技术和产业革命的信息化，已成为经济和社会发展的客观趋势。面对这样一种不可逆的世界趋势，中国各级政府都制定了相应的促进信息化发展的法规和标准，旨在进一步推动信息化发展，这是社会信息化快速、有序、健康发展的重要保障。比如，2017年工信部发布的《国家信息化发展战略纲要》，是规范和指导未来10

---

[1] 习近平：《在网络安全和信息化工作座谈会上的讲话》，人民出版社2016年版，第23页。

年中国信息化发展的纲领性文件,也是"十三五"国家规划纲要的重要组成部分。信息化政策法规和标准的出台有利于"数字中国"的建设,增强社会信息化建设的制度化、规范化,实现社会信息化在体制机制、法律法规、标准设置上的新进步,有利于切实维护网络安全,营造风清气正的网络空间,统筹好网上网下两个空间,从而更好地释放数字红利。

(二)社会信息化对中国公民政治认同的影响

社会信息化和网络化已成为当下中国社会的生动图景。依据中国互联网络信息中心(CNNIC)最新发布的第42次《中国互联网络发展状况统计报告》显示,截至2018年6月30日,我国网民规模达8.02亿,互联网普及率为57.7%,手机网民规模达7.88亿。[①]可见,互联网已真实地走进广大民众的生活,成为人们日常交往的主要方式和获取各种信息及公共服务的重要平台。党的十八大以来,以习近平同志为核心的党中央系统部署和全面推进网络安全和信息化工作,使信息化成果惠及广大群众,回应了广大民众的期待,推动中国网络和信息化工作不断开创新局面。然而,社会信息化是一把"双刃剑",正如有学者所指出:"数字化世界是一片崭新的疆土,可以释放出难以形容的生产能量,但它也可能成为恐怖主义者和江湖巨骗的工具,或是弥天大谎和恶意中伤的大本营。"[②]同样,就社会信息化对公民政治认同的影响而言,既有积极的一面,也有不利的一面。一方面,信息化为公民政治认同拓展了广阔的时空和场域、提供了新的载体和方式,有利于促进社会共识的形成,进一步提高公民的政治认同;另一方面,信息传播的多元化和信息内容的庞杂性容易使公民思想产生混乱,加大了政治认同的整合难度,给公民政治认同带来了严峻的挑战。具体来说,信息化对公民政治认同的不利影响主要体现在以下方面。

1.社会信息化条件下人们信息资源占有的不均带来利益分配的不平衡,加大了政治体系获取治理绩效的难度,削弱了公民的政治认同

伴随全球化不断深入发展,社会信息化的趋势也愈演愈烈,成为不可

[①]《第42次〈中国互联网络发展状况统计报告〉》(http://www.cac.gov.cn/2018-08/20/c_1123296882.htm)。

[②] [美]埃瑟·戴森:《2.0版:数字化时代的生活设计》,胡泳等译,海南出版社1998年版,第17页。

阻挡的世界潮流。信息化带来的结果不仅是人类生产生活方式的转变，而且也必然带动社会结构的变化，而社会经济结构的变革首当其冲。社会经济结构是一定生产力基础上生产关系的总和，它包括生产资料的占有关系、生产过程中人与人之间的相互关系和产品分配关系三个方面。其中，产品和利益分配关系对公民政治认同的影响最大、最明显。因为"人们奋斗所争取的一切，都同他们的利益有关"[①]，利益是人类一切社会活动和政治行为的最终动因，也构成公民政治认同形成的逻辑起点。也就是说，人们对一定政治体系的认同和支持，其关键和最根本的条件是该政治体系提供的公共产品能不断满足人们的利益需求，人们的合法权益能得到切实维护。换言之，如果政治统治的有效性或治理绩效满足了社会成员的利益需求，这不仅能体现政治体系的正义性，也是政治体系获取公民政治认同的前提。然而，在当今信息时代，信息资源越来越成为重要的经济要素，人们在生产中的地位和相互关系直接受到信息占有情况的影响，可以说谁占有了丰富的信息资源，谁就能占据利益生产与分配的主导，由此也就造成社会利益分配的不均衡和分化。这样一来，社会中的利益受损者或低收入群体往往容易产生失落和不满情绪，不利于公民政治认同的形成。

　　改革开放以来尤其是党的十八大以来，党中央、国务院进一步对中国的信息化发展作了战略布局，在党的十五大提出的"以信息化带动工业化"发展战略的基础上，更加强调信息产业的发展，由此带来了社会产业结构的调整，改变了经济发展方式，使经济发展由外延式发展向内涵式发展转变。在这个过程中，一部分人抓住机遇，投入信息产业，在社会信息化进程中占据有利地位，在市场上具备了很强的创新力和竞争力，由此获得了巨大的资本，成为新的强势利益群体，在一定程度上拉大了贫富差距，加剧了利益的分化和不平衡，从而增加了社会不稳定因素。信息化发展虽然为政府了解公民利益需求、提高公共服务的有效性创造了技术条件，但是由于信息化先天存在着对社会性和人性考量不足的缺陷，而政府又未能及时、有效地对信息化条件下产生的利益分化进行纠正，这就导致政府治理绩效的流失，使公民对政府治理能力产生一定的怀疑，从而影响到公民政治认同的建构。就现阶段而言，无论是从观念层面、技术层面还是体制层

[①] 《马克思恩格斯全集》第1卷，人民出版社1956年版，第82页。

面，我们的政治体系还无法很好地运用信息化保障公民的公共利益和个人利益，没有完全适应信息社会的网络治理发展需要，离实现社会治理的信息化和科学化还有一定差距，这表明中国政府在社会信息化条件下的治理绩效与治理能力还亟待提升。因此，面对社会信息化的发展，迫切需要政府对现有社会治理模式进行变革，开创数字化治理、网络化治理新模式，从单纯的政府监管向更加注重社会协同治理转变，重塑政治合法性以维护和提升公民的政治认同。政府面对信息化带来的公民多样且不断变化的利益诉求以及利益分化的社会现实，必须抛弃传统的单一利益整合方式，探寻多元化的新型整合路径，做到以信息化为手段、以公民利益和需求为中心，增强对公民需求的回应性，根据数据信息反馈向公民提供各种有针对性的服务选择，实现利益分配公平性和精准性，真正做到共享信息发展成果，从而使党和政府凭借不断提高的国家治理效率和公共服务水平，赢得民众的广泛政治认同。

2. 社会信息化冲击了传统制度的运行方式，一定程度上形成了制度冲突或制度真空，造成公民政治认同的弱化

政治体系对公民政治认同的建构不仅依靠利益和治理绩效的支撑，还需要相应的社会制度提供保障，使其社会治理走向制度化、规范化、稳定化。社会信息化的推进已经并将继续改变社会领域的一切，制度亦不能逃离信息化的影响。在人类社会历史发展进程中，制度的建构总是需要一定的技术予以配合，区别只在于技术的具体形式，人类社会的组织形式和管理形式都离不开技术支持。"任何技术都倾向于创造一个新的人类环境。"[①] 以互联网为代表的信息化技术创造了新的人类社会环境，给公民的生存环境带来变革。新的环境呼唤新的制度支撑，而这个任务主要由政治体系完成。从这个意义上说，信息化引发的社会环境变化，客观上对政治体系建构社会制度的能力提出了新的要求，而公民能否享受到制度变迁带来的红利直接影响到公民对政治体系的认可。信息化发展为政府和社会治理模式的革新提供契机的同时，在一定程度上瓦解了某些不合时宜的社会制度，并在新制度建构过程中注入了更多的民主与自治元素，有利于新制度对社会治理效率与理性的有效捍卫。在政治体系内部，信息化的发展使信息资

---

① 王正平、周中之：《现代伦理学》，中国社会科学出版社 2001 年版，第 406 页。

源不再为政府垄断，而是面向全体公民开放，为公民参与政治提供了更多的资源保障，有利于政府决策的公平性、实效性，进而推动政府权力在横向和纵向的分解。当前发达国家在社会治理进程中，运用新技术特别是信息技术的范围与能力远在发展中国家之上，因而其社会治理水平也就处于较高的位置，为其获得全球话语权奠定了良好的基础。中国在深刻认识到信息技术对改善社会治理的重要性的基础上，采取了多元化的措施完善各种社会制度，取得了较好的成果，这在很大程度上提高了公民的政治认同。

然而在当今信息社会，随着社会分工日益细化，社会事务更加复杂多样，要求政府与公民、社会组织之间能进行有效的沟通和合作，促使社会治理范式与模式发生改变。这将不可避免地引起社会治理制度的调整，对传统的行政命令式的治理方式构成严峻的挑战。"对于社会治理体系而言，技术对组织的结构以及运行方式会有很大的影响，而对制度影响往往是在组织结构得到了重大调整之后才会显现出来。"[①] 传统社会治理制度金字塔式的层级结构往往带来信息不畅的弊端，很大程度上制约了社会治理的效果，已经难以维系下去，必须引入诸如互联网、通信技术、大数据等先进的信息技术手段，以便提高治理效率和应变能力，并在这个过程中逐步实现社会治理制度的重构，这从根本上动摇了传统社会治理制度的权威。社会信息化的发展要求将信息要素纳入制度的建构中，使社会制度能够实现全方位的信息快速传递和准确科学的信息分析处理，营造出信息共享、人人参与的社会氛围。正由于此，信息化时代的到来必然要求对现有制度进行创新，引发制度再造运动，这是从制度层面获得公民政治认同的关键。一般来说，对传统制度进行创新主要有两种形式：强制性变迁（自上而下）和诱致性变迁（自下而上），实际上社会制度的建构更多的是将两者结合。然而，无论是哪种形式，都会在一定程度上引发制度冲突或制度真空，其主要表现就是要么缺乏制度保障，要么新旧制度之间相互抵制。加之，在信息化迅速发展的时代，社会治理制度的建构面临速度与效果兼备的要求。在新的社会治理制度尚未完全形成，旧的社会治理制度依然不同程度地发生作用的情况下，公民处于新旧制度的夹缝中，首先容易产生对制度权威

---

① 张康之：《论社会治理中技术与制度的辩证法》，《甘肃行政学院学报》2013年第2期。

第四章 当代中国公民政治认同的影响因素分析

性的怀疑,进而往往会上升到对整个政治体系的怀疑,也对中国公民政治认同的建构带来严峻挑战。

3. 社会信息化为各种社会思潮进入中国提供了便利,削弱了主流意识形态的凝聚和整合功能,导致公民政治认同的消解

对任何一个政治体系而言,政治合法性的取得和政治认同的建构,不仅需要一定政绩支撑和制度保障,更需要一定意识形态的支持。作为一种具有行动取向的观念力量和信念系统,"意识形态是合法性资源结构中最为基础的部分,它为政治体系的合法性提供道义上的诠释,它通过培育社会成员对于政治体系的合法性认同和情感来起作用,有助于政治权威的形成。"[1]可见,意识形态对政治认同的形塑具有至关重要的作用,任何政治体系要维系统治秩序和赢得广泛的政治认同,都离不开意识形态的合法性支持,都需要有一套适合统治阶级利益需要的主流意识形态的支撑。就中国而言,中国共产党在长期的治国理政过程中,始终高度重视意识形态建设,通过加强党对意识形态工作的领导、意识形态领域的理论创新和对错误思潮的批判,不断巩固马克思主义在意识形态领域的指导地位,增强社会主义意识形态的凝聚力和引领力,从而使意识形态领域总体上保持了向上向好的态势。然而不可否认的是,当前意识形态领域仍面临着严峻的挑战和错综复杂的形势。究其原因,社会信息化和互联网的迅速发展,可以说是一个至关重要的因素。在信息化时代,互联网作为人们获得信息、交流信息的重要平台,已成为意识形态工作的主战场、最前沿。"意识形态领域许多新情况新问题往往因网而生、因网而增,许多错误思潮也都以网络为温床生成发酵。"[2]正是由于信息化和网络化的形成,各种社会思潮和价值观念相继进入中国,意识形态领域出现多元思想文化相互交融交锋的局面,深刻改变着舆论生态和政治心理,冲击着中国的主流意识形态,从而给公民政治认同带来新的严峻挑战。

具体而言,社会信息化和网络化对公民政治认同的影响和挑战是多方面的。其一,错综复杂的网络信息增加了主流意识形态整合和舆论引导的

---

[1] 宫志刚:《社会转型与秩序重建》,中国人民公安大学出版社2004年版,第375页。
[2] 中共中央宣传部:《习近平新时代中国特色社会主义思想三十讲》,学习出版社2018年版,第220页。

难度，对中国公民意识形态认同形成较大冲击。互联网是一个社会信息大平台和集散地，而海量的网络信息呈现出良莠不齐、错综复杂的态势。由于网络环境的开放性、自由性、匿名性等，尤其是随着新媒体的快速发展，为各个不同国度、不同种族和不同政治取向的人们提供了自由发表言论的场所，网络信息传播的高速和大容量，使之构成了越来越复杂的舆论场。这在一定程度上削弱了传统传媒垄断信息的地位，冲击了主流媒体的主导作用，增加了舆论引导和内容管理的难度，甚至在政府监管不力的情况下，会出现难以控制信息的发表和传播的情况。[①] 同时，在网络化条件下多元思想文化和价值观念的并存，往往引发价值冲突，导致社会思想领域混乱，使民众在价值选择和信仰树立方面感到无所适从，这在一定程度上增加了中国主流意识形态价值引导和理性整合的难度，也影响或冲击了主流意识形态认同。其二，西方国家加紧利用信息霸权进行意识形态渗透，直接威胁着中国公民的主流意识形态认同。在社会信息化条件下，以美国为首的一些西方发达国家凭借其强大的信息技术优势和信息控制力，想方设法对中国进行意识形态和价值观的渗透和围堵。它们企图通过各种信息化手段将西方的意识形态、价值观念及制度模式等向世界其他国家尤其是社会主义国家传播、推销和渗透，使包括中国在内的广大发展中国家在其影响下形成与其相一致的意识形态和制度模式，从而维护西方发达国家的霸权地位。在此过程中，西方国家利用信息网络散布各种政治谎言，攻击社会主义制度，丑化中国共产党及其领导人，诋毁党的理论创新成果以及实施的路线方针政策，妄图动摇马克思主义在中国意识形态领域的指导地位。同时，一些境外不法分子通过散布危害国家安全和政局稳定的虚假信息，以造成信息干扰，企图使公民思想产生混乱，破坏中国安定团结的政治局面。然而，必须清楚地看到，面对西方的技术优势和信息霸权，中国目前在信息技术、对信息的控制和防御能力以及在信息的宣传和渗透等方面仍处于相对落后的局面，由此导致中国主流意识形态在与西方意识形态的较量和斗争中仍处于相对劣势，这直接威胁和弱化了社会主义意识形态认同。有鉴于此，我们必须大力推进国家网络安全和信息化工作，打好网络意识形

---

① 胡建等：《网络化背景下的大学生政治社会化：问题与对策》，《西华师范大学学报》（哲学社会科学版）2013年第3期。

态攻坚战,掌握网络意识形态主导权和话语权,以维护中国意识形态安全和政治安全,不断增强社会主义意识形态的凝聚力和引领力,提升中国公民的政治认同。

第二节 现实问题:当代中国公民政治认同的微观影响因素

政治认同在一定意义上是认同主体与认同客体之间关系的反映,也是社会成员与政治体系之间相互影响、相互作用的过程,政治认同的状况取决于认同主客体之间的关系状况和一定社会环境的影响。由前文所知,当代中国公民政治认同得以形成的基本条件包括治理绩效、制度规则和意识形态等社会因素,同时作为认同主体的公民自身素质也是其中的重要因素。因此,政治认同的主体、客体等结构要素将对政治认同的形成产生重要影响,其中所存在的一些现实问题及缺陷,往往就会导致公民政治认同在发展变迁中出现一些矛盾、张力及困境。具体而言,当代中国公民政治认同的主客体结构要素中所存在的现实问题主要包括:利益结构的多元分化、政治文化的分化变迁、制度规范的不完善以及公民个体政治素质的缺陷等方面,这也构成当代中国公民政治认同发展变迁的微观影响因素。

一 利益结构多元分化与利益认同的缺失

利益认同也叫绩效认同,是指人们对政治统治的有效性或实际业绩满足社会成员的物质、文化等方面利益需要的认可和肯定。马克思主义认为,"人们为之奋斗的一切,都同他们的利益有关"[①],追求利益是人类一切社会活动的根本动因。因此,利益认同是公民政治认同形成的前提和起点,任何人都无法脱离"利益"谈"认同"。公民之所以认同一定政治体系,并不主要是因为政治宣传等,而最根本的在于该政治体系给他们带来了实实在在的利益并切实维护这一利益。然而,改革开放以来,随着社会转型的加剧,在中国经济快速发展带来物质财富巨大增长的同时,也使社会原有

---

① 《马克思恩格斯全集》第 1 卷,人民出版社 1995 年版,第 187 页。

的一元化利益格局逐步瓦解，出现了利益结构的多元分化，即"由于社会结构性的变革而使具有相对独立利益的利益主体之间不断分化、组合，以及各利益主体因利益实现渠道和实现程度不同而引起利益差别的过程"[①]。当前，日益凸显的社会利益分化带来的直接后果就是不同社会阶层之间利益关系的复杂化、利益差别的扩大化和利益矛盾的尖锐化，导致贫富差距、社会不公等问题，没有完全实现民众共享社会发展成果以及满足民众心理上对公平的需要，从而导致公民利益认同的缺失，使部分民众出现对党和政府的不满情绪和不信任态度。如果长时间不注意处理这一问题，这种不满又会升华为对政治体系的不满，使公民逐渐丧失对政治体系的信赖和认同，致使民众对党和政府的治理绩效产生怀疑，最终不利于公民政治认同的形成。

（一）利益分化造成贫富差距扩大，导致社会成员的心理失衡和心理落差，容易增加社会不稳定因素，不利于公民政治认同的建构

改革开放以来，中国已经从一个利益总体性社会逐渐转变为一个利益多元分化的社会，社会利益从整合状态走向分化状态，利益主体由一元到多元、利益来源由单一到多样、利益差别由微小到显著、利益关系由简单到复杂，[②]由此造成了巨大的贫富差距。尽管近年来中国的基尼系数呈总体下降的趋势，但仍超过国际公认的警戒线 0.4，保持高位状态，表明当前中国贫富差距和收入差距问题仍较为严峻。与贫富差距扩大化相伴随，社会中开始形成一个具有相当规模的贫困的弱势群体。"无论在农村还是城市，都出现了一批庞大的缺乏各种资源而游离于市场体制之外的弱势群体，由于缺乏真正有效的利益表达渠道和利益保障机制，致使他们的利益受到了不同程度的损害抑或剥夺。"[③]中国社会中的贫困问题及弱势群体的出现，使得整个社会面临着诸如失业问题、群体性事件、治安问题等社会风险和危机，从而增大经济社会发展成本。总之，不同阶层的社会成员由于利益分配不均和贫富差距拉大，很容易引发社会成员尤其是贫困阶层或利益受损者的心理失衡和落差，导致阶层之间的利益矛盾和冲突甚至是暴力冲突，

[①] 庄锋：《试论社会转型加速期的利益分化与政治整合》，《当代世界与社会主义》2004年第2期。

[②] 刘惠：《中国共产党社会整合研究》，人民出版社2016年版，第91—102页。

[③] 岳爱武、张尹：《利益分化格局下中国共产党意识形态整合工作提升策略》，《河海大学学报》（哲学社会科学版）2018年第1期。

第四章 当代中国公民政治认同的影响因素分析

不利于维护政治稳定,更不可能形成政治认同。

尽管改革开放带来社会物质财富的巨大增长,但由于诸多原因的影响,社会发展成果并没有真正为全体社会成员所共享,其中一些人的利益并没有随着社会的发展而有实际的提升,甚至出现相对下降的趋势,一些人虽然利益有所增加,但其付出与所得并不相称。在这样的条件下,部分民众往往就会产生"相对剥夺感"和失落不平衡感,感到自己受到不公正对待。根据前文的调研资料显示,人们普遍将贫富分化、收入差距拉大及社会不公平等问题看作当前的主要社会问题。同时,整个社会不同收入阶层的人都对自己目前的收入有不同程度的不公平感,而且收入水平越低,不公平感越强烈,其中低收入阶层占59.50%、中收入阶层占53.66%、高收入阶层占37.53%。①可见,广大民众的政治功效感和认同感并没有随着社会物质财富和社会成员自我财富的增加而增加,反而在各阶层民众中充斥着内心的不平衡感和相对剥夺感。马克思曾指出:"一座房子不管怎样小,在周围的房屋都是这样小的时候,它是能满足社会对住房的一切要求的。但是,一旦在这座小房子近旁耸起一座宫殿,这座小房子就缩成茅舍模样了。……并且,不管小房子的规模怎样随着文明的进步而扩大起来,只要近旁的宫殿以同样的或更大的程度扩大起来,那座较小房子的居住者就会在那四壁之内越发觉得不舒适,越发不满意,越发感到受压抑。"②为了宣泄这种不满,容易造成群体间的对立情绪和冲突行为,甚至引发群体性事件,进而影响社会稳定。正如亨廷顿指出,"在渴望和指望之间、需要的形成和需要的满足之间,或者说在渴望程度和生活水平之间造成了差距。这一差距就造成社会颓丧和不满。实际上,这种差距的程度就为衡量政治动乱提供了可信的指数"③。根据2006年度中国综合社会调查"关于对社会冲突的评估"结果显示,被认为"非常严重"的社会冲突中,前三位分别是穷人与富人、老板与工人、干部与群众之间的冲突,各有17.57%、15.26%和14.50%的人持此看法;如果将"非常严重"和"比较严重"合并计算,居前三位的

---

① 郑杭生:《中国社会发展研究报告2009》,中国人民大学出版社2009年版,第244页。
② 《马克思恩格斯选集》第1卷,人民出版社1995年版,第349页。
③ [美]塞缪尔·P.亨廷顿:《变化社会中的政治秩序》,王冠华等译,上海人民出版社2008年版,第41页。

仍然是这三种冲突。[①]由此可见，由于利益分化造成的贫富差距问题日益严重，贫富阶层之间的矛盾冲突已成为影响社会团结稳定的首要因素。实际上，利益差别或分化本身不是问题，问题在于利益差距过大，超过了社会成员所能承受的心理范围，必然使民众对党和政府产生不信任甚至是排斥。一旦这种不信任突破临界点，利益矛盾就可能转变为官民矛盾，对社会秩序造成严重的冲击，不利于构建和谐的政治关系，进而影响公民政治认同的建构。

（二）利益分化的现实与党的宗旨及共同富裕目标的背离，引发民众对党的某些政策的质疑，影响党的公信力，不利于公民政治认同的建构

中国共产党作为马克思主义政党，作为中国无产阶级、中国人民和中华民族的先锋队，其宗旨是全心全意为人民服务，其根本立场是以人民为中心的人民立场。因此，带领人民创造美好生活、实现共同富裕，是我们党的奋斗目标。实现共同富裕，是社会主义本质特征的充分反映，也是党的人民立场的生动体现。习近平总书记强调："我们追求的发展是造福人民的发展，我们追求的富裕是全体人民共同富裕。"[②]因此，党只有始终坚持以人民为中心根本立场，坚持为人民利益和幸福而努力工作，大力发展经济和社会生产力，夯实利益分配的物质基础，维护好最广大人民群众的根本利益，才能从根本上得到人民群众的支持和认同，获得更多的执政合法性资源。

改革开放之初，我们党提出了实现共同富裕的目标，目的就在于构建一个能够公平分配利益的社会，能够使每一个社会成员共享改革红利，实现人人共享、普遍受益。这一目标的提出大大调动了全体社会成员建设社会主义的积极性、主动性，推动中国社会主义建设取得了举世瞩目的成就。然而，尽管改革开放取得了巨大成就，社会生产力的发展和人们生活水平总体上得到巨大提升，但共同富裕目标在实现的过程中却逐渐偏离了预定的轨道，中国社会出现了由于利益分化而产生的贫富差距鸿沟以及相伴随的贫困问题和弱势群体现象。此外，比起严重的利益分化及贫富差距本身，

---

① 郑杭生：《中国社会发展研究报告2009》，中国人民大学出版社2009年版，第247页。
② 中共中央宣传部：《习近平新时代中国特色社会主义思想三十讲》，学习出版社2018年版，第90页。

利益固化的问题更应受到广泛关注。利益固化是与阶层固化相对应的，更确切地说就是既得利益集团的形成。不同的利益集团为了维护本集团能够长期占据利益优势，利用其所掌握的资源优势人为地控制利益分配的流向，从而造成富裕阶层越来越富，贫穷阶层越来越穷。对于贫困阶层而言，由于其在社会公正对待方面处于不利地位，他们具有最为强烈的社会不公和失落感，甚至容易形成"仇富""仇官"的心理。因此，在严峻的利益分化与贫富差距面前，党的宗旨和共同富裕的目标显得苍白无力，严重影响了党和政府制定的路线方针政策在公民心中的权威性，党和政府的公信力也受到削弱，从而影响民众的政治认同。在一项以"改革与社会心态"为题的问卷调查中，72.8%的人认为改革"效果显著，但问题不少"；43.3%的人认为，"让一部分人先富起来是对的，但贫富差距过大就不行了"；在造成收入差距过大原因的调查分析中，51.2%的人认为造成收入差距的原因是少数人利用权力致富。[①] 另外，根据前文提及的本课题组的问卷调查显示，在关于"改革发展成果是否能够为所有社会成员共享"的调查中，有60.9%的受访人表示"完全不能"和"基本不能"；在关于"改革政策对各个社会群体是否公平"的调查中，只有13.5%的受访人认为"很公平"及"比较公平"，有40.2%的受访人认为"一般"。这些调查数据说明，由于利益分化及贫富差距拉大，民众对改革成果的共享性及改革政策公正性的评价在很大程度上是否定性的，严重伤害了公民对党和政府的信任感，不利于政治认同的构建。

　　总之，当前中国社会由于利益分化所带来的贫富差距、社会不公以及发展成果快速增长与发展成果共享程度的失衡所带来的与社会发展目标背离现象，一定程度上突破了民众的心理承受底线，导致广大民众对党和政府的治理绩效产生怀疑，引发利益认同的缺失。政治体系如果无法有效解决利益分化所带来的贫富差距、社会不公，无法实现全体社会成员在利益分配上的公平正义，那么势必造成民众对政治体系治理能力的不信任，进而对政治认同的形成造成不利影响。党的十八大以来，以习近平同志为核心的党中央对当前社会利益分化的现实有了更加清楚的认识，意识到实现利益共享对公民形成政治认同的重要性，并切实采取一系列有效措施使发

[①] 王铁等：《改革与社会心态调查报告》，《学习与实践》2005年第12期。

展成果更多更公平地惠及全体人民，不断朝着共同富裕的目标前进。

二 政治体制机制不完善与制度认同的式微

　　政治认同的形成与建构，除了需要治理绩效有效满足社会成员的利益需要之外，还要有一定的制度规则安排为保障，使民众形成广泛的制度认同。所谓制度认同，是指民众基于对特定的政治、经济、社会及文化制度等制度规则有所肯定而产生的一种心理和情感上的认可，并在实际的活动中按照制度规定的路径而规范自身行为。其中，政治制度由于其规范性、稳定性和权威性，居于国家制度体系的核心地位，对其他类型制度的制定、发展、运用具有基础性作用。因此，政治制度的好坏及其完善与否，对于公民政治认同的形成具有关键意义。改革开放以来尤其是党的十八大以来，在中国经济建设不断发展、经济体制改革深入推进的基础上，中国的民主政治建设也不断向前推进，并取得了丰硕成果和重大发展。人民代表大会制度这一根本政治制度，中国共产党领导的多党合作和政治协商制度、民族区域自治制度以及基层群众自治制度等基本政治制度深深扎根于中国社会政治生活中。[①]"中国社会主义根本和基本政治制度是一套系统完备、结构合理、权责分明的政治制度体系，是具有鲜明的中国特色的制度，是保障中国现代化经济社会事业发展的根本政治前提和制度基础。"[②]然而，现阶段中国依然处于深刻的社会转型时期，中国的民主政治制度由于受多种因素的影响，一些具体的体制机制还不健全、不完善，民主化水平还有待进一步提高，人民群众当家作主的政治权利在政治生活中存在不同程度的缺失现象。在这种情况下，公民无法完全感受到政治制度的公正性和权威性，进而往往产生一种离心倾向并以消极的态度参与政治，最终形成政治冷漠，从而导致公民制度认同的式微，对公民政治认同的构建造成严重影响。对此，需要引起我们的关注和重视。邓小平曾强调指出："党和国家现行的一些具体制度中，还存在不少的弊端，妨碍甚至严重妨碍社会主义优越性的发挥。如不认真改革，就很难适应现代化建设的迫切需要，我们就要严重

　　[①] 辛鸣：《论"中国特色社会主义制度"》，《北京日报》2011年7月24日。
　　[②] 王浦劬：《习近平新时代中国特色社会主义政治发展思想论析》，《政治学研究》2018年第3期。

地脱离广大群众。"①

（一）某些具体政治制度的不健全不完善影响公民政治认同的形成

我们党在90多年的接续奋斗中，成功走出了一条中国特色社会主义政治发展道路，形成了一整套适合中国国情的、具有中国特色的社会主义民主政治制度。但是，制度的形成和确立并不等于制度的定型和成熟，中国特色社会主义民主政治的体制、机制、程序、规范等仍不健全、不完善甚至存在某些"真空"状态，依然需要不断改革和完善。究其原因，中国的政治制度是过去历史条件下的产物，必然受到诸多因素尤其是封建专制主义的影响。中国有着两千多年的封建传统，皇权人治思想根深蒂固，本身就缺乏民主法治的思维惯性。尽管中国现在已经是社会主义民主国家，但是我们依然能够在社会的各个层面看到封建专制主义及官僚政治的残余因素，并严重影响到中国现行政治体制机制和国家民主政治生活的有效开展。邓小平曾指出，旧中国留给我们的封建专制传统比较多，民主法制传统很少，"从党和国家的领导制度、干部制度方面来说，主要的弊端就是官僚主义现象，权力过分集中的现象，家长制现象，干部领导职务终身制现象和形形色色的特权现象"②。对此，邓小平进一步强调指出："现在应该明确提出继续肃清思想政治方面的封建主义残余影响的任务，并在制度上做一系列切实的改革，否则国家和人民还要遭受损失。"③当前中国特色社会主义进入新时代，中国的民主政治建设取得重大进展，但正如习近平总书记所强调指出的："我们的民主法治建设同扩大人民民主和经济社会发展的要求还不完全适应，社会主义民主政治的体制、机制、程序、规范以及具体运行上还存在不完善的地方，在保障人民民主权利、发挥人民创造精神方面也还存在一些不足，必须继续加以完善。"④

就现阶段而言，中国民主政治制度的总体情况是好的，但在一些具体制度和体制上还存在需要改进和完善的地方。这些问题集中表现为：由于缺乏有效的权力制约监督机制，部分领导干部仍然实行家长制、一言堂，

---

① 《邓小平文选》第2卷，人民出版社1994年版，第327页。
② 《邓小平文选》第2卷，人民出版社1994年版，第327页。
③ 《邓小平文选》第2卷，人民出版社1994年版，第335页。
④ 习近平：《在庆祝全国人民代表大会成立60周年大会上的讲话》，人民出版社2014年版，第20页。

形式主义、官僚主义现象依然存在；部分官员利用手中的特权谋取私利，形成贪污腐败，败坏党风和社会风气；公民政治参与无论从形式上还是实质上都存在不足，相应的政治参与体制机制还不完善，从而与公民日益增长的参与愿望和热情相矛盾，还无法满足各个阶层公民对政治参与更加精细化的要求，尤其是中国新兴阶层和农民阶层的政治参与机制短缺问题更为严重，造成公民政治效能感降低。这些现象的存在背离了社会主义民主的本质和民主政治建设的正常轨道，不利于公民政治认同的形成。根据前文提及的"2012年的调查"结果显示，当问及"中国当前急需进行政治体制改革"时，明确表示"非常同意""比较同意"的受访人分别为26.53%和42.11%，有24.24%的受访人是不确定的态度，有7.12%的受访人持否定态度。[①]这表明大多数民众有较强的政治体制改革愿望，希望中国政治制度愈加健全和完善。另外，根据前文本课题组专门针对人民代表大会制度的问卷调查及访谈的结果显示，大多数公民认为人民代表大会制度作为中国的根本政治制度，具有较大制度优势，但其具体制度中还存在需要不断完善之处，如选举制度、代表制度、委员会制度及监督制度等方面，并认为人民代表还不能充分代表人民利益并反映人民愿望，对人民代表大会的选举也抱有不信任的态度，从而主动积极参与选举人大代表活动的比例并不高，大多数公民对人民代表大会制度的满意度及评价并不高。总之，当前中国包括人民代表大会制度的具体制度在内的一些具体政治制度还不健全、不完善，不能很有效地发挥保证公众基本政治权利的作用，从而使得公民的政治效能感缺乏，影响和制约了中国公民的政治认同。

（二）政治制度运行中的虚化现象影响公民政治认同的形成

制度认同的最基本条件是制度的公正性或正当性[②]，因为制度的权威性存在于制度的公正性中，只有当制度具有公正性才会产生权威性，制度有了权威性，人们才会产生对制度的认同感和归属感，才能提高执行制度的自觉性。然而目前，尽管中国的政治制度能够保证国家政治的有效运行，但在政治制度的执行过程中，却存在着大量"上有政策、下有对策"的制

---

① 史卫民等：《政治认同与危机压力》，中国社会科学出版社2014年版，第51—52页。

② 胡建：《和谐社会视阈下的政治认同建设探析》，《西南民族大学学报》（人文社科版）2012年第2期。

度虚化和执行不到位的现象,严重削弱了制度的公正性和权威性,从而影响了公民的政治制度认同。因为只有公正、权威并被很好地执行的制度才是理想的制度,才能获得人们的认同和遵循。这里所谓制度虚化,"是指在法律制度结构内部不同层级的制度安排的作用方向不一致,在行为规范上存在互相冲突,致使母法被子法取代、上位法被下位法取代,使其失去法规效力的现象"[①]。

改革开放以来,伴随中央向地方放权力度的不断增强,各级地方政府有了更大的自主权,在一定程度上调动了地方发展的积极性。但是随之而来的却是地方保护主义的盛行,一些地方官员为了自己的政绩,对中央制定的各项制度采取消极应付的态度,在执行制度时总是敷衍了事,有法不依、有令不行,形成"上有政策、下有对策",从而使制度的执行不到位,严重损害了党和国家的利益,败坏了党和国家在人民群众中的形象。例如,中央多年前就提出要减轻农民负担,强调从各方面保障农民的利益,但事实上各地对保护农民权益的相关制度往往是打折执行,甚至直接损害了农民权益,影响十分恶劣。有的地方领导,为了政绩大搞拆迁工程,靠卖地炒房提高本地区 GDP,并利用自身行政特权和农民权利意识薄弱对拆迁、征地的农民往往实行降低标准的补偿,严重损害了农民群众的利益。对此,有学者曾指出:"20多年来,农民因土地被征而至少蒙受了20000亿元的损失。远远超过了农民因工农产品价格'剪刀差'而损失的6000亿—8000亿元的水平。"[②]"侵害农民土地权益已成为当前侵害农民权益的最突出问题,很多地方还呈现加重的趋势,侵害农民土地权益问题必须引起高度重视。"[③]因此,当前社会存在许多侵犯农民权益的现象,"实际剥夺了农民的大部分土地增值收益,进而助推了地方政府竞相卖地、造城的冲动"[④]。再比如,自2000年以来,中央政府出台了多项宏观政策保障农民工各项权利,要求各

[①] 厉有国:《中国共产党执政资源建设研究》,博士学位论文,陕西师范大学,2009年,第119页。

[②] 申其辉、卢凌燕:《"三农"相关制度变迁中的"劣币驱逐良币"现象及原因》,《云南社会科学》2007年第3期。

[③] 应德平:《建构权力防火墙:反腐败与廉政建设研究》,贵州人民出版社2005年版,第86页。

[④] 李长健、张伟:《农民土地权益的利益结构与利益机制研究——基于农村社区的发展》,《华中农业大学学报》(社会科学版)2016年第1期。

级地方政府结合本地区实际制定与中央精神相一致的具体制度，放宽对农民工的各种限制，取消不合理限制，切实解决农民工在薪资追讨、子女教育、技能提升、生活保障等方面的问题。然而，一些地方政府不但没有认真贯彻落实中央精神，反而以户籍为借口给农民工设置了更多的障碍，[①]严重伤害了农民工的情感，损害了其对党和政府的认同。另外，党中央多次强调要切实保障人民群众的各种利益与人权，做到科学执政、民主执政、依法执政，但是现实生活中部分地方政府为了维护少数人利益，对一些阶层的利益进行了不同程度的侵犯，激化了不同阶层之间的利益矛盾。可见，这些现象的出现，表明制度运行的虚化和不到位，它是对制度公正性和权威性的一种践踏，直接导致公民对政治体系的不信任，浇灭了公民参与政治生活的热情，拉大了公民和政治体系的距离，并产生政治隔阂，不利于公民政治认同的形成。一旦公民对政治体系产生的不满和不信任达到一定程度时，非对抗性的利益矛盾就可能转化为对抗性的政治矛盾，甚至发生暴力性抗争，进而危及政治体系的稳定。

（三）政治制度创新的相对滞后影响公民政治认同的形成

"创新是一个民族进步的灵魂，是一个国家兴旺发达的不竭动力。"[②]党的十八大强调指出，要"不断推进理论创新、制度创新、科技创新、文化创新以及其他各方面创新，不断推进我国社会主义制度自我完善和发展"[③]。制度创新是民主政治持续发展的重要保障。中华人民共和国成立以来，中国社会主义政治制度经历了从无到有、从不完善到相对完善的历史过程，现已基本形成能够保障国家与社会的发展、反映人民群众的意志与要求的民主政治制度。但是，由于中国政治制度是过去历史条件下的产物，有些民主制度在进行变迁及创新的时候，仍摆脱不了中国历史上遗留下来的封建专制主义、官本位制度和党政不分、以党代政等制度的影响，从而导致政治制度创新的相对滞后，难以较好地适应新的政治实践的需要和人民群众政治参与的新要求，从而对公民政治认同尤其是制度认同的形成造成严重影响。

---

① 一些地方政府凭借现有的户籍制度，在城市行政管理系统和劳动部门、社会保障、公共教育等各个系统中制定相关的地方性制度，将农民工排除在城市之外，违背了中央关于确保农民工各项基本权益的精神。（参见孙正娟《农民工劳动权益维护的制度分析》，《社会学研究》2005年第11期。）

② 习近平：《习近平谈治国理政》，外文出版社2014年版，第59页。

③ 《胡锦涛文选》第3卷，人民出版社2016年版，第623页。

中国社会主义民主政治的本质是人民当家作主,实现"大多数人的统治","在形式上承认公民一律平等,承认大家都有决定国家制度和管理国家的平等权利"[①]。然而,体现中国"一切权利属于人民、人民当家作主"的程序与运行机制还存在需要进一步创新的地方。比如,中国公民在多大程度上参与国家管理、如何在社会政治运行中发挥自己的作用、通过哪些方式体现公民的政治主体身份,公民与国家机关工作人员的关系是主仆关系还是仆主关系,各民主党派怎样更好地发挥其参政议政、政治协商和民主监督的作用,村民委员会和居民委员会作为基层群众自治组织如何有效发挥作用等问题尚未完全理顺,还需要进一步创新。总之,当前中国政治制度创新的相对滞后,制度创新能力还有待进一步提高,某些制度没有很好地根据实践的发展和时代的进步而不断进行丰富和创新,从而严重制约着人民民主管理国家和社会事务的途径和手段,不利于维护人民当家作主的政治地位,也使公民对政治制度权威性产生怀疑和不信任,形成一定程度的政治冷漠和政治逆反心理,导致公民政治认同的构建受到较为严重的影响。因此,我们要坚持随着中国特色社会主义事业的发展变化不断推进制度创新,不断健全完善现有的政治制度及体制机制,力争尽快构建起系统完备、科学规范、运行有效的制度体系,从而助推新时代中国特色社会主义政治发展和公民政治认同的建构。

三 政治文化分化变迁与价值认同的弱化

除了绩效基础、制度保障,政治认同的形成还需要一定的思想文化基础。换言之,政治认同不仅是在利益认同和制度认同的基础上存在的,还需要建立在共同政治价值的基础之上,需要以一定的价值认同作支撑。实际上,相比利益的功利性、制度的强制性,公民政治认同的构建所追求的目标是一种认同心理的长久性和稳定性,而思想文化所蕴含的价值认同能够弥补利益认同和制度认同的相对局限,实现刚柔相济。这里的价值认同是从狭义上理解的,主要是指社会主流价值——意识形态认同。作为一定社会或阶级的思想体系和信念系统,意识形态是政治合法性的理念基础,能为政治统治提供合法性诠释,它是建构政治认同的最核心、最持久的因

---

① 《列宁选集》第3卷,人民出版社1995年版,第201页。

素。然而，当代中国在加剧的社会转型和全球化浪潮的影响下，东西方思想文化在时空压缩下得以呈现，并进一步交流交融交锋，社会思想观念、学说观点和价值取向出现多元化倾向，政治文化[①]产生分化变迁，导致主流意识形态出现一定程度的淡化和冲击，公民主流意识形态认同随之出现一定程度的弱化和偏离。

马克思主义认为，经济基础决定上层建筑。"一定的文化（当作观念形态的文化）是一定社会的政治和经济的反映。"[②]当代中国社会转型期，随着社会结构、经济关系、利益格局等的调整和分化，人们的政治意识、政治价值、政治情感、政治信念、政治心理等政治文化的具体表现形式也开始发生巨大的变化，不可避免地产生某种功能上的离析性和异质性，从而导致政治文化的分化变迁。在其过程中，面对纷繁复杂的来自国内和国外的各种思想意识、社会思潮等，社会成员的价值取向紊乱、模糊，难以形成较为统一的认知模式和价值共识，从而造成公民对政治体系合法性认同出现分化，甚至演变为认同危机。正如戴维·米勒所说："现代国家的文化出现支离破碎。这些国家的成员由于种族关系、宗教信仰、个人道德观、生活价值观念、艺术品位、音乐口味等差异，其个人认同正在变得千差万别。在这些领域里，人们已经不像以前那样，存在着一致性了。"[③]当代中国政治文化的分化变迁限制了政治文化的凝聚和整合功能的发挥，尤其是阻碍主流政治文化的形成和发展，导致主流价值认同的弱化，从而对公民政治认同的形成带来了严峻的挑战。

（一）中国传统政治文化存在的消极因素制约了现代民主政治的进步，对公民政治认同的构建造成不良影响

任何国家的传统政治文化都是经历长期的历史积淀后逐渐形成的，反

---

① 政治文化是伴随行为主义政治学兴起的概念，美国政治学家阿尔蒙德最早对此进行研究，他指出："政治文化是一个民族在特定时期流行的一套政治态度、信仰和感情。这个政治文化是由本民族的历史和现在社会、经济、政治活动进程所形成的。"（参见［美］加布里埃尔·A.阿尔蒙德等《比较政治学：体系、过程和政策》，曹沛霖等译，东方出版社 2007 年版，第 26 页。）此后，国内外有关专家学者围绕政治文化概念及其方法阐述了各自的看法，但万变不离其宗，基本是指社会成员对政治体系在政治社会化过程中所持的政治态度、情感、评价等方面的综合倾向。

② 《毛泽东选集》第 2 卷，人民出版社 1991 年版，第 663 页。

③ David Miler, *Citizenship and Pluralism,* Political Studies, 1995,XLIII, pp.432-450.

映了这个国家在政治领域的文化惯性和取向模式，中国也不例外。中国有着两千多年的封建专制政治文化传统，这一政治文化传统是以自给自足的小农经济为基础、以血缘维系的宗法社会为背景、以闭守自封的地理环境为依托而形成的，它是以儒家伦理思想为正统和核心的服务于专制王权的政治实践的一种官方意识形态。

中国传统政治文化蕴含着丰富的内涵，呈现出以下基本特质：第一，皇权至上的封建专制主义。中国两千多年的封建社会都是由皇权对国家进行统治，国家大权集于皇帝一身。皇权的至上性使臣民必须对皇帝绝对忠诚，国家政治体系都是以维护皇权为中心而建立、运行的，这是中国传统政治文化的核心。专制主义是指与民主政体相对立的由个人或极少数人独裁的政权结构形式。这种皇权专制主义是与现代民主精神完全相背离的，但却是中国古代政权运行的基础，并且这一传统政治文化精髓已经深深烙印在每个人的灵魂中难以撼动。与此同时，为维护专制主义统治，封建统治阶级建构了一整套以"三纲五常"为基础的较为完善的封建道德伦理体系，为封建专制统治的稳定提供了一套完备的伦理道德教化工具，整个封建专制主义政治体系都在这种伦理道德的框架下运行。第二，平均主义的社会价值取向。中国传统政治文化中有着许多关于理想社会建构的价值取向，其中"天下为公""世界大同"思想就是最典型的反映。实质上，在这些思想中蕴含着深刻的平均主义的社会价值取向。平均主义强调对社会资源进行无差别的平均分配，以此维护社会稳定。纵观整个封建时期，追求平均主义的大同世界是人们为之不懈奋斗的理想和信念，"均平"成了人们判断问题的价值标准。在计划经济时期，平均主义取向仍然成为中国公民判断问题的首选标准，"不患寡而患不均"成为大多数中国人的思维定式。随着计划经济向市场经济的转型，社会不平等和贫富不均成为大多数人所不能容忍的，人们仍然用平等或公平衡量各种制度和政策。第三，"民贵君轻"的民本取向。民本思想是中国传统政治文化的重要组成部分，也是中国封建社会政治智慧的最好体现，它强调将民众视为治国安邦的根本以及关注和重视人民利益，体现了民众及民心在政治生活中的重要地位。但是，传统政治文化的民本思想并不是现代意义上的以人民为中心，也不是为了真实保障民众的合法权益，更不可能让一般民众以任何形式参与政治，它只是将民众作为一种统治工具以便更好地维护君主专制统治。因此，传统民本思想中的"民"是臣民,而不是公民,皇帝对臣民具有绝对的统治权。中国传统政治文化实际上就是一种人治文化,整个封建统治就是君权不断加强,民众权利和自由不断缩小的过程。

从总体上看,中国传统政治文化是一种务实的、重民的和伦常的政治文化,且具有一种整体主义的倾向,[①]其中所包含的"德主刑辅"的治国理念、"民贵君轻"的民本思想、"海纳百川"的包容意识等内容在今天仍具有合理性的方面,它在历史上曾有效地维护了国家稳定和实现了社会整合。因此,中国传统政治文化在某些方面还是有可取之处,值得我们继续发扬。但是,我们必须看到,中国传统政治文化作为封建社会的思想上层建筑,不可避免地存在着大量糟粕。它与当今社会和时代存在着裂缝,与中国政治发展不相适应,并在很大程度上制约着中国民主政治的进一步完善和发展,从而对当今中国公民政治认同的建构带来较大的影响和挑战。

比如,中国传统政治文化本质上属于一种"臣属型"政治文化或臣民文化。[②]"臣民文化的行为特点是被动、遵从;从观念上看是权势、等级、排他;而心理上看是冷漠、封闭等。"[③]在这种政治文化氛围下,民众并不是"公民",而是"臣民",民众的政治角色只是臣属地位,而不是自主地位。因而,专制主义政治文化强调臣民对皇权的绝对服从,不允许有僭越行为,实际上是一种奴役性的人治文化。在当代中国,尽管社会主义政治文化已成为主导政治文化,但传统政治文化并没有随封建制度的消失而自动地退出历史舞台,其中的家长本位、权力崇拜、均平取向、人治观念、臣民意识等仍然影响着国人的政治心理和行为模式。当前市场经济的快速发展使人们有了更大的政治自由和自主性,其政治主体意识不断增强,再加上政府某些职能的缺位和错位使人们对政治体系的信任感逐渐降低,从而失去

---

① 毛寿龙:《政治社会学》,中国社会科学出版社2001年版,第126页。

② 阿尔蒙德将各种各样的政治文化分为三类:村民政治文化、臣民政治文化和参与者政治文化。其中,所谓臣民政治文化,是指民众对政治系统及其输出有强烈认知,但仅是微弱地感到此系统的重要性,对政治体系持被动态度,充当执行者的角色,而不是积极地去影响政治体系,不能主动地把自己的要求输入政治体系,民众的政治效能感很低。(参见[美]加布里埃尔·A.阿尔蒙德、西德尼·维巴《公民文化:五个国家的政治态度和民主制》,徐湘林等译,东方出版社2008年版,第16—20页。)

③ 俞可平:《市场经济与公民社会:中国与俄罗斯》,中央编译出版社2005年版,第359—360页。

了对政府产生认同的心理支柱，造成公民对政治体系的低认同甚至不认同。再如，传统平均主义文化与现代意义上"平等"存在根本性的差别。封建时代的平均主义是基于封建等级和贫富贵贱的平均，而非全社会的平均。当代中国社会如果依然以封建时代的"平均"代替现代的"平等"来认识和处理现实中的问题，就会引发社会的不满，激化社会阶层矛盾，影响社会稳定。这样既不利于社会和谐发展，也不利于公民形成理性的政治认同。另外，在传统政治文化的道德本位主义的影响下，人们往往倾向于以价值判断代替事实判断，将道德置于社会生活的中心位置，并以此为标准判断社会生活的一切事实。如果事实符合道德标准就是正确的，就被认同；否则就不被认同。然而，这种道德判断标准存在很大的局限性，理想的道德与现实事实的不相符合往往会加深公民的认同焦虑。

（二）西方资本主义政治文化的全方位侵入，冲击了社会主义主流政治文化的凝聚与整合功能，对公民政治认同的构建造成不良影响

中国共产党成立以来，我们在革命、建设及改革的进程中逐渐确立了以马克思主义为核心的社会主义主流政治文化。这一主流政治文化在实践中发挥了巨大的思想凝聚和社会整合功能，并主导着中国政治文化的前进方向。然而，改革开放以来，中国逐渐从封闭走向开放，实现了与国际接轨，顺应了全球化的时代潮流。随着全球化和信息化的不断深入，整个世界逐渐融为一体，世界各国实现了全方位、多层次的交流与融合，政治文化作为文化全球化的一部分也得到了广泛地传播。在这个过程中，西方各种政治思想、社会思潮、价值观念等利用合法的或非法的渠道进入中国并不断扩张，对中国马克思主义政治文化造成了较大冲击，在一定程度上削弱了马克思主义政治文化的主导地位。根据本课题组的问卷调查，对于"当前西方社会思潮对我国主流意识形态的冲击和渗透的程度如何？"这一问题，有28.3%的受访人认为"非常严重"，55.3%的受访人认为"比较严重"，8.8%的受访人认为"一般"，而认为"不太严重"和"很不严重"的受访人合计只占到7.6%。可见，绝大部分民众对当前西方资本主义政治文化在中国的扩展和渗透有着清醒的认识，注意到了其严重程度和消极影响。资本主义政治文化在中国的全方位扩张，引起了社会成员政治价值取向的多元化和复杂化，冲击了主流政治文化的凝聚共识和整合思想的功能，其后果必然导致社会成员思想观念领域的无序和混乱，引起各种思维矛盾和价值冲突，从而影响公民政治认同的形成。

具体而言，西方资本主义政治文化的侵入对公民政治认同建构的不利影响主要有以下几个方面：第一，西方政治文化在中国的传播，使东西方政治文化发生碰撞，进而产生政治文化矛盾与冲突，在一定程度上侵蚀了主流政治文化的存在空间。西方资本主义发达国家利用自身的经济、科技优势及其在全球化的主导地位，向广大发展中国家尤其是社会主义国家大量输送西方文化消费品和价值观念，建立了西方文化的世界霸主地位。与此同时，在资本主义阵营与社会主义阵营依然对峙的时代下，西方国家始终不放松对社会主义国家的文化侵略，加紧对社会主义国家的意识形态渗透，妄图以西方政治发展模式颠覆社会主义政治发展道路，对中国共产党及其领导集体进行恶意攻击和丑化，试图动摇中国共产党的政治合法性，动摇马克思主义意识形态的主导地位，实现"和平演变"的图谋。在此背景下，西方政治价值和政治理论对社会成员政治观念的树立起到了相当程度的不利影响，改变了公民政治认知、政治情感、政治行为，加速了政治文化的变迁速度，削弱了公民对马克思主义政治文化的归属感，不利于政治体系获取公民政治认同建构的政治文化资源。

第二，西方政治文化带来的负效应，使主流政治文化无法更好地凝聚公民的政治共识、整合政治资源，从而影响公民政治认同的形成。近年来，随着全球化和信息化的深入推进，资本主义政治文化在中国明目张胆地进行扩张，使得社会成员对各种政治思潮、价值观念应接不暇，对政治生活中的一些理论与实际不相符的现象感到迷茫，甚至显得无所适从。部分民众尤其是年青一代由于受到西方文化的影响，更加倾向于认同西方政治文化，反而对以马克思主义为主导的政治文化不大了解、不信任甚至不认同，形成对马克思主义政治文化的叛逆，严重影响了公民政治认同的构建。有学者指出："当代中华民族文化不能说是遭遇了'认同危机'，但至少在西方文化霸权的影响下受到了影响与冲击。"[①]这种影响和冲击最直接的就是对公民政治认同的阻抗，因为"新兴的民族国家发现在电视屏幕上充斥着廉价而流行的美国电视节目的情况下，很难在国民中发展起真正的对本民族

---

① 李晓光：《文化全球化、西方文化霸权与中华民族文化认同研究》，《山东社会科学》2014年第3期。

国家的认同"[1]。

第三，西方政治文化的不断扩张，民众政治价值取向和政治心理出现多样化，导致主流政治文化受到扭曲，影响公民政治认同的形成。"在当前人类社会信息化和全球化的历史条件下，各民族的思想文化都被抛到一个广阔的竞争空间和复杂的整合关系之中。"[2] 就中国而言，社会转型期本国的与外来的、传统的与现代的文化观念在同一时空环境下呈现，相互交融、交锋甚至发生矛盾和冲突，尤其是伴随西方资本主义政治文化的不断扩张和渗透，民众的政治价值取向出现多元化，尽管马克思主义仍旧是大部分民众的主流价值取向，但已不再是其唯一的价值选择。与价值取向多样化相伴的是，人们政治心理的复杂多样。不同利益群体往往出于自身利益诉求，表现出对既有利益机制的留恋或对新的利益机制的期望，抑或对同一利益机制的不同认同倾向，从而体现出人们政治心理的复杂和矛盾状态。在这种背景下，社会共识和社会整合的形成难度加大，也使得中国以马克思主义为主导的主流政治文化遭到扭曲，对公民政治认同的建构带来严重影响。

四 公民政治素质矮化与认同主体结构的失衡

政治认同是反映认同主体与认同客体之间一种良性互动合作关系的概念，它是认同主体——公民对认同客体——政治体系所做出的一种心理反应和行为表达。因此，作为认同主体的公民个体的自身素质如科学文化素质、政治法律素质、思想道德素质、社会能力素质及身心健康素质等，对公民的政治认同状况将产生重要影响。即是说，认同主体结构自身的状况与政治认同的发生、发展及流变紧密相关。只有公民具备良好的公民意识及公民素质等主体结构，才会有利于公民与政治体系之间的合作、互动关系的形成，以推动政治认同的现代性成长。其中，公民个体的政治素质作为公民素质的一个重要方面，对公民政治认同的影响尤为深刻。政治素质是公民个体素质的政治方面，是指公民作为一个政治角色对自己所承担的

---

[1] Rod Hague, Martin Harrop and Shaun, *Comparative Government and Politics, An Introduction*, London: Macmillan Press Ltd., 1992, p.111.

[2] 刘少杰：《当代中国意识形态变迁》，中央编译出版社 2012 年版，第 158 页。

政治义务和所享受的政治权利的理解、把握、反映和监督行动等情况的总和。在现代社会，公民有效参与政治生活所应具备的政治素质，主要就是具备一定的科学文化知识、政治参与意识和政治见解，并能根据自己的政治见解做出适当的政治行为的能力。其主要内容包括公民的政治认知、政治观念以及政治经验三个方面。[1]随着改革开放以来中国经济社会的全方位发展，尽管公民的个体意识和政治素质得到了较大发展，然而，与新时代发展环境对公民政治素质所提出的要求相比，中国公民的政治素质还存在诸多问题与不足，由此导致认同主体结构的失衡，从而对公民政治认同带来一些消极影响。在此，本书主要就公民个体政治素质构成的三个方面，具体探讨公民个体的政治认知、政治观念以及政治经验对中国公民政治认同的深刻影响。

（一）公民政治认知缺乏对政治认同的影响

政治认知是指"政治主体对于政治生活中各种人物、事件、活动及其规律等方面的认识、判断和评价，即对各种政治现象的认识和理解"[2]。政治认知的形成要经历一个长期而复杂的过程，包括政治知觉、政治印象和政治认知判断三个阶段。[3]政治认知过程是整个政治心理体系的基础和前提。人们只有在形成对政治生活及各种政治现象的感知、理解、判断的基础上，才可能形成一定的政治情感和政治认同意向。当代中国，随着改革开放和依法治国进程的推进，公民文化素质和主体意识的提高，公民有了更多的机会了解政治、参与政治、认识政治，从而使得公民的政治心理和政治认知逐渐科学化和理性化，呈现前所未有的进步。但与此同时，由于社会转型所引起的经济、政治、文化以及人们的生活方式、价值观念等的急剧变

---

[1] 公民政治素质主要是由政治认知、政治观念和政治经验三个方面构成的一个有机整体。其中，政治认知是公民政治素质的理论性基础，它影响着公民的政治观念及政治经历的形成；政治观念是公民政治素质的导向性因素，它决定着公民的政治方向；政治经验则影响公民参与实际政治生活的效率和技能，成为公民政治素质的最终落脚点。

[2] 王浦劬：《政治学基础》，北京大学出版社2014年版，第253页。

[3] 政治知觉是政治主体对认知客体的各种不同属性、不同方面及其相互关系的综合反映，其结果是形成对客体的整体观念；政治印象是政治主体在政治知觉的基础上对认知客体的成像反映，其结果是在头脑中形成一种较为固定的记忆；政治认知判断则是政治主体在上述两个过程的基础上对认知客体进行价值判断，其结果是形成对某种客体的综合分析和评价。（参见时延春《公民政治素质研究》，郑州大学出版社2005年版，第41页。）

革，政治生活、政治发展的复杂性和不确定性增强，公民的政治认知差距随之扩大，导致公民政治认知还存在一些不足。主要表现在以下三方面[①]：

其一，公民对政府的影响程度的认识缺损。阿尔蒙德认为，分析政治认知情况的第一个方面就是公民对政府影响的认识及政府输出的知识。在中国传统的计划经济体制下，权力高度集中，政府几乎掌握着一切社会资源，并通过建立以行政网络为核心的纵向等级结构体系将几乎全部社会组织及其成员都纳入了行政管理系统之中，国家全面介入公民的社会生活。在此背景下，中国公民的日常生活与国家和政府的行为的关系非常密切，公民对此也是颇有认识与体会。当前在中国推进政治体制改革的进程中，虽然政府职能与治理体系有了相当大的转变，公民对政治认知的敏锐度自然也较高。但是，近年来随着中国进入发展的关键期、改革的攻坚期，中国经济社会发展呈现出一系列新的矛盾和问题，主要表现为：社会成员收入差距日益扩大，如城乡差别、地区差别、行业差别等差异相当突出；社会生活中的机会不平等现象严重，如公民接受教育机会不平等、就业机会不平等、享有社会保障的机会不平等；社会中开始形成一个具有一定规模的弱势群体，其经济、政治及社会地位逐渐下降，正逐步被边缘化；等等。这些问题的存在使得党和政府所确立的所有社会成员共享改革发展成果以及满足人民对美好生活的向往等奋斗目标并没有完全地、有效地实现。因此，一些社会成员尤其是贫困群体和利益受损者往往产生相对剥夺感和社会边缘人意识，他们还认识不到政府作用的有益性，造成政治认知的缺损，从而影响了他们对党和政府的信任与支持。

其二，公民的政治主体意识仍显缺乏。所谓的政治意识，是公民是否"注意或关注政治的和政府的事务"，它包括"在政治输入活动中参与者的责任感以及参与者的权能意识"[②]。长期以来，由于党和政府十分注重政治意识

---

① 阿尔蒙德在《公民文化》中，在对公民政治认知模式的分析时提出四个标准：公民对政府影响程度的认识、公民的政治意识、公民掌握的政治信息及公民对政治争议和问题做出选择或接受的意愿程度。据此，笔者对中国公民政治认知的分析，将从政府的影响、政治意识、政治信息三方面进行。(参见[美]加布里埃尔·A.阿尔蒙德、西德尼·维巴《公民文化：五个国家的政治态度和民主制》，徐湘林等译，东方出版社2008年版，第71—91页。)

② [美]加布里埃尔·A.阿尔蒙德、西德尼·维巴：《公民文化：五个国家的政治态度和民主制》，徐湘林等译，东方出版社2008年版，第79—80页。

形态的灌输，中国公民总体上并不缺乏政治责任感和政治热情，政治意识也比较高。但是，仍有一些公民意识不到自己是国家的主人，缺乏公民权利、义务观念，把自己关在政治大门之外，对政治发展采取冷漠态度，往往处于一种政治盲从和消极状态。由于中国公民认为自己的政治活动无力影响政府的决策，其政治效能感缺乏，从而导致公民的政治意识和政治热情较为淡薄，往往表现出政治冷漠。另外，当前在社会转型过程中，市场经济的趋利性、外界的诱惑、欲望的膨胀等，都有可能使中国公民的政治意识淡漠，政治热情下降，政治责任感丧失。据有关调查显示，中国公民的政治效能感总体上还比较弱。[①]在本课题组的调查中，民众对于谈论政治、参与选举、会议等政治活动均表现出不同程度的不太愿意和无所谓的态度。

其三，公民对政治信息获取的不完善。掌握一定的政治信息是每一个公民适应社会政治生活，实现政治目标，完善政治自我的重要条件。在阿尔蒙德看来，公民的政治信息主要包括"识别每一个国家主要政党的全国领导人的能力"和"识别国家级内阁机构和各部机构的能力"[②]。反之，"如果一个人对其所处社会的制度都不甚了解，甚至一无所知，那么，要他成为'恰当评价'并'积极参与'社会的合格公民，显然是无从谈起的"[③]，进而也就会影响公民对所属政治体系的认同感。然而，就中国现状而言，由于中国教育资源分布不均、教育水平还不高以及公民的受教育程度并不高；由于中国城市化进程的加快、社会流动的增加、传统单位制的逐渐消解，公民交往中信息交流的规模和时机逐渐减少；还由于政府政治活动的透明性不足及官员的一些不适宜的执政理念，这些都在一定程度上导致公民对国家大政方针、国家机构及工作制度等政治信息不大了解，使广大公民获得政治信息不完善、渠道性质相对单一、信息成分往往呈现非科学性等。这样一来，公民就难以形成相应的正确的政治认知，难以做出正确的政治对比和分析，往往容易产生政治偏见与成见，从而影响公民的政治认同。

---

① "2008年中国公民意识年度调查"对受访公民的政治效能感进行了测量，结果显示整体受访人的平均分是 −1.5，说明受访人的政治效能感还比较弱。（参见沈明明等《中国公民意识调查数据报告（2008）》，社会科学文献出版社2009年版，第205—209页。）

② ［美］加布里埃尔·A.阿尔蒙德、西德尼·维巴:《公民文化：五个国家的政治态度和民主制》，徐湘林等译，东方出版社2008年版，第86—87页。

③ 苏崇德:《比较思想政治教育学》，高等教育出版社1995年版，第24页。

（二）公民政治观念多元对政治认同的影响

政治观念是指公民在一定政治社会化过程中形成的对政治的看法和态度，或者说是对政治本身的价值评判以及对参与政治的态度。在一定社会中，公民的政治观念是其政治素质的导向性因素，它直接影响着公民的政治信念、信仰和态度。在政治社会化进程中，公民个体在不断受到符合统治阶级要求的政治观念、政治理想等信息的刺激和影响之下，逐渐通过长期的学习和内化，形成符合统治阶级要求的政治理想、政治信念和政治态度。在中国，公民的政治观念首先要树立牢固的马克思主义世界观、树立科学的人生观以及民主法制观念。我们要坚持马克思主义及其中国化理论成果作为新时代中国特色社会主义的指导思想，用马克思主义的辩证唯物主义和历史唯物主义的观点去看待世界，从而形成科学的世界观；树立科学的人生观就要掌握科学的思维方式，运用辩证的方法，正确看待个体人生的目的和意义；确立民主和法制观念就要不断发展社会主义民主法治，最根本的是要把党的领导、人民当家作主和依法治国有机统一起来，为社会主义民主政治的顺利推进提供思想基础。

当前随着中国经济社会的发展，公民的政治观念和价值取向发生了一系列适应社会主义民主政治发展潮流的深刻变化。个人的主体意识开始觉醒，在政治思想和政治参与上，人们不再人云亦云、随波逐流，人们开始由理想主义、集体国家本位的政治价值取向转向追求自觉的、务实的和重视个人权益的政治价值观。但是毋庸讳言，由于中国社会主义市场经济仍不完善、社会主义民主政治仍有待发展，加上经济全球化、政治多极化、思想文化多元化的发展趋势，不可避免地使社会政治观念领域充满着矛盾，中国公民的政治观念及政治价值取向面临着一些问题。

第一，公民中出现一定程度的政治信仰危机。政治信仰是公民对一定政治目标、政治理想所具有的确信不疑的态度或信念。它是公民参与政治生活的精神支柱和力量源泉，并推动着公民为实现一定的政治理想而不懈奋斗。马克思主义是当代中国的主流意识形态，是中国公民的政治信仰。然而，当前在中国社会转型时期，在绝大多数公民对马克思主义坚信不疑的同时，在一部分公民中不同程度上产生了政治信仰危机的种种现象，马克思主义在当代中国的指导思想地位受到了严峻的挑战。一些人在面对思想观念的多元化和多重政治信仰的冲突时感到迷茫，盲目崇拜西方意识形态，在头脑中充斥着西方政治价值观的影子，一些人表现出政治冷漠主义和政治虚无主义，耻谈崇高的理想和信仰，而信奉拜金主义、享乐主义和个人主义的生活理想；一些人对马克思主义信仰产生怀疑，对社会主义、共产主义信念产生了动摇，逐渐与中国主流政治意识形态背道而驰。信仰危机的出现，表明党的主流意识形态出现了淡化倾向，也表明公民对马克思主义和社会主义的认同与接受出现困难。比如，据前文本课题组的调查结果显示，尽管有60.9%的受访者信仰马克思主义，但民众的信仰已明显多样化，马克思主义信仰的主导地位受到严峻挑战，同时对共产主义远大理想也有将近一半的受访者认为是一种美好愿望、难以实现，或是一种纯粹空想、永远不能实现，或者表示不知道。

第二，公民的政治观念和政治行为相脱节。改革开放以来，随着社会主义民主政治建设的推进，中国公民的民主意识不断增强，公民的政治参与也在不断扩大。广大人民群众在对国家政治制度、大政方针等政治信息不断了解的基础上，逐渐形成自己明确的政治态度和政治情感，对政治生活中不民主现象进行批评，对各级政府的政策措施发表意见建议，对党和政府的民生执政理念表示认同和支持等。然而，由于中国还处于从传统社会向现代社会的转型阶段，民主的制度化、规范化、程序化水平还比较低，在现实生活中政治观念与政治行为相脱节的现象还比较严重。比如，当前大部分公民已有较强的权利义务意识及民主意识，知道作为公民应该行使民主权利和履行法定义务，如选举权和被选举权，但是现实生活中还存在着把民主作招牌、走过场的现象，一方面使得公民的民主权利得不到法律的保证，甚至受到侵犯，另一方面又使一些公民看到政治活动的形式化和随意性，对政治实践丧失信心而不愿意参与政治，从而导致公民强烈的政治意识与消极的政治行为的差距，对公民政治认同的形成产生不利影响。正如在我们的访谈中，很多受访者谈到参加基层人大选举的经历，他们虽然认为这是自己的民主权利，但由于觉得选举基本是在走过场、搞形式，自己是否投票对结果不会有实质性影响，很多人都是抱着"无所谓、随便投"的心态来进行选举。可见，民众在有明确的政治意识和政治观念的前提下，对参与选举的热情和积极性不高，表现出一定程度的政治冷漠，这就是一种政治观念和政治行为相脱节的现象。

第三，公民的政治价值取向的多样性和矛盾性。当代中国，随着改革进程的逐步深入，人们的价值观念和行为方式呈现出多样性；随着开放程度的日益扩大，域外非社会主义的价值观念大量涌入；尤其是随着全球化进程的迅速推进，一些西方发达资本主义国家利用全球化的机会对中国进行意识形态的渗透，实行"西化""分化"的图谋。于是，不可避免地带来了人们政治价值取向多样化的趋势。当前社会成员的政治价值取向在共时性和历时性方面表现出多元多样的特点。社会生活中，既有占主导地位的爱国主义、社会主义、集体主义价值观，也存在拜金主义、享乐主义、个人主义等价值观念及以权谋私、腐化堕落、理想信念缺失等不良现象；有一些人在公共、公开场合满嘴道义、党性和道德，而在网络领域和私下行为时却唯利是图、缺乏信仰和道德。政治价值取向的多元化，势必容易导致思想观念领域的混乱，引起各种思想和价值观念之间的相互矛盾和斗争，也使得公民将面临一种焦灼和矛盾的心理冲突，其政治意识表现得非常复杂。一些人面对复杂的社会状况，面对多元多重的理想信念、道德观念、价值取向，容易感到迷惑而难以认清实质，从而产生心理上的困扰、紧张和行为上的矛盾、摇摆，感到无所适从、难以抉择。这样一来，必然对主流意识形态认同的形成产生冲击和挑战，导致公民难以形成稳定的政治认同。

（三）公民政治经验不足对政治认同的影响

现代社会，公民的良好政治素质不仅要求公民具有与社会政治发展相适应的政治认知及价值取向，还要求公民能将这一认知和理念以一种行动的方式加以表达，即通过参与实际政治活动而不断积累政治经验。可见，政治经验成为公民政治素质的外化体现和最终落脚点。所谓政治经验，是指个人的政治生活经历及其对经历的回悟而产生的内心体验和感受。公民个体的政治经验主要来自他们的政治参与，公民正是通过实际的政治参与的经历而积累政治经验和相应的政治技能。通过公民的政治参与，"可以在国家和社会之间稳妥地矫正政府的行为与公民的意愿和选择之间的矛盾。为了体制的正常运转，政府需要从社会上得到有连贯的信息和活力的补充，否则政治体制便难以维持。公民通过政治参与，表达自己对公共财富和价值分配的意愿和选择，并施加压力，使政府的行为不至与公民的意愿和选择发生矛盾，从而左右政府的决策"[①]。另外需要说明的是，公民的政治参与

---

① ［日］蒲岛郁夫：《政治参与》，解莉莉译，经济日报出版社1989年版，第5页。

和政治认同是紧密联系、相互影响的。一方面，公民的政治认同是其有序的政治参与的心理基础和条件，公民只有从内心深处产生对所属政治系统情感上的归属感，才会有政治参与的积极性；另一方面，公民的政治参与是其政治认同形成和确立的外化体现，成为衡量政治认同的一个重要维度，公民只有通过实际的政治参与活动，才会使其对所属政治系统的心理归属感外化为行动，形成并不断巩固政治认同。由此可见，公民的政治参与对公民政治认同的形成和巩固以及民主政治的有效运作具有重要影响，甚至可以说是政治过程的"生命线"。

在当代中国，建设社会主义民主政治，要求公民在政治参与过程中的积极输入与支持，并要坚持自觉的、广泛的、合法的和适度的参与原则。随着中国社会主义民主政治的深入发展，特别是政治体制改革的有序推进，中国公民的政治参与有了显著发展，出现了许多积极的变化。但同时，中国公民政治参与的总体水平仍需提升，还有一些亟待完善的地方。这主要表现为：

第一，公民政治参与的渠道相对单一、不畅通。要保障公民政治参与的有序和实效，就必须提供多样化和畅通化的参与渠道及形式。在当前社会转型期，由于社会主义民主的制度化、规范化、程序化水平比较低，同时由于中国不能照搬西方相对完善的以代议和游说为核心的利益表达与协调体制，[①]这导致中国公民政治参与的制度化、法治化水平仍不足，公民政治参与仍不规范并出现结构性失衡，参与渠道和形式相对单一。在现实政治生活中，大量常见的是公民的个体化参与、个案性参与及形式化参与，而组织化参与、制度化参与和实质性参与则比较少。其结果必然使一些社会成员产生一定的"挫折感""压抑感"，进而对社会政治体制和政治制度产生不满和抵触。一旦公众的各种利益诉求不能通过合法的渠道得到表达，而只能通过不合法的或非制度化的渠道来表达，就可能导致集体上访、游行罢工和冲击党政机关等群体性事件，这样不仅影响公民政治认同，还会给政治体系造成压力。正如亨廷顿指出："社会的动员和政治参与的扩大日新月异，而政治上的组织化和制度化却步履蹒跚。结果，必然发生政治动

---

① 梁丽萍：《公共政策与公民参与：价值、困境与对策》，《山西大学学报》（哲学社会科学版）2008年第4期。

荡和骚乱。"① 例如，对于村民自治这一目前农民"表达和维护自己利益的一条基本渠道和途径"②，由于大部分农民自身政治知识与技能的缺乏以及村民自治制度本身还存在不健全不完善，农民群众对此往往并不热衷，不仅影响了村民自治作用的发挥，而且使农民政治参与的渠道和机会更少。又如，作为中国工人阶级的群众组织，工会是广大工人阶级参与政治的主要渠道，然而当前工会并没有发挥社会功能性组织的作用，没有真正成为工人的代言人，积极维护工人权益，因而大部分工人对工会的认同程度是比较低的。另外，中国近年来出现的私营企业主、自由职业者等新的社会阶层，他们如何参与政治，还缺乏科学、合理、明确的制度安排。

第二，公民政治参与的民主运行机制还不完善。要实现公民政治参与的有序和高效，需要一套健全的民主运行机制作保障，使公民的政治参与达到秩序化、规范化和程序化。中国宪法和法律赋予了公民各项民主参与的权利，明确了公民参与的基本原则，同时也建立了以人民代表大会制度为核心的一系列政治制度来实现公民民主权利，并取得了显著的成绩。但是不可否认，在公民民主参与、民主监督等许多领域中，仍然存在许多不足。首先，公民参与的体制机制中有许多不完备之处。比如，人民代表大会制度作为中国公民政治参与的主渠道，其具体制度构成中如选举制度、代表制度、委员会制度及监督制度等方面还存在一些亟待完善和改进的问题，影响其优越性的真正发挥。其次，执行制度的具体措施及执行过程中还存在一些偏颇。如在选举活动的具体运作过程中，由于个别地方选举中存在的暗箱操作、形式主义、走过场，使得选举不是真正反映民意或代表民意，也使得民众不愿参与选举。在基层民主实践中，基层群众自治组织行政化的倾向较为突出，影响群众当家作主的能动性的发挥。另外，公民的政治表达方式如集会、结社、游行、示威等政治参与权利，还缺乏系统的疏导、支持、规范和约束机制等。这些现象的存在，使得制度的权威性及优越性的体现受到制约，导致公民参与政治的效能感降低，进而直接影响到公民的政治认同度。一旦公民对政治统治产生不满和不信任，积累到

---

① ［美］塞缪尔·P.亨廷顿：《变化社会中的政治秩序》，王冠华等译，上海人民出版社2008年版，第4页。

② 牛磊：《村民自治与农村政治发展》，《齐鲁学刊》2008年第1期。

一定程度，公民就会用超出政治体系设定尺度的手段来表达其不满和不信任，形成"非制度性政治参与""对抗性政治参与"或"暴力性政治参与"。近年来中国政治生活中所出现的公民越级上访、集体上访、拦路静坐，甚至冲击政府机关等现象的增多就说明了这一点。由此可见，由于当前中国公民政治参与不充分，一定程度上导致了公民政治经验和政治效能感的缺乏，从而使得公民难以形成对政治体系情感上的归属和行为上的支持，降低和消解了公民的政治认同感。

综上所述，影响中国公民政治认同的因素及原因是多方面的，其宏观影响因素和微观影响因素并非截然的分离，它们相互作用、相互影响，共同制约着当代中国公民的政治认同。随着中国改革开放和社会主义现代化进程的加快，社会在快速发展的同时出现了巨大震荡和变化，带来了一系列矛盾和问题，这使得广大民众的政治心态发生了变化，弱化和消解了人们原有的政治认同，使得人们在治理绩效认同、制度规则认同、意识形态认同等方面均出现一种认同危机倾向。对此，必须引起足够的重视和警醒。当前，我们必须针对中国公民政治认同所面临的问题及其归因，从中国具体国情出发，大力推进中国公民政治认同建设，制定出提升公民政治认同的有效对策和措施，从而不断增强全社会的向心力和凝聚力，为实现"两个一百年"奋斗目标和中华民族伟大复兴提供强有力的政治基础和支撑。

第五章 当代中国公民政治认同建构的战略认知和路径选择

当代中国正面临全面深刻的社会转型、迅猛推进的全球化和社会信息化浪潮，在此社会场景下，尽管政治认同的现代性成长取得了重要成就和积极变化，但是在经济、政治、文化等领域诸多因素的影响下，社会共识产生裂变、社会信任消解、信仰缺失、价值观扭曲、公众赖以生存的政治共同体遭遇多方面的严峻挑战，公民政治认同面临着巨大的压力和挑战。在此背景下，大力推进政治认同建设，优化政治认同结构，提高公民政治认同水平，增强全社会的向心力和凝聚力，为中华民族伟大复兴提供强有力的政治基础，已然成为党和政府所面临的一项具有价值优先性和政治紧迫性的任务。质言之，公民政治认同建构的主要使命就在于化解其成长中的问题和困境。然而，公民政治认同的建构是一项系统工程，需要在认识和尊重政治认同的一般规律的前提下，针对公民政治认同所存在的问题及其原因，把"应然"和"实然"结合起来，从价值规范和经验事实两方面来推进。本章关于当代中国公民政治认同的建构策略分析，首先是明确其战略认知，即从价值规范层面分析政治认同建构的价值理念和基本原则，然后以公民政治认同建构的价值理念及基本原则为指导，从经验事实层面分析其具体的建构路径。

第一节 当代中国公民政治认同建构的战略认知

顺利推进当代中国公民政治认同的建构，首先有必要从战略上进行思考，明确政治认同建构的价值理念、基本原则等重大问题。换言之，要实现当代中国公民政治认同建构的顺利推进和政治认同水平的不断提升，需要一定的价值理念作为指导，也需要坚持和遵循一些基本原则。只有明确和坚持这些理念与准则，才能在政治认同建构中把握正确的方向、实施正确的战略、采取有效的途径，从而取得切实的成效。

一　社会公正：公民政治认同建构的核心价值理念*

价值理念，是指具有一定价值观的行为主体在面对或处理各种矛盾、冲突、关系时所持的基本价值立场、价值态度以及所表现出来的基本价值倾向。当代中国推进公民政治认同，首先需要一定的价值理念的指导与支撑，其贯穿始终的价值理念就是社会公正。社会公正是人类的普遍价值追求，其核心是对社会关系调节的均衡、合理要求，它是人们衡量社会制度及基本结构合理性的最终尺度，也是公民衡量一种政治统治是否合意的基本价值准则。因此，社会公正也就成为政治认同的基本价值取向和政治底线，它潜在地规定着公民政治认同的方向与目标，并为政治认同的重构与完善提供一个最终的评价标准。

（一）社会公正界说

社会公正，亦称公平正义，是一个内涵极为丰富的概念，其定义往往被描述为变幻莫测的。正如美国著名法理学家埃德加·博登海默所说："正义有着一张普洛透斯似的脸，变幻无常，随时可呈不同形状并具有极不相同的面貌。当我们仔细查看这张脸并试图解开隐藏其表面背后的秘密时，我们往往会深感迷惑。"[①] 社会公正是人类社会一种永恒的价值理念和基本行为准则。作为一个历史性范畴，社会公正在不同的时代有不同的内容，在不同的领域有不同的内涵，因而社会公正是具体的、现实的、相对的，不能简单地用抽象的观念来进行界定。一般而言，社会公正反映的是人们追求利益关系合理性的价值理念和价值标准，包括人人平等、是非分明、惩恶扬善、情理兼顾、利益均衡、多寡相匀等内容。[②] 社会公正作为一个内涵

---

* 参见胡建、刘惠《社会公正：推进当代中国政治认同的基本价值理念》，《教学与研究》2017年第10期。

① ［美］埃德加·博登海默：《法理学——法律哲学与法律方法》，邓正来译，中国政法大学出版社1999年版，第252页。

② 中共中央宣传部：《中国特色社会主义学习读本》，学习出版社2013年版，第103页。

极为丰富的概念，不同社会、不同时代、不同阶层的人对其含义有着不同的理解，因而历史上产生了种种不同的社会公正观。

在中国古代，很少用到"正义""公正"之类的词语。人们表达"正义""公正"思想多用"仁""义""平""中"等。从以孔孟儒家思想为代表的封建正统派公正观到近现代资产阶级思想家的公正观，其中不乏深刻的公正思想，但是这些公正观均有很大的局限性，它们主要都限于个人品德的层面上，往往是一些品德上的洁身自好主张，而没有上升到社会的道德要求层面上，也就是没有成为对人们行为有约束力的社会道德规范，更没有成为社会制度设计与安排的基本理念和行为准则。在西方，关于社会公正的思想由来已久，其思想主题随着历史的发展、时代的变迁呈现出阶段性，而且内涵也日益丰富和具体。尤其是在现当代，西方学者对社会公正问题的研究逐步深入和系统化，并取得了很大的成果。其中，美国当代著名政治哲学家约翰·罗尔斯是研究公正问题较为深入和体系化的学者，其代表作《正义论》被学术界推崇为代表了现今公正问题研究领域的最高水准。罗尔斯认为，社会公正（正义）是一个社会制度的首要价值，公正的基本准则（一般观念）应是："所有的社会基本善——自由和机会、收入和财富及自尊的基础——都应被平等地分配，除非对一些或所有的社会基本善的一种不平等分配有利于最不利者。"[1] 为了具体地解释上述基本准则，罗尔斯提出了两个关于正义的基本原则，并将其作为实现社会基本制度之正义安排的基础。其一，"每个人对与所有人所拥有的最广泛平等的基本自由体系相容的类似自由体系都应有一种平等的权利"。其二，"社会和经济的不平等应这样安排，使它们：①在与正义的的储存原则一致的情况下，适合于最少受惠者的最大利益；并且，②依系于在机会公平平等的条件下职务和地位向所有人开放"。[2] 罗尔斯反对一些人为了分享更大的利益而剥夺另一些人的自由，反对为了大多数人享有更大利益而迫使少数人做出牺牲，主张政府干预，抑制贫富差距，保障弱势群体的利益。在罗尔斯的政治哲学体系中，人被假定为自由平等的个体，人们在原初状态下签订的契

---

[1] ［美］约翰·罗尔斯：《正义论》，何怀宏等译，中国社会科学出版社1988年版，第303页。

[2] ［美］约翰·罗尔斯：《正义论》，何怀宏等译，中国社会科学出版社1988年版，第302页。

约是绝对符合公平原则的,他也假设了一个在正义原则指导下的社会是组织良好的社会,相形之下,现实的社会制度则是不尽如人意的。罗尔斯认为社会公正只能尽量通过程序正义来实现。近现代以来,人们往往用社会公正来描绘社会关系的一种应然状态,或把它当作评价社会行为和社会制度的价值尺度和标准,从而使之受到极为广泛的关注。

纵观古今中外人类历史上的种种社会公正观,马克思主义是第一次把社会公正的实现建立在科学基础之上,并为之做出了科学设计的学说。因为从某种角度讲,马克思主义的理论旨趣及其使命就在于通过揭露和批判资本主义社会的不公正性来论证未来社会,如何实现社会公正,促进人的自由而全面发展。马克思主义并不是把公平正义的价值追求仅停留在认识论和道德理想层面,而是将社会公正同一定的国家制度、社会制度紧密联系起来,并极力通过革命性的变革彻底铲除和改造不公正的社会制度,从而建立真正公平正义的社会。对此,马克思恩格斯指出,资本主义社会的公正不过是一种形式上的公正,只有彻底摒弃资本主义私有制,消除剥削和压迫,建立社会主义制度,才能真正实现社会公平正义。马克思主义社会公正观的根本内容主要表现为个人与个人之间、个人与社会之间所得与应得、所付与应付之间的"相称"或"平衡"关系。在马克思主义看来,社会公正所具有的这种相称或平衡关系,包括十分丰富的内容。[①] 社会公正所内在反映的是人们自身的社会地位和利益关系,这种关系大致表现为两个方面:第一,在人身关系上,社会公正所反映的是权利与义务的关系。就是说,社会公正要求每个人权利和义务的统一,要求每个人都具有独立平等的人格尊严,都既享有正当权利的自由,同时也承担平等待人、尊重他人政治权利的义务。第二,从个人与社会的关系上看,社会公正既代表各社会成员对其所在的社会之合理利益分配和正当秩序安排的合理期待或要求,也反映着社会对其成员实施的公平的利益分配尺度。社会公正的核心与直接目的是对社会关系调节的均衡、合理要求,也就是说使每一个社

[①] 马克思主义公正观认为:在经济领域,公正是一种分配原则,是贡献和满足之间的相称,叫"分配公正";在政治领域,公正是一种调节原则,是权利和义务之间的相称,叫"政治公正";在法律领域,则是公正裁量的法律原则,是要求自由和责任之间的相称,叫"法律公正"。(参见张康之《在构建和谐社会中去实现公正》,《教学与研究》2006年第2期。)

会成员的权利与义务之间、付出与索取之间以及各自的地位和作用之间彼此对等，以达到社会生活的井然有序以及社会的安全运行与健康发展。

作为一种被民众普遍认可的基本价值理念和行为准则，社会公正是在现代社会中形成并完善的。现代意义上的社会公正，是基于平等、自由、合作等现代理念和现代化进程及市场经济的现实依据之上而形成和确立的，其含义是指"在一定社会范围内通过社会基本制度的正义安排与设计，以及社会对各种社会基本权利和义务的公平合理的分配，使每一个成员得其所应得"①。简言之，社会公正就是给社会中的每个人他所"应得"。现代意义上的社会公正的具体内容包括基本权利的保证、机会平等、按贡献进行分配、社会调剂等四个方面②。社会公正是由这几个方面构成的一个有机整体，其中缺少任何一项内容，公正便不具备完整的意义，便会陷入某种偏颇而成为一种片面的公正。社会公正对一个社会来说是至关重要的，因为"正是它构成了一个组织良好的人类联合体的基本条件"③；社会公正也是社会发展的理想目标和最高价值追求，"正义是社会制度的首要价值，正像真理是思想体系的首要价值一样"④。社会公正首先体现为社会制度的正义安排，一个社会基本制度的公正或正义程度从根本上决定了该社会的公正程度。社会公正的价值主要是为处理人们的社会关系提供准则，因而，公正并不是规范本身，或者主要不是规范本身，而是制定规范的原则和准则，它为规范的取舍和完善提供基本理念、标准和原则。正因为如此，社会公正便成为从根本上衡量社会基本制度的合理性和进步性的一个直接标准，也是公民衡量一个社会是否合意的基本价值准则和政治底线。

（二）社会公正与政治认同的关联

在现实政治实践中，政治认同与政治合法性、国家安全、社会稳定等密切相关，政治认同的核心问题是"对政治合法性的认同，即民众对政治

---

① 胡建：《社会公正：构建社会主义和谐社会的重要维度》，《齐鲁学刊》2009年第6期。
② 现代意义上社会公正的具体内容包括四个方面，亦称为保证规则、事前规则、事后规则和调剂规则，它们构成了一个有机整体，缺一不可。（参见吴忠民《社会公正》，山东人民出版社2004年版，第32—35页。）
③ ［美］约翰·罗尔斯：《正义论》，何怀宏等译，中国社会科学出版社1988年版，第5页。
④ ［美］约翰·罗尔斯：《正义论》，何怀宏等译，中国社会科学出版社1988年版，第1页。

系统及其行为过程的正当性与合理性的认识与评判"①。因为"任何一种政治系统，如果不抓合法性，那么，它就不可能永久地保持住群众（对它所持有的）忠诚心。这也就是说，就无法永久地保持住它的成员们紧紧地跟随它前进"②。即是说，一种政治统治只有在获得民众的广泛政治认同的前提下，才能最大限度地得到人民的支持和拥护，这种政治统治才是合理的和正当的，或者说，它才具有较高的合法性，从而得以巩固和维护政治统治。相反，一种政治统治如果不能获得民众的认同，则可能会陷入合法性危机，而导致政治动荡和社会冲突的出现。由此可见，普遍而高度的政治认同是社会稳定的民意基础，也是统治合法性的源泉。然而，政治认同的构建必须借助多种力量，采取多种方式和措施，但无论对政治认同如何进行构建，都必须遵循一个非常重要的价值理念和准则，那就是社会公正。社会公正作为调节社会关系的价值尺度和标准，有利于化解利益矛盾，理顺社会关系，激发社会活力，从而实现国家的政治稳定、社会的有序竞争及和谐发展，从而有利于维护政治认同。正如有学者指出："社会公正会使得社会成员产生心理感受上的公平感，从而会间接导致一种对于社会特别是政治的认同意识，于是就有利于促进社会稳定。当社会中大多数人的公平感得不到满足时，社会矛盾也就尖锐起来，社会稳定就受到了威胁。"③ 因此可以说，社会公正是公民衡量一种政治统治是否合意的基本价值准则，是政治认同的基本价值取向和政治底线。

在现代民主社会，如何认识和处理社会公正与政治认同的关系，是每一个政治共同体所面临的重要课题。任何一种政治统治想要获得广泛的政治认同，都必须以公平正义为最高价值追求，以社会公正来赢得民心民意。"如果没有正义，社会必然立即解体，而每一个人必然会陷于野蛮和孤立的状态，那种状态比起我们所能设想到的社会中最坏的情况来，要超过万倍。"④ 实现社会公正，是中国共产党的一贯价值主张和理想目标。当前，中

---

① 周敏凯：《和谐社会构建中政治认同的主要内容与面临的挑战》，《河南师范大学学报》（哲学社会科学版）2007年第5期。

② [德]尤尔根·哈贝马斯：《重建历史唯物主义》，郭官义译，社会科学文献出版社2000年版，第264页。

③ 桑玉成：《利益分化的政治时代》，学林出版社2002年版，第169页。

④ [英]大卫·休谟：《人性论》，关文运译，商务印书馆2009年版，第538页。

国在取得举世瞩目的经济发展成就的同时,也出现了一定程度的社会不公正现象。在这一现实背景下,社会公正问题引起全党全社会的普遍关注和重视。中国共产党尤其强调把社会公正的价值理念直接付诸中国特色社会主义的伟大实践中,将维护和实现公平正义作为发展中国特色社会主义的重大任务和价值目标,以此不断增强中国特色社会主义凝聚力、向心力和感召力,提升民众的政治认同。党的十七大报告提出:"实现社会公平正义是中国共产党的一贯主张,是发展中国特色社会主义的重大任务。"[①] 党的十八大进一步强调"公平正义是中国特色社会主义的内在要求"[②],必须坚持维护社会公平正义。党的十八届三中全会明确将"促进社会公平正义、增进人民福祉"作为全面深化改革的出发点和落脚点。党的十八届五中全会进一步强调维护社会公平正义,并首次提出共享发展理念,指出"共享是中国特色社会主义的本质要求",必须坚持以人民为中心的发展思想,"使全体人民在共建共享中有更多获得感"[③]。当前,社会公正作为中国共产党的重要执政理念,俨然是党顺应时代要求和民意期盼的明智选择,也是中国特色社会主义的应有之义以及内在要求。维护和实现社会公正,是未来中国发展的重大任务和重要价值目标,也是中国特色社会主义拥有强大凝聚力、感召力和亲和力的重要原因,它从根本上体现着中国特色社会主义的价值优势、道义优势和制度优势,成为推进当代中国政治认同的重要价值理念,也成为当代中国政治认同建设的最终评价标准和尺度。

(三)社会公正对于推进公民政治认同的重要作用

社会公正与政治认同密切相关,人们对社会公正的价值判断会影响到他们的政治情感、政治态度及其政治行为,进而在很大程度上决定人们的政治认同度。因此,社会公正作为政治认同的基本价值取向,它对政治认同的形成与强化具有重大影响,它在推进当代中国公民的经济绩效认同、制度规则认同和主流意识形态认同的进程中发挥着重要作用。

第一,社会公正是协调利益关系的基本准则,有利于化解社会利益矛

[①] 中共中央文献研究室:《十七大以来重要文献选编》(上),中央文献出版社2009年版,第13—14页。
[②] 《十八大报告学习辅导百问》,学习出版社2012年版,第13页。
[③] 《中共中央关于制定国民经济和社会发展第十三个五年规划的建议》,《人民日报》2015年11月4日。

盾，提高民众的经济绩效认同。

"每一既定社会的经济关系首先表现为利益"[①]，利益关系是最基本的社会关系，是一切社会关系的核心。因此，任何一个社会要实现安全运行和健康发展，就必须关注利益问题，处理利益矛盾和冲突，实现利益和谐。社会公正的内涵所要求的实现人们之间权利与义务的统一，实质上是人与人之间的一种利益关系。社会公正也就自然成为调整人们利益关系和利益矛盾的基本准则。约翰·罗尔斯认为，对于一个社会所产生的利益的冲突，"就需要一系列原则来指导在各种不同的决定利益分配的社会安排之间进行选择，到达一种有关恰当的分配份额的契约。这些所需要的原则就是社会正义的原则，它们提供了一种在社会的基本制度中分配权利和义务的办法，确定了社会合作的利益和负担的适当分配"[②]。当前，中国已进入改革发展的深水区和攻坚期，其实质就是社会利益关系的重大调整与利益格局的深度重塑。面对社会生活中的不规范利益分化及收入差距的扩大化，以及由此导致的利益矛盾与利益冲突的愈益凸显和复杂化，社会公众逐渐对社会主义的"按劳分配"原则和普遍受益原则产生怀疑，从而在一定程度上影响了公众的经济绩效认同。因此，我们必须以社会公正为基本准则和导向，积极采取措施进行有效的利益整合，妥善处理各种利益矛盾和冲突，统筹协调各方利益关系，以实现社会成员的贡献与满足之间以及权利与义务之间的"相称"，维护社会各阶级、各阶层及各种力量之间的相对平衡，推动整个社会形成合理的利益格局，进而努力确保改革与发展成果的共享，满足大多数民众心理上对经济增长的强烈愿望和对公平正义的需要，从而提高民众的经济绩效认同。

第二，社会公正是制度设计和安排的基本依据，有利于树立制度权威，强化公民的制度规则认同。

一个现代社会要保持安全运行和维持良好的秩序，制度尤其是规范、科学、合理的制度是必要前提。制度具有根本性、全局性、稳定性的作用，其作用就在于通过对人与人关系的规范或限制，形成一定的社会秩序。而

---

① 《马克思恩格斯选集》第3卷，人民出版社1995年版，第209页。
② [美]约翰·罗尔斯：《正义论》，何怀宏等译，中国社会科学出版社1988年版，第4页。

要使制度科学、合理，并得到公众的遵循和服从，就必须以公正的理念为依据来进行制度的设计与安排，将公平正义的基本准则体现于社会的制度体系之中，以实现制度公正。约翰·罗尔斯认为，公正首先体现为社会制度的正义安排，公平正义是制度的内在要求和基本规则。"社会正义原则的主要问题是社会的基本结构，是一种合作体系中的主要的社会制度安排。"①一种制度只有具备了公正性，即制度设计本身的公正性和制度运行的规范性，才会形成权威性，才会使公民对制度产生观念上的认可和行为上的支持，才能使之成为有效的制度，从而才能使这个制度体系成为维系社会秩序正常运行的重要纽带。当前，在全面深化改革的进程中，我们必须把社会公正的理念及要求具体化对象化为一系列制度规则，建立健全促进社会公平与正义的长效机制。正如党的十八大报告中所强调的，"加紧建设对保障社会公平正义具有重大作用的制度，逐步建立以权利公平、机会公平、规则公平为主要内容的社会公平保障体系，努力营造公平的社会环境，保证人民平等参与、平等发展权利"②。党的十八届四中全会进一步强调，公正是法治的生命线，必须保证公正司法，坚守公平正义的最后防线。总之，制度的公正性制约着制度的合法性和权威性，从而有利于实现民众对制度规则的认可与支持，即强化民众的制度规则认同，进而实现整个社会的有序运行和健康发展。

第三，社会公正是社会主义的本质要求和首要价值，有利于培育社会主义核心价值观，增强民众的意识形态认同。

"真正的自由和真正的平等只有在公社制度下才可能实现……这样的制度是正义所要求的。"③马克思恩格斯认为，公平正义是社会主义和共产主义的首要价值之所在，未来社会之所以能够实现真正的社会公正，根本原因在于它实现了人的解放和人的自由全面发展，国家被"自由人的联合体"所取代，消除了社会不公的经济、政治、文化及社会基础。实现社会公正，是人类社会所追求的社会良性发展的一种崇高境界，也是中国共产党一以贯之的价值目标和主张。中华人民共和国成立后，毛泽东就十分重视对公平正义的

---

① [美]约翰·罗尔斯：《正义论》，何怀宏等译，中国社会科学出版社1988年版，第54页。
② 《十八大报告学习辅导百问》，学习出版社2012年版，第13页。
③ 《马克思恩格斯全集》第3卷，人民出版社2002年版，第482页。

追求，他把生产资料所有制变革作为这一历史阶段的首要任务，为实现公平正义奠定了根本的政治前提和制度基础。改革开放过程中，邓小平曾强调指出，要注意避免两极分化，"社会主义最大的优越性就是共同富裕，这是体现社会主义本质的一个东西"①。"只有社会主义才能消除资本主义和其他剥削制度所必然产生的种种贪婪、腐败和不公正现象。"②习近平总书记进一步强调，"把促进社会公平正义作为核心价值追求……维护人民群众切身利益"③。由此可见，公平正义是中国特色社会主义的内在要求和题中之义，集中体现着社会主义的制度优越性，从而也是社会主义意识形态的本质体现。当前，为了理性应对思想意识形态领域存在的问题和冲突，党中央在积极建设社会主义核心价值体系的基础上，凝练并概括了24字的社会主义核心价值观。其中，"公正"作为社会主义核心价值观之一与其他核心价值观密切相关、相互支撑，"是反映中国特色社会主义制度性质的最根本的社会主义核心价值观"④。因此，在当前思想文化、价值观念多样化的社会条件下，遵循社会公正的基本理念，有利于培育和涵养社会主义核心价值观，有利于坚持指导思想的一元化和社会主义意识形态的主导地位，有利于自觉维护全党全社会共同的思想基础，以此最大限度地形成社会思想共识和广泛的意识形态认同。

第四，社会公正是增强社会凝聚力和激发社会活力的重要源泉，有利于提升社会整合程度，从而增强公民的政治认同。

一个现代社会的健康发展和良性运行，离不开社会凝聚力与社会活力两种基本力量的维系。首先，社会发展离不开社会凝聚力。社会凝聚力是指整个社会形成一个有机的整体，社会成员在观念、行动方面显示出来的一致性、协同性及相互合作。社会合作是每个社会成员生存的前提条件。"正是通过建立在社会成员的需要和潜在性基础上的社会联合，每一个人才能够分享其他人表现出来的天赋才能的总和。"⑤在社会合作的过程中，必

---

① 《邓小平文选》第3卷，人民出版社1993年版，第364页。
② 《邓小平文选》第3卷，人民出版社1993年版，第143页。
③ 习近平：《习近平谈治国理政》，外文出版社2014年版，第147页。
④ 韩震：《公正是社会主义核心价值追求》，《中国特色社会主义研究》2014年第6期。
⑤ [美]约翰·罗尔斯：《正义论》，何怀宏等译，中国社会科学出版社1988年版，第510页。

须以社会公正原则为指导，注重保持社会各阶级、各阶层及各种力量之间的相对平衡，保证社会成员的基本权利和基本尊严，真正实现社会成员共享改革发展的成果。这样有助于减少社会成员之间的隔阂与冲突，增进社会成员之间的相互信任与合作，进而增强人们对社会的普遍认同，形成强大的社会合力。其次，社会发展也取决于激发社会活力。激发社会活力是指社会潜能及社会人力资源的开发，"放手让一切劳动、知识、技术、管理和资本的活力竞相迸发，让一切创造社会财富的源泉充分涌流"①。在此过程中，社会公正始终发挥着巨大的动员和激励作用。在社会公正原则的指导下，正确处理社会利益关系，每个社会成员能够获得平等的机会和公正的待遇，产生被社会尊重和认可的心理归属感，这样有利于强化社会成员的活动动机，调动其积极性和能动性，从而有利于开发社会成员的潜能，充分激发整个社会的活力。总之，遵循社会公正的基本理念，才能够实现社会的有效整合和社会团结，才能够充分激发各个社会阶层的潜能，调动各方面的积极因素，从而有利于实现社会各阶层的良性互动与团结协作，提高公民的政治认同，最终保证社会的健康发展。

二 公民政治认同建构的基本原则

社会公正理念的提出解决了公民政治认同建构的价值取向问题，接下来还需要明确公民政治认同建构的立场问题，即基本原则问题。公民政治认同建构的基本原则是指在促使公民政治认同生成过程中所应当遵循的总的准则或标准。它为公民政治认同的形成提供一种总体性和一般性的方法和思路，有利于人们突破传统观念和固有思维模式，在纷繁复杂的政治现象中抓住根本，系统地、本质地把握和解决政治认同所面临的问题。公民政治认同建构基本原则的确定，一般都会设定理性选择的条件、环境，并结合特定人性的假设，同时往往综合考量经济、政治、文化、道德和利益等多方面因素。具体而言，当代中国公民政治认同建构的基本原则主要包括以下几个方面：

第一，人民主体原则。

唯物史观认为，人民群众是历史的推动者和社会变革的决定力量，是

---

① 中宣部理论局：《科学发展观读本》，学习出版社2006年版，第86页。

人类社会物质财富和精神财富的实际创造者，也是社会实践活动的最重要主体。"生气勃勃的创造性的社会主义是由人民群众自己创立的。"①可见，人民群众在推动国家和社会的发展过程中起着重要的作用，能否掌握人民群众直接关系到政治体系能否长治久安。既然政治认同是人民群众对现存政治体系所具有的同向性政治态度和行为，人民群众又是国家政治生活的重要主体，由此可以从逻辑上得出这样的结论：建构公民政治认同必须首先确立人民主体原则，牢固树立人民群众的主体地位，把满足人民群众的利益与要求作为政治认同建构的出发点和依据。这既符合公民政治心理的演变规律，也符合社会主义民主政治以人民为中心的价值取向。当然，我们在强调人民主体原则时，并不是要求政治体系对人民利益需求的单方面满足，还应当包括调动人民群众自身在建构政治认同中的作用。人民群众在建构政治认同的过程中既是对象，也是参与者。人民群众主体作用的发挥程度，直接决定和影响着政治认同建构的效果。

因此，政治体系在建构公民政治认同的过程中，需要贯穿"以人民为中心"的根本理念，把人的生存和发展作为最高价值目标，满足人民群众的合理利益诉求和基本权利，这是公民能够从内心赞同、支持政治体系的基础；与此同时更需要充分调动人民群众的创造热情和自我建构的主动性、积极性，因为在很大程度上而言，自我主动建构的行为本身就是公民政治认同的一种外化显现。这就要求在建构公民的政治认同过程中，充分突出和尊重广大人民群众的主体地位，最大限度地汇集全体人民群众的智慧和力量。

第二，问题导向原则。

政治认同既是政治体系长期存续的公民心理基础，也是政治合法性的重要来源。纵观人类历史发展进程，无一不是在破解问题的过程中不断向前推进的。"人类认识世界和改造世界的过程就是发现问题、解决问题的过程。"②同样，公民政治认同的建构也是一个不断解决制约公民政治认同生成的问题的过程。政治认同并非凭空产生和自然形成的，而是通过对现实政

---

① 《列宁全集》第33卷，人民出版社1985年版，第53页。
② 中共中央宣传部：《习近平新时代中国特色社会主义思想三十讲》，学习出版社2018年版，第330页。

治生活的正确认识与理性反思后逐渐形成的，是以问题意识为导向的。因为我们在强调政治认同的建构时，实际上就承认了公民政治认同存在一定的问题及制约因素，并要求我们在建构过程中要敢于正视问题，着重破解制约公民政治认同形成的各种障碍。就其心理机制而言，政治认同是公民对现存政治体系有了一定政治认知的基础上，结合自身利益诉求的实现程度，形成的一种对政治体系的政治情感，并以此作为引领政治行为的价值信念。换言之，公民政治认同所蕴含的价值判断和选择，是公民通过对政治体系不断解决现实问题的效果进行评价而获得的自我政治身份的确认，即形成明确的政治立场和政治价值观，政治体系在这个过程中将获得更多的合法性与公民支持。

因此，我们在建构公民政治认同时，必须坚持问题导向原则，树立强烈的问题意识，抓住政治认同建构的关键点，强化薄弱环节，以此进行安排部署。一方面，要切实针对影响和制约政治认同形成的各种现实问题和具体变量，在制定方案和部署推动上要有针对性，聚焦主要问题，深入分析、科学研究问题，采取有力措施切实解决公民政治认同所面临的各种难题，满足公民的利益需求和愿望，促进公民政治认同的生成和提升；另一方面，要对公民进行相应的政治认同教育，使他们对政治体系的各方面有基本的认识和理解，形成一定的政治认知，在此基础上，由于利益需求的满足而使公民形成相应的政治情感甚至是政治态度，进而才能使公民以实际行动支持政治体系，这是政治认同建构的落脚点。

第三，系统性和整体性相统一的原则。

公民政治认同的建构不是某一方面的建构，而是全方位建构，因而它是一个十分复杂的系统工程，具有鲜明的整体性。马克思主义系统论要求用整体性的视角看问题，不能"只见树木，不见森林"。公民政治认同建构的整体性就是将建构过程看作一个动态发展的完整系统，从这个意义上讲，任何建构方式的运用实际上都源于对公民政治认同存在的问题进行整体性分析后形成的解决路径。我们对公民政治认同建构的整体性和系统性的理解主要可以从两个维度进行：横向维度和纵向维度。从横向维度看，公民政治认同的建构包含了政治认同基本结构的各个要素，如认同主体、认同客体、认同介体和认同环体等；具体就政治认同对象而言，可以包括不同的层面，比如经济绩效、制度规则、意识形态等，可见，政治认同的建构必须是这些内容的全方位建构，不能顾此失彼。从纵向维度看，公民政治认同的建构方式是随时代变化而不断深化的，不同时期由于政治认同基本结构各要素的变化发展，其政治认同建构的方式必然也会发生相应变化和发展，这是一个前后相继的历史过程，在这一过程中创新的政治认同建构方式仍是相互配合、形成整体的。

因此，公民政治认同建构的一个重点就在于把握建构的整体性与系统性，对整体性和系统性的漠视，将会导致各种建构方式无法形成最大的合力，不利于提高公民政治认同的建构效果。公民政治认同建构的整体性是相对于局部来说的，整体性表明了一切以系统方式存在的事物的普遍特性，也是我们进行建构的逻辑起点。整体性和系统性原则指出和超越了我们以往对公民政治认同建构理解的局限，批判了不重视建构的整体意义和片面追求单一环节的弊端，为我们提供了建构的整体性思路和方法，使得公民政治认同的建构成为一个严密的、贯通的整体和系统，从而不断提高政治认同建构的成效。

第四，政治性和科学性相结合的原则。

公民政治认同建构的过程是将政治体系要求的思想观念、路线方针、行为规范等价值理念内化到公民心理的过程，实质上就是缩小公民政治认同"应然"与"实然"差距的过程。我们之所以强调公民政治认同的构建，其根本目的在于培养公民对政治体系的认同和支持，维护国家的政治稳定，这就体现了明显的政治性特征。但是，公民政治认同的建构始终要遵循一定的规律，不能违背政治认同产生的心理机制和社会机制。由此可见，公民政治认同的建构必须要遵循政治性和科学性相结合的原则，实现合目的性与合规律性相统一。

坚持政治性原则，就是要求在建构公民政治认同的过程中要始终以马克思主义理论为指导，对公民进行相关的政治认同教育，引导民众拥护现存政治体系，使他们的政治观念和政治行为符合政治体系的要求，努力成为合格的政治人。坚持科学性原则，则是要求在建构公民政治认同时要遵循相应的规律和机制，准确把握政治认同从萌芽、积累、稳固到外化的心理规律，以及政治认同形成的利益需求驱动、制度规则塑造、意识形态规训等社会机制，并将其运用到具体的建构实践中。总之，公民政治认同的建构必须始终围绕政治性展开，做到为政治体系服务，它确保了公民政治认同的根本方向与正确性，是政治认同建构的起点与归宿；同样，公民政治认同的建构也不能脱离科学性，一个以获取公民支持为目标的政治体系应当在政治过程中始终体现科学性原则，它确保了公民政治认同建构的有效性，是政治认同建构的基本前提。公民政治认同建构的政治性与科学性是相互关联、不可分离的，当然也不可能完全等同或者相互替代。离开政治性，公民政治认同的建构就会迷失方向，走上歧途；离开科学性，公民政治认同的建构就会遇到各种障碍，事倍功半。因此，公民政治认同的建构要遵循政治性和科学性相结合的原则，实现公民政治认同建构在政治逻辑与实践逻辑上的有机统一。

第二节　当代中国公民政治认同建构的路径选择

政治认同本质上是政治主体对以政治权力为核心的一定政治体系的认可和支持。在某种意义上，政治认同是在认同主客体互动过程中主体的自我建构过程，它反映着认同主体与认同客体之间的互动关系。当然，现实生活中影响政治认同生成的因素复杂多样，除了认同的主客体因素外，与人们政治生活相关的一切要素都可以对政治认同的生成产生影响和制约。因此，当代中国公民政治认同的建构是一项系统工程，需要多方面力量的配合，需要多种途径的相互贯通，需要一系列配套措施的支撑。在此，本书主要从政治认同基本结构的核心要素——认同主体和认同客体出发，形成当代中国公民政治认同建构的基本逻辑。具体而言，基于中华人民共和国成立以来公民政治认同的经验和教训，针对当前中国公民政治认同所面临的问题及其原因，我们应坚持以社会公正这一核心价值理念为指导，坚持人民主体、问题导向、系统性、科学性等基本原则，围绕政治认同的基本结构，从利益认同维度、制度认同维度、价值认同维度和认同主体维度等方面着手，积极采取有效措施，不断推进当代中国公民政治认同的现代性建构。只有这四个方面相互配合、支撑，形成良性互动，发挥有效合力，才能不断提升广大民众的治理绩效认同、制度规则认同和意识形态认同，塑造具有公共精神和完善人格的合格公民，从而为实现中华民族伟大复兴提供强有力的政治基础和行动力量。

一 利益认同维度：推进以人民为中心的高质量发展，奠定政治认同的经济绩效基础

利益认同亦称绩效认同，是政治认同建构的逻辑起点。在发展生产力的基础上，坚持以人民为中心，促进经济社会和人的全面发展，不断提高人民生活水平，满足人民群众多方面的利益需求，这是推进当代中国政治认同的最基本途径。经济发展与政治认同之间有着密切的联系，一般说来，经济越发展，国家就越富裕，民众得到的物质福利等就会越多，人们的政治认同度也就越高。一个不能发展经济、不能改善人民生活水平的政治体系，其合法性是极其脆弱的，当然也就不能赢得民众的政治认同。因此，坚持以人民为中心的发展思想，推动经济持续健康和高质量发展，同时加强利益关系的协调，维护社会公平正义，让全体人民真正共享改革发展成果，这将为公民政治认同的建构奠定良好的经济绩效基础。

（一）把发展作为党执政兴国第一要务，不断满足民众的美好生活需要

"发展才是硬道理。"只有发展才能为我们解决前进道路上的一切问题和矛盾创造基础和条件。当前，我们必须把发展作为党执政兴国的第一要务，坚持科学发展，贯彻五大新发展理念，在经济持续健康发展的基础上，促进经济社会和人的全面进步，在发展中保障和改善民生，不断满足广大人民群众的根本利益和美好生活需要。这样一来，广大民众就会因优良的经济绩效而对党和政府表示衷心拥护和支持，从而大大增强民众的政治认同。

1. 坚持解放和发展社会生产力，实现经济高质量发展

马克思主义认为，生产力是推动人类社会发展的最终力量，政治上层建筑归根到底是由经济发展水平决定的。无产阶级在夺取政权、建立社会主义社会之后，根本的任务是发展生产力。因为从常识和历史经验教训上看，一个政权，如果不能够为民众提供最基本的安全与秩序保障，不能够通过持续不断的经济发展以满足民众的利益需要，是无法得到民众支持和认同的，从而也是不能长久维持统治的。正如有学者指出，"任何政治统治的稳固，都必须以民众的认同与支持为基础……这种认同不仅出于一定的观念、文化的影响，而且必然以民众对政治统治实际行为的认识为基础，也就是说以被统治者对政权履行职能的效率、对公共利益的维护和民众个

人利益的满足为基础,即以国家的政治产品满足社会需要的程度为基础。"①可见,对于现代社会尤其是社会主义国家而言,发展经济的重要性不言而喻。只有大力推进社会生产力的不断发展,把财富"蛋糕"做大,不断满足人民群众的利益需要,才能为政治认同的建构奠定坚实的物质基础。

党的十一届三中全会以来,中国共产党人在科学总结国内外历史经验教训的基础上,敏锐地抓住了以经济增长来培育公民政治认同这根主线,通过不断的经济发展来赢得社会成员普遍的认同和支持。改革开放的伟大实践证明,正是有了生产力的高速发展、经济的持续增长和人民生活水平的极大改善,不仅迅速挽回了由于"文化大革命"的历史灾难给执政党带来的政治合法性危机,而且使其经受住了20世纪80年代末90年代初的国内外严峻政治局势的考验,中国共产党通过经济发展的有效性获得了广大民众的广泛政治认同。对此,有国外学者评价道:改革开放以来,"经济增长以及它对中国社会产生的深远影响是中国政权政治合法性的源泉"②。当前,"中国特色社会主义进入了新时代,这是我国发展新的历史方位"。与此同时,"我国社会主要矛盾已经转化为人民日益增长的美好生活需要和不平衡不充分的发展之间的矛盾"③。这一社会主要矛盾的论断,深刻反映了中国发展的实际状况和制约中国发展的症结所在。经过长期努力,虽然中国生产力水平显著提高、综合国力明显增强、人民生活水平极大改善,但"我国仍处于并将长期处于社会主义初级阶段的基本国情没有变,我国是世界最大发展中国家的国际地位没有变"④,当前和今后所面临的突出问题是发展的不平衡和不充分。这意味着,发展这一主题在当前仍旧没有改变,我们的发展任务仍然艰巨,在较长时期内我们仍必须坚持"发展才是硬道理""发展是党执政兴国的第一要务",在继续推动经济社会发展的基础上,着力解决发展不平衡和不充分的问题,重点是大力提升发展的质量和效益,不断满足人民群众多方面、多层次的美好生活需要,从而用经济发展的有

---

① 龙太江、王邦佐:《经济增长与合法性的"政绩困局"——兼论中国政治的合法性基础》,《复旦学报》(社会科学版)2005年第3期。
② [法]让-马克·夸克:《合法性与政治》,佟心平等译,中央编译出版社2002年版,第8页。
③ 《党的十九大报告辅导读本》,人民出版社2017年版,第10—11页。
④ 《党的十九大报告辅导读本》,人民出版社2017年版,第12页。

效性为政治认同的建构提供强大的绩效性基础。当前，坚持以经济建设为中心，推动中国经济由高速增长向高质量发展的切实转变，必须要把握引领经济发展新常态，增强经济创新力和竞争力，以供给侧结构性改革为主线，努力完善市场经济体制，加快建设现代化经济体系，从而不断推动中国经济持续健康地发展。

2.以新发展理念为指导，在发展中不断保障和改善民生

改革开放以来，中国现代化经济建设在取得巨大成就的同时，也出现了一些深层次的矛盾和问题，如"发展不平衡不充分的一些突出问题尚未解决，发展质量和效益还不高，创新能力不够强，实体经济水平有待提高，生态环境保护任重道远；民生领域还有不少短板，脱贫攻坚任务艰巨，城乡区域发展和收入分配差距依然较大，群众在就业、教育、医疗、居住、养老等方面面临不少难题"[①]等等。这些问题的存在，严重影响了中国经济的持续健康发展，影响了人民群众美好生活需要的满足。为此，党的十八以来，党中央坚持以人民为中心的发展思想，提出坚定不移贯彻"五大发展理念"，在科学发展中切实保障和改善民生，不断满足人民的根本利益和美好生活需要。

首先，坚持以人民为中心，贯彻新发展理念。人民群众是历史的创造者，是中国共产党的力量源泉。纵观党的历史，我们党在不同历史时期始终坚持全心全意为人民服务的根本宗旨，把一切为了人民利益和幸福作为工作的落脚点。正如习近平总书记所强调："为人民谋幸福，是中国共产党人的初心。我们要时刻不忘这个初心，永远把人民对美好生活的向往作为奋斗目标。"[②]把人民对美好生活的向往作为奋斗目标，关键就是要坚持以人民为中心的发展思想，坚定不移贯彻创新、协调、绿色、开放、共享的发展理念，引领中国发展全局实现历史性的变革。"五大发展理念"是以习近平同志为核心的党中央总结国内外发展经验教训、针对中国发展的新问题而提出来的，它集中体现了我们党对新的发展阶段基本特征的科学把握，反映了我们党对经济社会发展规律认识的深化。特别需要指出的是，新发

---

① 习近平：《决胜全面建成小康社会 夺取新时代中国特色社会主义伟大胜利——在中国共产党第十九次全国代表大会上的报告》，人民出版社2017年版，第9页。

② 中共中央宣传部：《习近平新时代中国特色社会主义思想三十讲》，学习出版社2018年版，第85页。

展理念是当前解决中国发展所面临的不平衡和不充分的根本问题的重要战略指引,它对推动中国经济社会发展实现更高质量和更加公平具有重大指导意义。具体而言,"创新发展注重解决发展动力问题,协同发展注重解决发展不平衡问题,绿色发展注重解决人与自然和谐共生问题,开放发展注重解决发展内外联动问题,共享发展注重解决社会公平正义问题"[①]。当前,我们要深化认识,从整体上、内在联系中把握"五大发展理念",要统一贯彻,不能顾此失彼,也不能相互替代。就根本而言,贯彻新发展理念最终要落实到最广大人民的根本利益上,实现以人民为中心的发展。即是说,要坚持人民主体地位,以维护最广大人民群众的根本利益为出发点,实现发展为了人民、发展依靠人民、发展成果由人民共享。

其次,保障和改善民生,满足人民的美好生活需要。新时代的新发展理念与我们党以人为本的执政理念一脉相承,蕴含着对民生的深切关怀。增进民生福祉是发展的根本目的,是我们党立党为公、执政为民的本质要求。民生问题所涉及的是与老百姓生活密切相关的,人民群众最关心、最直接、最现实的利益问题。群众利益无小事,民生问题大于天。纵观党的历史,中国共产党在革命、建设和改革的实践中,始终坚持以人民为中心,把人民利益摆在至高无上的地位,带领人民不断创造美好生活。当前,随着中国社会主要矛盾的变化,对继续在发展中改善和保障民生也提出了新要求。党的十九大强调指出:"必须多谋民生之利、多解民生之忧,在发展中补齐民生短板、促进社会公平正义,在幼有所育、学有所教、劳有所得、病有所医、老有所养、住有所居、弱有所扶上不断取得新进展,深入开展脱贫攻坚,保证全体人民在共建共享中有更多获得感,不断促进人的全面发展、全体人民共同富裕。"[②] 具体而言,首先要从人民群众最关心最直接最现实的利益问题入手,就老百姓最关注的教育、就业、收入分配、社会保障等领域,制定一系列惠民举措,让人民群众真正看到变化、得到实惠。同时,还应通过制度安排和顶层设计,努力以公平的制度体系来营造公平正义的社会环境,使广大民众真正感受到社会公平与正义。另外,要着力

---

① 中共中央宣传部:《习近平新时代中国特色社会主义思想三十讲》,学习出版社2018年版,第106页。

② 《党的十九大报告辅导读本》,人民出版社2017年版,第23页。

解决好中国发展不平衡不充分的问题，提升发展质量和效益，在更高水平上不断满足人民群众日益增长的美好生活需要。

（二）构建合理的利益协调机制，实现人人共享、普遍受益

对党和政府而言，要想赢得大多数社会公众的认同，不仅要大力发展经济，提高人们的生活水平，而且要注重利益分配的公平正义，使社会资源与价值的分配尽可能地做到公平与合理，满足大多数民众心理上对公平正义的需要。这就是人们常说的，要处理好"做蛋糕"和"分蛋糕"的关系，不仅要做大"蛋糕"，更要公平合理地分配"蛋糕"。正如有学者指出："经济发展固然是硬道理，社会公正也是硬道理。坚持'共同富裕'不仅是社会主义的最大优越性，也是中国共产党及其合法性的基础。能否坚持'共同富裕'、防止两极分化，是中国改革成功和失败的关键标志。"[①]当前，面对急剧的社会转型所引发的利益多元分化的严峻现实，社会上很容易出现种种离心倾向和不信任因素。因此，必须构建合理的利益协调机制，通过这些机制的运转使社会成员的利益关系得到协调，实现利益分配的公平与正义，让全体人民共享改革发展成果，从而增强民众对党和政府的信任，提升公民的政治认同水平。

1.健全多向畅通的利益表达机制

利益表达，就是利益主体向社会、国家、政党、团体或他人主张自身或群体的经济、政治、文化和社会利益，并希望得到承认、保护和实现的一种政治参与行为，它是个人意志的重要表达方式。畅通的、有效的利益表达是进行利益协调的前提和基础，它有利于利益矛盾的消解，有利于保障人民根本利益的实现，有利于实现社会整体利益和谐。目前，中国公众利益诉求表达的方式在合法性、公开性和透明性上还存在明显不足，利益表达问题已成为一个非常重要的社会问题。社会强势群体由于其在经济、政治、社会中的地位较高，能够掌握较多的社会资源，拥有较为充分的利益表达，而社会弱势群体则由于其利益表达渠道不畅，从而不得不诉诸非制度化、非合法化的利益表达。因此，党和政府必须进一步完善中国政治体制中的利益表达结构，构建面向所有利益主体的、畅通的利益表达渠道，提高利益表达的制度化、法制化和规范化程度。

首先，充分发挥人大和政协的利益表达功能。人民代表大会作为中国

---

① 胡鞍钢：《第二次转型——以制度建设为中心》，《战略与管理》2002年第3期。

公民政治参与的主渠道，也必然成为公民集中的、制度化的利益表达途径。人大代表由人民直接或间接选举产生，他们担负着将不同利益主体的利益要求反映到党和国家的决策机关之中的责任，在这一过程中，人民代表大会就发挥着利益表达渠道的作用。政治协商会议则按党派团体界别，为各种政治团体、社会组织，如民主党派、无党派人士、全国工商联、社会科学界、宗教界等广泛群体提供了制度化的参与渠道，使不同利益团体的要求能够得到切实表达和反映。因此，必须进一步健全和完善人民代表大会制度和政治协商会议制度，充分发挥其利益表达功能。

其次，增强社会团体组织的利益表达作用。在中国，按照一定章程组织起来的群众性社会政治团体，担负着部分社会管理功能，发挥着协调社会各部门之间利益关系的作用。长期以来，在中国共产党的领导下，工会、共青团、妇联等人民团体确实发挥了党联系人民群众的桥梁和纽带的功能，为密切党群关系起到了重要的作用；但就利益表达作用来说，它们却存在着行政化色彩太浓、表达的积极性和主动性不够等问题。要改变这种局面，必须使社会团体"去行政化"，使其在党的领导下明确自己的职责，变消极表达为积极表达，真正反映群众呼声，表达群众利益，成为人民群众参政议政、利益表达的民主渠道。

最后，发挥大众传媒的信息沟通功能。电视、报刊、网络等大众传播媒体具有及时性、广泛性、权威性和适应性的特征，它们在利益表达方面具有独特的优势，有着其他利益表达途径无法比拟的优势。一方面，大众传媒减少了利益输入的中间环节，降低了利益表达成本，有利于社会公众直接而迅速的利益表达；另一方面，大众传媒以弱势群体代言人的身份为许多无法参与决策系统决策的人群提供了利益表达的渠道和机会。尤其是近年来，随着中国政治体制改革的全面推进，大众传媒的利益表达功能有所加强，许多媒体都开辟了读者来信、群众信箱、热线电话等栏目，为广大民众表达利益要求和愿望提供了更多机会。但需要注意的是，党和政府应加强管理和引导，防止某些媒体为了追求轰动效应而对某些问题进行夸大和不实的宣传，从而使大众传媒如实地反映和表达民众的利益，真正成为社会利益要求的"显示器"。

2.构建公平正义的利益分配机制

利益分配的相对不公平特别是改革成本分担的失衡是导致当前社会矛

盾的主要原因，业已成为制约当代中国政治社会发展的"瓶颈"。因此，当前必须构建公正的利益分配机制，确保社会财富的公正分配，使社会公众能够共享改革和发展的成果。具体而言，应着重解决目前"第一次分配秩序混乱""第二次分配调节力度不够""第三次分配格局没有形成"的突出问题，形成合理的社会利益的三次分配格局，从而实现普遍受益和共同富裕的价值目标。

首先，保证社会成员机会平等，注重第一次分配的合理。第一次分配，即为以市场为主导的初次分配。第一次分配应以公平竞争、追求效率为目标，使社会资源得到最优配置，社会财富得到最大增长，这是实现分配公正的物质基础和前提条件。因此，在初次分配时，要健全市场机制，让市场竞争优胜劣汰的机制充分发挥作用，让激励性和效率性得到充分体现，保证社会充满生机与活力，同时贯彻按劳分配和按生产要素分配相结合的原则，让那些勤劳聪慧、善于市场竞争、遵循价值规律的人先富起来。党的十八大报告指出，要努力实现居民收入增长和经济发展同步，提高劳动报酬在初次分配中的比重，这为深化收入分配制度改革指明了基本方向。当前，对初次分配领域的改革要注意：一是认真实施公务员工资制度改革，实现工资分配的科学化、规范化和法制化，构建科学合理的工资水平决定机制和正常增长机制；二是建立规范的国有企业薪酬管理制度，合理确定管理者与职工收入比例。

其次，发挥政府在再分配中的宏观调控作用，确保第二次分配的公平。第二次分配，即为以政府为主导的再分配。第二次分配的主体是政府，其目的是要克服第一次分配因注重效率和市场竞争而导致的公平的缺失，维护社会和谐稳定。政府对收入分配的宏观调节作用主要是通过制定相应的分配制度来实现的。其一，政府的分配原则应从"效率优先，兼顾公平"逐步过渡到"更加注重社会公平"。随着现代化进程的深入以及市场经济的发展，"效率优先、兼顾公平"分配原则的历史作用逐渐式微，并日益表现出其"不成熟"的一面，主要是对公平的重视存在明显不足，长此以往就会导致利益差距的过分悬殊，引起民众的心理不平衡和对社会主义优越性的质疑。对此，党和国家已意识到了问题的严峻性，更加强调公平正义的重要地位。党的十六届四中全会，在分配政策上首次出现了"注重社会公平""切实采取有力措施解决收入差距过大"的提法。之后，历届党的代表大会都对收入分配的公平问题做出安排，并提出"合理的收入分配制度是社会公平的重要体现"①，"初次分配和再分配都要兼顾效率和公平，再分配更加注重公平……多渠道增加居民财产性收入"②。其二，政府要加强对收入分配秩序的规范。要求政府运用税收、金融、行政等调节干预手段，保护合法收入，整顿不合理收入，调节过高收入，取缔非法收入，使地区之间、城乡之间、阶层之间、行业之间的收入差距趋向合理，尽量减少由于利益分化而带来的社会风险。

最后，培育第三次分配制度，促进社会分配更趋公平。第三次分配③是近些年在中国广泛讨论的一个话题。以民间为主导的第三次分配是对以市场为主导的第一次分配和以政府为主导的第二次分配的必要补充，它对于实现中国收入分配的社会公平以及和谐社会构建具有十分重要的意义。当前，中国已初步具备推进第三次分配的经济基础和社会基础，然而"进一步推进第三次分配还存在着以下问题：一是政府缺乏必要的制度安排和政策的有效保证；二是进行第三次分配的公益组织不多，现有公益组织的诚信、自律和公信度还有待加强；三是慈善公益志愿性捐款很低，社会成员的公益意识比较欠缺"④。虽然，第三次分配是以民间为主导的社会自我管理行为，具有自愿性、非政府性、无偿性等特征，但政府在培育第三次分配中却仍应该发挥重大作用。具体说来，第一，要不断发展社会生产力，"增强第三次分配的经济基础；第二，为鼓励社会富裕成员捐资建立公益性或慈善性基金，政府可借用国际通行的办法，减免捐款的所得税；第三，大力发展社会公益组织，并在全社会倡导公益精神，对积极参与公益事业的社会成员给予合理的社会激励，更广泛地调动他们的积极性和创造性"⑤；第四，健全和完善相关制度规范，不断加强政府对第三次分配的监督和管理。

---

① 《胡锦涛文选》第2卷，人民出版社2016年版，第643页。
② 《胡锦涛文选》第3卷，人民出版社2016年版，第642页。
③ 所谓第三次分配，是指个人或企业在自愿基础上捐赠部分可支配收入，建立社会救助、民间捐赠、慈善事业、志愿者行动等多种形式的制度和机制，以实现社会财富的重新配置，促进社会分配更趋公平的个人收入分配机制。
④ 王淑军：《"第三次分配"推进时机成熟》，《人民日报》2009年5月18日。
⑤ 王淑军：《"第三次分配"推进时机成熟》，《人民日报》2009年5月18日。

3.建立合理有效的利益补偿机制

所谓利益补偿机制，是指政府通过一系列举措对初次分配后的利益格局进行一些必要的调整和补偿，使社会成员普遍受益，实现整个社会的利益和谐。当前，在改革开放的过程中，一些人由于利益相对受损或绝对受损而成为社会中的弱势群体。如果他们的利益受损状况得不到关注，他们损失的利益得不到合理的补偿，将对改革发展稳定都会产生不利影响。因而，当前党和政府应该从提供基本的生存底线和提升发展能力方面，逐步构建合理的利益补偿机制，真正实现"人人共享、普遍受益"这一现代社会发展的基本宗旨。

首先，健全社会保障体系。社会保障是社会公平的调节器，也是维护和实现社会和谐的安全网和保险阀。其主要内容包括社会保险、社会救助、社会福利、社会优抚和社会互助等。在市场经济条件下，保障全体人民真正享受社会保险和福利，是维护和实现社会公正与社会和谐的重要任务。中国现有的社会保障体系，无论从制度的完备上、对象的覆盖面上，还是结构的合理程度上，都存在着较大的缺陷与不足，社会保障制度总体上处于低水平状态，与中国经济发展水平显得不相适应。因此，要加快推进中国社会保障体系的建设，"按照兜底线、织密网、建机制的要求"[1]，对现有的社会保障制度进行结构性调整，实现社会保障的广覆盖和社会化，要加快社会保障立法的步伐，实现社会保障的法制化，最终形成适合中国国情的多层次社会保障体系。其中，尤其要注意的是，中国城乡二元社会保障体系的凝固化以及农村社会保障体系的严重缺位，直接奠定了社会保障制度不公平的基调。所以，当前还亟须积极探索在中国最广大的农村建立养老保险、医疗保险、最低生活保障等社会保障制度，最终形成覆盖全民、城乡统筹、运行有效的社会保障体系，从根本上改变农村的贫穷面貌。

其次，保护弱势群体利益。从目前情况来看，中国社会中的弱势群体主要包括占人口大多数的贫困的农民、进入城市的上亿农民工以及城市中以下岗失业者为主体的贫困阶层等。[2]这些主要社会阶层由于多方面的原因，

---

[1] 习近平：《决胜全面建成小康社会 夺取新时代中国特色社会主义伟大胜利——在中国共产党第十九次全国代表大会上的报告》，人民出版社2017年版，第47页。

[2] 孙立平：《断裂：20世纪90年代以来的中国社会》，社会科学文献出版社2003年版，第64—67页。

在改革发展进程中陷入贫困境地而成为弱势群体。他们的经济、政治及社会地位逐步下降，基本权益难以得到切实有效的维护。对于这些社会弱势群体的利益，党和政府应当采取积极的措施予以保护，在政治上要对强势群体和弱势群体一视同仁，为弱势群体提供更多的政治参与机会和渠道；在经济上应更多地向弱势群体倾斜，对其在就业、居住、劳动保护、社会保障等方面给予切实的关照；在政策制定上要充分考虑对弱势群体的利益维护，尽量让他们少负担，多得利，使他们成为公共政策的主要受益者。

最后，大力发展慈善事业。慈善事业是政府主导下的公益事业，是对社会保障体系的必要补充，也是一种社会再分配的实现形式。对社会中遇到灾难或不幸的人的帮助和扶持，客观上起到了利益补偿的作用。然而，与中国的经济发展速度相比，目前中国的慈善事业的发展却是相对滞后的。因此，要大力发展中国的慈善事业，一是要提高全民的慈善意识和社会责任意识，使人们理解慈善的真正意义，积极参与到慈善事业当中来；二是要加快政府职能转变，使政府从过多承担经济职能转向以公共服务为基本职能，大力促进公益性的民间机构的发展；三是要完善与慈善有关的财税政策、法律法规，健全慈善制度，提高慈善机构的专业化水平，使慈善事业惠及更多的社会成员。

总而言之，当代中国公民政治认同的构建，其逻辑起点和物质基础是公民在利益需求满足基础上而形成的利益认同。为此，不仅需要党和政府以优良的执政绩效，实现经济持续健康地发展和人民生活水平的提高，更重要的是要加强利益关系的协调，维护社会公平正义，实现人人共享、普遍受益的现代社会发展宗旨。也就是说，要赢得公民政治认同，就要在不断做大"蛋糕"、实现经济社会发展的同时，还要把"蛋糕"分好、实现社会公平正义，从而以优良的经济绩效实现公民利益认同的提升。

二 制度认同维度：完善人民当家作主制度体系，夯实政治认同的制度规则基础

现代社会最为稳固的统治形式应是一种法理型统治，就是以非人格化的制度性力量而获取民众的认同和支持，即形成制度认同。制度认同是公民政治认同生成的重要保障。在现实制度体系中，由于政治制度本身所具有的规范性、稳定性和适应性，构成制度体系的关键环节。因此，这里所

讲的制度认同主要是指政治制度认同。在现代政治体系中，一旦形成公民制度认同，该政治体系就将获得最为稳固的合法性基础，能有效避免合法性的"政绩困局"[①]。然而，制度认同的形成有其最基本条件，就是制度的公正性或正当性。一种制度具有公正性才会产生权威性，只有权威性的制度，才会使人对之产生认同感和归属感，才能内化为人们自觉的价值尺度和行为准则，从而提高人们执行制度的自觉性；反之，没有公正性和权威性的制度，就形同虚设，人们对之就会出现"上有政策，下有对策，有令不行，有禁不止"的现象。即是说，一种统治要想长久地获得民众的政治认同，保持政权持久延续，则必须加强社会公正的制度性建设。必须做到：其一要实现"制度的公正，强调制度本身应当是公正的"；其二要使公正制度化，"强调公正的理念与要求应当具体化为制度"，唯有"制度化了的公正才是具有真实客观性的公正"[②]。因此，在当代中国，要巩固并扩大公民的制度认同，就必须深入推进社会主义民主政治建设、发展社会主义政治文明，积极稳妥推进政治体制改革、发展适合国情的社会主义民主政治制度，不断加强社会公正的制度建设，用更加健全的制度体系保证人民当家作主。如是做法，有利于体现人民意志、满足人民愿望，确保人民享有更加广泛、真实的民主权益，从而坚定广大民众对中国特色社会主义政治制度的自信，提高民众对社会主义民主政治的广泛认同和支持，进一步夯实公民政治认同的制度规则基础。

（一）不断健全权力监督制约体系，规范公共权力运行

政治认同在本质上是社会成员对政治权力及其产生的政治统治和政治秩序的认可、赞同和支持。可见，政治认同的本质指向公共权力，公共权力的来源及其运行状况直接决定着民众政治认同的生成、发展与流失。公共权力是指政治生活中的权力主体为了实现和维护自身利益，凭借国家强制力而对权力客体进行控制的一种强制性力量。它是政治权力、经济权力、文化权力等的综合，其中政治权力处于中心地位。因此在民主政治条件下，人们往往把公共权力特指为政治权力。由于公共权力具有天然的扩张和僭

[①] [美]塞缪尔·亨廷顿：《第三波：二十世纪末的民主化浪潮》，刘军宁译，上海三联书店1998年版，第59页。

[②] 高兆明：《制度公正论：变革时期道德失范研究》，上海文艺出版社2001年版，第30页。

越性，容易逾越权力的边界，在维护公共利益的幌子下诱致权力的极度膨胀、幻化放大，从而偏离社会公共利益的目标，成为少数人谋取私利的工具。因此，规范公共权力、明确权力边界，就成为人类政治生活的一项重要议题。如法国著名启蒙思想家孟德斯鸠所言："一切有权力的人都容易滥用权力，这是万古不易的一条经验，有权力的人们使用权力一直到遇有界限的地方才休止。"①在现代社会中，规范公共权力运行在根本上必须转化为相关的制度设计，就是把公共权力的产生、运行、流转等纳入制度化轨道，实现政治生活及权力运行的制度化。完善的制度设计能够迫使公共权力服务于公共利益，减少由公共权力的异化所带来的对公众利益的侵害，从而将民众对政治权威的不信任停留在制度建构的过程中，而不是让其泛滥于政治生活之中，进而建构一种处于政治信任和政治不信任之间的合理的现代政治信任形态。

历史经验表明，不受监督的权力必然导致权力的滥用。为防止滥用权力，保证权为民所用，必须建立健全权力监督制约体系，加强对政治权力的有效监督与制约。揆诸历史，对公共权力的规范制约主要有以权力制约权力、以法律规范权力、以权利控制权力、以社会制约权力等不同的模式。其中，以权力制约权力，即通过不同的权力主体间相互制衡和监督来防止权力的滥用，是自启蒙运动以来政治权力运行的一种基本原理，也是最为重要的权力规范模式之一。"在一定社会中，享有监督政治权力的所有主体之和，构成了该社会政府过程中的政治监督制约体系。"②当代中国已基本形成一个内外结合的比较完整的政治监督制约体系，并在一定意义上对中国的政治权力发挥着合理监督制约的作用。其主要内容大致可以分为两类：一是属于体制内监督制约机制，包括人大监督、执政党监督、司法监督和行政监督等；二是属于体制外监督制约机制，又称为社会监督制约机制，包括公民、政协、新闻媒体等对权力主体的监督活动。

然而，正处于政治现代化进程中的当代中国，由于公共权力制约和监督问题上还存在一定程度的制度化缺失，导致权力不断地渗入市场，权力异化现象突出，权力"寻租"时有发生，权力往往成为某些人为谋取私利而竞相

---

① ［法］孟德斯鸠：《论法的精神》，张雁深译，商务印书馆1986年版，第151页。
② 朱光磊：《当代中国政府过程》，天津人民出版社2002年版，第231页。

追逐的对象。如马克思所言,"随着时间的推移,这些机关——为首的是国家政权——为了追求自己的特殊利益,从社会的公仆变成了社会的主人"①。因权力的异化而滋生蔓延各种腐败现象,严重损害了社会公共利益和公民的民主权利,引起广大群众的不满,也影响了党和政府的形象和权威,大大消解了公民政治认同。因此,当代中国,要提升公民政治认同,必须以实现公共利益和保障民主权利为核心和导向,进一步完善公共权力监督制约体系②,以提升政治监督制约的整体效力,提高公共权力运行的制度化水平。

1. 理顺监督主客体之间的关系,强化监督主体的独立性和权威性

政治权力的监督制约,其实质就是监督制约主体与监督制约客体之间的一种督促、监控和制约的关系。要保证监督工作顺利进行,形成有效的权力监督制约体系,就必须使政治监督制约的主体具有一定的独立性和权威性。然而,当代中国政治监督制约存在的一个突出问题就是监督主体与客体之间的关系没有理顺,导致监督主体受制于监督客体而缺乏独立性,从而影响了监督效能。因此,要提升当代中国政治监督制约的效能,必须理顺体制内权力监督主体与客体之间的关系,明确监督主体的职能权限,强化权力监督主体的独立性和权威性。

首先,提高党的专门监督制约机构的独立地位。执政党监督(党内监督)是当代中国政治监督制约体系的重要内容,对政治权力主体发挥着最高层次的监督制约作用。执政党监督主要是通过各级党的纪律检查委员会的纪律监督来实施的。邓小平曾指出:"对各级干部的职权范围和政治、生活待遇,要制定各种条例,最重要的是要有专门的机构进行铁面无私的监督检查。"③因此,要提升执政党监督制约的效力,就需要提高党内专门监督机构的独立地位,强化监督权威。党的纪律检查委员会是党内专门监督机构,不仅直接行使党内监督权,而且肩负着领导党内监督的重任。强化纪委的监督职能,最好能够实行纪委的垂直领导,在条件还不够成熟的情况下,可以规定以上级纪委的领导为主,同时扩大纪委独立办案的权力。同时,各级纪检委员应列席同级党委全会,并有发言权。深化政治巡视,实

---

① 《马克思恩格斯选集》第3卷,人民出版社1995年版,第12页。
② 关于加强和完善当代中国政治监督制约体系的具体对策,参见朱晓鸣等《当代中国政治监督的基本特征、主要问题与路径选择》,《东南学术》2008年第2期。
③ 《邓小平文选》第2卷,人民出版社1994年版,第332页。

现中央和地方纪委向同级党和国家机关派驻纪检机构全覆盖,增强巡视机构的独立权威性。这些措施能够提高各级纪委的相对独立性,增强纪委监督制约的权力和权威,从而提升执政党监督制约的效能。

其次,强化人民代表大会监督的独立权威性。由于全国人民代表大会是中国最高权力机关,拥有法定的最高监督权,这样,理顺监督制约主体与客体之间的关系主要就是要建立健全人大对执政党、行政机关和司法机关的监督制约制度,强化人大监督的权威性。而长期以来,由于人大的监督方式不够完善、监督程序和机制不够健全,导致人大监督权的行使不到位,其监督职能往往流于形式。因此,当前健全人民代表大会监督制度,强化人民代表大会监督职能,就极具重要性和紧迫性。就建立健全人大对党的监督制度而言,一方面,要处理好党对国家重大事务的"提出决策权或建议权"与法律上的"提案权"和"提议权"的关系。党拥有向国家权力机关提出政策建议的权利,但这种建议权的实现与否,取决于全国人民代表大会。另一方面,要处理好党对国家政权机关重要职务的"推荐权"与法律上的"提名权"的关系。党拥有的人事建议权或领导人选"推荐权"必须通过人大选举或任命使之合法化,而不能由党直接任命国家机关的领导人选。就建立健全人大对行政机关、司法机关的监督制度而言,需要在组织上、职责上和具体监督内容上加强规范和完善,实现全面的监督。

最后,加强行政系统内设监督机构的独立地位。要加强行政系统内部监督制约,一个重要的前提就是加强行政系统的内设监督机构,如行政监察、审计等职能部门的独立地位,切实发挥其作用,进一步强化对权力运行的制约和监督。当前中国行政监察部门由于既要受上级监察机构的领导,同时又要受到同级党委或政府的领导,所以在实际运行中,成为同级党委或政府的几个工作部门,其权力来源由同级党政机关掌管。这种双重领导体制的结果往往使行政监督机构缺乏独立性和权威性,其监督制约作用极大弱化。为了维护政治监督制约内在的统一性与独立性,应当积极改革行政监察部门的双重领导体制,建立垂直领导体制,增强行政系统内部监督制约的相对独立性,防止行政监督制约主体受制于监督制约客体而弱化监督制约效能。当前,中国正在深化国家监察制度改革,组建独立的各级监察委员会,与党的纪检机关合署办公,同时制定国家监察法,从制度设计上依法赋予监察委员会的职责权限,从而不断加强监察机构的独立性和权威性，真正实现权力的监督与制衡，提高防止和惩处腐败的效率。

2. 建立权力监督体系的协调机制，促进监督制约主体间的协调互动

当代中国政治监督制约体系是由人大、执政党、行政机关、司法机关、政协、公民与新闻媒体等不同的监督制约主体构成的一个完整的多元复杂系统。然而，现行政治监督制约体系的功效还没有充分发挥出来，其中一个重要原因是不同监督主体的协同性还存在问题，阻碍了监督制约体系的整体优化与合力的形成。因此，要切实发挥中国政治监督制约体系的功能，就应该通过强化各监督制约主体间的协调互动，寻求监督制约体系的整合与整体功能的扩大。正如党的十九大报告指出："构建党统一指挥、全面覆盖、权威高效的监督体系，把党内监督同国家机关监督、民主监督、司法监督、群众监督、舆论监督贯通起来，增强监督合力。"[1]

第一，明确各政治监督制约主体的职责分工。长期以来，由于中国政治监督制约体系对每一监督主体的职责范围缺乏明确的界定，彼此间的分工不明、责任不清，导致一些严重的政治权力失范现象找不到相应的责任主体，也出现各自为政、多头监督、重复监督、相互推诿等问题，从而造成监督制约体系的整体功能得不到有效发挥，也难以有效遏制腐败以及维护民众对党和政府的信任。这要求我们必须在政治监督制约体系内建立一套严明的责任制度，明确各监督主体的职责分工，根据各监督制约主体的性质和特点赋予其相应的职责权限。只有明确了监督制约主体的责任，才会对其有一定的压力，并对其行为有直接的导向，才能真正激发各监督制约主体的动力，发挥其监督制约的积极性和主动性。

第二，加强各政治监督制约机构间的协调性和配合性。当代中国体制内政治监督制约分为执政党和国家机关两大块，监督制约领域的分割化导致各监督制约主体分属于不同的政治系统，整个权力监督体系及其运行机制呈现分散并存的局面，没有一个统领机构去协调各监督机构的工作。这导致各个监督制约机构之间的分工协作和整体配合不够，大大影响了政治监督制约体系整体功能的充分发挥。正如有学者指出："我国政治监督的现实状况是各个监督机构各自为政，对本系统的上级机构负责，而对充分发

---

[1] 习近平：《决胜全面建成小康社会 夺取新时代中国特色社会主义伟大胜利——在中国共产党第十九次全国代表大会上的报告》，人民出版社2017年版，第68页。

挥政治监督体系的整体功能却重视不够。"①因此，要加强各政治监督制约机构间的协调性，实现监督制约体系的整体优化，就需要有一条纽带逾越不同政治系统的壁垒，将不同的监督制约机构结合在一起，系统地配置各监督主体的职责权限。在中国，由于执政党和国家权力机关在政治监督制约中处于独特而重要的地位，它们应该担负起这一职责，党的纪委和人大应当加强沟通并在监督制约体系中发挥重要的协调作用。为了达到这一目标，应当建立由党委或人大统一领导的权力监督统领机构，赋予各级纪委和人大综合协调职能，组织协调各政治监督制约主体开展监督制约。

3.加强对权力运行的全过程监督制约，防止监督制约的缺位

从权力运行的过程看，主体对客体的权力监督制约主要包括事前监督、事中监督和事后监督三个阶段。一般而言，完整而有效的权力监督制约机制应当是主体对客体的权力监督的全过程、全环节介入，以防范性的事前监督和事中监督为主，以惩治性的事后监督为辅。然而，从中国的权力监督制约体系的运行过程来看，大多重视一般追惩性的事后监督，而轻视预防性的事前监督和事中监督；重视对党政干部违法乱纪的查处和监督，而忽视对领导干部使用决策权的监督。这不仅导致政治监督制约过程中的职能重叠和监督过密，而且造成了政治监督制约中的职能空当和监督缺位。因此，应当改变传统的权力监督制约的习惯思维，将有选择性的监督制约转变为全过程、各环节的监督制约，包括对权力的获取、权力运行的过程、权力运行的结果进行全方位、全过程的监督，不能只注重违法后的追惩，而要更加关注事前和事中的防范性监督制约；同时特别加强对权力运行过程的各个环节进行监督，尤其要重视对领导干部决策权和执行权的监督制约。只有这样，才能不断提升政治监督制约的自身效率和社会效益，达到对政治权力的有效监督，防止权力腐败的产生，从而确保中国共产党的执政合法性，提升党和政府的公信力，增强民众的政治认同。

（二）不断完善社会主义民主政治制度，创新民主权利保障机制

"人民民主是社会主义的生命"②，民主政治是社会主义的本质要求。中国共产党领导人民实行人民民主，就是要保证和支持人民当家作主。"人民

---

① 陈国权：《论我国政治监督体系的整合优化》，《社会主义研究》1999年第3期。
② 《胡锦涛文选》第3卷，人民出版社2016年版，第72页。

当家作主是社会主义民主政治的本质要求。"①习近平总书记明确指出:"发展社会主义民主政治就是要体现人民意志、保障人民权益、激发人民创造活力,用制度体系保证人民当家作主。"②可见,保证人民当家作主不是一句抽象的口号,必须具体地、现实地体现到党和国家政治生活中,用一系列制度安排作为保障。中华人民共和国成立以来特别是改革开放以来,中国共产党团结带领全国人民经过长期艰辛探索,成功开辟了中国特色社会主义政治发展道路,确立了工人阶级领导的、以工农联盟为基础的人民民主专政的国体,建立了人民代表大会制度、中国共产党领导的多党合作和政治协商制度、民族区域自治制度和基层群众自治制度等根本政治制度和基本政治制度。同时,构建了中国特色社会主义法治体系,开辟了多层次的民主参与机制等。这一系列制度安排,能够有效地彰显出"我国社会主义民主是维护人民根本利益的最广泛、最真实、最管用的民主"③。

  实践已充分证明,中国特色社会主义民主政治具有强大生命力,我们要坚定中国特色社会主义制度自信,尤其是政治制度自信。然而这并不是说,中国特色社会主义政治制度就不需要完善和发展了。众所周知,由于历史和现实诸多因素的影响,"我们的民主法治建设同扩大人民民主和经济社会发展的要求还不完全适应,社会主义民主政治的体制、机制、程序、规范以及具体运行上还存在不完善的地方,在保障人民民主权利、发挥人民创造精神方面也还存在一些不足,必须继续加以完善"④。由此使得中国特色社会主义政治制度的公正性和权威性受到一定程度的影响,不断消解民众的制度认同。因此,当前要提高民众制度认同水平,就要求把坚定制度自信和不断改革创新统一起来,坚持走中国特色社会主义政治发展道路,不断推进社会主义民主政治制度化、法治化、程序化,更好地发挥中国特色社会主义政治制度的优越性,切实保证人民享有各项民主权利,为实现

---

  ① 《江泽民文选》第3卷,人民出版社2006年版,第553页。
  ② 习近平:《决胜全面建成小康社会 夺取新时代中国特色社会主义伟大胜利——在中国共产党第十九次全国代表大会上的报告》,人民出版社2017年版,第36页。
  ③ 习近平:《决胜全面建成小康社会 夺取新时代中国特色社会主义伟大胜利——在中国共产党第十九次全国代表大会上的报告》,人民出版社2017年版,第36页。
  ④ 习近平:《在庆祝全国人民代表大会成立60周年大会上的讲话》,人民出版社2014年版,第20页。

人民当家作主、党和国家长治久安提供更加完善的制度保障。

1. 全面推进依法治国，加快建设中国特色社会主义法治体系

民主在本质意义上是一种制度，一种以体系化的法律和制度性的规范作为支撑的国家制度。[①] 因此，发展社会主义民主政治，最关键、最核心的工作就是实现人民民主的制度化、法律化。正如邓小平所指出的："为了保障人民民主，必须加强法制，必须使民主制度化、法律化。"[②] 党的十五大报告也指出："发展民主必须同健全法制紧密结合，实行依法治国。依法治国，就是广大人民群众在党的领导下，依照宪法和法律规定，通过各种途径和形式管理国家事务，管理经济文化事业，管理社会事务，保证国家各项工作都依法进行，逐步实现社会主义民主的制度化、法律化，使这种制度和法律不因领导人的改变而改变，不因领导人看法和注意力的改变而改变。"[③] 通过依法治国，逐步实现民主的制度化、法律化和有序化，有利于推进民主政治，同时也抓住了加强政治制度建设、实现社会公正的关键环节。党的十八大以来，以习近平同志为核心的党中央将全面推进依法治国作为实现国家发展的重大战略举措，着力推动国家治理体系和治理能力现代化，有利于在中国特色社会主义新时代更好地建设法治国家、法治政府、法治社会。

第一，全面落实科学立法、严格执法、公正司法、全民守法。

当前，以习近平同志为核心的党中央将建设中国特色社会主义法治体系和社会主义法治国家作为全面依法治国的总目标。这一总目标的提出，明确了全面依法治国要举什么旗、走什么路及其工作布局、重大任务等问题，为统一全党全社会的思想和行动奠定了坚实基础。全面推进依法治国，必须坚定不移走中国特色社会主义法治道路，从法律规范体系、法治实施体系、法治监督体系、法治保障体系、党内法规体系等多方面入手，加快建设中国特色社会主义法治体系。长期以来，在"依法治国"方略的指引下，中国的法治建设取得了十分突出的成绩，制定了一系列为社会发展和稳定所需要的法律法规，初步形成了一套社会主义法治体系。但由于诸多

[①] 任中平等：《巴蜀政治：四川省基层民主政治建设的制度创新研究》，中国社会科学出版社 2010 年版，第 256 页。

[②] 《邓小平文选》第 2 卷，人民出版社 1994 年版，第 146 页。

[③] 《江泽民文选》第 2 卷，人民出版社 2006 年版，第 28—29 页。

因素的影响，中国的法治体系仍有待健全和完善，有法不依、执法不严、违法不究的现象还在一定范围内存在，包括干部队伍在内的全民的法律素质还有待进一步提高。

因此，这就需要从目前法治工作基本格局出发，准确把握全面推进依法治国重点任务，扎实有序推进立法、执法、司法、守法等各个环节工作，做到科学立法、严格执法、公正司法、全民守法。具体可以从以下几方面入手：其一，加快立法工作，完善立法体制，提高立法质量，坚持科学立法、民主立法、依法立法，健全和完善以宪法为核心的中国特色社会主义法律体系，加强重点领域的立法工作，提高立法质量，使法治建设有法可依，做到以良法促善治；其二，严格执行宪法和法律，对执法过程中出现的各种不规范、不透明、不作为、乱作为的问题进行坚决整治，加强对行政执法体制机制适用性的调整，切实将依法行政贯穿于建设法治政府的全局，杜绝行政执法过程中的不文明、不公正现象，强化对行政权力的制约和监督，推行政务公开，致力于建设阳光政府、透明政府；其三，深化司法体制改革，将司法过程置于阳光下，实行司法责任终身追责制，"完善司法管理体制和司法权力运行机制，规范司法行为，加强对司法活动的监督，努力让人民群众在每一个司法案件中感受到公平正义"[①]，切实维护司法公正；其四，加强社会主义法治宣传，将法治教育普及到社会的各个角落，促进全民法治教育体系的构建，建设社会主义法治文化，推进法治社会建设，弘扬法治精神，提高全民法律素质，增强全民法治观念，形成自觉学法、守法、用法的社会氛围，真正使社会成员将法治思想内化于心、外化于行，从而自觉、自愿遵法守法。

第二，坚持依法治国和以德治国相结合。

当前，我们在党的领导下坚持依法治国，走中国特色社会主义法治道路，"这条道路的一个鲜明特点，就是坚持依法治国和以德治国相结合"[②]。正如江泽民所指出："对一个国家的治理来说，法治和德治，从来都是相辅相成、相互促进的。二者缺一不可，也不可偏废。""我们要把法制建设与

---

① 中共中央文献研究室：《十八大以来重要文献选编》（中），中央文献出版社2016年版，第168页。

② 习近平：《习近平谈治国理政》第2卷，外文出版社2017年版，第134页。

道德建设紧密结合起来，把依法治国与以德治国紧密结合起来。"[①]习近平总书记也强调指出："治理国家、治理社会必须以一手抓法治、一手抓德治，既重视发挥法律的规范作用，又重视发挥道德的教化作用，实现法律和道德相辅相成、法治和德治相得益彰。"[②]因此，依法治国和以德治国的有机结合是我们党重要的治国方略，我们必须坚持法治和德治协同并进，不断提高中国的国家治理水平。所谓"以德治国"，就是建立以马克思主义为指导，以为人民服务为核心，以集体主义为原则的社会主义思想道德体系，充分发挥道德的教化作用以及对法治的滋养作用。德治属于思想建设，属于精神文明；法治属于政治建设，属于政治文明。二者虽然范畴不同，但却具有相辅相成的辩证统一的关系，二者对于维护社会秩序，规范人们的思想和行为都具有重要作用。一方面，道德是法律的基础，法律法规必须合乎道德才能获得社会成员的认可和自觉遵循，才能有实际的行政效力；另一方面，法律是道德的保障，道德作为一种非强制性的规范需要有法律的权威性和强制力的配合与强化，才能形成有效的约束机制。

因此，当代中国在全面推进依法治国进程中，必须将法律制约机制与道德约束、道德激励机制相结合，做到法治与德治相得益彰、依法治国与以德治国的有机统一，使二者相互补充、相互融合。首先，要注重民主法治建设，发挥好法律的规范作用，注意把一些基本道德规范转化为法律法规，以法治体现道德理念、以法治推进德治，强化法律对道德的建设作用；同时要加强思想道德建设和思想道德教育，发挥好道德的教化作用，充分吸收、借鉴和发掘中国传统文化中合理的"德治"思想，来滋养人们的法治精神，形成社会法治文化，为依法治国打下坚实基础。其中在加强思想道德建设方面，我们必须做到：以中华传统文化为基石，以提升公民的个人道德、家庭美德、职业道德和社会公德为内容，正确处理好继承发展传统道德、吸收借鉴西方道德和创新完善社会主义道德之间的关系，建立一种与中华民族传统美德相承接、与社会主义法律规范相协调的社会主义思想道德体系，在全社会培育和弘扬社会主义核心价值观，促进全民族思想道德水平的提升，从而确立道德伦理在政治生活中的权威，增强全社会尤

---

① 《江泽民文选》第3卷，人民出版社2006年版，第200页。
② 习近平：《习近平谈治国理政》第2卷，外文出版社2017年版，第116页。

其是政治权力拥有者的道德觉悟和道德观念，为依法治国创造良好的人文环境。

2. 创新公民政治参与机制，保证人民享有当家作主的民主权利

现代民主政治条件下，公民民主权利与公共权力之间总存在一定张力，二者之间是一种相互限制的关系。一切公共权力都来源于人民的授予，人民运用掌握的民主权利对公共权力进行约束和监督以确保公共权力真正为人民所用，而不侵害公民的民主权利。因此，民主政治的基本要义就在于制约公共权力，保障公民的民主权利。社会主义民主政治建设的核心和重要任务就是支持和保证人民当家作主，确保公民依法享有各项民主权利。为此，在中国社会主义民主政治建设进程中，要不断"健全民主制度，丰富民主形式，拓宽民主渠道，从各个层次各个领域扩大公民有序政治参与，推进决策科学化、民主化，保证人民依法实行民主选举、民主决策、民主管理、民主监督，保障人民享有更多更切实的民主权利，保障人民知情权、参与权、表达权、监督权"[①]。一般而言，公民最为基本的民主权利主要包括选举权、知情权、参与权、表达权、监督权五个方面。其中，政治参与作为民主政治的核心内涵和政治认同外显化标志，它对于公民政治认同的形成和巩固以及民主政治的有效运作具有极为重要的影响。因此，公民政治参与权成为衡量公民民主权利的重要指标。

作为现代民主政治的重要特征，政治参与是指公民或公民团体为了维护和实现自己的利益，依据法律所赋予的权利和手段，采取一定的方式和途径，自觉自愿地介入社会政治生活，从而影响政府政治决策的政治行为。现代民主政治的发展中，公民政治参与具有重要意义。它是政治关系中公民政治权利得以实现的重要方式，也是公民政治效能感的重要体现。对政治体系而言，公民的政治参与有利于政治统治的合法性、政治秩序的稳定和政治管理的民主化，它构成民主政治不可或缺的支持条件，是衡量一个国家的政治生活质量的标尺和政治民主化程度的标准之一。对于公民自身而言，公民的政治参与是公民自我教育的重要方式和公民政治社会化的重要手段，公民通过政治参与可以增加对政治的了解，把自己当作政治社会的一员，在发挥自身政治作用的过程中提高对政治现象的宽容精神及对政

---

① 《胡锦涛文选》第3卷，人民出版社2016年版，第75页。

治权力的认同。正如有学者所指出:"公民通过政治参与可以学习如何发挥自己的政治作用,变得关心政治,增强对政治的信赖感,并感觉到自己是社会的一员,真在发挥着正确的政治作用,从而得到一种满足感。进而言之,公民通过政治参与,提高了对政治体制的归属感。"[①]可见,政治参与对公民政治认同的生成及巩固具有促进作用。对于当今中国的现实政治来说,公民政治参与更具有特殊的意义。保证公民最大范围、最大限度地参与政治决策,充分表达个人主张和利益需求,形成"依法""有序"的政治参与机制,是中国政治现代化的内涵所在,也是政治现代化建设的主要衡量标准和建设途径。[②]然而,要实现有序政治参与,需要有完善的政治参与制度作保障,"如果制度准备不足,扩大政治参与可能导致政治不稳定"[③]。因此,建立一套完善的、规范的公民政治参与制度体系,创新公民政治参与机制,以切实保障公民的民主权利,就成为社会主义民主政治的重要旨归。

改革开放以来,随着中国社会主义市场经济和社会主义民主政治的发展,中国公民逐步摆脱"文化大革命"后期的政治挫折感和政治逃避心态,在公民意识不断增强的同时,逐步增强了历史使命感、社会责任感和主人翁意识,从而形成了良好的公民政治参与局面。同时,中国已建立包括人民代表大会制度、政治协商制度、民族区域自治制度和基层群众自治制度等在内的比较完备的政治参与机制,开辟了多层次、多领域的政治参与渠道,公民的政治参与权利得到较好的保障。但是从总体上看,目前中国公民政治参与机制仍不成熟、不完备,公民政治参与的主动性、效能感还有待提升,其突出表现在如下几方面:一是现有的政治参与制度和组织在某些具体环节上缺乏可操作性;二是民间自治组织比较少且不规范,难以满足新的社会阶层和利益主体参与政治活动的要求;三是公民政治参与的渠道单一和机制不健全,缺少法律、制度方面的保证;四是还存在不少"非制度性政治参与""对抗性政治参与",甚至"暴力性政治参与"。因此,我们必须从以上环节入手,深化政治体制改革,有针对性地建立健全一系列具体制度,创新公民政治参与机制,不断调动人民群众参与政治的积极性,

---

① [日]蒲岛耶夫:《政治参与》,解莉莉译,经济日报出版社1989年版,第5页。
② 张明军等:《当代中国政治社会分析》,中央编译出版社2008年版,第349页。
③ [日]蒲岛耶夫:《政治参与》,解莉莉译,经济日报出版社1989年版,第55页。

扩大人民群众有序的政治参与，及时、准确、全面地反映人民群众的意见和要求。

具体而言：第一，现实公民政治参与的组织化，发挥社会组织在政治参与中的主渠道功能，使分散多样的个体性参与归类集中成组织化参与，提高公民政治参与的组织化水平和成效；第二，现实公民政治参与的制度化，搭建和开放更多的制度化参与渠道和平台，使民众有充分表达意愿的制度机制，推动从非制度化参与向制度化参与的转化，为公民参与权的实现提供制度保障；第三，实现公民政治参与的法治化，通过宪法权利的实施和法律体系的完善对公民政治参与的内容、范围、方式等进行明确的规定，让公民在实际的政治参与活动中有法可依、有章可循，实现从压力推动型参与走向权利本位型参与，为公民政治参与权利的实现提供法治化支撑。其中，就创新公民政治参与制度机制而言，当前亟须建立和完善的一系列具体制度，主要包括民主选举制度、村民委员会和职工代表大会制度、社情民情反映制度、重大事项社会公示制度和社会听证制度、专家咨询制度、新闻发布会制度、公民陪审制度等。通过这些直接性或半直接性政治参与制度的建立和完善，最终建立起一整套完善的、规范的公民政治参与制度体系，有利于提高公民参与政治的广度、深度和效度，切实保障公民民主权利，真正把人民当家作主的原则落到实处。

（三）构建全面从严治党制度体系，不断提高党的执政能力和领导水平

"中国特色社会主义最本质的特征是中国共产党的领导，中国特色社会主义制度的最大优势是中国共产党的领导。"[①]坚持党的领导，必须不断改进和加强党的建设，全面推进从严治党。党的十八大以来，以习近平同志为核心的党中央，以作风建设为突破口，以党的群众路线教育实践活动为抓手，以反腐倡廉为动力，以前所未有的决心和力度推进全面从严治党，取得重大成效。全面从严治党，"制度问题更带有根本性、全局性、稳定性、长期性……如何靠制度有效地防治腐败，仍然是我们面临的一个重大课题"[②]。中国共产党自成立以来，始终坚持思想建党和制度治党相结合，注

---

① 《党的十九大报告辅导读本》，人民出版社2017年版，第19—20页。
② 《习近平在中央政治局第五次集体学习会上的讲话》，《人民日报》2013年4月20日。

重党的制度建设，努力构建科学规范的党内制度体系。当前，面对"具有许多新的历史特点的伟大斗争"，以习近平同志为核心的党中央在推进全面从严治党过程中，更是把党的制度建设放在了十分突出的地位，强调"要体现改革精神和法治思维，把中央要求、群众期盼、实际需要、新鲜经验结合起来，努力形成系统完备的制度体系，以刚性的制度规定和严格的制度执行，确保改进作风规范化、常态化、长效化"[①]。在中国特色社会主义新时代，构建系统完备的全面从严治党制度体系，有利于加强党的自身建设，确保党始终成为中国人民的主心骨和中国特色社会主义事业的坚强领导核心，从而不断提升党的公信力和民众对党的政治认同，为中国梦的实现提供坚强的政治保证。

1. 健全党内民主制度体系，营造良好政治生态

"党内民主是党的生命"[②]，是建设社会主义民主政治的内在要求。党内民主对人民民主具有重要示范和促进作用，通过发展党内民主积极推动人民民主的发展，是中国民主政治发展的必然要求。深化党内民主改革，健全和创新党内民主制度体系，有利于形成系统完备的全面从严治党制度体系，巩固党的执政基础，推进党的伟大事业。中华人民共和国成立以来尤其是改革开放以来，我们党高度重视党的制度建设，不断促进以民主选举、民主决策、民主管理、民主监督为核心的党内民主制度创新，出台了一系列加强党的建设的法规制度，依法治党、从严治党正成为全党全社会的共识。党的十六大报告提出："要以保障党员民主权利为基础，以完善党的代表大会制度和党的委员会制度为重点，从改革体制、机制入手，建立健全充分反映党员和党组织意愿的党内民主制度。"[③]这一基本思路为新形势下党内民主制度建设指明了方向。

第一，健全保障党员民主权利的制度。党员是党内民主的主体，保障党员的民主权利是发展党内民主最深厚的基础。党的十六届四中全会明确规定，"要认真贯彻党员权利保障条例，建立和完善党内情况通报制度、情

---

① 《习近平在中央政治局第十六次集体学习会上的讲话》，《人民日报》2014年7月1日。
② 中共中央文献研究室：《十八大以来重要文献选编》（上），中央文献出版社2014年版，第40页。
③ 《江泽民文选》第3卷，人民出版社2006年版，第570页。

况反映制度、重大决策征求意见制度，逐步推进党务公开，增强党组织工作的透明度，使党员更好地了解和参与党内事务"①。具体而言，健全党员民主权利保障制度，要做到以下几方面：其一，建立和完善党内情况通报制度。做到重大事情党内先知道，重要文件党内先传达，重大问题的决定党内先讨论，重大决策的实施党内先发动，保障党员知情权的实现，使党员对党内事务有更多的了解和参与，从而增强党员责任意识，调动党员的积极性、主动性和创造性。其二，建立和完善党内情况反映制度。积极疏通和拓宽党内下情上达和上情下达的渠道，保证基层党员和下级党组织的意见能够及时、准确地反映到上级党组织中来，也保证上级党组织的答复和处理情况及时、准确地传递给下级党组织和有关党员，消除党员与党组织之间的矛盾与隔阂，更好地实现党内整合。其三，建立和完善党内重大决策征求意见制度。保证党在制定路线、方针、政策及重要文件之前，在进行重大工作任务部署之前，在处理涉及群众利益等重要问题之前，事先在相应范围内进行预告，并广泛征集党员的意见，从而保障党员参与权、决定权的实现，保证党内重大决策科学化的实现。另外，还应建立健全保护少数的纠错机制，党员自由发表意见的保障机制，党员自由申辩和辩护的保障机制，党员素质训练培养机制，等等。

第二，完善党内法规体系和反腐败体制机制。从严管党治党必须以健全完善的党内法规为依据和保障。对违反党的纪律和国家法律法规的行为，必须要用党内法规制度和反腐体制机制加以追究，严肃查处，从而才能使权力得到有效制约和监督，党员民主权利得到切实保障。中国共产党带领人民制定和执行宪法和法律，党自身必须在宪法和法律范围内活动，坚持依法依规治党。当前，要立体式、全方位推进党内法规制度体系建设，按照于法周延、于事简便的原则提高制度制定质量，注重党内法规同国家法律的衔接和协调，构建以党章为根本、以准则条例等党内法规为主干的党内法规制度体系，做到前后衔接、左右联动、上下配套、系统集成，实现党内生活有章可循、有规可依。②与此同时，大力加强作风建设、严肃党的

---

① 《中共中央关于加强党的执政能力建设的决定》，人民出版社2004年版，第36页。
② 中共中央宣传部：《习近平新时代中国特色社会主义思想三十讲》，学习出版社2018年版，第321—322页。

纪律，推进反腐败体制机制创新，健全权力运行制约和监督体系。习近平总书记强调："要继续全面加强惩治和预防腐败体系建设，加强反腐倡廉教育和廉政文化建设，健全权力运行制约和监督体系，加强反腐败国家立法，加强反腐倡廉党内法规制度建设，深化腐败问题多发领域和环节的改革，确保国家机关按照法定权限和程序行使权力。要加强对权力运行的制约和监督，把权力关进制度的笼子里，形成不敢腐的惩戒机制、不能腐的防范机制、不易腐的保障机制。"①

第三，完善党的代表大会制度和党委集体领导制度。党的代表大会制度是党内民主的一项根本制度，也是党的组织建设的根本制度。"党的民主集中制是一个制度化的体系，在这个体系中，党的代表大会制度是基本的民主制度，其他如选举制、任期制、罢免制、党委制、报告制等，都依赖于和服务于代表大会制度。"②《中国共产党章程》明确规定：党的最高领导机关，是党的全国代表大会和它所产生的中央委员会。然而，由于制度的不完善，党的代表大会作为党的最高权力机关的地位却没有得到切实的贯彻和保障。进一步完善党的代表大会制度必须做到：首先，规定必须按期召开党的代表大会，除了遭遇可以延期的法定情形和法定程序外，否则启动责任追究机制；其次，严格党代会的议事规则，对于党代会代表产生的程序，议案的提出、说明、审议和表决，对干部的撤换、罢免等，必须有严格的可操作的程序规定，保证党代会议事的严肃性和程序性；最后，在党的基层组织中实现党的代表大会常任制，并建立代表大会的常设机关——党代会常设委员会，保障党代会代表和党员的民主权利的实现。与此同时，还应不断完善党的委员会集体领导的工作制度。党的委员会是由党的代表大会选举产生，在党代会闭会期间代行党代会职权的领导机关，党委会的确立以及实际的领导过程以集体领导为根本原则。健全党委集体领导制度，要完善党委内部的议事和决策机制，健全党委决策程序，提高各级党委决策的科学化、民主化、制度化水平。具体而言，其一，健全党委集体议事规则和集体决策程序机制，使党委的决策活动制度化、规范化、程序化；其二，建立党委决策投票表决制度，一人一票，实行无记名投票，真正体现少数服从多数的原则；其三，完善集

---

① 习近平：《习近平谈治国理政》，外文出版社2014年版，第388页。
② 李铁映：《论民主》，中国社会科学出版社2001年版，第253页。

体领导与个人分工负责相结合的机制。

第四，创新党内其他相关的体制与机制。发展党内民主，除了要完善党员民主权利保障制度、党的代表大会制度和党委集体领导制度以外，还应该创新和完善其他相关的一些制度与体制。首先，完善党内选举制度。党内选举制度是党内民主的基石，也是党内民主发展状况和水平的直接反映。要积极探索党内候选人提名的办法和程序，变单纯由组织提名为组织提名、党员推荐和党员自荐相结合的提名制度；要适当提高差额选举的比例幅度，进一步扩大差额的层次和人数，在候选人之间引入竞争机制；要逐步扩大直接选举的范围，同时建立相应的选举监督委员会，以维护正常的民主选举。其次，完善党内决策制度。就是要"完善重大决策的规则和程序，通过多种渠道和形式广泛集中民智，使决策真正建立在科学、民主的基础之上"[1]，提高决策的科学化和民主化水平。最后，完善党内监督制度。加强党内民主监督是提高党的决策科学性、有效遏制腐败的重要措施。改革和完善党内监督制度，首要的是确保党内专门监督机构的独立地位，保证党员对领导干部和党内重大事务的民主监督权；健全党的组织生活会制度，努力实现党内监督的规范化和制度化，构建一套结构合理、程序严密、制约有效的党内监督制度体系，从而促进党内政治生态的不断改善。

2.完善党的领导体制和执政方式，提升党的领导科学化水平

习近平总书记强调，党政军民学，东西南北中，党是领导一切的。中国共产党不仅是中国特色社会主义事业的领导核心，同时也是政治体系的执政力量。党的领导和执政问题成为中国民主政治建设的中心环节和关键内容。当前，改革和完善党的领导方式和执政方式，正确处理和规范党政关系、党与社会民众的关系及党内关系等，有利于形成系统完备的从严管党治党制度体系，不断提升党的执政能力和领导水平，从而强化公民对党和政府的政治认同。"如果说党的领导主要解决的是党内及党与社会的关系，那么党的执政解决的主要是党与政府、人大、政协、司法部门、社会管理机构等权力机关的关系问题。"[2]在此，本书主要从党的执政方式层面出发，

---

[1] 中共中央文献研究室：《十六大以来重要文献选编》（中），中央文献出版社2006年版，第282页。

[2] 韩强：《党的建设制度改革研究》，知识产权出版社2015年版，第8页。

就党与人大、政府和司法机关等国家政权机关之间的关系，分析执政党如何通过改革和完善执政体制机制，合理规范党政关系，以实现执政党对国家和社会的有效领导和科学治理。

第一，理顺党与人大之间的关系。中国共产党是中国的执政党，在国家政治生活中处于领导地位；人民代表大会制度是中国的根本政治制度和政权组织形式，体现着中国的重大政治原则。人大体现的是人民的权力，人民通过自己的代表实现对国家事务的管理。因此，理顺党与人大之间的关系是正确处理党政关系的关键和突破口。理顺党与人大的关系，关键是如何把实现党的领导与充分发挥人大的作用统一起来。首先，党对人大及其常委会的领导。中国共产党的执政地位是通过党对国家政权机关的领导来实现的。作为国家权力机关和立法机关的各级人大及其常委会必须自觉接受党的领导。党对人大工作的领导主要在政治原则、方向及重大决策等方面实行政治领导，而不是强迫命令和包办代替。质言之，党的领导就是要从政治上密切各级人大同人民群众的联系，更好地发挥人大代表的作用，形成人大由人民选举、向人民负责、受人民监督的机制，确保人民民主权利。其次，更好地发挥人大的作用。从中国政治逻辑出发，人民代表大会制度对于中国民主政治实践来说具有巨大的发展和作为空间。中国宪法规定，人大是人民行使国家权力的机关，全国人大是最高国家权力机关；政府由人大产生，对人大负责，受人大监督。同时，党必须遵守宪法和法律，而人大有权监督宪法和法律的实施，对政党违反宪法和法律的行为予以追究。在中国，人民代表大会是党实现其领导作用的桥梁和纽带，党把自己的路线方针政策等主张，通过人民代表大会的法定程序转变成国家法律法规和政策，并引导和控制"一府两院"的活动。因此，党应努力领导人民不断健全和完善人民代表大会制度，切实提高人民代表大会的地位，树立人民代表大会的权威，使人民代表大会更好地发挥其国家权力机关的作用。这样，通过党与人大关系的规范和调整，既能改善和加强党的领导，又能实现全体人民统一行使国家权力，充分调动广大人民群众当家作主的积极性和主动性。

第二，理顺党与政府之间的关系。正确处理好党和政府的关系，对于健全国家政治生活和完善国家政治体制，推进国家和社会发展的进程至关重要。党与政府间的关系，最主要表现为领导与被领导的关系，同时由于其组织性质的不同也决定了它们在政治生活中有着不同的职能和作用。因此，理顺党与政府之间的关系，最重要的就是要坚持党对政府的领导。这是理顺党与政府关系的根本前提。中国共产党作为执政党，居于整个国家政治生活的核心地位，领导着政府及各种社会组织，领导着整个国家和社会。党对政府的领导只能是政治领导，而不是行政领导和组织领导，即不是代替政府对具体的国家事务进行直接的管理。因而，党应当充分尊重政府的法定职权，尊重政府的正常工作，应当集中精力管好决定国家和社会发展进程的政治原则、政治方向、重大决策和重要干部的推荐等重大问题，而不要干预属于政府职权范围内的管理国家事务的具体事宜。不然的话，既会影响政府职能的正常发挥和政府工作效率的提高，也会分散党的精力，削弱党的政治领导。另外，理顺党与政府之间的关系，还应建立党政职能分工制度。由于党和政府各自在国家体系中地位及职能不同，因此不能党政不分，而应各司其职。作为社会主义事业的领导核心，党的职能主要是政治决策、组织推荐、协调关系、保证监督、宣传教育等。而作为国家和社会的直接组织者和管理者，政府的职能主要是具体管理国家和社会公共事务的各项工作，指导、协调和监督经济和社会发展，为企业和基层服务。为此，党的十六届四中全会提出，"规范党政机构设置，完善党委常委会的组成结构，适当扩大党政领导成员交叉任职，减少领导职数，切实解决分工重叠问题，撤并党委和政府职能相同或相近的工作部门"[①]。

第三，理顺党与司法机关之间的关系。主要从两方面入手：一方面，要加强党对司法机关的领导。中国共产党是领导社会主义事业的核心力量，司法机关以及全部司法工作必须置于党的领导之下，而不能离开党的领导。中国共产党高度重视对司法工作的领导，在中央和地方党委之下均设定了中国共产党政法委员会，统一领导和协调人民法院、人民检察院、公安机关和司法行政机关的工作。加强党对司法机关的领导，就是要充分发挥司法机关的作用，坚决维护司法机关依法独立行使职权，反对和抵制各种法外特权和"人情案""关系案"的行为，切实保证法律的实施和司法的严肃公正。同时，党要适应依法治国的要求，培育高度专门化和独立的司

---

① 中共中央文献研究室：《十六大以来重要文献选编》（中），中央文献出版社2006年版，第283页。

法体系,加强司法队伍建设,提高司法干部的素质和执法水平,并继续在全社会开展普法教育,提高人民群众崇尚法治的意识和依法办事的习惯。另一方面,要保证司法机关独立司法。中国法律规定,人民法院依照法律规定独立行使审判权,人民检察院依照法律规定独立行使检察权,不受行政机关、社会团体和个人的干涉。党对司法工作的领导主要是政治上支持和"从制度上保证审判机关和检察机关依法独立公正地行使审判权和检察权"[1],而不是对司法权的直接干预。即是说,党不具有凌驾于国家司法权之上的权力,不能由党委去包办具体的司法行为和干涉司法独立,直接指导案件的审理。当前,保证司法机关独立司法,减少党对具体司法工作的干预,并不是要否定和削弱党的领导,相反,是为了加强党对司法工作的政治、思想领导,支持和监督司法机关及其党组织和党员干部依法司法,依法独立行使职权,从而使司法机关真正成为保障人权、伸张正义的化身,成为党和国家保障社会稳定、经济发展和遏制腐败的调整器。

综上所述,以公共权力认同为核心的当代中国公民政治认同的构建,其关键和保障是公民制度认同的形成。因此,要形成制度认同,就必须大力推进社会主义民主政治建设,构建完善的全面从严治党制度体系,不断健全公共权力制约监督机制,通过科学规范、运行良好的中国特色社会主义制度体系来规范公共权力的运行,保障公民的民主权利,从而实现人民当家作主这一社会主义民主政治的本质。换言之,通过不断健全和完善人民当家作主的制度体系,发展适合中国国情的社会主义民主政治制度,将会进一步坚定广大民众对中国特色社会主义政治制度的自信,夯实公民政治认同的制度规则基础,从而不断提高民众对社会主义民主政治的广泛认同和支持,形成高度的中国特色社会主义制度认同。

三 价值认同维度:增强社会主义意识形态能力,巩固政治认同的思想文化基础

对一个政治体系而言,政治认同的建构不仅需要从利益认同和制度认同着手,建立在一定的经济绩效基础和制度规范基础之上,还需要从价值

---

[1] 中共中央文献研究室:《十六大以来重要文献选编》(上),中央文献出版社2005年版,第27页。

认同出发，以一定的思想文化基础作为支撑。这里的价值认同是从狭义上理解的，主要是指社会主流价值——意识形态认同。作为一种观念的力量、一种具有行动取向的信念系统，意识形态以政治权力为基础，凭借政治权力的支持而存在和传播，同时意识形态又为政治权力进行合法性论证，为既定政治秩序提供合法性诠释。因此，意识形态对政治认同的构建具有独特意义，它在唤起民众对政治统治的认同、支持和服从中起着至关重要的作用。正如有学者指出："意识形态是政治合法性的重要基础，是政治认同最原初的构成因素，也是其最持久的因素。"[①]因此，一个政治体要实现政治稳定和制度权威，赢得民众的政治认同，必须要有一个得到社会成员广泛认同的主流意识形态的支撑。换言之，政治认同建构的一个重要路径就体现为政治体系的意识形态供给和运作能力，即葛兰西所说的文化领导权或意识形态领导权。现实政治生活中，统治阶级通过意识形态供给和运作，不断提高意识形态驾驭能力，将一定的政治核心价值和思想体系内化为民众的政治信仰，使民众在潜移默化中认同既有政治秩序，将政治服从变为政治义务，从而实现政治认同的生成和巩固。当代中国，主流意识形态是以马克思主义为指导的社会主义意识形态。然而，由于社会转型及全球化等国际国内各种因素的影响，当前中国社会出现了意识形态混乱、价值观念多样和道德意识失范等现象，社会主义主流意识形态受到强烈冲击和严峻挑战。在此背景下，推进当代中国公民的政治认同，就要大力加强社会主义意识形态建设，提升社会主义意识形态能力，不断巩固马克思主义在意识形态领域的指导地位，不断增强意识形态的时代性、创新性和包容性，切实加强党对意识形态工作的领导，改进党的意识形态的工作方法，从而努力提高广大民众对社会主义意识形态的认同感。

（一）推进马克思主义理论创新，不断增强社会主义意识形态的权威性和科学性

马克思主义是我们党和国家的指导思想，是当代中国社会的主流意识形态，也是中国特色社会主义伟大事业的行动指南。习近平总书记指出："在人类思想史上，就科学性、真理性、影响力、传播面而言，没有一种思

---

① 王邦佐等：《执政党与社会整合——中国共产党与新中国社会整合实例分析》，上海人民出版社2007年版，第219页。

想理论能达到马克思主义的高度,也没有一种学说能像马克思主义那样对世界产生了如此巨大的影响。"①虽然马克思主义产生至今已有170多年的历史,它仍具有巨大真理威力和强大生命力。究其根本原因,就在于马克思主义具有与时俱进的理论品质,作为一个开放的科学理论体系,马克思主义总是在继承中前进、在创新中发展的。因而,要求我们在运用和坚持马克思主义的过程中,必须遵循理论联系实际的原则,推进理论创新,深入推进马克思主义中国化、时代化和大众化,不断增强社会主义意识形态的权威性和科学性,不断开辟当代中国马克思主义、21世纪马克思主义新境界,从而以与时俱进的理论姿态不断赢得民众广泛的主流意识形态认同。

1. 推进马克思主义中国化时代化,开创马克思主义发展的新境界

对待科学的理论必须有科学的态度。马克思主义作为一种博大精深的科学理论体系,不是教条和绝对不变的真理,而"是一种历史的产物,它在不同的时代具有完全不同的形式,同时具有完全不同的内容"②。换言之,马克思主义是不断发展的开放的理论,必须随着实践和时代的变化而发展。因此,对待马克思主义的科学态度就是要推进理论创新,在坚持马克思主义的同时不断丰富和发展马克思主义。"我国的意识形态创新其实就是马克思主义进一步中国化的问题,即按照世界历史的总进程和我国文明的整体走向,创新马克思主义。"③所谓马克思主义中国化,就是将马克思主义基本原理同中国的具体实际,包括中国实践、中国历史、中国文化等结合起来,使马克思主义在中国实现具体化和时代化。中国革命和现代化建设的历史经验以及中国共产党意识形态的曲折发展表明:马克思主义在中国,无论是向主导意识形态的发展,还是作为主导意识形态的发展,都是一个同中国历史变革的实际相结合的过程。④在这一过程中,中国共产党人不断将马克思主义基本原理与中国不同阶段的具体实际和时代特征相结合,不断推进马克思主义理论创新,推动党的意识形态不断向前发展,不断开创马克

---

① 《习近平谈治国理政》第2卷,外文出版社2017年版,第65页。
② 《马克思恩格斯文集》第9卷,人民出版社2009年版,第436页。
③ 丁志刚:《全球化对我国政治价值的挑战与对策研究》,中国社会科学出版社2006年版,第257页。
④ 王邦佐等:《中国政党制度的社会生态分析》,上海人民出版社2000年版,第242页。

思主义发展的新境界。

回顾党的伟大历史，中国共产党在领导中国革命、建设和改革的长期实践中，不断推进马克思主义中国化时代化，产生了毛泽东思想和包括邓小平理论、"三个代表"重要思想、科学发展观及习近平新时代中国特色社会主义思想等在内的中国特色社会主义理论体系这两大理论创新成果，从而指导中华民族实现了从站起来、富起来到强起来的伟大历史飞跃。实践已充分证明，"马克思主义为中国革命、建设、改革提供了强大思想武器，使中国这个古老的东方大国创造了人类历史上前所未有的发展奇迹。历史和人民选择马克思主义是完全正确的，中国共产党把马克思主义写在自己的旗帜上是完全正确的，坚持马克思主义基本原理同中国具体实际相结合、不断推进马克思主义中国化时代化是完全正确的！"[1]当前，中国特色社会主义进入机遇与挑战并存的新时代，世界正处于大发展大变革大调整时期，经济全球化、政治多极化、文化多元化、社会信息化成为当今时代发展趋势。在这一形势下，马克思主义不可能给我们正在和即将遇到的所有理论与现实问题提供现成的解决方案。因此，这就要求我们既要坚持马克思主义，更要不断丰富和发展马克思主义，不断开创马克思主义中国化时代化的新境界。具体而言：

第一，坚持马克思主义的基本立场、观点和方法，反对教条主义。理论的生命力在于不断创新，意识形态创新不是否定现有理论，而是在继承现有成果的基础上，根据发展变化了的实际，提出更加科学、更加符合规律、更具有现实指导意义的思想理论观点。这就要求我们必须坚持马克思主义的基本立场、观点和方法，用马克思主义的基本原理指导中国的具体实践；同时还必须反对教条主义和思想僵化，坚持进一步解放思想，"自觉地把思想认识从那些不合时宜的观念、做法和体制中解放出来，从对马克思主义的错误的和教条式的理解中解放出来，从主观主义和形而上学的桎梏中解放出来"[2]。

第二，坚持问题导向，用马克思主义观察时代、解读时代、引领时代。

---

[1] 习近平：《在纪念马克思诞辰200周年大会上的讲话》，《人民日报》2018年5月5日。

[2] 《江泽民文选》第3卷，人民出版社2006年版，第284页。

问题是时代的声音，不同时代有不同的时代课题。随着时代的发展，马克思主义要保持生命力就必须正视和有效回答面临的时代性问题，也就需要不断创新。当今中国面临国内外形势的深刻复杂变化，产生了大量深刻复杂的现实问题和亟待回答的理论课题。这就要求我们要立足当今时代特点，直面问题、分析问题，善于运用马克思主义的科学理论和方法，对中国社会发展中的一系列带有根本性的问题进行大胆的学术探讨和理论突破，实现对马克思主义理论的超越，为发展马克思主义做出中国的原创性贡献。习近平总书记指出："如果不能及时研究、提出、运用新思想、新理念、新办法，理论就会苍白无力，哲学社会科学就会'肌无力'。"[1]我们要深入总结中国特色社会主义实践和当今资本主义发展实际，立足现实、回应现实需要，提高对问题的应答能力，在批判吸收人类优秀文明成果的基础上，不断提出和建立适应、满足新形势下中国社会发展需要的马克思主义的创新成果。只有这样，马克思主义理论才能永葆生机和活力，才能为中国特色社会主义事业提供正确的理论指导，也才能获得民众的广泛认同。

2. 推进马克思主义大众化，实现社会主义意识形态的大众认同

马克思主义中国化时代化的根本目的是使马克思主义基本原理与中国实际相结合的成果被广大人民群众所理解和掌握，从而成为人民群众认识世界和改造世界的思想武器，这就是所谓的马克思主义大众化的问题。在中国共产党带领广大人民群众艰苦奋斗的伟大实践中，马克思主义的中国化、时代化和大众化是同一个过程的不同方面，它们是相互统一和联系的。马克思主义中国化、时代化内在地包含了大众化，马克思主义大众化是中国化、时代化的题中应有之义。所谓马克思主义大众化，是指"通过一定的途径和形式，把马克思主义基本原理、基本观点通俗化、具体化，使之更好地为人民群众所理解、所接受、所掌握，并自觉运用马克思主义指导实践"[2]。马克思主义大众化的过程，就是关注人民需求、解决人民困惑，进而实现马克思主义科学理论与人民群众现实需要的有机结合的过程。马克思主义认为，"理论只要说服人，就能掌握群众"，而"理论一经掌握群众，

---

[1] 习近平：《在哲学社会科学工作座谈会上的讲话》，《人民日报》2016年5月19日。
[2] 佘双好：《中国梦之中国精神》，武汉大学出版社2015年版，第205页。

也会变成物质力量"①。因此，推进马克思主义大众化不仅是马克思主义的理论品格和本质要求，而且是我们党带领人民推进中国特色社会主义伟大事业的现实需要和必然要求。

当前，马克思主义中国化时代化大众化已成为全党全社会所关注的重大理论和现实问题。党的十九大报告指出："必须推进马克思主义中国化时代化大众化，建设具有强大凝聚力和引领力的社会主义意识形态，使全体人民在理想信念、价值理念、道德观念上紧紧团结在一起。"②具体就推进马克思主义大众化而言，要注意从以下几方面入手：

首先，健全灌输教育机制，提高马克思主义宣传水平。科学的社会主义意识不可能在人民群众内部自发产生，只能通过一定形式的外部灌输，如理论学习、正面宣传等来达到。但传统的灌输教育是一种缺乏互动的单向注入的"填鸭式"教育，它把受教育者完全看作被动的接受者，忽视了个体的主观需求及其理解和接受能力，容易造成理论与实践的脱节，使得教育的效果大打折扣。因此，马克思主义大众化过程中，一定要紧密联系人民群众的生活实际和思想实际，关注人们的切身需要，着力解决人们面临的实际问题，采用通俗易懂的语言和人民群众喜闻乐见的形式阐释和传播马克思主义，切忌空谈阔论，注意有的放矢，以理服人，真正使马克思主义走进群众、掌握群众，成为人民群众的行动指南和改造世界的物质力量。

其次，重视榜样示范，充分发挥党员干部及理论宣传工作者的引领作用。马克思主义作为中国共产党的指导思想和中国社会的主流意识形态，其大众化的关键在于党的领导干部及理论宣传工作者要做好对马克思主义真信、真懂、真用的表率。某种意义上可以说，党员干部理所应当就是马克思主义大众化的倡导者、组织者和管理者。他们的榜样示范作用对马克思主义大众化具有强大的影响力和辐射力。这就要求广大党员干部及理论宣传工作者，要努力加强对马克思主义的学习和理解，"要把读马克思主义经典、悟马克思主义原理当作一种生活习惯、当作一种精神追求"③，避免对

---

① 《马克思恩格斯文集》第1卷，人民出版社2009年版，第11页。
② 习近平：《决胜全面建成小康社会 夺取新时代中国特色社会主义伟大胜利——在中国共产党第十九次全国代表大会上的报告》，人民出版社2017年版，第41页。
③ 习近平：《在纪念马克思诞辰200周年大会上的讲话》，《人民日报》2018年5月5日。

马克思主义一知半解、人云亦云，反对将马克思主义庸俗化、低俗化或经院化、小众化。同时，必须保持良好的德性修养，筑牢理想信念，以身作则、言行一致，在言传身教中感召和带动广大人民群众对马克思主义的理解和认同。

最后，加强顶层设计，为马克思主义大众化提供制度保障。民众的马克思主义理论素养并非是天生的，需要通过外界的灌输教育和自身的学习践行而获得。某种意义上来说，马克思主义大众化是属于"软性"的思想渗透工作，如果缺乏"硬性"的制度保障，它就会成为空洞的口头说教，而不能得到彻底的落实和体现。因此，为实现马克思主义大众化的稳定性、长期性和实效性，还需要党和政府加强一系列大众化的制度设计和政策法规建设，比如建立健全"法规保证制度、领导与管理制度、学习培训制度、财政支持制度、传媒宣传制度、考核评估制度等"[①]，为推进马克思主义大众化提供相应的制度保障，进而提升马克思主义大众化的实效性。

（二）增强意识形态的包容性，不断提高社会主义意识形态的凝聚力和引领力

社会主义意识形态要获得公众的广泛认同，并确保其在意识形态领域的指导地位，就必须使社会主义意识形态积极吸纳中国特色社会主义文化及其他文化的有益成分，不断增其内涵底蕴，与此同时要不断扩大社会主义意识形态的灵活性、普惠性和合理性，在全社会坚持社会主义核心价值体系，涵育社会主义核心价值观，从而增强社会主义意识形态的吸引力、凝聚力和引领力，为中国特色社会主义伟大事业提供先进的理论指引和坚实的精神支撑。

1. 塑造成功的意识形态，提高社会主义意识形态的供给与运行能力

意识形态对于政治认同的构建具有十分重要的作用，但其作用不能无限夸大。关键在于要塑造成功的意识形态，提高社会主义意识形态的供给与运行能力。成功的意识形态，由于它能够引领和整合多样化的思想观念和社会思潮，使绝大多数社会成员相信其价值观念和信仰体系具有正确性，相信其有助于满足和增进个人利益，因此，它助于协调利益集团之间的关

---

① 喻包庆：《论当代中国的政治认同危机及其解决路径》，《广西师范大学学报》（哲学社会科学版）2011年第2期。

系，有助于保持政治系统的团结与稳定，能够为政治系统的特定行动提供合理性辩护并动员社会成员积极参与进来，从而使之能够赢得绝大多数社会成员的广泛认同。因此，任何政治统治者一般都会尽力引导和塑造成功的意识形态。当今中国，社会主义意识形态要成为成功的意识形态，并确保其主导地位，就必须不断扩大其普惠性、灵活性和合理性。

第一，极大的普惠性。"'思想'一旦离开'利益'，就一定会使自己出丑。"[1]因此，要实现和提高公众对主流意识形态的认同，就必须使主流意识形态反映人们的利益诉求和现实需要。即是说，一种主流意识形态必须具有极大的普惠性，不断满足人们的内心期待和给公众带来实实在在的利益，才容易被认可和接受。因此，在中国要使以马克思主义为主导的社会主义意识形态得到广大人民群众的广泛认同，不是靠空洞的说教，而是要使马克思主义在实践中表现出自身的优越性，使人民群众的切身利益得到实现和满足。正如有学者所指出的，要形成社会主义意识形态认同，"就必须实现意识形态的世俗化和理性化，祛除意识形态中神秘和神圣的成分，避免意识形态变为一种完全脱离现实、束之高阁的东西，意识形态要切实关心人民的根本利益，正确回答现实生活中提出的干部群众普遍关心的重大理论和实际问题。"[2]这就要求我们党要大力关注民生、倾听民意，把意识形态的价值追求转化为现实可操作性的政策，切实解决人民群众最关切、最直接、最现实的利益问题，切实反映人民群众的真实利益、愿望和要求，使人民群众在共享改革发展成果的过程中理解、认同党和政府的政策主张。

第二，适度的灵活性。"大凡成功的意识形态必须是灵活的，以便能得到新的团体的忠诚拥护，或者作为外在条件变化的结果而得到旧的团体的忠诚拥护。"[3]这就是说，意识形态不能拘泥不化，应当具有适度的灵活性，根据社会形势的变化自觉进行自我调整，以便使理论体系能够有效地适应变化了的现实。否则，它将成为一种僵化的教条，而失去其原有的理论魅力。正如恩格斯所言："我们的理论是发展着的理论，而不是必须背得烂熟并机械

---

[1] 《马克思恩格斯文集》第1卷，人民出版社2009年版，第286页。
[2] 王邦佐等：《执政党与社会整合——中国共产党与新中国社会整合实例分析》，上海人民出版社2007年版，第247页。
[3] [美]道格拉斯·C.诺斯：《经济史中的结构与变迁》，陈郁等译，上海三联书店1991年版，第58页。

地加以重复的教条。"①当前，随着中国社会转型的深入，社会利益主体日益多元化，作为各社会阶层利益、要求、愿望在思想上的反映，社会价值观念也呈现出多样性的特征。加之，西方各种意识形态趁全球化之机迅速推进，逐渐渗透到意识形态领域，中国的意识形态领域变得更加复杂和多样。正如有学者指出，中国的社会主义意识形态"是一个丰富的、具有层次性的思想体系，在这个体系中，有中心部分或核心部分，也有相对边缘的内容。中心部分集中体现社会主义意识形态的本质，以其鲜明的特征区别于其他意识形态。边缘内容服从和服务于中心部分，反映社会的一般属性，与其他意识形态的边缘内容有一定程度的兼容与交叉"②。在此背景下，以马克思主义为指导的社会主义意识形态要获得广泛认同，就必须具有适度的灵活性，最大限度地认可、包容和整合其他意识形态的合理成分，并根据实践的需要不断进行自我调整，在自我调整中不断发展壮大自己，提升意识形态的说服力。

第三，充分的合理性。一种主流意识形态要赢得民众的广泛接受和认同，还必须具有充分的合理性。这要求意识形态能够有效、合理地对世界进行解释和说明，与社会中多数人对经验世界的感觉相符合，其指引的实践能够合理地改造世界。换言之，一种具有合理性的意识形态，意味着其内容科学、逻辑严密、论证透彻，并经得起理论的质疑和实践的检验，它往往能够突破特定阶级、阶层或团体的狭隘界限，为尽可能多的社会成员所接受和认同，具有系统性、抽象性和普遍性特征。马克思曾指出，任何已经或试图占据统治地位的集团都必须"赋予自己的思想以普遍性的形式，把它们描绘成唯一合乎理性的、有普遍意义的思想"③。当前，社会主义意识形态要成为一种成功的意识形态，为广大民众所认同和接受，必须使这一科学理论体系保持合理性、普遍性和现实适应性，在自我反思、自我批判中保持理论解释力和说服力，从而真正成为人民群众认识世界、改造世界的强大精神力量。

2. 坚守社会主义核心价值体系和核心价值观，最大限度地形成社会思想共识

随着中国经济社会的深刻变革、利益格局的深刻调整，社会思想意识

---

① 《马克思恩格斯文集》第10卷，人民出版社2009年版，第562页。
② 郑永廷等：《社会主义意识形态发展研究》，人民出版社2002年版，第318—319页。
③ 《马克思恩格斯文集》第1卷，人民出版社2009年版，第552页。

和意识形态领域出现复杂多样、交融交锋的局面，主流意识形态与多样化社会思潮长期并存、相互交织趋势更加明显。在此背景下，确立全体社会成员认同上的最大公约数，用具有广泛感召力的社会主义核心价值体系及核心价值观，来引领和整合多样化的思想观念和社会思潮，最大限度地形成社会思想共识，就显得十分迫切和必要。继党的十六届六中全会提出建设社会主义核心价值体系[①]的重大战略任务后，"党的十八大提出，倡导富强、民主、文明、和谐，倡导自由、平等、公正、法治，倡导爱国、敬业、诚信、友善，积极培育和践行社会主义核心价值观"[②]。社会主义核心价值观所强调的"三个倡导"，是对社会主义核心价值体系的高度凝练和集中表达，是其内核部分。在本质上，社会主义核心价值体系和社会主义核心价值观是内在一致的，都体现了社会主义意识形态的本质要求，体现了社会主义制度在思想和精神层面的质的规定性。习近平总书记强调，要"坚守我们的价值体系，坚守我们的核心价值观"[③]，同时要"从巩固全党全国各族人民团结奋斗的共同思想基础、巩固党的执政地位的战略高度，持续加强社会主义核心价值体系建设，把培育和弘扬社会主义核心价值观作为凝魂聚气、强基固本的基础工程，作为一项根本任务，切实抓紧抓好"[④]。党的十九大再次强调要坚持社会主义核心价值体系，其内涵不仅包括培育和践行社会主义核心价值观，还包括坚持马克思主义，牢固树立共产主义远大理想和中国特色社会主义共同理想等丰富的内容，这具有更为深刻的寓意和高远的站位。当前，要坚持社会主义核心价值体系，关键在于通过各种有效的形式和途径，把社会主义核心价值体系及核心价值观的精神实质内化为公民的价值信仰和精神追求，再外化为公民的自觉行为，最终使之为广大社会成员所感知、所认同、所接受、所掌握，真正成为社会精神生活的"主旋律"[⑤]。

[①] 社会主义核心价值体系的基本内容包括马克思主义指导思想、中国特色社会主义共同理想、以爱国主义为核心的民族精神和以改革创新为核心的时代精神、社会主义荣辱观。

[②] 中共中央文献研究室：《十八大以来重要文献选编》（上），中央文献出版社2014年版，第578页。

[③] 习近平：《习近平谈治国理政》，外文出版社2014年版，第106页。

[④] 《习近平关于全面建成小康社会论述摘编》，中央文献出版社2016年版，第111—112页。

[⑤] 关于建设社会主义核心价值体系的具体途径，参见胡建《公民政治认同：社会主义核心价值体系建设的关键》，《毛泽东思想研究》2010年第6期。

第一，进行广泛深入的宣传教育，促进知、情、行的统一。当前我们推进社会主义核心价值体系和核心价值观建设，首先就要对其进行广泛的宣传教育，使之获得民众的信仰与认同。将社会主义核心价值体系和核心价值观的具体内容、精神实质及实践要求等基本问题作为宣传思想工作的重要内容，融入国民教育和精神文明建设的全过程，贯彻到新闻出版、广播影视、文学艺术、社会科学等各方面的工作中，通过宣传教育将这些基本问题讲清楚、讲明白。同时，要紧密联系现代化建设的现实成就和群众的切身感受，进行生动的理想信念教育，引导人们正确认识国情和国家发展形势，不断增强对中国共产党领导、社会主义制度、改革开放事业的信念和信心。在此过程中，尤其要注意宣传教育工作必须以回答现实问题为指向，以理服人、以情感人，用人民群众喜闻乐见的语言和宣传方式，增强宣传教育工作的说服力和有效性，最终达到公民对社会主义核心价值体系和核心价值观的认知认同、情感认同和行为认同的有效结合与统一，真正实现"内化于心、外化于行"。

第二，遵循价值认同的一般规律，坚持主导性与多样性相结合的原则。建设社会主义核心价值体系和核心价值观，要尊重价值认同的一般规律，坚持主导性与多样性相结合的原则，在多元价值体系并存的情况下实现社会主义意识形态的一元主导和统领地位。首先，要坚持多元价值体系的一元导向。在当代中国，面对意识形态领域多元多样多变的趋势，意识形态领域只能以马克思主义为指导，不能搞指导思想多元化，否则整个意识形态就会陷于一种混乱状态，导致中国主流意识形态的非社会主义化和整个意识形态失序，引起人心混乱和社会动荡。因为"思想文化阵地，马克思主义、无产阶级的思想不去占领，各种非马克思主义、非无产阶级的思想甚至反马克思主义的思想就会去占领"[①]。其次，在坚持社会主义意识形态的主导地位的前提下，尊重差异，包容多样，允许多元价值体系并存，而不是要整齐划一。坚持社会主义核心价值体系的指导地位，并不是要否定除此之外的其他社会意识，恰巧相反，对多样化的社会意识要承认、尊重、包容甚至是吸纳。我们要以核心价值体系为引领，建立和形成多个层次、多元并存的思想价值体系，实现社会主义意识形态一元主导下的多样包容，

---

① 《江泽民文选》第3卷，人民出版社2006年版，第97页。

这样能保证社会主义意识形态更广泛地代表社会各阶层利益，使之获得更广泛的政治认同。

第三，通过大众文化的渗透，达到以文化人、以文育人的目的。文化是价值观的体现和传承的载体。培育社会主义核心价值观必须贯穿于文化建设的各个方面，特别是通过大众文化的渗透，使之成为全社会成员普遍接受、自觉遵守奉行的价值理念。当今社会，企图依靠宣传某种抽象的理论原则和信仰来达到社会群体的认同已不可行，人们是受利益影响和情境导向的，这种导向通过丰富多彩的文化形式影响着人们的观念。因此，主流意识形态更多地需要通过大众文化来向广大民众传播。当前，大众文化深深地嵌入我们的社会生活和各种制度，它所涉及的社会精神生产和大众生活的任何一个方面，都或隐或显地流露出意识形态的意向。然而，在市场经济和全球化的冲击下，大众文化出现世俗化、"快餐化"的倾向，人们只顾追求享乐却忘了付出和责任，没有了理想的追求和发展的动力。针对这一趋势，我们的文化工作者应当充分考虑民众的需要，坚持以文化人、以文育人，善于运用各种文化形式来表现社会主义核心价值体系的深刻内涵和精神实质，把社会主义核心价值观巧妙地嵌入到作品的人物、情节中，创造出能够深刻打动人心、富有时代精神的大众文化作品，用进步的思想观念和精美的艺术形象感染与教育大众，让人们在美的享受中受到鼓舞、得到启迪，从而使民众在理论与实践相结合、知与行相统一的过程中，自觉接受社会主义核心价值体系和弘扬核心价值观。

（三）加强党对意识形态工作的领导，不断改进社会主义意识形态工作的方法

意识形态工作是党和国家工作的重要组成部分，是一项极端重要的工作。"能否做好意识形态工作，事关党的前途命运，事关国家长治久安，事关民族凝聚力和向心力。"[①]重视意识形态工作，是我们党的优良传统和政治优势。新时代坚持和发展中国特色社会主义，在切实做好经济建设中心工作的同时，还必须切实做好意识形态工作，重点关注"在人们思想活动的独立性、选择性、多变性、差异性日益增强，社会思想空前活跃、社会意

---

① 《习近平关于全面建成小康社会论述摘编》，中央文献出版社2016年版，第103页。

识出现多样化的形势下，如何把握意识形态工作的规律，加强党对意识形态工作的领导，不断增强党的思想理论工作的创造力、凝聚力、感召力"①。我们要坚持党对意识形态工作的领导，牢牢把握主导权和话语权，同时在尊重意识形态领域客观规律的前提下，采取正确的政策和科学的方法，不断改进党的意识形态工作，进而巩固马克思主义的指导地位，使社会主义意识形态获得人民群众的广泛认同。

1. 严格落实主体责任，掌握意识形态工作的领导权和话语权

坚持党对一切工作的领导，就必须切实坚持和加强党对意识形态工作的全面领导，不断增强意识形态领域的主导权和话语权，不断巩固和发展主流意识形态。中国共产党90多年革命、建设和改革的伟大历史实践证明，做好意识形态工作，关键在党，关键在党的各级组织。特别是党的十八大以来，以习近平同志为核心的党中央高度重视意识形态工作，严格落实党委（党组）意识形态工作责任制，不断增强党在意识形态领域的领导权、主动权和话语权，从而有效扭转了意识形态领域一度出现的被动局面，意识形态主旋律更加响亮，文化自信进一步彰显，意识形态领域总体保持了向上向好态势。但同时要看到，中国意识形态领域仍面临着极为复杂和严峻的挑战，社会主义意识形态建设的任务依然十分繁重。

新时代做好意识形态工作，必须坚决履行和落实意识形态工作主体责任，牢牢掌握意识形态工作的领导权和话语权。具体而言，要注意以下几方面：第一，确保意识形态工作的正确方向。建设社会主义意识形态，立场方向至关重要，这是根本的前提。我们党领导意识形态工作，必须坚持党性和坚持人民性的有机统一。具体而言，坚持党性，就是要在意识形态工作中树立"四个意识"，"坚持正确政治方向，站稳政治立场，坚定宣传党的理论和路线方针政策，坚定宣传中央重大工作部署，坚定宣传中央关于形势的重大分析判断，坚决同党中央保持一致，坚决维护中央权威"②。坚持人民性，就是要把凝聚民心作为意识形态工作的出发点和落脚点，"坚持以人民为中心的工作导向，把党的理论和路线方针政策变成人民群众的自

---

① 李长春：《在邓小平生平和思想研讨会上的讲话》，《人民日报》2004年8月22日。
② 中共中央宣传部：《习近平总书记系列重要讲话读本（2016年版）》，学习出版社、人民出版社2016年版，第193页。

觉行动，及时把人民群众创造的经验和面临的实际情况反映出来，丰富人民精神世界，增强人民精神力量"[①]。中国共产党是全心全意为人民服务的马克思主义政党，党的性质和宗旨决定了，坚持党性和坚持人民性的高度一致性。因此，党的意识形态工作就必须把体现党的主张和反映人民心声统一起来。

第二，严格落实意识形态工作责任制。建设好社会主义意识形态，必须坚持全党动手，全面落实意识形态工作的政治责任、领导责任。各级党委要切实负起主体责任，党委主要负责同志作为第一责任人，要带头抓意识形态工作，要加强对意识形态领域形势的分析研判，加强对重大任务和部署的统筹指导，形成党委统一领导、党政群齐抓共管、有关部门各负其责、全社会大力支持的意识形态工作机制。要加强宣传舆论阵地的建设和管理，切实做到守土有责、守土负责、守土尽责，旗帜鲜明地支持正确思想言论和抵制各种错误思潮，尤其是要加强网络思想文化阵地建设，牢牢掌握网络舆论战场的主动权，使各类意识形态阵地始终成为传播先进思想文化、弘扬社会正能量的坚强阵地。面对当前思想舆论和意识形态领域的复杂局面，要善于发扬斗争精神，始终站在意识形态斗争第一线，敢抓敢管、敢于亮剑，不做"骑墙派"和"看风派"，与违反四项基本原则的错误思潮和言论做不懈斗争。

第三，加强意识形态人才队伍建设。做好社会主义意识形态工作，人才的作用极为关键。总的说来，要努力建设一支政治素质过硬、业务能力精湛和实干精神突出的意识形态人才队伍。各级党委要坚持用人标准，选好配强意识形态领域领导班子，确保意识形态工作领导权牢牢掌握在忠于党和人民的人手里；各级各部门领导干部要加强理论学习，用马克思主义及其中国化理论成果武装头脑，不断提高政治理论水平，同时深入基层社会，加强实践锻炼，做到学以致用，理论与实践的统一，在实干中不断提高和丰富业务能力和实践经验；还应高度重视知识分子工作，关注、了解知识分子心声，解决他们的后顾之忧，为知识分子干事创业提供充分保障，从而最大限度地把他们团结凝聚在党的周围，为党的意识形态工作及中心工作提供最为强大的人才支撑。

---

① 中共中央宣传部：《习近平总书记系列重要讲话读本（2016年版）》，学习出版社、人民出版社2016年版，第193—194页。

2. 坚持"三贴近"原则，提高意识形态工作的针对性和实效性

意识形态工作能否取得实效，方式方法问题至关重要。众所周知，意识形态工作是属于思想上层建筑方面的工作，主要涉及人的思想意识、价值观念等，这决定了意识形态工作要遵循其特殊规律，不能采取强制的办法，一蹴而就，而要掌握好时机、节奏和方法。过去，我们党在意识形态工作中主要依靠行政命令，采用了集中统一的群众性教学活动、自上而下的灌输教育等方式。这些传统的意识形态工作方法，在特定历史条件下，确实起到了很好的作用。但随着中国社会的深刻变迁和意识形态领域的深刻变化，这些方法显然已不能适应新形势的要求。在新的历史条件下，我们应该在继承和发扬过去党的意识形态工作的传统和经验基础上，大胆探索出一些适应新情况、新形势的意识形态工作的方式方法。

坚持"贴近实际、贴近生活、贴近群众"的"三贴近"原则，是开创党的意识形态工作新局面的基本原则和方法。具体而言，"贴近实际"，就是立足于社会主义初级阶段这个最大的实际，把回答和解决改革开放的实践提出的重大课题作为中心任务，从实际出发部署工作，于实处着力，按实际需要开展工作，以实际效果检验工作，使意识形态工作更加具体实在、扎实深入，更好地体现时代性、把握规律性、富于创造性。"贴近生活"，就是要深入关注人民群众日常生活中的重大问题，反映客观现实，从生活中挖掘生动事例、汲取新鲜营养，激励人民群众同心协力，奋发图强，为创造更加美好的新生活而共同奋斗，使意识形态工作更加入情入理，充满生活色彩、富有生活气息，反映生活本质。"贴近群众"，就是要深深扎根于群众之中，从人民群众根本利益出发，想群众之所想、急群众之所急、办群众之所盼，以群众满意不满意、高兴不高兴、赞成不赞成、答应不答应作为工作的根本出发点和落脚点，多用群众乐于接受的方式，为群众提供通俗易懂、生动鲜明的精神文化产品，使意识形态工作更加打动人心。[1] 党的意识形态工作的"三贴近"是一个辩证的、有机统一的整体，它有着严谨完整的内在逻辑联系。要做到"三贴近"，必须以贴近实际为出发点，以贴近生活为切入点，以贴近群众为落脚点。

在新形势下，我们党要增强意识形态工作的针对性和实效性，必须坚

---

[1] 参见李长春《从"三贴近"入手改进和加强宣传思想工作》，《求是》2003年第10期。

持"三贴近"原则,使之成为意识形态工作战线的良好风气。具体来说,在意识形态工作中就要注意以下几点:

第一,意识形态工作要坚持解决思想问题和实际问题相结合。长期以来,党的意识形态工作主要关注人的思想问题的解决,而忽视了问题产生的客观的、经济的根源。实际上,人的思想问题都可以在社会客观经济领域当中找到根源。利益是人们思想和行为的根本动机。因此,新时期党的意识形态工作,应该坚持解决思想问题和实际问题相结合,以实事求是的精神和求真务实的态度,切实反映人民群众的真实利益需求,着力解决人们所面临、所困惑的实际问题。即是说,党在意识形态工作中,必须以人民群众为本,以改革开放和现代化建设的实际问题、以我们正在做的事情为中心,着眼于新的实践和新的发展;要紧贴干部群众的思想实际,有针对性地回答人们普遍关心的热点、重点和难点问题,"努力把经济社会发展的长远战略目标和提高人民生活水平的阶段性任务统一起来,把实现人民的长远利益和当前利益结合起来"[①],最大限度地满足人民群众的物质和精神方面的利益需求。

第二,意识形态工作要认识和把握群众的思想活动规律。意识形态工作是以人为对象、从文化层面上引导和教育人的活动。意识形态工作的对象是人及其思想活动状况。意识形态工作要取得实效,必须研究人的特性,必须适应人的思想活动规律。人的行为和表情是受人的心理支配和调节的,是人的心理活动的直接表现。因此,党的意识形态工作必须善于观察人民群众的行为和表情的变化,掌握其思想活动规律,分析他们的不同性格特征和具体思想实际,真正做到因人制宜、对症下药,提高针对性。同时,还必须充分尊重人的主体地位,调动其自觉能动性,充分运用民主沟通方法,把灌输与疏导结合起来,坚持正面教育、启发式教育,既做到教育人引导人鼓舞人,又做到尊重人理解人关心人,从而不断增强党的意识形态工作的针对性、实效性和感染力。

第三,做好网络意识形态工作,营造清朗网络空间。随着信息技术的发达,互联网日益进入人民群众的日常生活,成为人们特别是年轻人获取信息的主要途径,它深刻改变着社会舆论生态。互联网已成为中国意识形

---

① 中共中央文献研究室:《十六大以来重要文献选编》(上),中央文献出版社2005年版,第372页。

态工作的主战场和最前沿。习近平总书记多次指出，过不了互联网这一关，就过不了长期执政这一关，要确保互联网可管可控。当前，必须加强互联网建设管理运用，完善互联网管理领导体制，各级领导干部要学会运用网络了解民意、开展工作，积极回应网民关切，加强网上思想文化阵地建设，净化网络环境，推动互联网这个"最大变量"释放出"最大正能量"，从而打好网络意识形态攻坚战。

综上所述，意识形态认同是构建当代中国公民政治认同的思想基础，也是其最核心和最持久的因素。然而，面对当前意识形态领域错综复杂的形势，要实现社会主义意识形态认同的巩固和提升，就必须在坚持马克思主义一元主导地位的前提下，不断推进马克思主义理论创新，不断扩大社会主义意识形态的包容性，增强其凝聚力和引导力，同时切实加强党对意识形态工作的领导，不断改进意识形态工作方法，从而不断发展壮大社会主义意识形态，永葆马克思主义的旺盛生命力，为中国特色社会主义伟大事业提供坚实的思想基础和精神支柱。

四 认同主体维度：强化公民政治社会化机制，提升政治认同的个体人格基础

在整个政治认同的结构要素中，认同主体和认同客体是其核心要素和最主要方面。自然，在政治认同的当代建构中，认同主体和认同客体也是其关键性环节和出发点。在前文从绩效、制度和意识形态等政治认同的客体维度出发，对政治认同的构建策略进行分析的基础上，我们有必要聚焦于政治认同的主体维度，从夯实公民的现代政治人格角度来探讨公民政治认同的建构。某种意义上说，政治认同归根结底取决于"谁之认同"，因此，政治认同的主体——公民的人格基础就成为政治认同"是否可能"与"何以可能"的前提性判断。然而，现代民主政治条件下，形塑和完善公民政治人格，提升政治认同的人格基础，关键就在于不断强化公民政治社会化机制，培养和造就适应现代社会要求的合格政治人。

公民政治社会化是现代民主政治的必然要求，其过程实际是个体与社会之间双向互动的过程，即社会对个体的政治教化（社会教化）和个体接受社会的政治教化（个人内化）的双向互动过程。"从个体角度来看，政治社会化是社会成员通过学习，获得社会既定的政治文化，由自然人转变为政治

人的过程，即个体通过学习获得社会或群体成员所具备的政治知识、政治态度、政治情感及政治行为方式的过程；从社会的角度来看，政治社会化是社会培养、教育、训练社会成员接受社会政治规范，支持、拥护现实的政治制度，承认统治阶级的统治，并在政治生活中发挥作用的过程。"[1]因此，任何一个政治体系，都要通过调控公民政治社会化来培养和造就一定社会需要的合格政治公民，促使其公民形成对社会有利的、稳定的政治态度和政治信念以及对现行政治体系的认同与支持，从而使政治文化得以传承，政治体系得以维持和发展。可见，政治社会化与公民政治认同具有内在的关联性。政治社会化是实现公民政治认同的基本途径和手段，公民政治认同是政治社会化的重要目标。具体而言，公民政治社会化的过程就是形成政治认同的过程，公民政治社会化的目的就是通过各种教育和影响，将主导政治文化传播给公民，使公民接受并认可主导政治文化，从而形成广泛的政治认同。政治社会化效果越好，政治认同的范围就越广、程度就越高；反之，政治认同的范围则越小、程度则越低。正如戴维·伊斯顿所指出的那样：一个政治体系要得以维持，必须与它所处的社会环境进行必要的能量交换，这种能量交换在输入方面，主要表现为求得社会成员对这一政治制度的普遍认同和支持，而这种政治制度的普遍认同和支持正是通过政治社会化来获得的。[2]

当代中国急剧的社会变革引发经济、政治、文化、交往方式、大众传媒等政治社会化宏观环境的巨大变迁，影响着公民政治社会化的顺利实现，从而导致公民政治认同在一定程度上出现认同消解、认同危机甚至不认同等问题。因此，就时下中国而言，公民政治社会化具有十分重要的意义。当前要有效解决公民政治认同中所出现的问题和矛盾，不断增强公民对社会主义的信念，对改革开放和现代化建设的信心以及对党和政府的信任，以保持政治稳定和社会发展，就必须大力强化公民政治社会化机制，[3]培养

---

[1] 王惠岩：《政治学原理》，高等教育出版社1999年版，第279页。

[2] 参见［美］戴维·伊斯顿《儿童的早期政治社会化过程——对民主参与概念的接受》，《国外政治学》1985年第2期。

[3] 在实现政治社会化过程中发挥作用的各种因素的内在作用方式就构成政治社会化机制。构建政治社会化机制主要从两方面入手：一是从政治文化、政党、政府、经济发展、民主政治等宏观方面，营造一个良性的公民政治社会化的治理环境；二是从媒介、教育、政治参与等微观层面，建构一个宽广且行之有效的公民政治社会化的具体治理模式。本书对公民政治社会化机制的探讨主要是从微观方面进行的。

公民的良好政治素质，使之成为合乎现代社会要求的合格政治人，以不断提升政治认同的个体人格基础。

（一）健全公民政治社会化的立体网络结构，加强政治文化的传习

政治社会化是指在一定社会中公民通过学习并内化政治文化，塑造出适应一定社会要求的合格政治人，进而使政治文化得以传承和创新，使政治体系得以维持和发展。可见，政治文化的传播是政治社会化的前提和首要环节。"一个国家的政治统治者要巩固政治制度，维持稳定的政治秩序，其根本途径之一，就是不断地向国民传播和灌输占统治地位的政治文化，把广大国民塑造成信仰该种政治文化的政治人。"[1] 然而，政治文化的传习总是要借助各种能够携带和传播政治信息的媒介和渠道才能够实现。这些渠道和媒介主要有家庭、学校、大众传媒、政治组织、群众团体、同伴群体、政权系统、政党组织等。在中国，随着民主政治的发展，公民政治社会化的媒介和渠道越来越多，已初步形成了一个纵横交错的网络结构，但这些媒介所发挥的政治社会化功能还参差不齐，且各渠道间缺乏系统的整合，似乎呈现出一种散乱的状态。其具体表现为："在长期的封建社会中承担主角的政治社会化机构——家庭，正在或已经失去往日的光环；日益壮大并给传媒带来革命性变革的互联网，尽管对人们生活方式、信息接收传输有着巨大影响，但其规范程度却十分有限，其自身的低控制性特征制约了社会化功能的发挥；社会的政治社会化功能流于形式，没有结合民众普遍关心的具体问题；社会团体虽在蓬勃发展但却未能得到有效的调控，非但对政治社会化未起到积极的作用，反而带来较大的负面影响；部分政治输入输出机构泛于'假、大、空'"[2]，从而严重影响了政治社会化的整体效果。因此，目前要改变政治社会化机构流于形式的现状，加速公民政治社会化进程，就必须构建一个立体交叉、纵横交错的政治社会化的立体网络结构，把这些媒介和渠道的作用都充分发挥出来，并使之相互配合、形成合力，加强政治文化的传承和创新，以达到政治社会化的理想效果。

在公民政治社会化的主要渠道和媒介中，家庭是人生的第一课堂，往往与人终身相伴，它是社会成员最初的、影响最为直接的政治社会化的媒

---

[1] 李元书：《政治社会化理论的产生、发展和研究领域》，《文史哲》2004年第2期。
[2] 李俊：《论社会变革中的政治社会化治理机制》，《社会科学》2007年第3期。

介；学校是儿童脱离家庭后所进入的第一个专门的社会化机构，也是将儿童从家庭引向社会的桥梁；同辈群体作为人们自愿结合的非正式组织，是政治社会化的一种有效媒介；大众传播媒介是现代社会广大公众获取信息及政治信息的主要来源，成为公民政治社会化的重要媒介；社会共同体作为由社会地位、利益和信仰大致相同的人所组成的正式和非正式组织，也是一个重要的公民政治社会化的机构；政权系统作为专门的政治输出机构和社会政治生活的核心，是最根本的政治社会化媒介；等等。当前，要使政治社会化立体网络结构达到优化整合，充分发挥其作用，"除继续保持家庭、学校、政党、传媒的政治社会化功能发挥之外，还必须激发出社区、各种中介组织、企事业单位等机构的潜能，把中央与地方，政府部门、企事业单位与各街道办事处，现实世界与虚拟空间等有机联系起来，切实形成推动政治社会化健康发展的合力"[①]。需要注意的是，在现代社会，政治体系往往主动介入政治社会化，其尽可能地通过控制各种政治社会化的媒介，特别是具有广泛影响的媒介，积极主动地传播其所要求的政治文化，并进行主导政治文化或意识形态的教化，同时还对各种媒体传播的政治信息进行认真的选择，对与现行统治秩序不相适应的政治信息进行限制和鞭挞。此外，还要注意建立起各种公民政治社会化媒介和机构之间的一致性联系，使之传达同样的政治信息，向同一个方向发挥作用，这无疑会对确保政治文化的长期稳定和连续性，培养和塑造适应统治秩序需要的政治人格具有重要意义，从而有利于强化公民的政治认同。因为"如果公民们从各种不同的社会化机构那里得到的是同样的信息，那么，他们的态度极有可能按照某一特定方式形成"[②]，从而实现公民对主导政治文化的认同。相反，如果公民从各种不同的机构中获得的信息存在着不一致甚至相互矛盾，公民就会无所适从，必然会对主导政治文化心生怀疑，进而影响公民政治人格的形成，一定程度上会导致政治认同的消解和政治体系的不稳定。

（二）完善思想政治教育的内容和方法，提高公民政治社会化的有效性

公民内化政治文化，完善政治人格，并塑造为适应一定社会要求的合

---

① 李俊：《论社会变革中的政治社会化治理机制》，《社会科学》2007年第3期。
② ［美］加布里埃尔·A. 阿尔蒙德等：《比较政治学：体系、过程和政策》，曹沛霖等译，东方出版社2007年版，第84—85页。

格政治人,这是公民政治社会化的现实目标和重要功能。然而,培养和塑造合格政治人,提升政治认同的人格基础,则离不开教育的作用。正如杜威所言:"教育不是唯一的工具,但它是第一的工具,首要的工具,最审慎的工具。通过这种工具,任何社会团体所珍视的价值,其所欲实现的目标,都被分配和提供给个人,让其思考、观察、判断和选择。"① 现代社会,教育事业的发展和科学文化水平的提高,对于公民意识的形塑和民主政治的发展极为重要。公民只有通过社会教育系统学习科学文化知识,提升文化素养,才能更加自觉地接受政治影响,掌握更多政治信息,形成稳定的政治情感和政治技能,不断完善其政治人格,进而顺利实现政治社会化。因为"知识是有助于形成政治技能的政治资源"②,而"文盲是处在政治之外的"③,"一个国家如果有许多人不识字,就不可能有现代化的民主"④。因此可以说,教育的发展和科学文化的普及是公民政治社会化的重要基础和前提。其中,思想政治教育作为一种重要的教育形式和公民政治社会化的重要手段,对于公民政治社会化的顺利实现和公民政治认同的提升具有更为重要和特殊的意义。在中国,思想政治教育与公民政治社会化有着密切联系和内在的一致性,⑤政治社会化具体工作的展开是在思想政治教育或思想政治教育工作的名义下进行的,思想政治教育是政治社会化的中国化表述方式。⑥因此,思想政治教育开展的状况直接决定着政治社会化的效果。当前,要提高公民政治社会化的有效性,就必须不断完善和改进思想政治教育的内容、方法和手段。

长期以来,作为公民政治社会化的主要方式,中国思想政治教育往往

---

① [美]约翰·杜威:《人的问题》,傅统先等译,上海人民出版社1966年版,第27页。
② [美]罗伯特·A.达尔:《现代政治分析》,王沪宁等译,上海译文出版社1987年版,第94页。
③ 《列宁选集》第4卷,人民出版社1995年版,第590页。
④ [英]柏特兰·罗素:《社会改造原理》,张师竹译,上海人民出版社1987年版,第37页。
⑤ 思想政治教育与公民政治社会化的一致性主要表现为:第一,在实质上二者都是在进行由统治阶级主导的政治教化;第二,在教化内容上二者都主要表现为统治阶级利益的政治信息、政治观念、政治价值和政治行为规范等;第三,在目标上二者都是为了培养统治阶级所需要的合格"政治人",使之形成对统治阶级高度的政治认同感。
⑥ 青岛理工大学课题组:《政治社会化与转型期高校思想政治教育》,《河北学刊》2006年第1期。

极为重视正面宣传、灌输教育、公开说教等明示的直接性方式，而对诸如社会期望、礼仪习俗、日常生活习惯的培养等暗示的间接性方式却重视不够。其中，明示方式又以灌输教育为主要形式。灌输作为一种重要的思想政治教育理念和方法，一直受到马克思主义者的青睐。列宁曾明确指出："工人本来也不可能有社会民主主义的意识。这种意识只能从外面灌输进去。"[1] 中国共产党在革命、建设和改革的过程中，一直很重视对人民群众进行革命思想和主流政治文化的宣传和灌输，引导人民群众掌握科学的世界观和方法论，不断提高他们的思想政治觉悟。可以说，正面的、直接的政治理论灌输是中国公民政治社会化的独特优势和典型表现，但是，这种传统灌输方式往往容易导致忽视主体性和个体差异、理论与实践的脱节、内容过于呆板、手段过于单一等弊端。

因此，为提高公民政治社会化成效，我们必须加强对以灌输为主要形式的思想政治教育的改革。首先，优化思想政治教育的灌输内容，注重理论与实践的结合。过去，中国的思想政治教育，往往偏重于通过对公民进行党的主流意识形态和路线方针政策的宣传灌输，培养公民的思想道德和对国家的认同，这种教条式的政治说教，并不易于为人民大众所真正接受。因此，思想政治教育就需要转变观念，按政治社会化的完整要求和基本规律，扩展其内容，使教育的内容更贴近民众、生活和时代，在强化公民政治认同的基础上，使公民真正认识政治的实质和运行规律，掌握获取基本政治知识的方法，并让人民群众参加管理国家政治事务和地方政治事务，在实践中培养和锻炼人民群众行使民主权利的具体方法和技能。

其次，尊重受教育者的主动性和提高积极性。中国思想政治教育中的灌输必须改变单纯的自上而下的"说教"做法，即是说，不只是要教育机构或教育者单方面的努力，还应发挥受教育者的积极性和主动性，将教育者的灌输教育与受教育者的主动学习有机结合起来，使之实现良性的互动，才会收到最大化的教育效果。"充分发挥个体和社会两个主体的积极性、能动性，是公民政治社会化取得成效的缺一不可的动力源泉。"[2] 因此，我们应

---

[1] 《列宁选集》第1卷，人民出版社1995年版，第317页。
[2] 王宗礼：《论政治社会化及其功能发挥》，《甘肃社会科学》2000年第5期。

在改革和加强社会教化的内容、方式等的前提下，充分尊重公民的主体性，调动公民积极主动地去寻求、探索政治知识，不断提高公民政治素质，塑造良好的政治人格。此外，在加强明示的直接性思想政治教育的同时，我们还应该通过诸如礼仪习俗、无意识教育、文学艺术等间接的、暗示的思想政治教育方式，潜移默化地对公民的政治观念、政治态度和政治情感施加影响，进而规范其政治行为。尤其应注重营造一个良好的政治社会化环境氛围，思想政治教育形式应贴近人们的生活和实际，使人民群众在喜闻乐见和潜移默化中接受政治社会化，并达到政治社会化的目的，从而不断提高公民政治社会化的实效性。

（三）加强政治参与实践，培养公民的公共精神

公民政治社会化要实现其培养和塑造适应社会要求的合格政治公民的重要功能，就必须坚持个体内化与外化的有机统一。政治社会化中的个体内化是处于社会化中的公民，将外部的政治文化信息不断融入个体的心理结构，并转化为自身稳定的人格特质和行为模式，不断形成和完善政治人格的过程。然而至此，政治社会化对公民政治人格的模铸仍未真正完成，还需要进行外化，即个体将政治认知、政治意识和行为取向转化为现实的政治行为的过程。即是说，个体在经过长时间的以内化为主的政治社会化的理论教育之后，最终要将个体的政治意识外化为政治行为，即必须通过这样一个政治行为或政治实践的外化过程，才能最终实现个体的政治社会化。其中，外化以内化为基础，内化以外化为目的，内化影响外化，外化促进内化，内化与外化的统一是政治人形成的标志。[①] 鉴于中国长期以来政治社会化注重公民对政治文化的内化，而相对轻视公民政治参与的外化过程，因此，在当前公民政治社会化过程中，我们应将内化与外化结合起来，加强公民个体外化，让公民在政治参与实践中培养公共精神，完善政治人格，以达到政治社会化的目的。

公共精神作为一种现代公共生活的伦理和价值原则，是"现代社会对公民提出的一种最基本、最重要的美德要求"，"是指公民具有超越个人狭隘眼界和个人直接功利目的，关怀公共事务、事业和利益的思想境界和行

---

① 李冰：《当代中国政治社会化中的公民认同研究》，中国社会科学出版社2013年版，第28页。

为态度"①。任何现代民主体制社会要维系良善公共生活,都需要培育公民的公共理性精神。在现代文明社会,公民的公共精神主要包括权利意识、责任意识、平等意识、合作意识、守法精神、宽容精神、批判精神、爱国精神等。公共精神的确立,有利于帮助公民形成理性品质,引导民众与政治体系之间的互动、合作和支持关系,从而有利于塑造合格政治人。因此,培养公民的公共精神就成为公民政治社会化的内在要求,对于政治认同的生成至关重要。然而,历史经验表明,公民政治社会化中公共精神的形塑并非一朝一夕可以完成,它孕育于民主体制下公民参与公共生活行使权利的政治实践中。公民通过投票、选举、结社、请愿、投诉、公共事务决策等积极的政治参与,可以培养自身权利义务意识,学会宽容、协商的态度与行为,也可以加强公民对公共事务的关注和兴趣,增强政治效能感,进而养成公共精神。正如托克维尔就美国社会状况所指出的,"使人人都参加政府的管理工作,则是人人都能关心自己祖国命运的最强有力的手段,甚至可以说是唯一的手段。在我们这个时代,我觉得公民精神是与政治权利的行使不可分的"②。质言之,政治参与既是公民政治社会化程度的衡量指标,也是促进公民政治社会化的重要手段。

就中国而言,随着公民民主法治意识的增强和社会主义民主政治的发展,公民政治参与的内容和渠道不断拓展,其享有参与国家治理和政治生活的权利更加有保障,公民的政治参与总体上获得较大发展。但是,由于社会主义初级阶段各种原因的影响,中国公民政治参与仍不成熟、不完善,还存在一些明显的不足。因此,在公民政治社会化进程中,必须进一步加强公民政治参与,让参与公共生活成为民众的日常生活方式和生活内容。具体要做到:第一,尊重和肯定公民个人权利,激发公民的参与意识,弱化公民对权力中心的疏离感,使公民对政治与社会生活的热情得到合理释放,不断提高公民对政治生活和公共事务的关心和用心;第二,健全和完善公民政治参与的制度和机制,形成多元、通畅的利益表达渠道,规避非制度化政治参与的消极影响,为公民参与政治生活提供制度化保障;第三,

---

① 龙兴海:《大力培育公民的公共精神》,《光明日报》2007年9月12日。
② [法]托克维尔:《论美国的民主》(上卷),董果良译,商务印书馆1988年版,第270页。

加强参与性、科学性、共识性的政治文化建设，营造一个良好的政治参与环境氛围，同时为社会提供先进的公民政治社会化内容；第四，充分利用大众传媒，尤其是互联网优势，为民众提供平等、开放的公共空间，同时建设电子政府，提高政治的透明度，加强公民与政治体系的沟通和交流，让更多的公民能有机会、有资格参与到公共生活中来。总之，公民通过广泛的政治参与实践，一方面可以将公民在理论教育中已内化的政治理论、政治价值等进一步巩固和发展，达到更高层次的认识和理解；另一方面又可以使公民通过政治知识的运用，加深对政治现象、政治观念的理解，而且逐步掌握政治技能，形成自己更为稳定的政治心理特质，进一步培养公民的现代公民意识和公共精神、完善政治人格，从而不仅有助于推动公民政治社会化的实现，也有助于提升公民政治认同水平。

综上所述，当代中国公民政治认同的建构，除了要从政绩、制度、文化等认同客体维度入手，提高其利益认同、制度认同和价值认同之外，还应从认同主体维度着手，提升政治认同的公民人格基础。也就是说，政治认同的现代性成长，不仅要求政绩、制度、文化等认同客体方面实现现代性发展，而且对认同主体也提出了现代性要求，即要求公民具备现代性公民意识和公民人格。为此，我们必须不断加强公民政治社会化治理机制，建立健全公民政治社会化的立体网络结构，完善优化思想政治教育的内容和方法，保障和扩大公民政治参与，从而培养和造就公民的公共精神，使之成为适应现代社会要求的合格政治人，为公民政治认同的现代形塑提供人格基础和人格支撑。

结语　中国特色社会主义：当代中国政治认同建构的基础和"坐标"

政治认同是人类社会政治生活中的核心问题，也是人类政治发展的重要前提。作为社会成员与政治体系之间关系的反映，政治认同是指社会成员对现存政治体系的情感和意识上的归属感，以及基于特定利益而积极支持、参与政治体系的实践活动。人类社会发展实践已表明，政治认同是政治生活中不可忽视的重要力量，它对于社会成员和政治体系都具有十分重要的作用。一般说来，对政治体系而言，政治认同是政治体系维护其统治的基础，是政治体系运作的绩效体现，也是政治合法性的必备条件。对社会成员而言，政治认同是认同主体自身的政治价值和政治愿望在政治生活中的映照；社会成员认同一定的政治，就是认为这种政治能够实现自己的政治理想和政治价值，能够维护自己的权利，最大限度地实现自身的利益。[1]因此，任何政治统治的维系和发展都必须要有政治认同的支撑，即赢得社会成员对其政治体系的认可和支持。

对当今中国社会而言，急剧的变革和转型发展已经全方位地把政治认同问题展现出来了，政治认同在当代中国具有特殊的意义。改革开放以来，中国正经历着一场全面的、深刻的、结构性的社会转型和变革，社会存在的日益多样化和复杂化，必然引起社会意识的深刻变化，人们的思想观念、政治主张、价值取向等的多元化引发社会共识的裂变，消解人们原有的政治认同，导致公共生活中出现不同层次、不同程度的政治认同困境乃至危机。这种情形如任其发展下去，势必会影响社会整合和凝聚，导致社会碎片化和社会共识的耗散，从而破坏社会秩序与政治稳定。因此，凝聚广泛

---

[1] 胡建、刘惠：《社会公正：政治认同的制度性资源》，《理论探索》2009年第5期。

结语　中国特色社会主义：当代中国政治认同建构的基础和"坐标"

的政治共识、建构高度的政治认同，愈益成为当代中国政治建设和社会发展的现实需要，也是一项亟待解决的重大课题。当代中国政治认同的建构，固然需要明确其具体的战略认知和路径选择，但还需要明确其根本"坐标"和基础等核心问题，探求政治认同建构的中国逻辑。对此，齐卫平教授认为，当代中国政治认同的建构是一种"接续政治认同"，其表现为一种接续式的重新建构，它不是历史的断裂和全部否定，而是在历史继承中赋予政治认同以现实的新内容，并进一步指出以四项基本原则为核心的社会主义制度内核层面的坚持是重构政治认同之基。[①]依据这种政治认同接续式重构的观点，我们认为当代中国政治认同建构的根本"坐标"和基础是中国特色社会主义。习近平总书记指出，作为党和人民长期实践取得的根本成就，中国特色社会主义"是科学社会主义理论逻辑和中国社会发展历史逻辑的辩证统一，是植根中国大地、反映中国人民意愿、适应中国和时代发展进步要求的科学社会主义，是全面建设小康社会、加快推进社会主义现代化、实现中华民族伟大复兴的必由之路"[②]。中国特色社会主义，既坚持了科学社会主义的基本原则，又根据时代条件赋予其鲜明的中国特色，它体现了社会主义内核精华的保留与社会主义建设模式的创新的有机结合，是一种继承与变革、历史与现实的统一。因此，中国特色社会主义理应成为当代中国政治认同建构的定向标和重要基础。以中国特色社会主义为"坐标"重构当代中国的政治认同，"可以多层面多角度地形成共识、校正价值取向的政治社会效应，推进中国特色社会主义政治建设和社会发展"[③]。

坚持和发展中国特色社会主义，是当前党和国家全部工作的主线，是当今中国的时代主题和发展进步的根本方向。关于中国特色社会主义的科学内涵，党的十九大报告明确指出，中国特色社会主义包含中国特色社会主义道路、理论体系、制度和文化等不可或缺的内容。其中，"中国特色社会主义道路是实现社会主义现代化、创造人民美好生活的必由之路，中国特色社会主义理论体系是指导党和人民实现中华民族伟大复兴的正确理论，

---

① 齐卫平：《当代中国政治认同的"接续"与"重构"》，《学习时报》2012年9月10日。
② 习近平：《习近平谈治国理政》，外文出版社2014年版，第21页。
③ 包心鉴：《以中国特色社会主义为"坐标"重构当代中国的政治认同》，《学习论坛》2014年第1期。

中国特色社会主义制度是当代中国发展进步的根本制度保障，中国特色社会主义文化是激励全党全国各族人民奋勇前进的强大精神力量"[①]。以上四者统一于中国特色社会主义伟大实践。可见，对中国特色社会主义科学内涵的理解，必须从道路和目标层面、理论体系层面、制度和体制层面以及精神文化层面等四个方面入手，并将其有机统一起来。从某种意义上说，当代中国政治认同的建构就是回答"举什么样的旗帜、走什么样的道路、用什么样的理论、定什么样的制度[②]以及发展什么样的文化"这一核心问题。而这一问题的答案早已明确，这就是：由中国特色社会主义道路、理论、制度和文化四位一体而形成的中国特色社会主义。质言之，中国特色社会主义为当代中国政治认同的建构提供了根本坐标和遵循，从而成为当代中国政治认同建构的基础。

一　中国特色社会主义道路：当代中国政治认同建构的政绩基础

政治认同的形成与建构需要多方面的条件，首先取决于社会成员在社会关系中利益要求的满足和利益关系的协调。这构成了政治认同的政绩基础，是产生政治认同的逻辑起点。这里所说的政治认同建构的政绩基础，是指政治统治的实际业绩或有效性，实际是说政治体系所提供的公共产品满足社会成员利益需求的程度。马克思指出，"人们为之奋斗的一切，都同他们的利益有关"[③]，利益是人们所有社会活动的目标和根本动机。因此，人们之所以对一定政治体系产生认同，究其根本是因为其统治的绩效能给人们带来实实在在的利益，并不断维护和满足人们日益增长的利益诉求。

道路决定出路，关乎国家前途、民族命运和人民幸福。中国特色社会主义道路，植根于近代以来中国人民的伟大实践，是中国共产党带领全国人民在新的历史条件下历尽千辛万苦所取得的根本成就。这条道路具有独特创造性，既坚持了科学社会主义的基本原则，又同中国的具体实际相结合，它反映了中国国情和时代发展要求，承载着中国人民的根本利益和远

---

① 习近平：《决胜全面建成小康社会　夺取新时代中国特色社会主义伟大胜利——在中国共产党第十九次全国代表大会上的报告》，人民出版社2017年版，第16—17页。

② 齐卫平：《当代中国政治认同的"接续"与"重构"》，《学习时报》2012年9月10日。

③ 《马克思恩格斯全集》第1卷，人民出版社1995年版，第187页。

大理想，体现了历史与现实的有机统一。中国特色社会主义道路的本质，即实现"中国式的现代化"①和中华民族的伟大复兴，具体而言就是中国的现代化之路、市场经济之路、协调发展之路及人类文明之路，也是实现中国梦的必由之路，它必将引领我们全面建成社会主义现代化强国，实现中华民族伟大复兴。中华人民共和国成立以来特别是改革开放以来的伟大实践已经证明，中国特色社会主义道路承载着全党全国人民的光荣和梦想，连接着中华民族的过去和未来，走得通、走得对、走得好，它已给国家的前途、民族的命运、人民的生活带来了翻天覆地的变化，充分体现了中国共产党治国理政的伟大成就和非凡业绩。这一道路体现了广大人民群众对统筹推进"五位一体"总体布局和"四个全面"战略布局的强烈愿望，满足了人民群众多方面的利益需求和对社会公平正义及有效治理的期待，实现了人民群众在改革发展中获得感、幸福感的普遍提升，从而使之赢得广大人民群众的肯定和认同。因此，中国特色社会主义道路以其巨大的发展业绩，充分满足了广大人民的利益需求和对美好生活的需要，构成了当代中国政治认同的政绩基础。

二 中国特色社会主义理论体系：当代中国政治认同建构的思想基础

除了实践层面的政绩基础的支撑，政治认同的建构还需要从理论上进行思想资源的整合，奠定其思想基础。这里所讲的政治认同建构的思想基础，主要指社会意识形态。意识形态作为一种思想体系和信念系统，它能为政治统治提供"合法性"论证，为政治合法性提供道义上的诠释。可以说，意识形态是政治认同最原初、最持久的构成因素。政治体系往往通过意识形态的宣传、教化、熏陶等来影响民众的政治心理，规范民众的政治行为，从而培育民众对该政治体系的合法性认同。一个社会要实现稳定有序地发展，必须要有一个全社会共同接受和认同的主流意识形态来引领，为社会发展提供先进的理论指导和坚实的思想基础。

马克思主义是我们党和国家的根本指导思想，是当代中国的主流意识形态。然而，作为一个开放的理论体系，马克思主义必须随着实践的变化而发展，才能永葆其生机与活力。在中国革命、建设和改革的历史进程中，

---

① 包心鉴：《当代中国的政治认同》，《光明日报》2014年4月9日。

我们党坚持高举马克思主义伟大旗帜，不断推进马克思主义的中国化，不断结合中国实际对马克思主义进行丰富和发展，开辟党的理论创新的新境界。在马克思主义中国化进程中，相继形成了毛泽东思想和中国特色社会主义理论体系这两大理论成果。其中，习近平新时代中国特色社会主义思想是党的十八以来党在推进中国特色社会主义伟大实践中的理论创新的最新概括，是马克思主义中国化的最新成果。在当代中国，要坚持以马克思主义为指导推进中国特色社会主义伟大事业，就必须坚持习近平新时代中国特色社会主义思想，将之作为我们的思想引领和行动指南。具体而言，中国特色社会主义理论体系是党在改革开放和社会主义现代化建设的新时期，围绕着党和国家发展进程中的一系列重大问题一脉相承地层层展开、解答和部署，它是总结和提炼党和国家发展进程中的实践经验而形成的理论成果，"是被实践证明了的关于在中国建设、巩固和发展社会主义的正确的理论原则和经验总结"[1]，也是坚持和发展中国特色社会主义的强大行动指南。中国特色社会主义理论体系包含着执政党建设、国家发展和民族进步的思想内涵，体现着以人为本的核心理念、民富为先的建设路向、科学发展的系统思维、公平正义的根本原则、依法治国的基本方略等价值诉求。[2]总之，中国特色社会主义理论体系既是一个内在统一、有机联系的科学理论体系，又是一个动态发展、不断完善的理论创新过程，具有鲜明的科学性和真理性以及强大的生命力。它体现了党的理论创新和理论自信，符合全体人民的根本利益，反映了广大人民群众的价值追求，从而使之能够获得最广泛的认同和思想共识。因此，中国特色社会主义理论体系以其所体现的国家发展和民族进步的价值诉求，为全体人民在党的带领下团结奋进，推进中国特色社会主义事业提供了思想指引和理论指导，成为当代中国政治认同建构的思想基础。

三 中国特色社会主义制度：当代中国政治认同建构的制度基础

政治认同的生成及其建构，不仅需要一定的政绩基础和思想基础，而

---

[1] 中共中央文献研究室：《十七大以来重要文献选编》（上），中央文献出版社2009年版，第242页。

[2] 齐卫平：《中国特色社会主义理论体系与政治认同的建构》，《中共宁波市委党校学报》2012年第5期。

结语　中国特色社会主义：当代中国政治认同建构的基础和"坐标"

且需要一定的制度规则为保障，奠定其制度基础。所谓政治认同建构的制度基础，是指以非人格化的制度性力量获取民众的认同和支持，即是说一定政治体系的正常运行，离不开民众对政治权力的获得与运行所要遵循的包括政治、经济、法律、文化教育制度等在内的一系列制度规则及程序的信任和遵循。这种建立在被统治者对制度、规则的认同与支持之上的政治统治，是一种现代社会最为稳固的法理型统治。制度作为一种法理型权威，在社会发展中具有根本性、全局性、稳定性和长远性的作用，对公民政治认同具有形塑功能，它为现代社会政治认同的生成提供重要的制度保障。

　　作为一种崭新的制度形态，中国特色社会主义制度是我们党在90多年的接续奋斗中形成的既自成独立体系又相互联系的一整套制度规范体系。中国特色社会主义制度的确立及逐步完善，符合中国国情、顺应时代潮流，是一项划时代的历史性成就，充分体现了社会主义的优越性。就其主要内容而言，中国特色社会主义制度包括经济、政治、文化、社会、生态等各个领域的制度规则，为推进中国特色社会主义"五位一体"总体布局和伟大事业提供了根本的制度保障。正如习近平总书记所指出的："中国特色社会主义制度是当代中国发展进步的根本制度保障，是具有鲜明中国特色、明显制度优势、强大自我完善能力的先进制度。"[1] 具体而言，中国特色社会主义制度在本质上体现为人民民主。没有民主就没有社会主义，更没有中国特色社会主义。然而，人民民主的实现，并不是一句空话和口号，而是必须具体地、现实地体现到党和国家政治生活中，用一系列制度体制保证人民当家作主。中华人民共和国成立以来特别是改革开放以来，我们党从人民民主这一制度本质出发，带领人民在实践中创造了一系列独具特色的具体制度，概括起来就是形成了特色鲜明的五大民主制度。[2] 这一系列制度安排，能够有效保证人民享有广泛充分的民主权利，能够保证人民真正参与国家和社会治理，从而广泛动员和组织广大民众，最大限度地激发社

---

[1] 习近平：《习近平谈治国理政》第2卷，外文出版社2017年版，第36页。

[2] 以选举民主为主要标志的人民代表大会制度，以协商民主为主要标志的政治协商制度，以直接民主为主要标志的群众自治制度，以党内民主为主要标志的政党政治制度，以经济民主为主要标志的社会主义市场经济制度。五大民主制度，以人民民主为核心，把中国特色社会主义民主进一步具体化、实效化了。（参见包心鉴《以中国特色社会主义为"坐标"重构当代中国的政治认同》，《学习论坛》2014年第1期。）

会活力,推动中国特色社会主义事业的不断发展。鲜活的实践已表明,中国特色社会主义巨大成就的取得,离不开强有力的制度支撑和保障,其根本原因就是我们确立了中国特色社会主义制度。当然,目前中国特色社会主义制度也并非完美无缺,由于中国正处于社会主义初级阶段诸多方面因素的影响,中国特色社会主义制度也需要在实践中不断完善和发展,使其更加成熟和定型,为推进新时代伟大事业提供更加有效的制度支撑。因此,中国特色社会主义制度以其鲜明的制度特点和强大的制度优势,为广大民众实现人民当家作主的民主权利以及满足各项利益需求提供了坚实的制度保障,成为当代中国政治认同建构的制度基础。

四 中国特色社会主义文化:当代中国政治认同建构的价值基础

政治认同的形成与建构,在具备一定的政绩基础、思想基础和制度基础的前提下,还离不开一定的价值基础。在此,政治认同建构的价值基础,主要是从文化的价值表达和价值属性角度而言的。文化是受一定价值引导的思想体系,是人类对象性活动的本质与力量。特定的文化理念和思维模式,往往凝结着特定的价值取向和价值追求,从而使文化成为社会价值观的体现和传承的载体。"认同是在文化特质或相关的整套文化特质的基础上建构意义的过程"[①],文化认同本身预示着文化的价值确认。因此,政治认同的形成,需要一定的文化体系为其提供价值支撑和价值基础。

当代中国政治认同的建构,需要以当代中国主流文化或先进文化为引领,并为其提供价值基础。而当代中国的主流文化和先进文化就是中国特色社会主义文化。"中国特色社会主义文化,源自于中华民族五千多年文明历史所孕育的中华优秀传统文化,熔铸于党领导人民在革命、建设、改革中创造的革命文化和社会主义先进文化,植根于中国特色社会主义伟大实践。"[②]这三种宝贵的文化资源,连接着中华民族的历史与现实,积淀着中华民族独特的和深层次的精神命脉和文化追求,三者最后都统一到中国特色社会主义文化这个文化体系当中,成为当代中国文化的主流。换言之,中

[①] [美]曼纽尔·卡特斯:《认同的力量》,夏铸九等译,社会科学文献出版社2003年版,第21页。

[②] 习近平:《决胜全面建成小康社会 夺取新时代中国特色社会主义伟大胜利——在中国共产党第十九次全国代表大会上的报告》,人民出版社2017年版,第41页。

国特色社会主义文化，凝结着全体人民共同的价值追求和价值取向，它构成了新时代构筑伟大中国精神、中国价值、中国力量的文化根基和强大精神动力。因此，中国特色社会主义文化以其所具有的强基固本、引领激励的独特性质和重要作用，成为全体人民在中华民族伟大复兴伟业中团结同心、奋发向上的精神力量，从而构成当代中国政治认同的价值基础。总之，在中国特色社会主义新时代，要更加自觉地坚定文化自信，充分发挥中国特色社会主义文化的巨大能量，大力加强社会主义核心价值体系建设，为实现中华民族伟大复兴提供强大的价值支撑和精神动力。

参考文献

一 著作

《马克思恩格斯全集》(第1、2、3、46卷),人民出版社1956、1957、1960、1979年版。

《马克思恩格斯选集》(第1、2、3、4卷),人民出版社1995年版。

《马克思恩格斯文集》(第1、9、10卷),人民出版社2009年版。

《列宁选集》(第1、3、4卷),人民出版社1995年版。

《列宁文稿》(第2卷),人民出版社1980年版。

《毛泽东选集》(第2、3、4卷),人民出版社1991年版。

《毛泽东文集》(第5、7卷),人民出版社1996、1999年版。

《邓小平文选》(第2、3卷),人民出版社1994、1993年版。

《江泽民文选》(第2、3卷),人民出版社2006年版。

《胡锦涛文选》(第2、3卷),人民出版社2016年版。

《江泽民论有中国特色社会主义(专题摘编)》,中央文献出版社2002年版。

习近平:《习近平谈治国理政》(第1、2卷),外文出版社2014、2017年版。

习近平:《决胜全面建成小康社会 夺取新时代中国特色社会主义伟大胜利——在中国共产党第十九次全国代表大会上的报告》,人民出版社2017年版。

《中国特色社会主义学习读本》,学习出版社2013年版。

《习近平总书记系列重要讲话读本》,学习出版社、人民出版社2016年版。

《十八大以来重要文献选编》(上),中央文献出版社2014年版。

《中国共产党历史》(第二卷),中共党史出版社2011年版。

《关于建国以来党的若干历史问题的决议注释本》,人民出版社1983年版。

《十七大以来重要文献选编》(上),中央文献出版社2009年版。

《中共中央关于加强党的执政能力建设的决定》，人民出版社 2004 年版。

《习近平新时代中国特色社会主义思想三十讲》，学习出版社 2018 年版。

李铁映：《论民主》，中国社会科学出版社 2001 年版。

王惠岩：《当代政治学基本理论》，高等教育出版社 2001 年版。

郑杭生：《中国社会发展研究报告 2009》，中国人民大学出版社 2009 年版。

桑玉成：《利益分化的政治时代》，学林出版社 2002 年版。

吴忠民：《社会公正》，山东人民出版社 2004 年版。

宋惠昌：《当代意识形态研究》，中共中央党校出版社 1993 年版。

马振清：《中国公民政治社会化问题研究》，黑龙江人民出版社 2001 年版。

上官酒瑞：《现代社会的政治信任逻辑》，上海人民出版社 2012 年版。

邓伟志：《变革社会中的政治稳定》，上海人民出版社 1997 年版。

周宪：《中国文学与文化的认同》，北京大学出版社 2008 年版。

孟樊：《后现代的认同政治》，扬智文化事业股份有限公司 2001 年版。

李友梅：《社会认同：一种结构视野的分析》，上海人民出版社 2007 年版。

梁丽萍：《中国人的宗教心理——宗教认同的理论分析与实证研究》，社会科学文献出版社 2004 年版。

沙莲香：《社会心理学》，中国人民大学出版社 2002 年版。

陶东风：《社会转型与当代知识分子》，上海三联书店 1999 年版。

张春兴：《青年的认同与过失》，世界图书出版社 1993 年版。

江宜桦：《自由主义、民族主义与国家认同》，扬智文化事业股份有限公司 1998 年版。

江宜桦：《自由民主的理路》，新星出版社 2006 年版。

王浦劬：《政治学基础》，北京大学出版社 2014 年版。

杨光斌：《政治学导论》，中国人民大学出版社 2004 年版。

王宗礼：《中国西北农牧民的政治行为研究》，甘肃人民出版社 1995 年版。

张江河：《论利益与政治》，北京大学出版社 2002 年版。

陈义平：《政治人：模铸与发展——中国社会转型期的公民政治分析》，安徽大学出版社 2002 年版。

殷陆君：《人的现代化——心理·思想·态度·行为》，四川人民出版社 1985 年版。

关宝成：《政治学思想史》，湖南教育出版社 2004 年版。

周国文:《公民伦理观的历史源流》,中央编译出版社2008年版。

黄稻、刘海亮:《社会主义公民意识》,辽宁大学出版社1988年版。

马宝成:《政治合法性研究》,中国社会出版社2003年版。

张建德:《中国共产党执政方略研究》,山东人民出版社2003年版。

张明军等:《当代中国政治社会分析》,中央编译出版社2008年版。

房宁等:《中国政治发展报告》,社会科学文献出版社2013年版。

景跃进等:《当代中国政府与政治》,中国人民大学出版社2016年版。

王邦佐等:《中国政党制度的社会生态分析》,上海人民出版社2000年版。

王邦佐等:《执政党与社会整合——中国共产党与新中国社会整合实例分析》,上海人民出版社2007年版。

逄先知、金冲及:《毛泽东传(1949—1976)》,中央文献出版社2003年版。

孙健:《中华人民共和国经济史(1949—90年代初)》,中国人民大学出版社1992年版。

中共中央党史研究室:《中国共产党的九十年》,中共党史出版社、党建读物出版社2016年版。

朱宗玉等:《中华人民共和国史纲》,福建人民出版社1993年版。

周作翰、梁亚栋:《国际共产主义运动史》,高等教育出版社1991年版。

朱育和等:《当代中国意识形态情态录》,清华大学出版社1997年版。

萧廷中:《外国学者评毛泽东》(第2卷),中国工人出版社1997年版。

朱永新、袁振国:《政治心理学》,知识出版社1990年版。

黄志坚等:《走向新世纪的中国青年》,中国和平出版社1996年版。

沈明明等:《中国公民意识调查数据报告(2008)》,社会科学文献出版社2009年版。

李培林等:《社会冲突与阶级意识——当代中国社会矛盾问题研究》,社会科学文献出版社2005年版。

李培林:《中国社会结构转型》,黑龙江人民出版社1995年版。

闵琦:《中国政治文化——民主政治难产的社会心理因素》,云南人民出版社1989年版。

黄宗良:《书屋论政——苏联模式政治体制及其变易》,人民出版社2005年版。

史卫民:《政治认同与危机压力》,中国社会科学出版社2014年版。

胡鞍钢等:《第二次转型:国家制度建设》,清华大学出版社 2003 年版。

张明澍:《中国"政治人"——中国公民政治素质调查报告》,中国社会科学出版社 1994 年版。

蔡定剑:《中国选举状况的报告》,法律出版社 2002 年版。

蔡定剑:《中国人民代表大会制度》,法律出版社 1998 年版。

林伯海:《人民代表大会监督制度的分析与构建》,中国社会科学出版社 2004 年版。

单光鼐等:《中国青年发展报告》,辽宁人民出版社 1994 年版。

郑永廷等:《主导德育论:大学生思想政治教育一元主导与多样发展》,人民出版社 2008 年版。

张玉堂:《利益论——关于利益冲突与协调问题的研究》,武汉大学出版社 2001 年版。

范明哲:《社会发展理论——人性与乡村发展取向》,巨流图书公司 1987 年版。

陆学艺:《社会学》,知识出版社 1991 年版。

景天魁:《社会发展的时空结构》,黑龙江人民出版社 2002 年版。

贺善侃:《当代中国转型期社会形态研究》,学林出版社 2003 年版。

袁方:《社会学家的眼光:中国社会结构转型》,中国社会出版社 1998 年版。

温敬元:《中国共产党的执政基础建设研究》,社会科学文献出版社 2009 年版。

陆学艺:《当代中国社会阶层研究报告》,社会科学文献出版社 2002 年版。

朱光磊:《当代中国政府过程》,天津人民出版社 2002 年版。

王茂美:《村落·国家:少数民族政治认同研究》,社会科学文献出版社 2015 年版。

詹小美:《民族文化认同论》,人民出版社 2014 年版。

杨雪冬:《全球化:西方理论前沿》,社会科学文献出版社 2002 年版。

毛寿龙:《政治社会学》,中国社会科学出版社 2001 年版。

时延春:《公民政治素质研究》,郑州大学出版社 2005 年版。

俞可平、黄卫平:《全球化的悖论——全球化与当代社会主义、资本主义》,中央编译出版社 1998 年版。

赵修义:《解读汤林森的〈文化帝国主义〉》,上海人民出版社 1999 年版。

李惠斌:《全球化:中国道路》,社会科学文献出版社 2003 年版。

邓伟志:《变革社会中的政治稳定》,上海人民出版社 1997 年版。

王正平、周中之：《现代伦理学》，中国社会科学出版社 2001 年版。

宫志刚：《社会转型与秩序重建》，中国人民公安大学出版社 2004 年版。

彭劲松：《和谐社会的利益关系》，中共中央党校出版社 2006 年版。

洪远朋等：《社会利益关系演进论——我国社会利益关系发展变化的轨迹》，复旦大学出版社 2006 年版。

应德平：《建构权力防火墙：反腐败与廉政建设研究》，贵州人民出版社 2005 年版。

王伟光：《利益论》，人民出版社 2001 年版。

俞可平：《市场经济与公民社会：中国与俄罗斯》，中央编译出版社 2005 年版。

孙立平：《断裂：20 世纪 90 年代以来的中国社会》，社会科学文献出版社 2003 年版。

高兆明：《制度公正论：变革时期道德失范研究》，上海文艺出版社 2001 年版。

王成兵：《当代认同危机的人学解读》，中国社会科学出版社 2004 年版。

樊浩：《中国大众意识形态报告》，中国社会科学出版社 2012 年版。

韩强：《党的建设制度改革研究》，知识产权出版社 2015 年版。

聂立清：《我国当代主流意识形态认同研究》，人民出版社 2010 年版。

刘少杰：《当代中国意识形态变迁》，中央编译出版社 2012 年版。

吴家庆：《中国共产党公信力建设研究》，人民出版社 2013 年版。

郑永廷等：《社会主义意识形态发展研究》，人民出版社 2002 年版。

马俊峰等：《当代中国社会信任问题研究》，北京师范大学出版社 2012 年版。

冯建军：《公民身份认同与学校公民教育》，人民出版社 2014 年版。

郭莉：《中国特色社会主义制度认同教育研究》，中国社会科学出版社 2016 年版。

房宁等：《中国政治参与报告（2016）》，社会科学文献出版社 2016 年版。

王俊秀等：《中国社会心态研究报告（2016）》，社会科学文献出版社 2016 年版。

沈壮海等：《中国大学生思想政治教育发展报告 2016》，北京师范大学出版社 2017 年版。

暨爱民：《国家认同建构：基于民族视角的考察》，社会科学文献出版社

2016年版。

邓洪波:《我国高校少数民族学生国家认同教育研究》,人民出版社2016年版。

[英]弗兰克·帕金:《马克斯·韦伯》,刘东等译,四川人民出版社1987年版。

[英]安东尼·吉登斯:《第三条道路:社会民主主义的复兴》,郑戈译,北京大学出版社2000年版。

[英]安德鲁·甘布尔:《政治和命运》,胡晓进等译,江苏人民出版社2003年版。

[英]安德鲁·海伍德:《政治学》,张力鹏译,中国人民大学出版社2006年版。

[英]柏特兰·罗素:《社会改造原理》,张师竹译,上海人民出版社1987年版。

[英]威廉·葛德文:《政治正义论》(第1卷),何慕李译,商务印书馆1980年版。

[美]罗森堡姆:《政治文化》,陈鸿瑜译,桂冠图书有限公司1984年版。

[美]罗伯特·A.达尔:《现代政治分析》,王沪宁等译,上海译文出版社1987年版。

[英]安东尼·吉登斯:《现代性与自我认同:现代晚期的自我与社会》,赵旭东等译,生活·读书·新知三联书店1998年版。

[美]乔纳森·弗里德曼:《文化认同与全球化进程》,郭健如译,商务印书馆2003年版。

[美]道格拉斯·C.诺斯:《经济史中的结构与变迁》,陈郁等译,上海三联书店1991年版。

[美]加布里埃尔·A.阿尔蒙德、西德尼·维巴:《公民文化:五个国家的政治态度和民主制》,徐湘林等译,东方出版社2008年版。

[美]罗伯特·A.达尔:《论民主》,李柏光等译,商务印书馆1999年版。

[美]费正清等:《剑桥中华人民共和国史(1949—1965)》,王建朗等译,上海人民出版社1990年版。

[美]塞缪尔·亨廷顿:《变化社会中的政治秩序》,王冠华译,上海人民出版社2008年版。

[古希腊]亚里士多德:《政治学》,吴寿彭译,商务印书馆1965年版。

[美]塞缪尔·享廷顿:《第三波:二十世纪末的民主化浪潮》,刘军宁译,上海三联书店1998年版。

［美］马克·沃伦：《民主与信任》，吴辉译，华夏出版社 2004 年版。

［美］西摩·马丁·李普塞特：《政治人：政治的社会基础》，张绍宗译，上海人民出版社 1997 年版。

［美］F.J.古德诺：《政治与制度》，王元译，华夏出版社 1987 年版。

［美］丹尼尔·贝尔：《资本主义文化矛盾》，赵一凡等译，生活·读书·新知三联书店 1989 年版。

［美］约翰·罗尔斯：《正义论》，何怀宏等译，中国社会科学出版社 1988 年版。

［美］格林斯坦、波尔斯：《政治学手册精选》（下册），商务印书馆 1996 年版。

［美］戴维·伊斯顿：《政治生活的系统分析》，王浦劬等译，华夏出版社 1989 年版。

［美］曼纽尔·卡特斯：《认同的力量》，夏铸九等译，社会科学文献出版社 2003 年版。

［美］加布里埃尔·A.阿尔蒙德、小 G.宾厄姆·鲍威尔：《比较政治学：体系、过程和政策》，曹沛霖等译，东方出版社 2007 年版。

［德］卡尔·曼海姆：《意识形态与乌托邦》，黎明等译，商务印书馆 2000 年版。

［德］尤尔根·哈贝马斯：《交往与社会进化》，张博树译，重庆出版社 1989 年版。

［加］查尔斯·泰勒：《自我的根源：现代认同的形成》，韩震等译，译林出版社 2001 年版。

［德］尤尔根·哈贝马斯：《包容他者》，曹卫东译，上海人民出版社 2002 年版。

［德］马克斯·韦伯：《经济与社会》（上卷），林荣远译，商务印书馆 2006 年版。

［意］托马斯·阿奎那：《阿奎那政治著作选》，马清槐译，商务印书馆 1963 年版。

［法］让－马克·夸克：《合法性与政治》，佟心平等译，中央编译出版社 2002 年版。

［法］孟德斯鸠：《论法的精神》，张雁深译，商务印书馆 1986 年版。

［法］托克维尔：《论美国的民主》（上卷），董果良译，商务印书馆 1988 年版。

［古罗马］西塞罗：《国家篇·法律篇》，沈叔平等译，商务印书馆 2002 年版。

［日］蒲岛郁夫：《政治参与》，解莉莉译，经济日报出版社 1989 年版。

Richard Jenkins, *Social Identity*, London: Routledge, 2004.

E.H.Erikeson, *Identity: Youth and Crisis*, New York: Norton, 1968.

Gabriel A. Almond, G.Bingham Powell, Jr. Robert J. Mundt, *Comparative Politics: A Theoretical Framework,* New York: Harper Collins College Publishers,1996.

Barker Chris,*Culture Studies: Theory and Practice,* London: Sage Publication, 2000.

Bo Rothstein, *Social Traps and Problem of Trust,* Cambridge: Cambridge University Press, 2005.

Pippa Norris eds., *Critical Citizens: Global Support for Democratic Government,* New York: Oxford University Press, 1999.

二 报刊论文

石仲泉：《"三个代表"思想与中国共产党八十年》，《马克思主义研究》2001 年第 3 期。

林尚立：《现代国家认同建构的政治逻辑》，《中国社会科学》2013 年第 8 期。

张康之：《合法性的思维历程：从韦伯到哈贝马斯》，《教学与研究》2002 年第 3 期。

方朝辉：《市民社会的两个传统及其在现代的汇合》，《中国社会科学》1994 年第 5 期。

吕元礼：《现代化进程中的政治认同危机及其克服》，《社会主义研究》1996 年第 3 期。

孙立平等：《"中等收入陷阱"还是"转型陷阱"？》，《开放时代》2012 年第 2 期。

余源培：《以共识、共通、共容、共享引领社会管理创新》，《毛泽东邓小平理论研究》2011 年第 8 期。

谢庆奎：《政治释义——关于政治涵义的再讨论》，《新视野》2001 年第 4 期。

李元书：《什么是政治——政治涵义的再探讨》，《学习与探索》1997 年第 5 期。

邱柏生：《浅析我国政治心理学研究的现状》，《复旦学报》（社会科学版）1996 年第 4 期。

陈道银：《政治认同建设与构建社会主义和谐社会》，《天府新论》2006 年第 5 期。

方旭光：《政治认同——政治实践的范畴》，《兰州学刊》2006 年第 9 期。

李素华：《政治认同的辨析》，《当代亚太》2005 年第 12 期。

龙太江、王邦佐：《经济增长与合法性的"政绩困局"——兼论中国政治的合法性基础》，《复旦学报》（社会科学版）2005 年第 3 期。

何显明：《意识形态的合法性诠释功能及其限度》，《现代哲学》2006 年第 1 期。

孔德永：《对转型时期我国公民政治认同重构模式的思考》，《当代世界与社会主义》2006 年第 6 期。

胡伟：《在经验与规范之间：合法性理论的二元取向及意义》，《学术月刊》1999 年第 12 期。

姜涌：《中国的"公民意识"问题思考》，《山东大学学报》（哲学社会科学版）2001 年第 4 期。

周敏凯：《和谐社会构建中政治认同的主要内容与面临的挑战》，《河南师范大学学报》（哲学社会科学版）2007 年第 5 期。

胡鞍钢：《第二次转型——以制度建设为中心》，《战略与管理》2002 年第 3 期。

王永贵：《全球化态势下意识形态功能分析》，《社会科学研究》2005 年第 4 期。

孔德永：《政治认同的逻辑》，《山东大学学报》（哲学社会科学版）2007 年第 1 期。

王立新：《试论我国社会分层中人民利益表达制度的建构》，《社会科学》2003 年第 10 期。

贾英健：《认同的哲学意蕴与价值认同的本质》，《山东师范大学学报》（人文社会科学版）2006 年第 1 期。

张健：《合法性与中国政治》，《战略与管理》2000 年第 5 期。

彭正德：《土改中的诉苦：农民政治认同形成的一种心理机制——以湖南省醴陵县为个案》，《中共党史研究》2009 年第 6 期。

陈文联：《中国共产党维护和巩固执政合法性的探索历程》，《南通大学学报》（社会科学版）2010 年第 4 期。

朱成君：《"三个代表"与政治文明：政治合法性的两个支点》，《攀登》2003 年第 5 期。

倪星、王立京：《中国腐败现状的测量与腐败后果的估算》，《江汉论坛》2003年第10期。

王传利：《1990年至1999年全国社会的腐败频率分析》，《政治学研究》2001年第1期。

陈国权：《论我国政治监督体系的整合优化》，《社会主义研究》1999年第3期。

韩震：《公正是社会主义核心价值追求》，《中国特色社会主义研究》2014年第6期。

王铁等：《改革与社会心态调查报告》，《学习与实践》2005年第12期。

俞可平：《论全球化与国家主权》，《马克思主义与现实》2004年第1期。

郑杭生：《克服城乡二元结构，重建老百姓社会信任》，《中国教育报》2006年3月10日。

张音等：《破解"塔西佗陷阱"的舆论怪圈》，《人民日报》2012年6月26日。

辛鸣：《论"中国特色社会主义制度"》，《北京日报》2011年7月24日。

齐卫平：《当代中国政治认同的"接续"与"重构"》，《学习时报》2012年9月10日。

包心鉴：《当代中国的政治认同》，《光明日报》2014年4月9日。

David Miler, Citizenship and Pluralism, *Political Studies*, 1995, XLIII.

Gregory Albo, The World Economy, Market Imperatives and Alternatives, In *Monthly Review*, Vol. 12, 1996.

Simon Haddad, The Relevance of Political Trust in Postwar Lebanon, *Citizenship Studies*, Vol. 6, No. 2, 2002.

附录　公民政治认同调查问卷

尊敬的朋友：

您好！为了更好地了解当代公民政治认同的现状，我们组织开展了这次问卷调查。本调查采取不记名方式，全部资料仅作研究之用，请您放心填答！本问卷的答案无所谓对或错，您只需根据个人的真实感受将同意的选项填在题后的括号内，如无特别说明每题只选一项。谢谢！

敬祝：身体健康！万事如意！

"当代中国公民政治认同研究"课题组
二〇一四年一月

【说明：本研究所定义的政治认同是指公民在政治生活中对现存政治客体所表现出的情感和意识上的归属感，以及基于特定利益而积极支持、参与政治体系的实践行为活动。当代中国公民的政治认同具体包括治理绩效认同、制度规则认同和意识形态认同等三方面。】

一　基本信息

1. 性别（　　）　A.男　B.女
2. 您的年龄（　　）

　　A.19岁（含）以下　B.20—29岁　C.30—39岁

　　D.40—49岁　E.50—59岁　F.60岁（含）以上

3. 您的文化程度（　　）

　　A.初中（含）以下　B.高中（中专、职高）

　　C.专科或本科　D.研究生（含）以上

4. 您的政治面貌（　　）

　　A.中共党员（含预备党员）　　B.共青团员

　　C.民主党派　　D.无党派人士

5. 您的职业、身份（　　）

　　A.农业劳动者　　B.产业工人　　C.教师　　D.公务员　　E.学生

　　F.商业服务业人员　　G.自由职业人员　　H.城乡无业、失业者　　I.其他

6. 您的平均月收入（　　）

　　A.1000元及以下　　B.1001—2000元　　C.2001—3000元　　D.3001—4000元

　　E.4001—5000元　　F.5001—6000元　　G.6001—7000元　　H.7000元以上

二　治理绩效认同状况

1. 您认为改革开放30多年来我国取得的成就如何？（　　）

　　A.有很大成就　　B.有一定成就　　C.一般

　　D.没多大成就　　E.很没有成就

2. 您认为我国目前的经济发展形势如何？（　　）

　　A.很好　　B.比较好　　C.一般　　D.不太好　　E.很不好

3. 您对中国未来的经济发展有信心吗？（　　）

　　A.非常有信心　　B.比较有信心　　C.一般

　　D.没多大信心　　E.很没有信心

4. 您对您目前的生活水平感到满意吗？（　　）

　　A.非常满意　　B.比较满意　　C.一般　　D.不太满意　　E.很不满意

5. 您认为总体上我国目前的社会稳定形势如何？（　　）

　　A.很稳定　　B.比较稳定　　C.一般　　D.不太稳定　　E.很不稳定

6. 总体而言，您对目前我国对公民权利的保障是否感到满意？（　　）

　　A.非常满意　　B.比较满意　　C.一般　　D.不太满意　　E.很不满意

7. 总的来说，您对我国政府履行职责的满意程度如何？（　　）

　　A.非常满意　　B.比较满意　　C.一般　　D.不太满意　　E.很不满意

8. "当前我国收入差距越拉越大，穷的越穷，富的越富"，您同意这种说法吗？（　　）

　　A.非常同意　　B.比较同意　　C.一般　　D.不太同意　　E.非常不同意

9. 您觉得目前您的收入与您的实际贡献相符合吗？（　　）

　　A.非常符合　　B.比较符合　　C.一般　　D.不太符合　　E.非常不符合

10. 您认为目前所有社会成员都能分享改革发展的成果吗？（　）

A.完全能够　B.基本能够　C.说不清　D.基本不能　E.完全不能

11. 目前您或您家生活中所面临的主要困难是什么？（可多选）（　）

A.收入太低　B.就业难　C.子女上学难

D.社会不平等　E.缺乏基本社会保障　F.看病难看病贵

G.社会治安不好　H.环境污染严重　I.其他（请注明）

12. 您认为当前我国社会的主要问题是什么？（可多选）（　）

A.收入差距拉大　B.官员腐败问题　C.社会治安问题

D.社会公平正义缺失　E.环境污染　F."三农"问题

G.下岗失业　H.社会保障问题　I.其他（请注明）

三　制度规则认同状况

1. 作为一个中国人，您感到自豪吗？（　）

A.非常自豪　B.比较自豪　C.一般　D.不太自豪　E.非常不自豪

2. "关心国家大事是每个公民的义务和责任"，您是否同意这种说法？（　）

A.非常同意　B.比较同意　C.一般　D.不太同意　E.非常不同意

3. 您是否愿意加入中国共产党？（　）

A.非常愿意　B.比较愿意　C.一般　D.不太愿意　E.非常不愿意

4. "没有共产党，就没有新中国，就没有中国今天的发展"，您是否同意这种说法？（　）

A.非常同意　B.比较同意　C.一般　D.不太同意　E.非常不同意

5. "中国只有坚持社会主义道路才有前途"，您是否同意这种说法？（　）

A.非常同意　B.比较同意　C.一般　D.不太同意　E.非常不同意

6. 总体上，您是否认同当前党的基本纲领和路线、方针、政策？（　）

A.非常认同　B.比较认同　C.一般　D.不太认同　E.完全不认同

7. "人民代表大会制度是符合我国国情的根本政治制度，但其具体制度中还存在一些问题，仍需不断完善。"您是否同意这种说法？（　）

A.非常同意　B.比较同意　C.一般　D.不太同意　E.非常不同意

8. 您参加过村委会/居委会/社区的选举吗？（　）

A.参加过　B.没有参加过　C.不记得

9. 您认为现在的人民代表是否能充分代表人民的意志？（　）

A.完全能够　B.基本能够　C.一般　D.基本不能　E.完全不能

10. 您是否愿意和身边的人谈论政治问题？（　）

　　A.非常愿意　B.比较愿意　C.一般　D.不太愿意　E.非常不愿意

11. 您是否愿意参与政治活动（如投票、写提案、参加各种政治会议等）？（　）

　　A.非常愿意　B.比较愿意　C.一般　D.不太愿意　E.非常不愿意

12. "当前我国收入分配不公平问题的凸显，最根本的原因是收入分配机制的不健全。"您是否同意这种说法？（　）

　　A.非常同意　B.比较同意　C.一般　D.不太同意　E.非常不同意

13. 您认为我国的改革政策对各个社会群体公平吗？（　）

　　A.很公平　B.比较公平　C.一般　D.不公平　E.很不公平

14. 您对习近平同志为总书记的党中央引领未来中国发展有信心吗？（　）

　　A.非常有信心　B.比较有信心　C.一般

　　D.不太有信心　E.很没有信心

四　意识形态认同状况

1. 您的信仰是什么？（　）

　　A.享乐主义　B.马克思主义　C.实用主义

　　D.利己主义　E.宗教　F.说不清

2. 您认为当前在我国，马克思主义：（　）

　　A.是党的指导思想，必须坚持　B.已经过时

　　C.只是众多政治学说的一种，不必作为党的指导思想　D.说不清楚

3. "当代中国坚持马克思主义就必须坚持中国特色社会主义理论体系。"您是否同意这种说法？（　）

　　A.非常同意　　B.比较同意　　C.一般

　　D.不太同意　　E.非常不同意

4. 您如何看待共产主义理想？（　）

　　A.一种美好愿望，难以实现　B.历史发展必然趋势，最终能够实现

　　C.纯粹是空想，永远不能实现　D.不知道

5. 有人认为，"中国特色社会主义就是资本主义"。您是否同意这种说法？（　）

　　A.非常同意　B.比较同意　C.一般

　　D.不太同意　E.非常不同意

6. 您如何看待个人、集体和国家三者的关系？（　）

　　A.国家至上　B.集体至上　C.个人至上

　　D.国家、集体、个人应兼顾　E.不知道

7. 当个人利益与集体利益发生矛盾时，您认为应该如何处理？（　）

　　A.个人利益高于集体利益　B.集体利益为主兼顾个人利益

　　C.个人服从集体　D.不知道

8. 在价值取向多元化条件下，您认为是否应该坚持以集体主义价值观为主导？（　）

　　A.应该坚持　B.不需要坚持　C.说不清

9. 您了解社会主义核心价值观的具体内容吗？（　）

　　A.非常了解　B.比较了解　C.一般　D.不太了解　E.完全不了解

10. 您对于党的十八及其相关精神了解吗？（　）

　　A.非常了解　B.比较了解　C.一般　D.不太了解　E.完全不了解

11. 在文化多元化条件下，您认为是否要坚持社会主义主流意识形态的主导地位？（　）

　　A.应该坚持　B.不需要坚持　C.说不清

12. 您认为当前西方社会思潮对我国主流意识形态的冲击和渗透的程度如何？（　）

　　A.非常严重　B.比较严重　C.一般　D.不太严重　E.很不严重

13. 您认为当前影响我国公民政治认同的主要因素有哪些？（可多选）（　）

　　A.利益分化　B.社会腐败现象

　　C.价值观念多元化　D.民主政治不完善

　　E.公民政治素质的欠缺　F.其他（请注明）

14. 您认为推进我国公民政治认同的有效途径和方式有哪些？（可多选）（　）

　　A.加快经济发展　B.大力保障民生　C.加强反腐倡廉

　　D.培育社会主义核心价值观　E.提高公民素质　F.其他（请注明）

我们的调查到此结束，再次感谢您的参与和支持！

后 记

《当代中国公民政治认同研究》一书是在我主持的国家社会科学基金项目（项目编号：12CKS013）结项成果的基础上修改、完善而出版的。该结项成果已通过国内同行专家鉴定，经全国哲学社会科学工作办公室审批，获得"良好"等级。

政治认同是人类社会的普遍政治现象，更是当今中国社会所面临的重要现实课题。2008年我将政治认同问题作为博士学位论文的研究方向，由此开始了我对政治认同问题的关注和研究。2011年底，我完成了博士学位论文，并顺利获得博士学位，我的博士学位论文也有幸获得"四川省优秀博士学位论文"。与此同时，我关于政治认同问题的思考先后成功申报四川省哲社规划项目和教育部人文社科研究项目。在此基础上，2012年我以"当代中国公民政治认同研究"为题申报获准了国家社科基金青年项目的立项。这使我更加坚信政治认同选题的合理性和科学性，更加坚定了对政治认同问题进行深入系统研究的信心。

本课题从立项到结项，到现在即将成书出版，历时整整七年。这七年间，我的主要精力都投入到本项目的研究之中。但是，由于课题组成员各有承担项目而无法参与研究，加上教学及其他任务的牵掣以及课题本身的复杂性，直到2015年才真正全身心投入系统性的研究和撰写工作。本项目的完成可谓来之不易！从确定课题思路、制定研究大纲，到搜集整理文献资料，从制定调查问卷、访谈提纲到开展实地调研，从理论总结、阶段性成果发表到最终成果的撰写完成，每一步都倾注了大量的心血和汗水，其间经历了太多的波折和艰辛。对我而言，何其幸运！从博士学位论文写作到本项目的完成，这一路走来，我得到了诸多师友亲人的关心、指导和帮助。借此拙著出版之际，向他们表示最为诚挚的敬意和感谢！

首先要特别感谢我的导师林伯海教授。无论是读博期间，还是博士毕业之后，导师对我的学习、工作和生活始终关怀备至。林老师宽以待人、严于律己、严谨治学、笔耕不辍，以自己的言传身教深深地感染和影响着弟子，激励着学生不断进步。这些年学生所取得的每一点成绩都凝聚着恩师的辛勤汗水！借此机会向恩师及师母表达我内心难以尽述的感激之情！

　　在博士学位论文写作和本项目研究过程中，得到了清华大学艾四林教授，南开大学纪亚光教授，电子科技大学邓淑华教授，西南财经大学曾狄教授，四川省社会科学院的杨先农研究员，西南交通大学王顺洪教授、鲜于浩教授、苏志宏教授、肖平教授、严冰教授，西华师范大学王安平教授、李培湘教授、任中平教授等多位老师的悉心指导和热情帮助，使我具有了更为开阔的学术视野和研究思路；得到了《思想理论教育导刊》《教学与研究》《社会主义研究》《思想教育研究》等刊物的大力支持，部分前期成果得以顺利公开发表；还得到我的硕士研究生王驰、何沙沙等同学在课题调研及文字校阅方面的支持和付出。在此向他们深表感谢！

　　本项目的完成及最终成果的出版，得到了西华师范大学科研处领导和老师的支持和关心，得到了西华师范大学马克思主义学院全体同人的鼓励和帮助，中国社会科学出版社赵丽老师为本书的编辑出版做了大量具体细致的工作，在此一并向大家表示诚挚的感谢！

　　还要感谢我的家人，尤其是我的妻子，没有他们无私的支持、帮助和鼓励，我不可能安心研究和工作，书稿也不可能顺利完成。亲人的辛勤付出和关爱，像一股永不枯竭的暖流，一直激励着我为自己的理想而奋斗；浓浓的亲情是我一生的财富，让我终身感激、难以忘却！

　　最后，在本项目研究及书稿写作过程中，充分参考、吸收了学界现有的研究成果，使我们的研究工作获得了许多宝贵的参考资料和经验借鉴。在此，向专家学者们致谢！

作者谨识
2019 年 5 月 31 日于南充